KB068911

FAIR TRADE CASES and

공정거래 사건과
경제분석 ————————• 전성훈

ECONOMIC

ANALYSES

박영사

우리나라의 공정거래법이 1981년 도입된 후 거의 40년 가까이 되었다.[1] 그
간의 공정거래정책의 발전은 관심과 목적에 따라서 여러 측면에서 평가될 수 있
겠지만, 본서의 취지에서는 '경쟁정책 집행의 합리화 혹은 선진화'가 중요한 의미
를 지닌다.[2] 이는 경쟁제한의 우려가 있는 문제 행위의 위법성을, 법조항의 단순
한 자구적 해석에 의하지 않고, 합리의 원칙(rule of reason)을 적용하여 경쟁제한
및 효율제고 효과를 분석하여 판단하는 방향으로의 발전을 의미한다. 우리나라에서
이러한 발전이 현저하게 이루어진 시기는 지난 15여 년이라고 할 수 있으며, 그 구
체적인 징표는 경쟁정책 집행에 있어서 경제분석의 활성화에서 찾을 수 있다. 물론
그 이전부터 산업조직론(industrial organization) 및 반독점 경제학(antitrust economics)
의 연구성과들이 경쟁정책 집행에 크게 영향을 미쳐왔지만, 경제학자들이 공정
거래 사건에 관한 경제분석을 수행하는 방식으로 적극적으로 관여하기 시작한
것은 2000년대 초·중반부터라고 할 수 있다.

여기에는 몇 가지 계기가 된 사건이 있다. 우선 무학-대선 기업결합에 대한
2004년 고등법원 판결에서 재판부는 관련 지리적 시장획정을 둘러싼 인수, 피인
수 기업 양측이 제시한 경제분석 내용들을 구체적으로 언급하면서 그 타당성에
대해 분명한 판단을 내렸다. 이는 공정거래 사건에서 경제분석의 중요성을 법원
으로부터 인정받는 계기가 되었다고 할 수 있다. 다음으로 2005년에는 마이크로
소프트의 결합판매 및 하이트-진로 기업결합과 사건에서 공정위 전원회의에서
피심인, 공정위 및 이해관계인의 경제분석이 심층적으로 논의되었고, 2006년 공

---

1) 공정거래 정책의 처음 30년 역사에 대해서는 공정거래위원회 (2011)를 참조하라.
2) 우리나라의공정거래 정책은 기업결합, 시지남용, 공동행위의 규제와 같이 '시장경쟁의 촉진'을
통한소비자의 보호뿐만 아니라, 대규모기업집단, 불공정거래행위, 하도급, 가맹사업, 대규모유
통업 등의 규제와 같이 '기업생태계의 건전화'를 통한 국민경제의 균형발전도 추구한다. 본서
에서는 경제분석이 중요한 역할을 하는 기업결합, 시지남용, 공동행위 등과 관련된 경쟁촉진
분야로 관심을 한정한다.

정위의 최종 의결은 이를 반영하여 내려졌다. 이처럼 법원 소송 및 공정위 심의 과정에서 피심인 및 이해관계자들이 경제분석을 적극적으로 활용하게 되자, 이에 대응하기 위해서 공정위는 2005.12월 경제분석팀을 신설하였다.[3]

경쟁정책 집행에서 경제분석이 중추적인 역할을 하는 것은 미국과 EU에서 이미 오래 전에 확립된 전통으로서 세계적 표준(global standard)으로 자리잡았다고 할 수 있다. Kwoka and White(1989, Preface and Introduction)는 *The Antitrust Revolution*이라는 편저서에서 미국에서의 반독점법 주요 사건에서 집행기관과 피심인 양측에서 활용된 다양한 경제분석 내용을 소개하면서, *"1970년대 중반이래로 반독점법에서 경제학 역할의 중요성 증대(the increasingly important role of economics in antitrust since the mid-1970s)"*를 미국에서의 *"반독점법 혁명(antitrust revolution)"*으로 규정하였다.[4] 또한 이러한 *"반독점 정책에서 경제분석의 부상(the ascendancy of economic analysis in antitrust policy)"*을 두 가지 측면에서 구체적으로 제시한다.[5] 하나는 미국의 경쟁정책 집행기관들, 즉 미국의 법무부의 반독점국(Antitrust Division in the Department of Justice)이나 연방거래위원회(Federal Trade Commission)가 내부의 경제전문 인력을 활용하여 법위반 가능성이 있는 사건을 발굴하고, 경쟁제한 이슈를 설정하고, 경쟁제한 효과를 확인하는 데 경제분석에 크게 의존하게 되었다는 것이고, 다른 하나는 그와 동시에 경제학자들이 실제 반독점법 사건에서 기업이나 정부기관의 전문가 증인(expert witness)으로서 경제분석 결과를 경쟁정책 집행기관이나 법원에 제출하는 일이 많아졌다는 것이다.

본서는 지난 15여년간 우리나라 경쟁정책 발전의 중요한 하나의 측면인 경제분석 활성화의 결과로서, 저자가 지금까지 관여한 주요한 공정거래 사건에서의 경제분석 내용을 정리하여 소개하고자 하는 시도이다. 본서에서는 총 11개의 '주요한' 공정거래 사건에서의 경제분석을 다룬다. 여기서 '주요한'의 판단기준은 저자의 매우 주관적인 것이라 점을 분명히 하고자 한다. 즉 저자가 지난 15여 년간

---

[3] 한편 이처럼 2000년대 초중반에 공정위 사건에서 경제분석이 활성화되기 시작한 것은 그 시기에 경제학자인 강철규 교수가 위원장으로 재임(2003.3~2006.3)한 사실과 무관하지 않을 것이다.

[4] 본서에서 인용 문구는 이탤릭 글자체로 표기한다.

[5] Kwoka and White(1989, 2018)는 1989년 초판이 출판된 이래 2018년 현재 7판에 이르기까지 새로운 중요한 사건들에 대한 경제분석을 추가하면서 개정되어 왔다.

경제분석에 참여한 공정거래 사건들 중에서 기업결합, 시지남용, 공동행위에서 각각 3~4개의 사건을 자의적으로 선정하였다. 그 선정 기준은 각 사건의 경제분석에 활용된 방법이 국내의 공정거래 경제분석의 발전에 나름대로 중요한 의미를 지니는지 여부이다. 이렇게 선정된 11개의 사건들에 대해서 사건의 개요 및 경제분석 내용을 소개하고 그에 대한 사후적인 평가를 시도한다. 단 여기서 공정거래 사건이란 공정위 심의 단계뿐만 아니라 후속의 공정위 의결에 대한 불복 행정소송과 공정거래법 위반에 기반한 손해배상 민사소송 단계를 포괄하여 공정거래법 위반행위로 발단된 모든 사건을 지칭한다.[6]

본서의 I부는 「기업결합 사건과 경제분석」으로서, 1장에서 2003년 무학-대선, 2장에서 2006년 이랜드-까르푸, 3장에서 2009년 옥션-G마켓, 4장에서 SK텔레콤-CJ헬로비전 기업결합 사건과 경제분석을 다룬다.[7]

1장의 2003년 무학-대선 기업결합은 앞서 언급한 바대로 공정거래 사건에서 경제분석의 필요성을 법원으로부터 인정받는 중요한 계기가 된 사건이다. 여기서 경쟁제한성 판단의 관건은 관련 지리적 시장의 범위가 부산-경남 지역으로 한정되느냐 전국으로 확대되느냐에 달려 있었고, 기업결합에 반대하는 보조 참가인 대선 측이 고등법원에 제출한 전성훈(2004)의 경제분석에서는 임계매출손실 분석(Critical Loss Analysis)을 적용하여 관련 지리적 시장의 범위가 부산-경남 지역으로 획정되어야 함을 입증하였다. 임계매출손실 분석은 미국이나 EU 등에서는 이미 시장획정의 대표적인 방법으로 자리잡은 것으로서, 국내에서도 이 사건 이후 공정거래 사건에서 시장획정의 주요한 방법으로 인정받게 되었다.

2장의 2006년 이랜드-까르푸 기업결합은 2000년대 후반에 이마트-월마트, 홈플러스-홈에버 등 일련의 대형 소매유통업자들 사이의 결합을 선도한 사건이

---

6) 일반적으로 기업결합과 시지남용 사건의 경우 경제분석은 대개 공정위 단계에서부터 중요한 의미를 지닌다. 이러한 사건들에서는 경쟁정책 집행기관과 피심인은 해당 사건의 경쟁제한 및 효율제고 효과를 입증하는 데 경제분석에 크게 의존하고, 이는 공정위 심의나 법원 소송 단계에서 마찬가지이다. 그러나 아직 당연위법(per se illegality)의 전통에 영향을 많이 받는 공동행위 사건에서는 대개의 경우 공정위 단계에서 보다는 담합으로 인한 손해배상액을 산정하는 민사소송 단계에서 경제분석이 매우 중요하게 된다.

7) 각 장의 제목에 기재된 사건의 연도는 공정위 의결서 공표 일자를 기준으로 하였다. 경제분석 보고서의 일자는 공정위 심의 단계에서 제출된 경우는 그 전이고, 법원 소송 단계에서 제출된 경우는 그 후가 된다.

다. 이랜드 측이 공정위에 제출한 전성훈, 황윤재(2005)의 경제분석에서는 기업결합의 경쟁효과를 예측하는 데 국내에서 처음으로 축약형 계량분석(Reduced-form Econometric Analysis)이 시도되었다. 공정위는 경제분석 결과를 본래 취지인 경쟁효과를 예측하는 데가 아니라 자신의 시장획정을 정당화하는 데 선택적으로 활용하였다. 본 경제분석에서 도입된 축약형 계량분석 방법은 그 후의 이마트-월마트 기업결합 관련 공정위 의결에 대한 불복 행정소송 단계에서 다시 활용되었다. 또한 본 사건은 대형할인점과 같은 유통서비스 산업의 지리적 및 상품 시장획정에 대한 이해가 보다 깊어지는 계기가 되었다는 점에서도 의미가 있다.

3장의 2009년 옥션-G마켓 사건은 국내 오픈마켓에서 1위, 2위 사업자 사이의 기업결합으로서, 공정거래법 상의 경쟁제한성 추정 요건에 해당하는 것을 공정위가 '합리적 재량권'을 행사하여 몇 가지 행태적 시정조치를 달아 인용한 '실질적인' 첫 사례라고 할 수 있다.[8] 옥션을 보유한 이베이 측이 공정위에 제출한 남재현, 신일순, 안형택, 전성훈(2008)의 경제분석에서는 양면시장의 특성을 반영한 관련 상품시장의 획정, 소비자와 판매자 양 측면에서의 경쟁제한 효과, 동태적 경쟁의 중요성을 분석하였다. 공정위 의결은 소비자 측면의 시장획정 및 경쟁제한성 평가와 판매자 측면에서의 동태적 경쟁의 중요성에 대해서 경제분석과 일치하는 입장을 취하였고, 그에 따라서 일시적인 행태적 시정조치만을 부과하는 선에서 기업결합을 인용하였다. 공정거래의 경제분석의 발전 관점에서 본 경제분석의 중요한 의의는 반독점 경제학의 프론티어라고 할 수 있는 기업결합 시뮬레이션(Merger Simulation)을 시도하여 판매자 측면의 경쟁효과를 평가한 데 있다.

4장의 SK텔레콤-CJ헬로비전 사건에서 SK텔레콤은 2015.11월 ICT 융복합과 방송통신산업의 재편 추세에 대응할 목적으로 케이블TV 방송과 알뜰폰 사업 등을 영위하는 CJ헬로비전의 인수 및 합병을 시도하였다. 그러나 공정위는 오랜 기간의 심사를 거쳐 2016.8월 기업결합을 금지하는 구조적 시정명령을 내렸다. SK텔레콤-CJ헬로비전 기업결합은 수평/수직/혼합을 포괄하는 복합적 성격을 지녔으나, 경쟁제한적 우려의 핵심은 전국적 IPTV 사업자인 SK브로드밴드와 23개

---

8) 그 이전에도 공정위는 2009년 현대차-기아차, 2010년 SK텔레콤-신세기이동통신 기업결합 사건에서 경쟁제한성 추정 요건에 해당됨에도 행태적 시정조치를 부과하여 인용한 바 있다. 그러나, 이들 사례에서는 당시의 외환위기 상황에서 산업구조조정의 일환으로 경쟁정책보다는 산업정책적 고려가 우선시되었다는 것이 저자의 판단이다.

권역의 케이블TV 사업을 하는 MSO인 CJ헬로비전 사이의 유료 방송시장에서의 수평적 결합에 있다고 할 수 있다. 여기서 주요 쟁점은 유료 방송시장의 지리적 범위(전국 혹은 개별 방송권역)와 결합에 따른 CJ헬로비전의 케이블TV 요금인상 가능성이었다. 본건의 심사과정에서 피심인 측의 전성훈, 권남훈, 김성환, 남재현, 이상규(2016)는 최근 기업결합 경쟁제한성 분석에서 중요하게 활용되기 시작한 가격인상압력(UPP, Upward Pricing Pressure) 분석 결과에 기반하여 본건 기업결합의 경쟁제한성이 심각하지 않음을 주장하였다. 그러나, 공정위는 이를 나름대로 재해석, 재평가하여 기업결합을 불허하는 결정을 내렸다.

본서의 II부는 「시장지배적지위남용 사건과 경제분석」으로서, 5장에서 2001년 포스코의 거래거절, 6장에서 2008년 인텔의 조건부 리베이트, 7장에서 2014년 네이버―다음의 수직적 거래제한, 8장에서 2017년 퀄컴의 칩셋공급 및 라이선스 사업모델 관련 사건과 경제분석을 다룬다.

5장의 2001년 포스코 거래거절 사건에서 공정위는 포스코가 현대하이스코의 냉연강판 생산에 필수적인 열연코일의 공급을 부당하게 거절한 행위가 경쟁사업자의 사업활동을 방해하는 시장지배적지위 남용이라고 의결하였다. 그러나 대법원은 2007년 공정거래법 사안에 대한 최초의 전원합의부 판결에서 공정위 의결을 지지하는 고등법원 판결을 파기 환송하면서 시지남용 사건에 있어서 부당성 유무의 판단기준을 정립함으로써 향후의 시지남용 사건의 판결에 대한 기념비적 선례를 확립하였다. 한편 포스코 측이 대법원에 제출한 이한식, 전성훈(2005)의 경제분석에서는 AIDS(Almost Ideal Demand System) 모형의 추정을 비롯하여 가격 시계열의 인과관계 검증 등을 통해서 관련 상품인 열연코일 시장이 국내로 한정되지 않고 최소한 동북아 지역을 포함한 국제시장으로 확대되어야 한다고 주장하였다. 여기서 주목할 점은 관련 지역시장이 국제시장이라는 포스코 측의 주장은 포스코의 공급거절이 시지남용으로서의 부당성을 인정할 정도의 경쟁제한 우려를 야기하지 않았다는 대법원의 부당성 판단과 근본적으로 다르지 않다는 것이다.

6장의 2008년 인텔의 조건부 리베이트 사건에서 공정위는 인텔이 국내 PC 제조회사들에게 경쟁사업자인 AMD의 CPU를 구매하지 않거나 자사의 CPU를 일정 비율 이상 구매할 것을 조건으로 리베이트를 제공하는 행위 등이 경쟁사업자를 배제하는 시장지배적지위 남용이라고 의결하였다. 인텔은 고등법원의 불복소송에서 자신의 주장이 받아들여지지 않자 상고를 포기하였다. 인텔 측이 공정위에 제출한 전성훈(2007, 2008)의 경제분석에서는 관련 시장의 획정, 경쟁배제 효과, 효율성 항변 등 다양한 이슈들이 다루어졌으나, 특히 조건부 리베이트의 경쟁배제 효과를 검증하는 방법으로서 세계적으로 인정받는 '동등효율 경쟁자 (AEC, As Efficient Competitor)'의 유효가격－비용 검증(Effective Price-Cost Test)이 시도되었다. 이 사건에서 공정위는 반박 경제분석 결과를 제시하면서 인텔 측의 경제분석에 적극적으로 대응하였다. 최근 2017년 EU 최고법원은 AEC 검증의 필요성을 지지하는 판결을 내린바 있다. 이는 인텔 리베이트의 위법성 판단과 무관하게, 조건부 리베이트를 비롯한 시지남용의 위법성 판단에 있어서 경제분석의 중요성 및 효과에 기반한 합리원칙 적용의 당위성을 원칙적으로 천명하였다는 점에서 매우 고무적이라고 할 수 있다.

7장의 2014년 네이버－다음의 동의의결 사건에서 공정위는 인터넷 검색 및 광고 시장에서의 포털 및 광고플랫폼 사업자들의 몇 가지 행위가 시지남용 및 불공정거래에 해당하는지를 심사하던 중 네이버와 다음의 동의의결 신청에 따라 심의를 종결하고, 동의의결을 확정하였다. 이 사건은 동의의결 제도가 2011년 도입된 이래 처음 적용된 사례로서 의미를 지닌다. 네이버 측의 전성훈, 김종민, 남재현(2013)의 경제분석에서는 공정위가 문제로 삼은 네이버와 NBP(네이버비즈니스플랫폼)의 행위 중에서 네이버의 유료전문서비스 사업모델과 NBP의 광고대행사 이관제한 정책의 경제적 효과를 분석하였다. 특히 광고대행사 이관제한 정책은 수직적 거래제한의 한 예로서 그와 연관된 경쟁촉진과 효율개선 효과에 대해서 산업조직에서 많은 연구가 있고, 이로부터 흥미로운 시사점을 얻을 수 있다. 그러나 공정위 동의의결 과정에서 이 점에 대한 충분한 검토가 이루어지지 못하였다.

8장의 2017년 퀄컴 사건에서는 모뎀칩셋 및 이동통신 특허라이선스 두 시장에서 이중의 지배적 지위를 지니는 수직적 통합사업자인 퀄컴이 모뎀칩셋 경쟁업체에게 표준필수특허(SEPs, Standard Essential Patents)의 라이선스를 제공하지 않고, 모바일 핸드셋 OEM들에게 칩셋 공급의 조건으로 라이선스 체결을 강요하고, 핸드셋 가격 일정 비율의 로열티 부과 등의 라이선스 조건을 일방적으로 부과한 행위들이 문제가 되었다. 공정위는 퀄컴의 이러한 행위에 대해 시정명령과 더불어 1조 300억원의 과징금을 부과하였다. 퀄컴의 사업모델에 이의를 제기하는 이해관계자 측의 전성훈(2016)의 경제분석에서는 퀄컴의 칩셋 공급 및 관련기술 라이선스 사업모델의 경쟁제한성을 이해하는 데는 사업모델의 구성요소들이 서로 유기적 연관성을 갖고 순환적 상승작용을 하면서 경쟁자비용인상(Raising Rivals' Costs, RRC)의 경쟁제한 효과를 야기한다는 점을 강조하였다. 이 사건은 우리나라 공정위가 퀄컴과 같은 다국적 기업의 시장지배적 지위남용 사건에서 미국을 비롯한 세계 여러 나라의 경쟁정책 집행에 앞서 선도적인 역할을 하였다는 데 큰 의미가 있다.

본서의 III부는 「공동행위 사건과 경제분석」으로서, 9장에서 2002년 흑연전극봉 국제카르텔, 10장에서 2000년 군납유 입찰담합, 11장에서 2006년 밀가루 담합 사건과 경제분석을 다룬다. 해당 경제분석은 흑연전극봉 카르텔은 고등법원에서의 불복소송 단계에서, 군납유와 밀가루 담합의 경우에는 담합으로 인한 손해배상 민사소송 단계에서 실행된 것이다.[9][10]

9장의 2002년 흑연전극봉(전기로에서 고철을 용해하여 철을 정련할 때 요구되는 고열을 발생시키기 위하여 사용되는 큰 기둥형태의 생산요소로서 국내에서는 전량 수입에 의존함) 사건은 미국, 독일, 일본 등 6개의 해외 생산업자들의 국제카르텔로서, 이미 미국, EU, 캐나다에서는 경쟁법 위반으로 유죄가 인정되고 징역형 및 벌금이 피심인들에게 부과되었다. 피심인 중의 하나인 쇼와덴코는 고등법원에서의 불복소송에서는 공정거래법 역외적용의 관할권을 비롯하여 절차상의 문제, 과징금의 형평성 등 여러 이슈를 제기하였으나, 전성훈(2004)의 경제분석에서는 역외적용의 전제조건인 '효과주의 원칙(effect doctrine)'을 확인하기 위해서 해외에서의 공동행위가 국내 수입시장에 미친 경쟁제한 효과를 검토하였다. 경제분석에서는 산업조직 경제학의 담합에 대한 다양한 이론적, 실증적 연구성과들이 활용되었다. 특히 담합효과에 대한 계량적 추정방법 중에서 가장 기본적이라고 할 수 있는 담합더미(Collusion Dummy)를 포함한 중회귀 계량분석이 시도되었다.

10장의 2000년 군납유 구매입찰 담합은 5개 국내 정유사들이 1998, 1999,

---

9) III부의 장 순서는 경제분석이 시행된 시기 및 경제분석의 발전 순서를 따랐다. 공정위 의결에 있어서는 군납유 사건이 먼저였으나, 해당 소송과 경제분석에 있어서는 흑연전극봉 사건이 앞섰다.

10) III부에서도 I, II부에서와 마찬가지로 4개의 사건을 다루고자 하였으나, 3개의 사건 밖에 다루지 못한 것이 아쉬움으로 남는다. 이는 공동행위 사건의 경우 공정위 의결에 대한 불복의 행정소송 및 이후의 담합 손해배상 민사소송에 오랜 시간이 소요되어 본서에서 공개적으로 논의하는 데 제약이 있었기 때문이다.

2000년 3개년 동안 국방부가 구매하는 유류에 대한 입찰 전체 건에 대해 유종별 낙찰예정업체, 응찰가격 및 들러리 가격 등에 대해 구체적인 합의한 사건으로서, 공정위는 총 1,901억원의 과징금(추후 일부 경감)을 부과하였다. 이후 국방부가 제기한 담합 손해배상청구 민사소송 과정에서 손해액 추정방법 및 규모에 대해서 원고와 피고의 입장이 첨예하게 대립하였고, 2011년 대법원 판결이 나온 후 2013년에야 법원의 화해 권고에 따라 합의에 이르게 되었다. 오랜 기간의 민사소송 과정에서 1심 재판부의 의뢰에 따라서 서울대학교 경제연구소 기업경쟁력연구센터의 김선구, 류근관, 이상승, 이인권(2004)이 실행한 감정 경제분석이 논란의 중심이 되었다. 서강대학교 경제연구소의 왕규호, 이한식, 전성훈(2004)은 피고 측인 정유사의 의뢰로 감정 경제분석의 적절성을 자료, 이론, 실증의 제 측면에서 검토하였다. 이 사건에서는 이중차분법(Difference-in-Difference)이라는 고도의 계량경제분석 기법이 응용되었을 뿐만 아니라, 원고, 피고 및 감정인 경제학자들 사이에 그 올바른 적용을 둘러싼 대립적 주장과 법원의 판단이 흥미롭게 전개되었다.

11장의 2006년 밀가루 담합 사건은 8개의 밀가루 제조 생산업자의 공동행위로서 공정위는 총 435억원의 과징금을 부과하였다. 이후 밀가루를 중간재로 사용하여 빵을 제조하는 삼립식품은 담합에 참여한 삼양사와 CJ를 상대로 손해배상 청구소송을 제기하였다. 이 소송에서 원고인 삼립식품은 담합으로 인한 가격인상과 그에 따른 자신의 손해배상 금액에 대한 감정을 재판부에 신청하였고, 피고 측은 이에 대응하여 원고의 빵가격 인상을 통한 비용전가와 이를 감안한 원고의 실제 이익감소분에 대한 추가 감정을 재판부에 신청하였다. 관할 법원이 선임한 감정인 황윤재(2008, 이인호, 전성훈 자문)의 손해배상 감정 보고서에서는 담합에 따른 밀가루가격 상승분(Price Overcharge)와 빵가격 상승으로의 비용전가(Passing On)을 추정하여, 밀가루를 중간재로 사용하는 제빵업자의 실제 이익감소분(Lost Profit)를 산정하였다. 이 사건은 중간재 비용전가를 고려한 담합 손해배상 산정의 첫 사례로서 법원이 감정 경제분석을 그대로 인용한 데 큰 의의가 있다.

본서의 의의는 우리나라 공정거래 사건과 경제분석에 대해 처음으로 '책의 형식으로 묶어서' 소개한 데 있다. 본서는 기본적으로 '편저(編著)'의 성격을 지닌다. 우선 본서에서 소개하는 경제분석의 상당 부분은 저자 단독이 아닌 다른 경제학자들과 공동으로 수행된 것이다.[11] 또한 대부분은 이미 산업경제학이나 경쟁법 저널에 개별적으로 정리되어 소개된 바 있다.[12] 그러나 본서는 이들을 사건의 소개, 경제분석의 주요 내용, 사후적인 평가의 순서로 일관된 체계하에서 재편집하였다. 미국과 유럽의 경우 이미 Kwoka and White(1989, 2018) 및 Lyons(2009) 등에 의해 반독점법 혹은 경쟁정책 집행 사건에서의 주요한 경제분석이 소개된 바 있다. 이 두 저서는 편저자들이 경제분석의 측면에서 중요성을 지닌다고 판단한 주요한 사례들을 선정한 후 여러 경제학자들에게 의뢰하여 정리한 것들을 묶은 형식의 것이다. 그러나, 본서는 우리나라의 공정거래 사건들 중에서 저자가 직접 참여한 경제분석 중에서 기업결합, 시지남용, 공동행위의 각 분야에서 흥미로운 이슈가 제기되었거나, 새로운 분석기법이 도입되었다는 면에서 의미를 지니는 것들을 선정하여 체계적으로 정리하고자 시도하였다는 점에서 앞의 두 편저서와 차별성이 있다. 이는 단일 저자에 의한 일관성이 유지될 수 있다는 측면에서 장점일 수 있으나, 단일 저자의 주관성 혹은 편향성을 배제할 수 없다는 측면에서는 단점이 될 수 있을 것이다.

본서는 저자와 함께 경제분석 용역을 수행한 여러 경제학자들과의 공동작업의 소산이다. 함께 용역을 수행한 권남훈, 김성환, 김종민, 남재현, 신일순, 안형택, 왕규호, 이상규, 이인호, 황윤재, 이한식 교수(가나다 순)께 감사의 말씀을 드린다. 또한 용역의 수행 과정에 로펌의 여러 경제학자 및 변호사들과 아이디어를 공유하고 의견을 나누었다. 이분들 중에 특히 신광식, 홍동표 고문 및 박성범, 박성엽, 박익수, 장덕순, 오금석, 황창식 변호사(가나다 순)께 감사의 말씀을 드린다. 아울러 본서의 교정에 있어서 도움을 준 서강대학교 경제학과 대학원에 재학 중인 김재연, 백승연, 유슬기 조교, 그리고 박영사의 전채린 과장님에게도 감사를 표한다. 그럼에도 본서에 남아 있는 미흡한 점들은 모두 저자의 책임이다.[13]

2020년 1월 31일
저자 전성훈

---

11) 본서에 소개되는 경제분석에서 저자의 역할을 밝히자면, 총 11건의 경제분석 중 4건은 저자의 단독연구이고, 7건은 공동연구이다. 그리고 그 7건 중 6건의 공동연구에서 저자가 연구책임자로 참여하였다.

12) 총 11개의 장들 중에서 기존의 학술 저널에 출판되지 않고 본서에서 처음으로 소개되는 것은 10장 하나이다. 각 장에는 해당 논문의 출처가 밝혀져 있다.

13) 본서는 2016년 대한민국 교육부와 한국연구재단의 지원(NRF-2016S1A3A2923769) 및 서강대학교의 교내연구비 지원(201719040.01)을 받아 수행된 연구이다.

Fair Trade Cases and Economic Analyses

PART

01

기업결합 사건과 경제분석

무학-대선 기업결합(2003년) 관련 지리적 시장획정과 임계매출감소 분석

공정위는 2003년 무학-대선 기업결합 심사에서 관련 지리적 시장을 부산 및 경남 지역으로 획정하고 기업결합을 불허하였다. 무학의 공정위 의결에 대한 불복 소송에서는 관련 시장획정의 방법론으로서 임계매출감소 분석이 중요하게 고려되었다. 이는 이후의 공정위 사건에서 임계매출감소 분석이 널리 활용되는 계기가 되었다.[1]

1. 사건 및 경제분석 개요

공정위(2003.1.28)는 무학과 특수관계인 최재호가 2002년 6월 이래로 2002년 12월까지 대선주조의 주식 41.21%를 취득한 기업결합 사건이 부산 및 경남 지역시장의 경쟁을 실질적으로 제한한다고 판단하여, 취득주식 전부를 제3자에게 처분하라는 시정명령을 내렸다.[2] 의결서에 따르면, 부산지역에서는 2001년 대선이 2001년 84.4%의 점유율을 차지하여 독점적 지위를 점하고 있으며, 전국시장 점유율이 52.3%로 1위 사업자인 진로도 이 지역에서의 점유율은 7.2%에 불과하였다. 한편, 경남지역에서는 무학이 84.3%의 점유율을 차지하여 독점적 지위를 점하고 있는 반면에, 대선이 12.9%의 점유율을 차지하고 있는 것 외에는 그 밖의 업체의 점유율은 극히 미미한 수준이다.

공정위는 무학-대선의 기업결합에 있어서 경쟁제한적 효과가 문제시되는

---

1) 본장은 전성훈(2007), 신광식, 전성훈(2006)에 기초하여 수정한 것이다. 그 주요 내용은 Jeon(2016)에도 소개되었다.
2) 공정위(2003.8.27)는 무학 측의 이의신청에 대해서도 기각하였다.

'일정한 거래분야', 즉 관련시장을 희석식 소주의 부산지역 및 경남지역시장으로 획정하였다. 지리적 시장이 부산 및 경남권으로 한정되는 경우에는 무학−대선 결합기업은 부산지역에서 91.5%, 경남지역에서 97.2%를 점유율을 획득하게 되므로, 법 제7조 제4항 제1호의 경쟁제한성 추정요건을 충족한다. 그리고, 결합 후 이처럼 시장집중이 심화되면, 결합기업은 가격인상 등을 통해 시장지배력을 남용할 가능성이 큰 것으로 판단하였다.

무학은 공정위 의결에 불복하여 서울고등법원에 취소를 구하는 행정소송을 제기하였다. 무학은 공정위 의결이 주식취득에 따른 지배관계 형성 여부, 관련 지역시장을 비롯한 경쟁제한성 여부, 예외인정 요건의 충족 여부, 공정위의 재량 권 한계의 일탈·남용 여부 등의 제 측면에서 부당하며, 처분명령이 위법함을 주장하였다. 그러나 서울고등법원(2004.10.27)은 무학의 주장이 근거 없다고 판정하여 무학의 청구를 기각하였다. 특히 관련 지역시장을 획정하고 경쟁제한성 여부를 판단하는 데 있어서, 서울고법의 판결은 무학과 대선 양측의 경제분석보고서의 결과 및 주장을 비교하면서 채택여부를 결정하였다.[3] 무학이 상고를 포기함으로써 공정위 의결을 유지한 서울고등법원의 판결은 확정되었고, 무학은 적대적 인수를 위해 취득한 대선주식 전부를 제3자에게 매각하게 되었다.[4]

본장에서 소개하는 임계매출감소(Critical Loss) 분석은 무학−대선 기업결합의 경쟁제한성을 분석하는 데 있어서 관련 지리적 시장의 범위가 부산 및 경남지역으로 한정되는가 아니면 전국적으로 확장되어야 하는가에 대한 대선 측이 서울고법에 제출한 보고서 전성훈(2004)에 기초한 것이다. 본장의 구성은 다음과 같다. 먼저 2절에서는 부산 및 경남 소주시장의 특성으로서 지역 소주에 대한 높은 충성도와 그 함의를 살펴본다. 3절에서는 시장획정의 원칙인 SSNIP Test와 이를 구현하는 임계매출감소 분석 방법을 소개하고, 이를 적용하여 무학−대선 기업결합과 관련한 지역시장의 범위가 과연 부산 및 경남 지역을 넘어서 전국적인 시장으로 확장되어야 하는지를 검토한다. 이때 2절의 부산 및 경남 소주시장의 지

---

3) 서울고법에 제출된 대선 측의 경제분석 보고서는 전성훈(2004), 무학 측의 경제분석 보고서는 류근관, 이상승(2004) 참조.

4) 이후 대선의 소유 경영권 롯데계열의 롯데우유, 한국금융지주계열 사모투자펀드 코너스턴, 부산 향토기업 BN그룹 등으로 몇 차례 이전되었다.

역적 특성이 중요한 의미를 지닌다. 4절에서는 무학-대선 사례에 적용된 임계매출감소 분석이 이후의 기업결합의 관련 시장획정 및 경쟁제한성 판단에 어떻게 활용되었는지를 평가하고, 그 시사점을 구한다.

2. 부산 및 경남 소주시장의 지역적 특성

부산과 경남지역의 희석식 소주시장은 과거나 현재나 강한 지역적 특성을 지녀왔다. 여기서 지역적 특성이란 지역 소비자들의 지역 제품에 대한 강한 충성도(loyalty)를 말한다. 이러한 의미의 지역적 특성은 과거에는 자도주 의무구입제도라는 외생적 규제환경에 의해서 형성되었다. 그리고, 이 제도가 폐지된 이후에는 경쟁압박에 직면한 지역업체들의 제품개발 및 판매촉진 노력과 정치적 여건에 따른 지역정서의 결집 등의 요인들이 상승작용을 일으키면서 소주시장의 지역적 특성은 오히려 자생적으로 강화되었다고 할 수 있다.

희석식 소주시장에는 1970년대 중반부터 지방 소주업체를 보호·육성한다는 명목으로 자도주를 50% 이상 의무적으로 구입하도록 하는 제도가 도입되었다. 이 제도는 1992년 폐지되었다가 1996년 6월부터 재시행되었고, 1996년 12월 헌법재판소의 위헌 결정으로 완전히 폐지되었다. 흥미로운 것은, 소주시장의 지역적 특성은 자도주 의무구입제도가 폐지된 이후 더욱 강화되었다는 사실이다.

부산지역의 경우 자도주 의무구입제도가 폐지된 직후인 1997년에 지역업체인 대선의 점유율이 20% 이상 증가하였고, 반면 전국사업자인 진로의 점유율은 거의 20% 정도 감소하였다(<표 1-1> 참조). 이는 자도주 의무구입제도에 안주

표 1-1 부산지역의 주요 소주업체의 점유율 추이 (매출액 기준, %)

	1996	1997	1998	1999	2000	2001	2002	2003
대선	53.5	73.9	79.8	81.5	83.9	85.0	85.7	86.9
무학	2.8	5.1	7.2	7.9	7.9	7.1	6.5	6.6
진로	37.3	18.0	9.7	7.4	6.7	6.6	6.7	5.2

자료: 대한주류공업협회(2004)

하던 지역소주회사들이 경쟁위협에 직면하면서 가격할인 공세와 저도수의 신제품 출시 등의 자구노력이 성과를 보인 것으로 판단된다.

<표 1-2>의 영남지역의 소주가격 변동표에서 확인하듯이, 대선은 1996년 6월 당시 소주시장의 알코올 도수의 주종인 25%보다 낮은 23%의 저도수 제품 시원을 출시하면서, 출고가격도 경쟁제품인 진로보다 약 9.5%(대선 420원: 진로 464원) 낮게 책정하였다. <표 1-1>에 나타난 대선의 점유율 상승은 이러한 저가격 정책에 일부 기인하지만, 그 후의 상대적인 가격변화를 보면 그것이 주요인이 아님을 알 수 있다. <표 1-2>에서 보듯이, 2000년 5월에 대선의 가격은 650원으로 진로의 가격 640원보다 10원 높아졌고, 이 10원의 가격차이는 2003년 현재까지

표 1-2 영남지역의 주요 소주회사의 가격변동표[5]

구분	회사별	1996년	1997년	1998년	2000년	2002년	2003년
1월	대선	440.41(377.27)		510.34	637.91	700	750
	무학	440.40(377.36)		474.26	650	710	750
	금복주	440.42(377.27)		522.33	653	703	740
	진로	440.11(377.27)		553.20(456.30)	640	690	740
5월	대선				650		
	무학				650		
	금복주				653		
	진로				640		
6월	대선	420.23(377.27)	453.53				
	무학	464.26(377.36)	464.26				
	금복주	464.29(377.27)	491.68(405.57)				
	진로	464.28(377.27)	491.68(405.57)				
비고	대선	골드(일반),25%		시원,23%	시원,23%	시원,22%	시원,22%
	무학	골드(일반),25%		화이트,22.5%	화이트,22.5%	화이트,22%	화이트,22%
	금복주	골드(일반),25%		참소주,23%	참소주,23%	참소주,22%	참소주,22%
	진로	골드(일반),25%		골드(일반),25%	참이슬,23%	참이슬,22%	참이슬,22%
	대선	시원(일반),23%	시원(일반),23%		시원,22%		
	무학	화이트(일반),23%	화이트(일반),23%		화이트,22.5%		
	금복주	참골드(일반),25%	참골드(일반),25%		참소주,23%		
	진로	골드(일반),25%	골드(일반),25%		참이슬,23%		

자료: 대한주류공업협회 홈페이지 http://www.kalia.or.kr/의 주류정보시스템

---

5) 골드는 고급제품, 일반은 일반제품을 말한다. 골드와 일반의 알코올 도수와 용량은 동일하다.

표 1-3 경남지역의 주요 소주업체의 점유율 추이　　　　　　(매출액 기준, %)

	1996	1997	1998	1999	2000	2001	2002	2003
무학	68.2	68.9	81.1	84.0	85.3	83.5	82.1	81.8
대선	8.1	10.2	9.7	10.9	10.7	13.0	13.9	14.2
진로	21.7	20.3	9.1	5.1	4.0	3.4	4.0	4.0

자료: 대한주류공업협회(2004)

계속 유지되고 있다. 그리고, 2000년 1월에는 진로도 저도수화의 소비자들의 취향에 따라 23% 제품을 출시하였고, 대선은 이에 대응하여 2000년6월에 다시 22% 제품을 개발하였다. 2002년에는 모든 소주회사들이 22%의 알코올 도수를 채택하였다. 이처럼, 2000년 이후 대선의 상대가격이 높아지고, 경쟁회사들도 저도수 제품을 출시하였음에도 불구하고, <표 1-1>에서 보듯이 대선의 점유율은 조금씩이지만 높아져서 85%대를 유지하게 되었다.

한편, 경남지역의 점유율 변화는 부산지역의 변화시점보다 1년후인 1998년에 두드러진다. 지역업체인 무학의 점유율은 1998년에 12% 이상 증가하고, 반면 전국사업자인 진로의 점유율은 거의 같은 수치로 감소하였다(<표 1-3> 참조). 이러한 지역업체의 약진은 부산지역에서와 마찬가지로 자도주 의무구입제도 폐지에 따른 지역업체의 위기의식과 분발에 기인한 바 크지만, 한 가지 주목할 만한 점은 시점 상으로 1997년말 정치적 환경변화 후에 경남지역의 소비자들의 지역정서가 결집된 것도 일정부분 작용하였을 것으로 사료된다.

무학의 경우는 대선보다 1년 늦게 저가격 정책을 시행하였다. <표 1-2>에서 보듯이, 1997년 6월에 진로가 464원에서 491원으로 5.8%로 인상하였음에도 무학은 464원을 유지하였고, 1998년에는 진로가 다시 553원으로 크게 인상하였음에도 무학은 474원으로 조금 인상하여 진로보다 14.3%나 낮은 수준으로 가격을 책정하였다. 그러나, 1998년 이후의 무학의 약진이 이러한 일시적인 저가격 정책만으로 설명되지 않음은 대선의 경우와 마찬가지이다. 2000년 이후 무학의 가격은 진로의 가격보다 높아졌지만, 무학의 80%대 점유율은 계속 유지되었고 진로의 점유율은 5% 미만으로 감소하였다.

요컨대, 부산, 경남 지역에서 1997년 이후 지역소주회사들의 점유율의 비약적인 증가는 자도주 의무구입제도 폐지 후에 지역회사들이 가격인하를 통해 자구노력을 경주한 데서 촉발되었지만, 경쟁업체인 진로보다 가격을 인상한 후에도 현재까지 계속 80%, 90%대의 높은 점유율을 유지하고 있는 것은 지역회사들의 소비자들의 '입맛'에 맞추고자 하는 제품개발 노력과 지역소비자들의 애향심과 같은 요인들의 상호작용에 기인한 바 크다고 할 수 있다. 소비자들의 지역 제품에 대한 충성도는, 그 이유가 제조업체의 제품차별화 노력이든 소비자들이 지역브랜드에 대해서 느끼는 특별한 애착이든, 해당 지역시장에서의 경쟁조건에 커다란 영향을 미친다.[6] 이는 지역시장에 다른 지역업체의 신규진입이나 점유율 확장에 장벽으로 작용한다. 이는 경쟁업체가 지역 브랜드에 대한 충성도를 극복하기 위해서는, 막대한 판촉비용이나 상당한 수준의 가격할인 등에 따른 손실을 감수해야 하기 때문이다.

부산 및 경남지역 소주시장의 이러한 지역적 특성은 한국갤럽(2004)의 설문조사 결과에서도 드러난다. 부산, 마산, 김해, 양산의 소비자 1,041명을 대상으로 행한 소주제품의 선택에 대한 설문조사 결과에 의하면, 이 지역의 소비자들이 지역브랜드에 높은 충성도를 보이는 이유는 다음과 같다. 특정 회사의 소주를 즐겨 마시는 이유로 '입맛에 맞아서'라는 응답이 69.9%를 차지하고, '내 고장 소주라서'라는 응답이 23.3%를 차지한다. 앞에서 소주시장의 지역적 특성의 원인으로 언급한, 제조업체의 제품차별화 노력과 소비자들의 지역정서가 원인이 되었음을 확인할 수 있는 조사결과이다.

다음으로, 대선이나 무학 소주를 즐겨 마시는 소비자 945명에게 '대선 시원 소주'나 '무학 화이트 소주'의 가격이 '진로 참이슬 소주'보다 상대적으로 인상되면 진로 소주로 소비대체를 할 의향이 있는가를 설문하였다. 이 설문조사 결과에 나타난 소비자들의 소주제품선택의 두드러진 특징은 소비자들이 지역소주회사에 대한 충성도가 높은 그룹과 낮은 그룹으로 확연히 나누어진다는 것이다. 영업점 판매가격을 기준으로 조사한 결과에 의하면, 가격과 무관하게 전국브랜드 소주

---

6) Choi, Hong, and Jeon(2013)은 국내 소주시장에서 지역 사업자들이 시장지배적 지위를 지속적으로 유지해온 현상을 지역적 정체성(local identity)으로 설명하고, 그 근원을 자도주 의무구입제도와 같은 과거 규제와 지역정서를 조장하는 정치 환경에서 찾고 있다.

로 전환하지 않겠다는 소비자들이 60.8%에 이르고 있다. 가격상승이 20% 이상은 되어야만 구매전환을 하겠다는 소비자들이 12.4%나 된다. 10% 및 15% 정도의 가격상승이 있어야 구매전환의 용의가 있다는 소비자들은 각각 5.5%, 4.1%이다. 이들은 지역소주회사에 충성도가 높은 그룹이라고 할 수 있는데, 전체 응답자의 82.8%에 이르고 있다. 반면, 가격변화에 민감하여 5%의 상승에도 구매전환을 하겠다는 소비자들은 16.4%이다. 이러한 소비자집단의 구분은 소매점 판매가격을 기준으로 조사한 결과에도 대체로 비슷하게 나타난다. 가격변화에 민감한 소비자집단이 17.1%이고, 지역상품에 대한 충성도가 높은 집단이 81.7%이다.

소비자들이 지역제품에 대한 가격변화에 민감한 일부 소비자집단과 충성도가 높은 다수의 소비자집단으로 구분되어 있는 현상은, 지역시장에서 시장지배적 지위를 누리고 있는 지역업체의 가격전략에 커다란 영향을 줄 수 있다. 즉, 충성도가 낮은 소수의 집단을 포기하고 충성도가 높은 다수의 집단을 상대로 높은 가격을 책정하는 전략을 택할 수 있다. 이러한 고가격책정 전략의 가능성은 이하의 지리적 시장 획정의 경제분석에 있어서 매우 중요한 의미를 지닌다.

3. 무학–대선 기업결합 관련 지리적 시장획정을 위한 임계매출 감소 분석

시장획정은 기업결합의 경쟁제한 효과분석의 출발점이다. 시장의 범위가 좁게 획정될수록, 관련 기업들의 시장점유율이 높아지고 시장지배력의 보유가능성은 커진다. 따라서, 일반적으로 경쟁당국은 좁은 시장획정을 통해 경쟁제한성을 입증하려 하고, 피심사기업은 시장이 보다 넓게 획정되어야 한다고 주장한다.[7]

1) 경쟁정책 목적상의 시장획정 원칙으로서 SSNIP Test

공정거래법 제2조 제8호에서는 지역시장의 범위를[8] "거래의 … 지역별로 경

---

7) 물론 역의 경우도 있을 수 있다. 예컨대 2005년 하이트–진로 혼합 기업결합의 경우에는 결합 상품들이 별개의 시장으로 획정되는 것이 결합기업 입장에서 오히려 유리하다.
8) 관련 시장은 상품시장과 지리적 시장의 두 측면이 있다. 무학–대선의 기업결합과 관련하여

쟁관계에 있거나 경쟁관계가 성립될 수 있는 분야"라고 정의하고, 기업결합심사 기준에서는 이를, "다른 모든 지역에서의 당해 상품의 가격은 일정하나 특정지역 에서만 상당기간 어느 정도 의미 있는 가격인상이 이루어질 경우 당해 지역의 대표적 구매자가 이에 대응하여 구매를 전환할 수 있는 지역 전체"로 구체화하 고 있다.[9] 공정위의 이러한 시장획정 원칙은 미국 및 EU를 비롯한 여러 나라의 경쟁정책 당국에서 채택하고 있는 'SSNIP Test' 원칙과 사실상 같다. 우리나라의 기업결합 심사기준상의 '상당기간 어느 정도 의미 있는 가격인상'이 바로 SSNIP, 즉 '작지만 의미있고 일시적이지 않은 가격인상(small but significant and nontransitory increase in price)'을 의미하기 때문이다.

SSNIP Test에 따른 시장획정의 방법은 미국 법무부 반독점국이 1982년에 제 시한 수평적 기업결합 심사지침(Horizontal Merger Guidelines)에서 처음 체계적으로 소개되었다. U.S. DOJ and FTC(1992)에 의거해서, 이 방법을 소개하면 다음과 같다. 경쟁정책당국이 기업결합의 경쟁제한성을 평가하기 위해서는 먼저 경제적 으로 의미있는 시장(economically meaningful markets), 즉 독점력을 행사할 수 있는 시장(markets that could be subject to the exercise of market power)을 설정해야 한다. 상품시장이 정의되면, 지역시장은 해당지역에서 현재와 미래에 그 상품의 유일 한 생산자인 가상적인 독점기업(a hypothetical monopolist)을 상정하여, 그 밖의 다 른 지역에서 생산되는 모든 상품들의 판매조건이 일정한 상황에서, 그 가상적인 독점기업이 '작지만 의미있고 일시적이지 않은' 가격인상을 통하여 이윤을 높일 수 있는 지역범위로 정의된다. 즉, 기업결합에 영향을 받는 지역시장을 획정하는 데 있어서, 경쟁정책당국은 결합기업의 지리적 소재지에서 출발하여, 그 지역의 해당 상품의 가상적 독점생산 기업이 '작지만 의미있고 일시적이지 않은' 가격인 상을 실행할 경우를 상정한다. 만약, 구매자들이 그러한 가격인상에 반응해서 그 지역 밖에서 생산된 상품으로 구매를 전환하고 그에 따라 그 지역에서의 상품매 출이 상당히 감소해서 가상적 독점기업이 이윤을 높일 수 없다면, 경쟁당국은 지

핵심적인 쟁점은 지역시장이므로, 이하에서는 지역시장의 관점에서 논의한다. 그러나 이러한 논의는 상품시장의 획정에 대해서도 대부분 적용될 수 있다.

9) 공정위 고시 제1999-2호 참조. 이러한 관련 시장의 정의는 현재까지 – 2017.12.20. 개정 기 업결합 심사기준 고시 제2017-22호에서도 – 그대로 유지되고 있다.

역시장의 범위를 구매가 전환되는 인근의 대체 지역을 포함하여 확대한다. 적절한 지역시장의 범위는, 이러한 가격인상 시험을 반복적으로 행해서 지역적 범위를 확장해 나갈 때, 가상적 독점기업이 SSNIP의 가격인상을 통해서 이윤을 높일 수 있는 최소범위의 지역이 된다. European Commission(1997)이 제시하는 시장획정 방법도 이와 동일하다.[10]

우리나라 공정위의 기준 역시 크게 보면 이에 준한다고 할 수 있다. 우리나라의 경우 '대표적 구매자'의 관점에서 SSNIP에 대응한 구매전환가능 최대범위의 지역으로 표현하고 있는데, 이는 실제적으로 '가상적 독점기업'의 관점에서 보면, SSNIP을 통한 이윤제고가능 최소범위의 지역과 마찬가지라고 볼 수 있기 때문이다.[11]

일반적으로, SSNIP Test에서는 '작지만 의미있는' 가격인상률은 5~10%로, '일시적이 아닌' 기간은 예견가능한 범위의 상당한 기간으로 상정한다. U.S. DOJ and FTC(1992)는 SSNIP의 일반적인 실용기준으로서 '예견가능한 미래의 기간 동안 지속되는 5%의 가격상승(a price increase of five percent lasting for the foreseeable future)'을 이용한다. 한편, European Commission(1997)의 실용적인 기준은 '가상적인 소폭의(5~10% 범위 내의) 영구적인 상대가격 상승(a hypothetical small (in the range 5~10%), permanent relative price increase)'이다.

그러나, 이하에서 살펴보겠지만, 상황에 따라서 SSNIP Test을 위해 고려하는

---

10) 미국의 1982년 수평적 기업결합 심사지침의 도입이래로 EU 및 유럽 각국이 SSNIP Test 방법을 채택하게 된 역사적 과정에 대해서는 Werden(2003)를 참조.

11) 그러나 좀 더 면밀하게 고찰하면, 우리나라의 경우처럼 소비자관점에서 구매전환 가능성을 기준으로 획정된 시장범위가 미국과 EU에서와 같이 생산자관점에서 이윤제고 가능성을 기준으로 획정된 시장범위보다 더 클 수 있다. 그 이유는 대체효과와 가격효과의 차이 때문이다. 대표적 구매자 관점에서 시장은 밀접한 대체재들로 획정되므로 대체효과만 고려된다. 반면, 가상적 독점기업의 관점에서는 대체효과뿐만 아니라 소득효과를 포함하는 전체 가격효과가 고려된다. 예컨대, 대표적 구매자 관점에서 모든 밀접한 대체재를 포함하는 시장범위가 주어져 있다고 하면, 이 시장의 가상적 독점기업은 SSNIP의 가격인상을 통해 이윤을 증가시키지 못 할 수 있다. 그 이유는 비록 대체효과는 작다고 할 지라도, 정상재의 경우 음의 소득효과로 인해서 가격인상 시에 매출이 크게 감소할 수도 있기 때문이다. 이 경우 가상적 독점기업의 관점에서 시장의 범위를 더 확대해야 할 수도 있는 것이다. 그러나 실제 적용에 있어서는 우리나라의 공정위도 전체 가격효과를 고려한다고 볼 수 있기 때문에 실제적 차이가 없다고 할 수 있다.

가격인상률이 반드시 5∼10%로 한정되지 않는다. U.S. DOJ and FTC(1992)는 이를 보다 명시적으로 다음과 같이 밝히고 있다. *"작지만 의미있고 일시적이 아닌" 가격상승의 효과를 객관적으로 결정하는 데 있어서, 경쟁정책당국은 대개의 경우에는 예견가능한 미래의 기간동안 지속되는 5%의 가격상승을 이용할 것이다. 그러나, 무엇이 "작지만 의미있고 일시적이 아닌" 가격상승이냐는 산업의 성격에 의존할 것이고, 경쟁정책당국은 때때로 5%보다 크거나 작은 가격상승을 이용할 수도 있다."* 실제 소송에서 10%를 넘는 가격인상을 고려하는 경우가 있었다. 예컨대, U.S. v. Mercy Health Services에서 법정은 시장상황을 고려해서 20∼35%의 SSNIP Test를 고려하였다.[12]

일반적으로, 5∼10% 정도의 소폭의 가격인상을 고려하는 이유는 무엇인가? 그 이상의 대폭적 가격상승이 있을 경우에는 대개의 경우 대다수 소비자들의 구매이전으로 말미암아, 가상적인 독점기업이 이윤을 올릴 수 없을 것이다. 예컨대, SSNIP Test를 위해서 15%의 가격인상을 고려하면, 거의 모든 소비자들의 구매이전으로 가상적 독점기업이 이윤을 높일 수 없을 것이기 때문에 시장범위를 구매전환의 대상이 되는 지역을 포함하는 것으로 확장해야 된다고 판정할 수 있다. 즉, 높은 수준의 SSNIP를 고려하면, 지역시장을 넓게 획정하는 방향으로 편향된 판정을 내리게 되는 경향이 있다.

그러나, 소비자집단이 가격변화에 민감한 일부의 소비자집단과 지역제품에 대한 충성도가 강한 대다수의 소비자집단으로 구성되어 있는 경우에는, 일반적으로 확장편의(broadening bias)가 있는 10% 이상의 높은 가격상승률을 이용해도 지역시장으로 제한해야 한다는 결론에 이를 수 있다. 그리고, 경쟁정책 목적의 시장획정의 본래 취지가 독점이 되면 가격인상과 같은 독점력의 행사가 우려되는 시장의 식별하는 데 있다는 것에 비추어 볼 때, 이러한 경우 10% 이상의 SSNIP를 고려하는 것은 지극히 당연하다. 이를 살펴보기 위해서, 다음과 같은 가상적인 지역시장의 상황을 상정해 보자.

한 지역시장에 100명의 소비자가 존재하고, 각 소비자는 그 상품을 1개만 소비한다고 하자. 현재의 상품가격은 1,000원이고, 단위당 비용은 700원이다. 즉,

---

12) US District Court(1995.10.27). Werden (2003) 참조.

마진율이 30%이다. 현재 가격에서 100명의 소비자는 모두 지역상품을 구입하고 있다. 그런데, 이 지역의 소비자가 두 그룹으로 구성되어 있다. 20명의 소비자는 지역브랜드에 대한 애착이 크지 않은 사람들로서, 다른 지역의 상품가격은 그대로인 상황에서, 이 지역의 상품가격이 5% 정도만 올라도 다른 지역 상품으로 구매전환을 한다. 반면에, 80명의 소비자는 이 지역상품에 대한 강한 애착 때문에 — 그 이유가 익숙해진 입맛, 광고에 의해 형성된 브랜드 이미지, 지역정서 등 무엇이든지 간에, 지역 상품가격이 30%를 넘어서 크게 오르기 전에는 이 지역상품을 고집한다고 하자.

이러한 상황에서 이 지역의 독점기업은 5%의 가격인상으로는 이윤을 높일 수 없다. 그러나, 10%, 15%, 30%의 가격인상으로는 이윤을 높일 수 있다. 이 지역의 독점기업의 현재의 이윤은 다음과 같이 30,000원이다:

$$현재\ 가격하의\ 이윤 = (1,000원 - 700원) \times 100명 = 30,000원.$$

가격을 5% 인상하면 충성도가 낮은 20명의 소비자가 구매전환을 하고 충성도가 높은 80명만 계속 구입하므로, 이윤은 28,000원으로 감소한다:

$$5\%의\ 가격인상시의\ 이윤 = (1,050원 - 700원) \times 80명 = 28,000원.$$

그러나, 가격이 10%, 15%, 30%로 더 인상되어도 충성도가 높은 80명은 계속 구매하므로, 이윤은 증대된다:

$$10\%의\ 가격인상시의\ 이윤 = (1,100원 - 700원) \times 80명 = 32,000원,$$
$$15\%의\ 가격인상시의\ 이윤 = (1,150원 - 700원) \times 80명 = 36,000원,$$
$$30\%의\ 가격인상시의\ 이윤 = (1,300원 - 700원) \times 80명 = 48,000원.$$

따라서, 이윤극대화를 목표로 하는 가상적인 독점기업은 당연히 30%까지 가격을 인상할 것이다.

이러한 상황에서 SSNIP를 5%의 낮은 가격 상승만을 고려하여, 이에 반응한 20%에 이르는 소비자들의 다른 지역상품으로 구매이전으로 말미암아 이윤을 높일 수 없다고 해서, 이 지역을 가상적 독점기업이 독점력을 행사할 수 없는 시장으로 보고 지역시장을 확장하는 것은 타당하지 않다. 가상적인 독점기업은 오히려 10~30%의 높은 수준의 가격인상을 통해 이윤을 높일 수 있기 때문이다.

SSNIP Test의 기본 정신은, 어떤 지역적 범위가 하나의 지역시장으로 정의되기 위해서는 가상적 독점기업이 이윤증대를 위해서 현재의 가격수준으로부터 '작지만 의미있고 일시적이지 않은' 가격인상을 감행할 수 있어야 한다는 것이다. 따라서, 고려해야 하는 가격인상수준을 일률적으로 5%의 수준으로 한정하는 것은 타당하지 않다. SSNIP의 기본 정신에 비추어 볼 때, 5%가 아닌 10%, 15%, 30%, 혹은 그 이상의 가격인상이 가능하다면, 독점적 가격인상능력의 행사대상으로서의 지역시장의 성립은 더욱 더 강하게 인정되어야 할 것이다.

2) SSNIP Test의 실제적 방법으로서 임계매출감소 분석

각국의 경쟁정책 집행기관이 기업결합심사 목적의 시장획정의 기준으로 채택하고 있는 SSNIP Test 방법을 실제의 기업결합사건에서 체계적으로 적용하는 방법으로서 개발된 것이 임계매출감소 분석(Critical Loss Analysis)이라고 할 수 있다. 임계매출감소 분석은 Harris and Simons(1989)에 의해 처음 소개된 이후, 미국의 DOJ나 FTC내의 경제학자들과 기업결합 심사대상인 피심기업들을 대변하는 전문가들 양측에서 모두 활발하게 이용되어 왔다. 이러한 몇 가지 사례를 제시하면, FTC v. Tenet Health Care[186 F.2d 1045(8th Cir, 1999)], U.S. v. Mercy Health Services[902 F.Supp.968(N.D. Iowa 1995)], California v. Sutter Health System[130 F. Supp. 2d 1109(N.D. Cal. 2001)], U.S. v. SunGuard Data Sys., Inc. [172 F. Supp. 2rd 172 n.21(D.D.C. 2001)], FTC v. Swedish Match[131 F. Supp. 2rd 151(D.D.C. 2000)] 등이 있다. 특히, Swedish Match 사례에서는 원고와 피고 양측 모두 임계매출감소 분석에 의거한 시장획정방식을 제안하였고, 법정은 이를 검토한 후 독자적인 임계매출감소 분석을 행하여서 가상적 독점기업의 가격상승을 통한 이윤제고가 가능할 것임으로 판정하였다.[13]

임계매출감소 분석의 기본 아이디어는 간단하다. 가격인상 시에 이윤이 증가하는가 감소하는가는 가격인상에 따른 매출감소가 어느 정도이냐에 달려 있다. 해당지역의 가상적인 독점기업이 가격을 $X-\%$ 인상하였을 때, 매출이 얼마나

---

13) 이들에 대한 소개는 Katz and Shapiro(2003)와 Werden(2003)을 참조.

감소하면 이윤이 감소하는가를 따져본다. '$X-\%$ 가격인상에 상응하는 임계매출감소율(critical loss for X-% price increase)'이란 바로 $X-\%$ 가격인상시에 이윤감소를 야기하지 않는 매출감소율 중의 최대치로 정의된다.[14] 즉, $X-\%$ 가격인상에도 이윤손실을 보지 않고 버텨낼 수 있는 매출감소율의 임계치를 말한다. 임계매출감소율을 이용한 시장획정의 방법은 다음 표에 요약되어 있다.

표 1-4 임계매출감소 분석의 틀

SSNIP의 가격인상 시의 실제 매출감소율 <
SSNIP의 가격인상에 상응하는 임계 매출감소율

$\Rightarrow$ SSNIP의 가격인상을 통한 이윤제고 가능
  즉, 지역시장의 범위를 확대할 필요가 없음

만약 SSNIP하에서 실제매출감소율(actual loss)이 임계매출감소율(critical loss)보다 작다면 가상적인 독점기업은 SSNIP를 통해서 이윤을 높일 수 있고, 시장범위를 확대할 필요가 없다. 왜냐하면, $X-\%$의 가격인상 시에 대표적인 소비자가 구매전환을 많이 하지 않아서 가상적인 독점기업이 이윤을 높일 수 있다는 것은 해당 지역제품과 유의한 경쟁관계에 있는 인근 지역제품이 없다는 것을 의미하기 때문이다. 그러나, 반대로 실제의 매출감소가 임계 매출감소보다 크다면 가상적 독점기업은 해당지역에서 SSNIP를 통해서 이윤을 높일 수 없고, 시장범위는 확대되어야 한다.[15] 왜냐하면, 가격인상에 따라서 소비자들의 구매전환이 상당히 일어난다는 것은 구매전환의 대상이 되는 인근 지역제품이 해당 지역제품과 유의한 경쟁관계에 있다는 것을 의미하고, 따라서 인근지역도 지역시장의 범위에 포함되어야 하기 때문이다.

따라서, 임계매출감소 분석에 의거한 시장획정은, 기업결합 당사자들의 지역시장에서 출발해서, SSNIP의 가격인상시의 실제 매출감소율이 임계 매출감소율보다

---

14) 이를 뒤집어 말하면, 이윤감소를 야기하는 매출감소율 중의 최소치가 된다.

15) 임계매출감소 분석에서 가격인상에 따른 매출감소율을 가격에 대한 수요탄력성으로 재해석하면 임계탄력성 분석(Critical Elasticity Analysis)이 된다.

크면 구매전환이 일어나는 주변의 지역시장을 더하여 가는 과정을 반복적으로 적용하는 방법이다. 그리고 적절한 시장범위는 이러한 분석에 따라서 지역시장 범위를 더 이상 확대할 필요가 없는 최소의 시장범위(smallest market)가 된다.

그러면, $X-\%$ 가격인상에 상응하는 임계 매출감소율은 무엇에 의존하는가? 일단, 고려하는 가격인상률 X가 높아지면, 자연히 이윤감소를 야기하지 않는 임계 매출감소율은 높아질 것이다. 고려하는 가격인상률 X 이외에 임계 매출감소율을 결정하는 또 하나의 주요한 변수는 가격－비용의 마진(margin)이다. 단위당 가격을 P, 한계비용(marginal cost)을 C라면, 마진율(gross margin)은 $M = \dfrac{P-C}{P}$으로 정의된다. 매출 1 단위당 마진이 클수록 매출감소에 따른 이윤감소가 커질 것이므로, 주어진 가격인상률에 대해서 이윤감소를 야기하지 않는 임계 매출감소율은 작아질 것이다.

임계 매출감소율(critical loss)을 CL이라고 할 때, 고려하는 가격인상률 X와 마진율 M에 따라서 다음과 같은 공식으로 유도된다:

$$CL = \frac{X}{X+M}.$$ 식 1-1

이 관계는 다음과 같은 간단한 분석을 통해서 유도된다.[16] 먼저 가격변화 Δp에 수반되는 이윤 변화는 다음과 같이 표시된다:

$$\Delta\pi = \underbrace{\Delta p(Q-\Delta Q)}_{\text{가격상승의 이윤증대 효과}} - \underbrace{(p-c)\Delta Q}_{\text{가격상승에 따른 매출감소의 이윤감소 효과}}$$ 식 1-2

위 식에서 $\Delta\pi = 0$로 놓고, 양측을 pQ로 나누어 주고 난 뒤 조작하면 다음과 같다:

$$\frac{\Delta p(Q-\Delta Q)}{pQ} - \frac{(p-c)\Delta Q}{pQ} = 0$$

$$\Leftrightarrow \frac{\Delta p}{p} - \frac{\Delta p}{p}\frac{\Delta Q}{Q} - \frac{p-c}{p}\frac{\Delta Q}{Q} = 0$$

$$\Leftrightarrow X - (X+M)CL = 0.$$

---

16) Church and Ware(2000, pp. 608-609), O'Brien and Wickelgren(2003) 참조.

<식 1-1>은 위 식을 CL에 대해서 푼 것이다.

앞의 공식을 적용하면, 가격상승률 X 및 마진율 M에 따라서 임계 매출감소율 CL은 다음과 같이 변화한다.

표 1-5 가격상승률과 마진율에 따른 임계매출감소율의 변화

	$M=10\%$	$M=20\%$	$M=30\%$	$M=40\%$
$X=5\%$	33.3%	20.0%	14.3%	11.1%
$X=10\%$	50.0%	33.3%	25.5%	20.0%
$X=20\%$	66.7%	50.0%	40.0%	33.3%
$X=30\%$	75.5%	60.0%	50.0%	42.9%

임계매출감소 분석은 주어진 가격상승률에 대해서 이처럼 구해진 임계매출감소율과 추정된 실제의 매출감소율을 비교하는 것이다.

요컨대, 임계매출감소 분석은 SSNIP Test의 실제적 방법론으로서 기업결합과 관련한 시장획정에 통용되는 방법이라 할 수 있다. 그러나, 올바른 시장획정을 위해서는 이 분석의 적용에 적절한 주의가 필요하다. 앞서 지적한 대로, 지역시장이 이질적인 두 그룹 – 예컨대, 가격인상에 민감하게 반응하는 소비자군과 지역상품에 대한 충성심이 강한 소비자군으로 구성되어 있는 경우에는 5% 수준의 가격인상뿐만 아니라 그보다 높은 수준의 가격인상도 고려해야 한다는 점이다.

3) 임계매출감소 분석에 의거한 지리적 시장획정

무학 – 대선 기업결합과 관련한 희석식 소주의 시역시장의 범위로서 부산 및 경남 지역이 적절한가를 판단하기 위해서는, 이 지역시장에서의 다양한 수준의 SSNIP에 대해서 임계매출감소율과 실제매출감소율을 추정 비교해야 한다.

마진율과 임계매출감소율의 추정

먼저, 임계매출감소율을 산정하기 위해서는 마진율을 구해야 한다. 경제학적인 의미의 마진율은 가격과 한계비용과의 차이를 말한다. 그러나, 실제의 분석에서는 측정상의 어려움 때문에 한계비용(marginal cost) 대신에 평균가변비용(average variable cost)을 이용하는 것이 보통이다:

$$M - \frac{\text{가격} - \text{한계비용}}{\text{가격}} \cong \frac{\text{가격} - \text{평균가변비용}}{\text{가격}} .$$

가변비용이란 매출변화에 따라 변동가능한 비용으로서, 매출과 무관하게 지불되는 고정비용을 포함하지 않는다. 회계 자료를 이용해서, 이러한 마진율을 근사적으로 구하는 방법은 다음과 같다:

$$M - \frac{\text{매출액} - \text{재료비, 인건비 등의 가변비용}}{\text{매출액}} .$$

손익계산서상의 매출액으로부터 여러 유형의 비용들을 공제한 이익개념들 중에서 임계매출감소 분석에 적용되는 마진율을 추정하는데 기초가 되는 것은 영업이익이라고 할 수 있다. 무학과 대선의 2002년(2002.1.1～2002.12.31) 손익계산서상의 영업이익은 <표 1-6>과 같다.[17] 부산 및 경남지역의 가상적인 독점기업의 손익계산서는 무학과 대선의 관련항목의 합계에 의해서 작성된다고 볼 수 있다.

표 1-6 2002년 무학과 대선의 손익계산서   (단위 백만원, %)

	무학	대선	무학+대선
매출액 (A)	78,432	75,283	153,715
매출원가 (B)	42,868	38,809	81,677
판매비와 관리비 (C)	17,548	12,864	30,412
영업이익 (A-B-C)	18,016	23,610	41,625
영업이익율 ((A-B-C)/A)	23.0%	31.4%	27.1%

자료: 각 사의 사업보고서

---

17) 본 분석에서는 무학의 대선 주식취득 시점인 2002년의 자료를 이용하였다. 그러나, 2001년이나 2003년의 자료를 이용해도 큰 차이가 없다.

매출원가와 판매비와 관리비에는 매출변동에 따라서 변화시킬 수 없는 고정
비용을 포함하고 있기 때문에 영업이익률을 우리의 분석 목적상의 마진율로 추
정하기는 어렵다. 마진율을 제대로 추정하기 위해서는 매출원가 및 판매비와 관
리비에서 고정적 비용항목을 공제한 가변비용을 계산하여, 이를 매출액에서 차
감하여야 한다. 먼저, 매출원가 중에서 고정비용적 성격의 항목은 '임차료'와 '감
가상각비'라고 할 수 있다. 판매비와 관리비의 항목들 중에서는 매출액이 감소해
도 조정할 수 없는 고정비용적 항목들로 '임차료', '감가상각비', '무형자산상각
비', '세금과공과', '보험료', '제회비' 등이 있다. 이러한 고정비용을 차감하여 가변
비용을 계산한 후, 2002년의 무학과 대선의 마진율을 추정해 보면 <표 1-7>과
같다.

고정비용 항목을 고려하여 추정된 마진율 31.9%는 손익계산서상의 영업이익
율 27.1%보다 높다.

표 1-7 2002년 무학과 대선의 마진율   (단위 백만원, %)

	무학	대선	무학+대선
매출액 (A)	78,432	75,283	153,715
가변 매출원가 (B')	39,996	36,616	76,612
가변 판매비와 관리비 (C')	16,173	11,870	28,043
마진율 ((A-B'-C')/A)	28.4%	35.6%	31.9%

자료: 각 사의 사업보고서

마진율 M과 가격상승률 X가 주어지면, 임계매출감소율 CL은 앞서 소개한
공식 $CL = \dfrac{X}{X+M}$에 의해서 구해진다. 마진율의 추정치가 $M=31.9\%$이므로,
이하의 분석에서 고려하는 가격상승률인 5%, 10%, 15%, 30%에 상응하는 임계
매출감소율은 다음과 같다.

표 1-8 추정된 마진율 31.9%에 상응하는 임계매출감소율

	$X=5\%$	$X=10\%$	$X=15\%$	$X=30\%$
임계매출감소율	13.6%	23.9%	32.0%	48.5%

실제매출감소율의 추정 및 지리적 시장획정

부산 및 경남지역에서 소주의 가격변화에 따라 실제의 매출변화가 어떻게 나타나는가를 추정하는 데 있어서 바람직한 방법은 실제의 시장자료를 이용하는 것이다. 그러나, 소주제조회사들의 출고가격이 매년 비슷한 시기에 한두 차례 – 주로 1월과 6월에 함께 인상되는 연동 현상을 보이기 때문에[18] 과거의 시장자료를 이용해서 수요함수의 형태 및 가격변화에 따른 수요의 탄력성을 의미있게 추정하는 것은 사실상 불가능하다.

시장자료를 이용한 의미있는 통계적 분석이 어려울 경우 현실적인 대안은 공신력있는 서베이 조사기관에 의해 수집된 자료를 분석하는 것이다. 본 연구에서는 2004년 4월 한국갤럽(2004)이 부산, 경남 지역 소비자들을 대상으로 시행한 소주 제품선택에 관한 설문조사결과를 이용하여, 가격상승에 따른 소비자들의 구매전환과 상응하는 실제 매출감소율을 추정하였다. 조사대상지역은 부산과 경남의 일부 지역이다. 부산은 대선의 거점지역이고, 부산에 인접한 양산은 대선이 지배적 지위를 점하는 지역이다. 한편, 김해는 대선과 무학의 경합지역이고, 마산은 무학이 지배적 지위를 점하는 지역이다.

본 분석에서는 부산과 경남지역을 통합하여 분석한다. 본건의 주요 이슈는 관련된 지역적 시장의 범위가 부산, 경남 각각 별개의 시장인가 통합된 하나의 시장인가가 아니고, 지역시장이 전국적으로 확장되어야 하는지 여부이다. 만약 SSNIP Test를 통해서 부산과 경남의 통합시장에 SSNIP를 통해 이윤을 높일 수 있다면, 전국적 시장으로의 확대는 불필요한 것이 된다. 무학 – 대선 결합의 경쟁제한성은, 관련된 지역시장이 전국적 시장이 아니라면, 부산과 경남이 별개시장이건 통합시장이건 관계없이 매우 심각하게 된다.

이유가 소비자들의 길들여진 입맛이든 지역정서이든 간에, 소비자들이 브랜드 충성도에 있어서 이질적인 그룹들로 구분될 때에는, 앞서 지적한 대로 SSNIP 검증의 가격인상을 5% 수준에 한정해서는 안 되고 그보다 높은 수준의 가격인상도 고려해야 한다. 따라서, 이하에서는, 5%, 10%, 15%, 30%의 가격인상 수준에

---

18) 앞의 <표 1-2> 참조.

대하여 실제 매출감소율을 추정하고, 임계매출감소 분석을 행하여 본다.

가격인상 시의 구매전환 의향에 대한 조사결과로부터 예상되는 실제 매출감소율을 추정하기 위해서는 응답자의 주량에 따라 가중치를 부여하여 구매전환의 향비율을 조정할 필요가 있다. 응답자의 주량이 "1병 또는 그 이하"인 경우는 1로 가중치를, "2~4병"은 3으로, "5~7병"은 6으로, "8병 이상"은 9로 가중치를 부여하여 가중 구매전환 비율을 산정하여, 이를 실제의 매출감소율의 추정치로 간주한다.

영업점과 소매점 자료를 이용하여 SSNIP 수준의 가격인상에 대한 실제매출감소율을 추정한 후에 이를 임계매출감소율과 비교해서, 만약 해당 지역의 가상적 독점기업이 SSNIP의 가격인상을 통해 이윤을 증대시킬 수 있다면 지역시장은 더 이상 확장할 필요가 없게 된다. 이하에서는 음식점과 주점과 같은 영업점 자료를 이용한 분석 결과를 제시한다.[19]

영업점의 경우 5%의 가격인상 시에 예상되는 실제 매출감소율을 추정하면 다음과 같다. <표 1-9>에서 가중 응답자수는 응답자수에 가중치를 곱해 준 것이고, 가중 구매전환 응답자수는 가중 응답자수에 구매전환비율을 곱해 준 것이다. 가중 구매전환비율은 각 주량별로는 전환비율과 마찬가지이지만, 전체에 대해서는 가중 응답자수의 전체 합 4,400에서 가중 구매전환 응답자수의 전체합 643의 비율로서 14.6%가 된다. 이처럼 가중 구매전환비율 14.6%가 단순 구매전환비율 16.4%보다 낮게 되는 이유는, 주량이 많은 사람들의 구매전환비율이 주량이 작은 사람보다 낮기 때문이다. 즉, 가중치를 부여함으로써 단순 구매전환비율이 가질 수 있는 과대추정 혹은 과소추정의 편의(bias)를 교정할 수 있게 된다.

마진율의 추정지 31.9%를 이용하여, 5%의 가격인상에 대한 임계매출감소율을 구하면 <표 1-8>의 13.6%이다. <표 1-9>에서 구해진 실제매출감소율이 14.6%로 임계치인 13.6%를 넘기 때문에, 일견 지역시장을 전국적으로 확장할

---

19) 소주의 경우 영업점과 소매점을 통한 판매 비중은 대체로 비슷한 편이다. 소매점 자료를 이용한 분석 결과도 질적으로 크게 다르지 않다. 분석 당시의 소주 판매가격은 보통 영업점의 경우 3,000원, 소매점의 경우 1,000원 정도였다.

표 1-9 영업점 가격 5% 인상 시의 실제매출감소율 추정

	응답자수	가중응답자수	구매전환 비율	가중구매전환 응답자수	가중구매전환 비율
1병 이하	311	311(311×1)	20.9%	65	20.9%
2~4병	209	627(209×3)	14.4%	90	14.4%
5~7병	121	726(121×6)	16.5%	118	16.5%
8병 이상	304	2,736(303×9)	13.2%	361	13.2%
전체	945	4,400	16.4%	643	14.6%

필요성이 있어 보인다. 그러나, 앞에서 강조한 대로, 소비자들이 지역제품에 대한 충성도가 낮은 일부의 소비자집단과 충성도가 높은 다수의 소비자집단 두 그룹으로 나누어져 있다면, 가상적인 독점기업은 충성도가 낮은 그룹을 포기하고 충성도가 높은 그룹을 대상으로 높은 가격인상을 시도할 수 있다. 이하의 분석에서는 가상적인 독점기업이 높은 수준의 가격인상을 통해서 이윤을 증대할 수 있는지를 살펴본다.

10%의 가격인상 시에 예상되는 매출감소율은 19.9%이다. 10%의 가격인상을 고려할 때에 <표 1-8>에서 보듯이 추정된 마진율 31.9%에 대한 임계 매출감소율이 23.9%이므로, 이 경우 가상적인 독점기업은 10%의 가격인상을 감행할 것이다. 따라서, <표 1-4>에 제시된 임계매출감소 분석 틀에 따르면, 지역시장은 전국적으로 확장될 필요가 없다.

15%의 가격인상시 예상되는 매출감소율은 23.2%이다. 반면, <표 1-8>의 임계 매출감소율은 32.0%로서 이 값보다 높다. 즉, 가상적인 독점기업은 15%의 가격인상을 통해서 이윤을 높일 수 있다. 이는, 15%의 SSNIP를 고려할 경우에도, 지역시장의 범위를 전국적으로 확장할 필요가 없다는 것을 의미한다.

표 1-10 영업점 가격 10% 인상 시의 실제매출감소율 추정

	응답자수	가중응답자수	구매전환 비율	가중구매전환 응답자수	가중구매전환 비율
1병 이하	311	311(311×1)	26.0%	81	26.0%
2~4병	209	627(209×3)	21.1%	132	21.1%
5~7병	121	726(121×6)	21.5%	156	21.5%
8병 이상	304	2,736(303×9)	18.5%	506	18.5%
전체	945	4,400	21.9%	875	19.9%

표 1-11 영업점 가격 15% 인상 시의 실제매출감소율 추정

	응답자수	가중응답자수	구매전환 비율	가중구매전환 응답자수	가중구매전환 비율
1병 이하	311	311(311×1)	31.1%	97	31.1%
2~4병	209	627(209×3)	25.4%	159	25.4%
5~7병	121	726(121×6)	28.1%	204	28.1%
8병 이상	304	2,736(303×9)	20.5%	560	20.5%
전체	945	4,400	25.0%	1,020	23.2%

설문문항의 성격상 20%나 25%의 가격인상에 대한 분석은 적절하지 않다고 판단되어 생략한다. 설문조사에서 '3,600원'으로 가격이 20% 인상된 경우만이 아닌 '3,600원 이상'으로 20% 이상의 모든 수준의 가격인상에 대해서 구매전환의 의향을 묻고 있다.[20] 즉, '3,600원 이상'에서 전환의향을 나타낸 사람들 중에는

---

20) 한국갤럽 (2004)의 설문조사는 원래 임계매출감소 분석을 염두에 두고 시행된 것이 아니었다. 따라서 본 분석 목적으로 설문결과를 이용하는 데 있어서 이러한 어려움이 있었다. 2005년 하이트-진로 기업결합과 관련한 시장획정을 위한 설문조사에서는 보다 정확한 분석을 위해서 소주나 맥주이 가격이 X% 인상될 때 응답자가 해당 주류로부터 다른 주류로 음용량을 얼마나 변화시킬 것인가를 보다 직접적으로 물었다. 설문문항을 하나 예시하면, "만약 소주를 제외한 다른 주류의 가격은 변화가 없고, 소주 가격만 5% 정도 올라서 음식점이나 술집에서는 1병에 현재 3,000원에서 3,150원, 일반 소매점에서는 1,100원에서 1,160원 정도로 올려 받는다면 ○○님께서는 평소 한 달에 드시던 소주의 음용량에 어떤 변화가 있을 것 같습니까?"이다.

표 1-12 영업점 가격 30% 인상 시의 실제매출감소율 추정

	응답자수	가중응답자수	구매전환 비율	가중구매전환 응답자수	가중구매전환 비율
1병 이하	311	311(311×1)	44.3%	138	44.3%
2~4병	209	627(209×3)	38.3%	240	38.3%
5~7병	121	726(121×6)	46.3%	336	46.3%
8병 이상	304	2,736(303×9)	29.4%	804	29.4%
전체	945	4,400	37.4%	1,518	34.5%

20%의 가격인상 시에 바꾸겠다는 사람들도 있지만, 25%, 30%, 35%, 40%의 가격인상시에야 바꾸겠다는 사람들도 포함되어 있기 때문이다.

30%의 가격인상 시에도 20% 이상의 가격인상 시에 구매전환을 한다고 응답한 모든 소비자가 구매전환을 한다고 가정하는 것은 구매전환을 약간 과대추정할 수 있지만, 그 정도가 심하지 않을 것으로 보아 아래에서는 이를 가정하고 분석한다.

30% 가격상승 시에 추정된 매출감소율을 34.5%이다. 반면에 <표 1-8>에서 확인하듯이, 30%의 가격인상시의 임계적 매출감소율은 48.5%로서 이보다 훨씬 큰 값을 가진다. 즉, 가상적 독점기업은 30%의 가격인상을 통해 이윤을 높일 수 있고, 지역적 시장범위를 전국적으로 확장할 필요는 없다.

이상의 임계매출감소 분석(Critical Loss Analysis)의 결과를 정리하면 다음과 같다.

표 1-13 임계매출감소 분석의 결과

	$X = 5\%$	$X = 10\%$	$X = 15\%$	$X = 30\%$
영업점 자료 이용	N	Y	Y	Y
소매점 자료 이용*	N	Y	Y	Y

주: 소매점 자료를 이용한 임계매출감소 분석 결과도 동일

<표 1-13>에서 Y(Yes)는 해당 가격인상시의 실제매출감소가 임계매출감소보다 작기 때문에, 가상적 독점기업은 가격인상을 통해 이윤을 높일 수 있다는

의미이고 N(No)는 없다는 의미다.

<표 1-13>의 분석결과는 부산 및 경남의 가상적 독점기업은 5%의 가격인상을 통해서는 이윤을 증대할 수 없을지라도, 10%, 15%, 30%의 높은 수준의 가격인상을 통해서 현재의 이윤보다 높은 이윤을 달성할 수 있다는 것을 보여준다. 이는 앞서 논의한 대로, 소비자들이 가격에 민감한 일부 소비자집단과 지역제품에 대한 충성도가 높은 다수의 소비자집단으로 구분되어 있는 경우에는, 가격에 민감히 반응하는 소수의 소비자집단을 포기하고 충성도가 높은 다수의 소비자집단을 상대로 10~30%의 높은 가격인상을 감행할 수 있기 때문이다.

지역시장이 성립한다는 것을 입증하기 위해서는, 이윤극대화를 추구하는 독점기업이 SSNIP에 해당하는 가격인상을 통해서 이윤을 증대시킬 수 있다는 것을 보여주면 된다. 소비자집단이 가격에 민감한 일부와 충성도가 강한 다수로 나뉘는 경우에 적절한 SSNIP는 10% 이상도 포함된다는 것은 앞에서 이미 밝힌 바이다. 영업점이나 소매점 가격 어느 것을 기준으로 하든, 위의 분석결과는 지역시장을 부산과 경남을 넘어서 전국지역을 확장할 필요가 없다는 것을 보여준다. 왜냐하면 10~30%의 가격상승시에 상당수의 소비자들이 다른 지역제품으로 구매전환을 하지 않는다는 사실은 다른 지역사업자들이 부산 및 경남 지역사업자들의 유의한 경쟁자가 되지 못한다는 것을 의미하기 때문이다. 따라서, <표 1-13>의 임계매출감소 분석결과에 따르면, 무학-대선의 결합건과 관련한 소주시장의 지역적 범위는 부산 및 경남지역으로 한정되고 전국적으로 확장되지 않는다는 결론에 도달한다.

또한 이상의 임계매출감소 분석으로부터, 부산 및 경남지역이 소비자들의 가격인상에 민감하게 반응하는 일부 그룹과 높은 수준의 가격인상하에서도 '입맛에 맞는' 혹은 '지역정서가 담겨 있는' 브랜드를 고집하는 다수의 그룹으로 나누어져 있는 경우에는, 이 지역시장에서 독점력을 행사하는 기업은 5%의 낮은 가격인상보다는 15~30%의 높은 가격인상을 통해서 이윤을 높일 수 있다는 것을 확인하였다. 따라서, 무학-대선의 기업결합에 의해 부산 및 경남 시장에서의 독점기업이 탄생하면, 고가격책정 전략을 통한 시장지배력의 남용가능성이 상당할 것으로 예상된다.

4. 평가

임계매출감소 분석방법은 미국과 유럽에서 경쟁정책 집행과정에서 이미 오래 전부터 여러 사례에서 활용되어 왔다. 국내에서는 공정위에 의해 2002년 파리크 라상-삼립식품 기업결합 심사 과정에서 활용된 바 있다. 그러나 이 기업결합으로 인해 관련 상품시장인 제빵시장에서의 점유율이 30%를 넘지 않음으로 해서 경쟁제한성이 없는 것으로 판단되었고, 공정위의 분석 내용 및 결과가 의결 형태로 공표되지 않았다.[21] 따라서 아쉽게도 공정위의 이러한 의미있는 경제분석이 크게 주목받지는 못했다고 할 수 있다.

우리나라에서 임계매출감소 분석이 경쟁정책 목적상의 시장획정 방법론으로 널리 이용되게 된 것은 무학-대선 기업결합을 둘러싼 2004년 서울고등법원의 소송이 계기가 되었다고 할 수 있다. 서울고등법원(2004.10.27, 39쪽)에서는 대선 측 경제분석방법인 *"'임계매출감소분석'은 'SSNIP 방법론'을 실제 사건에서 체계 적으로 적용하는 경제분석으로서 관련 지역시장 획정에 유효 적절한 방법"* 임을 인정하고 있다. 임계매출감소 분석은 특히 2005년의 하이트-진로의 기업결합에 대한 공정위의 경쟁제한성 심사에서는 상품시장 및 지역시장의 획정에 있어서 매우 중요하게 활용되었다.

하이트-진로 기업결합에서는 시장획정과 경쟁제한성을 둘러싼 다양한 이슈들이 제기되었다. 하이트와 진로는 국내 맥주와 소주 산업의 지배적 사업자로서 각각 전국 시장의 50% 이상의 점유율을 보유하고 있었다. 하이트-진로 기업결합은 인수대금이 3.41조원으로 당시로서는 가장 높았을 뿐만 아니라, 맥주시장과 소주시장의 경쟁회사들이 양 기업의 결합을 경쟁제한성을 이유로 강하게 반대하였기 때문에 언론의 큰 주목을 받았다.[22] 반대 측에서는 맥주와 소주가 수요측면에서 밀접한 대체재이기 때문에 기업결합 심사와 관련하여 하나의 상품인 소위

---

21) 공정위(2002.12.18) 의결 및 Yi and Heo(2011)의 각주 41을 참조.
22) 경쟁정책의 전문가들 중에는 경쟁기업들의 반대는 당해 기업결합이 경쟁제한성이 없음을 시사하는 것이라고 말하는 사람도 있다. 이는 기업인수 정보공시 후에 경쟁기업의 주가가 내리면 당해 기업결합이 효율성증대 및 친경쟁적 효과를 가지는 것으로 파악하는 기업인수의 효과에 대한 재무이론, Eckbo(1983)이나 Stillman(1983)과 맥을 같이 하는 것이다.

"대중주(大衆酒)"로 보아야 한다고 주장하였다. 만약 그렇다면, 하이트－진로 기업 결합은 수평적 기업결합으로서 경쟁제한성의 문제가 심각해진다. 한편 맥주와 소주가 서로 다른 상품으로 획정한다면 당해 결합은 혼합결합이 되어서, 비록 한 시장에서의 지배력이 다른 시장으로 전이되는 효과(leverage effects)에 대한 우려 가 제기될 수 있지만 수평결합만큼 경쟁제한성이 심각하지는 않게 된다.[23]

한편 하이트맥주는 하이트주조라는 충북지역의 소주회사를 계열회사로 가지 고 있기 때문에, 하이트－진로 기업결합은 소주시장에서의 수평결합도 내포하고 있다. 하이트주조－진로의 수평결합의 경쟁제한성은 관련 지리적 시장의 범위에 따라 결정된다. 만약 이 건과 관련한 지리적 시장이 충북지역으로 한정된다면, 무학－대선 사례에서와 마찬가지로 지역 독점화를 야기한다. 반면, 하이트주조－ 진로 기업결합과 관련한 지리적 시장의 범위가 충북지역을 넘어서 전국에 가깝 게 확대된다면, 하이트주조의 시장점유율이 미미해지기 때문에 경쟁제한성의 문 제는 사라지게 된다.

하이트－진로 사례에서는 김종민, 박상인, 윤기호, 전성훈(2005)이 하이트 측 의 의뢰에 따른 경제분석을, 류근관, 이상승(2005)이 OB맥주 측의 의뢰에 따른 경제분석을 공정위에 제출하였다. 양측은 하이트－진로 기업결합과 관련한 상품 시장의 획정과 시장지배력의 전이에 따른 경쟁제한성의 심각성에 있어서 커다란 견해의 차이를 보였다. 그러나 시장획정의 방법론으로는 동일한 임계매출감소 분석을 채택하였다. 공정위(2006.1.24)는 적어도 관련 시장의 획정 문제에 있어서 는 김종민, 박상인, 윤기호, 전성훈(2005)의 경제분석과 그 결과를 수용하여, 하 이트－진로 기업결합과 관련한 상품시장을 맥주와 소주 두 시장으로 분리 획정 하여 혼합결합으로 간주하였고 하이트주조－진로 수평결합과 관련한 지리적 시 장범위를 일부 지역(부산-경남-경북-전남-제주)을 제외한 전국으로 획정하였다.[24] 이 에 따라 공정위는 당해 기업결합을 몇 가지 시정조치를 조건으로 승인하였다.

---

23) 한국의 주류 산업에서 소주, 맥주 혼합기업의 경쟁효과에 대한 실증분석은 Chung and Jeon(2014)를 참조.
24) 하이트－진로 기업결합 사례에서 하이트측과 오비측의 시장획정을 위한 임계매출감소 경제 분석의 차이에 대한 좀 더 상세한 논의는 공정위(2006.1.24), 전성훈(2007) 및 Jeon (2016)을 참조.

따라서 하이트 – 진로 기업결합은 우리나라에서 경쟁정책 목적상의 시장획정 방법의 정립이라는 측면에 두 가지 큰 의의를 지닌다. 하나는 우리나라의 경쟁법 집행기관인 공정위가 의결서에 처음으로 임계매출감소 분석 방법을 인용하고 그 유용성을 공인하였다는 것이다. 물론 그에 앞서 서울고등법원 판결에 의해 그 적절성을 인정받은 바 있지만, 이로써 그 중요성은 보다 커지게 되었다. 다음으로 공정위 심의 과정에서 인수기업인 피심인과 인수를 반대하는 경쟁기업 양측에서 동일한 임계매출감소 분석을 채택하여 시장획정의 경제분석 보고서를 제출하였다는 것이다. 동일한 방법론의 적용에도 불구하고 상반된 결과가 도출됨으로써 시장획정을 위한 임계매출감소 분석상의 쟁점들이 부각되었고, 이는 앞으로 이 분석방법의 적용에 있어서 소중한 참고사항이 될 것이다.

이하에서는 무학 – 대선 및 하이트 – 진로 기업결합과 관련한 상품 및 지리적 시장획정을 위한 임계매출감소 경제분석에서 제기된 몇 가지 이슈를 정리하고, 향후의 경쟁정책 목적상의 시장획정 분석에 대한 시사점을 제시하고자 한다.

첫 번째로, 임계매출감소율의 결정적 변수인 마진율 산정 시에 기업의 회계자료를 이용하는 경우 고정비와 가변비 항목의 구분에 있어서 기업결합을 추진하는 피심인과 반대 측 이해관계자, 그리고 그 경쟁제한성을 심사하는 공정위 사이에 커다란 입장 차이가 나타날 수 있다는 점이다. 시장확대를 바라는 측은 고정비 항목을 늘리고, 반대로 시장축소를 기대하는 측은 가변비 항목을 늘리고자 하는 유인이 있다.[25] 이는 고정비가 커질수록 마진율이 높아져서 임계매출감소율이 낮아지기 때문이다. 고정비, 가변비 구분에 있어서 가장 논란이 되고 비중이 큰 항목은 노무비과 광고선전비 관련 항목들이다. 시장확대를 주장하는 측은 매출과 조업수준의 변화에 따라서 1년 정도의 기간 내에 변동이 가능한 비용항목을 가변비로 취급해야 한다는 기준을 제시하여, 노무비와 광고선전비를 고정비로 분류하였다.[26] 그러나 서울고등법원(2004.10.27)과 공정위(2006.1.24)는 가변비, 고정비 분류의 기준이 되는 기간을 독점력이 행사될 수 있는 상당한 기간으

---

25) 일반적으로 수평결합의 경우는 피심인 측이 시장확대를 원하고 반대 측은 시장축소를 원하지만, 하이트 – 진로 사례에서 보듯이 혼합결합의 경우에는 피심인 측이 오히려 시장분리를 원하고 반대 측이 시장통합을 원하기도 한다.

26) 류근관, 이상승(2004, 2005) 참조.

로 간주하여 노무비와 광고선전비를 가변비로 인정하였다.[27] 이러한 법원 판결 및 공정위 의결의 선례는 향후의 경쟁정책 집행에서도, 해당 산업에 특수한 여건의 제시를 통해서 설득력있게 부정되지 않는 한, 일반적인 지침으로 간주될 것으로 예상된다.

두 번째로, 무학─대선 사례에서 마찬가지로 하이트─진로 사례에서도 수요의 가격탄력성 및 가격변화에 따른 실제 매출감소를 추정하는 데 있어서 소비자 구매선택에 대한 서베이 자료가 매우 유용하게 이용되었다. 경제학자들은 수요함수를 추정하는 데 있어서 가능하다면 서베이 자료보다는 과거의 실제자료를 이용하는 것을 더 선호한다. 그러나 경쟁정책과 관련한 경제분석에 있어서는 기업 레벨의 분석에 필요한 세분화된 자료, 유의한 통계적 작업에 필요한 데이터의 수 및 대표성 등의 측면에서 현실적인 자료의 제약이 매우 심각하다. 최근 현대적 유통매장에서 바코드 스캐닝시스템의 보급이 확대되어 POS(Point-of-Sale) 자료가 입수가능해짐에 따라, 앞으로는 이러한 자료제약 문제가 어느 정도 완화될 수 있을 것으로 기대한다.[28] 그러나 무학─대선과 하이트─진로의 사례에서 드러난 것처럼, POS 자료는 아직은 많은 경우 표본의 대표성 면에서 심각한 편의를 내포하고 있다.[29] 이러한 경우 서베이자료에 의존할 수밖에 없다. 서베이자료는 응

---

27) 서울고등법원은 무학─대선 기업결합건의 판결에서 고정비, 가변비 구분의 기준이 되는 기간을 *"무학과 보조참가인[대선을 말함]의 독점력 행사가 예상되는 상당한 기간 동안(원고들의 주장과 같이 1년에 한정된다고 볼 수 없다)"*임을 밝히고 있다. 이에 따라서 *"노무비, 교육훈련비, 급여, 퇴직금, 복리후생비, 퇴직위로금 등 노동비용"*과 *"광고선전비"* 등을 반드시 *고정비용으로 볼 수 없다"*고 판시하였다. 공정위 역시 이러한 법원의 판례을 존중하여, OB맥주 측이 *"가변비용을 과소계상함으로써 마진율을 과대 추정하는 오류를 범하고 있다"*고 판정하였다.

28) 이러한 POS 자료는 유통산업내의 기업결합 사례분석에서 이미 중요하게 역할을 한 바 있다. 1997년 미국의 Staples-Office Depot 기업결합과 2006년 우리나라의 이랜드-까르푸 기업결합의 계량적 경제분석에서 POS 데이터가 유용하게 활용되었다. 이랜드-까르푸 사례는 2장에서 소개된다.

29) 하이트─진로 사건에서 하이트 측의 김종민, 박상인, 윤기호, 전성훈(2005)는 무학-대선의 경우와 마찬가지로 서베이 자료를 이용하였고, OB맥주 측의 류근관, 이상승(2004, 2005)은 POS 자료를 이용하여 수요의 가격탄력성을 추정하였다. 이에 대해 공정위는 다음과 같이 판단하였다. *"OB맥주(주)는 실제매출감소율 추정 표본으로 전국 할인점의 판매량 자료를 이용하고 있는데, 주류 전체매출 중 할인점 매출비중은 약 5%에 불과하여 동 표본은 전체 주류 소비자 모집단을 대표하지 못하는 심각한 문제가 있다. 예를 들어, 할인점을 이용*

답을 유도하는(predetermine answers) 설문구성의 문제와 무책임한 응답자의 과장 (overstate or understate) 성향의 문제로 인해서 종종 신빙성있게 받아들여지지 않는 경우가 있다. 그러나 실제매출감소율의 추정을 위해서 행해지는 서베이조사의 경우, 그 설문문항이 매우 단순하고 직설적(straightforward)이기 때문에 응답을 유도할 위험은 별로 없어 보인다. 한편 가격인상에 따른 구매전환 의향에 대한 응답은 다소의 과장 성향이 있을 수 있다. 따라서 결론의 견고성(robustness)을 인정받기 위해서는 이러한 과장 성향을 고려해도 결론을 유지하는 데 문제가 없음을 확인하는 작업이 뒷받침되어야 할 것이다.

세 번째로, 경쟁정책 목적의 시장획정에는 사건 특유성(case-specificity)이 있고, 사건에 따라 시장획정이 비대칭적이 될 수 있다는 것이다. 즉 경쟁정책 목적의 시장획정 분석은 당해 사건에서 경쟁제한성이 문제가 될 수 있는 상품 혹은 지역의 범위에서 출발해서 시장을 더 확대할 것인가를 반복적으로 확인해 나가는 것인데, 최종적으로 획정된 시장범위는 분석의 출발점에 의존한다. 예컨대, 무학－대선 관련한 지리적 시장의 범위는 부산－경남지역으로 한정된다고 해도, 동일한 소주 상품시장에서의 하이트주조－진로와 관련한 지리적 시장의 범위는 전국으로 확대될 수 있다. 또한 하이트－진로의 관련 상품시장 획정에서 소주에서 시작하는 임계매출감소 분석의 결과는 소주상품으로 한정되고, 맥주에서 시작하는 분석의 결과는 소주를 포함하는 "대중주" 시장으로 통합되는 비대칭적인 결과가 나왔다고 할 지라도 (실제로는 그러한 비대칭적인 결과는 나타나지 않았지만) 이상할 것은 없다. 이러한 비대칭성은 이론적으로나 현실적으로나 모순된(inconsistent) 결과가 아니다. 왜냐하면 두 지역의 혹은 두 상품에 대한 소비자들의 선호가 달라서 수요의 교차탄력성이 한편은 작은 반면 다른 한편은 큰 경우가 발생할 수 있기 때문이다. 따라서 이전의 관련 사례에서의 시장획정은 비록 참고는 할 수 있어도, 당해 사건에 그대로 적용하는 것은 곤란할 수 있다.

하는 소비자들은 음식점, 수퍼마켓 등 여타 소매점을 이용하는 소비자 집단간에 소득, 연령, 소비패턴 등에 있어서 큰 차이를 보이고 있다. 한편, 하이트맥주(주)는 실제매출감소율을 설문조사를 통해 추정하고 있는데, 설문조사 대상표본이 소주와 맥주의 소비자 모집단과 성별, 연령, 교육수준, 직업, 소득수준 등에서 유사하여 표본의 대표성 측면에서 분석결과에 영향을 미칠만한 오류는 없다고 판단된다."

네 번째는, 다소 미묘한 사안으로서 '가상적 독점기업' 관점을 반영하고 있는 임계 매출감소 분석에서 소득효과를 어떻게 고려할 것인가 하는 점이다. 가상적 독점기업의 관점에서는 소득효과와 대체효과 모두가 고려되지만, 공정위의 현행 시장획정 지침에서 채택하고 있는 '대표적 소비자' 관점에서는 대체효과가 주요 고려사항이다. 이 경우 설령 임계매출감소 분석에 의해서 시장을 확대해야 하는 결과를 얻었다고 할 지라도, 그것이 주로 소득효과(정상재 가정하에)에 기인하는 것이라면 시장확대에 신중해야 할지 모른다. 그러나 차제에 가상적 독점기업과 대표적 소비자 두 관점 중 과연 어느 것이 더 바람직한 시장획정의 원칙인가 하는 보다 근본적인 문제 제기가 필요하다고 본다. 독점화되면 가격인상의 우려가 있는 상품군 및 지역범위가 경쟁정책의 목적에 보다 부합하는 시장정이라고 한다면, 우리나라의 시장획정 지침도 다른 선진국들이 채택하고 있는 '가상적 독점기업' 관점의 SSNIP 검증 원칙에 부합하도록 개정할 필요가 있다고 판단된다.

임계매출감소 분석은 경쟁정책 목적의 시장획정에 있어서 매우 편리하고 유용한 방법론이다. 이 방법은 최근의 소주 및 맥주 시장에서의 무학-대선 기업결합과 하이트-진로 기업결합과 관련한 상품 및 지리적 시장획정에서 매우 성공적으로 활용되었다. 이는 우리나라의 소주, 맥주 산업이 임계매출감소 분석을 적용하기에 상당히 이상적인 여건을 갖추고 있기 때문이기도 하다. 관련 기업들이 소주나 맥주 사업에 특화하고 있어서 기업의 회계자료를 이용하여 해당 상품의 마진율을 산정할 수 있었고, 상품구성이 간단해서 서베이를 통한 소비자 수요행태를 추정하는 데도 큰 어려움이 없었다. 그러나 다양한 상품을 취급하는 산업 −예컨대 유통산업의 경우에는 임계 매출감소 분석을 실행하는 것이 현실적으로 무리일 수 있다. 이러한 산업에 대해서는 임계매출감소 분석 이외에 개념적인 원칙으로서의 SSNIP 검증을 보원할 수 있는 다양한 방법들이 강구되어야 한다. 다음이 2, 3, 4장에서는 그러한 대안적 방법으로서 축약형 계량분석 Merger Simulation, UPP 분석 등을 소개할 것이다.

Chapter 02

이랜드-까르푸 기업결합(2006년)의 경쟁효과와 축약형 계량분석

2000년대 후반 이랜드-까르푸(2006년), 이마트-월마트(2006년), 홈플러스-홈에버(2008년, 단 홈에버는 이랜드가 까르푸를 인수한 후에 변경한 상호임) 등 일련의 대형소매 유통업자들 사이의 기업결합이 발생하였다. 본장에서는 이랜드-까르푸 기업결합 사건에서의 관련시장 및 경쟁제한성을 둘러싼 공정위와 이랜드 측의 대립적 입장과 경제분석의 주요 내용을 소개한다. 이랜드 측의 경제분석을 통해서, 유통업자들 사이의 기업결합과 관련한 지역시장 획정에 있어서 중첩원의 합집합 방법이 소개되었고, 특히 기업결합의 경쟁효과 분석을 위한 축약형 계량분석이 국내에서 처음 시도되었다.

1. 사건 및 경제분석 개요

공정위(2006.11.6)는 (주)이랜드리테일 및 케이디에프유통(주)(이하 이랜드)의 한국까르푸(주)(이하 까르푸) 주식취득에 의한 기업결합이 경기 「안양·군포·의왕·과천」, 경기 「성남·용인」, 전남 「순천」 3개 지역에서 경쟁을 실질적으로 제한한다고 판단하여 각 지역의 이랜드의 뉴코아아울렛과 2001아울렛 및 까르푸 지점 중 하나씩 총 3개 지점을 경쟁제한성을 야기하지 않는 제3자에게 매각하라는 시정명령을 내렸다.

공정위는 관련 상품시장을 *"3,000m² 이상의 매장면적을 갖추고 소비자에게 원-스톱 쇼핑(one-stop shopping) 환경을 제공하여 식품, 생활용품 또는 의류 등 다양한 구색의 상품을 저렴하게 판매하는 대형종합소매업 시장"*(의결 4쪽)으로 획정하여, '뉴코아아울렛' 및 '2001아울렛'과 '까르푸'가 동일한 유통시장에서 유의미한 경쟁관계에 있는 것으로 보았다. 한편 관련 지리적 시장으로는, *"까르푸의*

48 PART 01 기업결합 사건과 경제분석

각 지점으로부터 반경 5km(서울특별시 및 광역시, 그 인접도시) 또는 10km(그외 지방) 범위 획정 후 "중첩원의 합집합(A Union of Overlapping Circles)" 접근방법을 고려하되 그 중첩원의 연속을 일정 단계에서 제한한 지역으로서 그 지역 안에 이랜드 영업점이 포함된 지역"(의결 20쪽)으로 획정하였다.

공정위는 이러한 관련 시장획정에 기초하여, 이랜드-까르푸 기업결합은 "경기 「안양·군포·의왕·과천」, 경기 「성남·용인」, 전남 「순천」 등 3개 지역 할인점 시장에서 시장집중도가 「기업결합 심사기준」에서 규정한 경쟁제한성 해당 요건을 충족하고,[1] 신규진입 가능성이 낮으며 공동행위가능성도 있어 경쟁을 제한할 우려가 있는 것으로 판단"(의결 47쪽)하였다. 이랜드 측은 이에 불복하여, 2006.12.13 서울고등법원에 취소를 청구하는 소송을 제기하여 진행하다가, 2008년 이랜드가 홈에버(까르푸 인수 후 상호 변경)를 홈플러스에게 매각한 후 2009.3.24 소를 취하하였다.

이랜드 측은 공정위 심의 단계에서 제출한 전성훈, 황윤재(2006)의 경제분석 보고서에서, 유통산업의 기업결합과 관련한 시장획정의 원칙 및 사례를 기반으로 이랜드-까르푸 기업결합 관련 상품 및 지역 시장획정에 대한 기본입장 및 본건 결합의 경쟁제한성 추정 가능성에 대하여 논의하였다. 그리고 이랜드와 까르푸의 각 점포에서 관측된 패널자료를 이용한 축약형 계량 분석을 통해서 이랜드-까르푸 기업결합이 경쟁제한적 우려를 야기하는지를 실증적으로 검토하였다.

본장에서는 이랜드 측 전성훈, 황윤재(2006.8.11)의 경제분석 결과를 중심으로, 그에 대한 공정위(2006.11.6) 의결의 판단, 그리고 이후의 서울고법 소송 과정에서[2] 양측의 추가적인 논의를 소개한다.[3] 이하의 2절에서는 공정위 의결과 이

---

[1] 당시의 「기업결합심사기준」(공정위 고시 2006.7.19)에 의하면, 다음의 요건을 충족하는 기업결합은 경쟁을 실질적으로 제한할 수 있다고 규정하고 있다. 결합기업의 시장점유율 합계가 ① 50% 이상, ② 3위 이내이고 상위 3사 점유율 합계가 70 이상(단, 여기에 다소 복잡한 예외 규정을 두고 있음). 그러나 이후 개정된 심사기준(공정위 고시2007.12.20)부터는 이러한 경쟁제한 요건의 일종의 '포지티브(positive)' 방식의 규정을 버리고, 결합 후의 HHI와 그 변화분이 일정 수준 이하이면 '경쟁을 실질적으로 제한하지 않는 것으로 추정'하는 일종의 '네거티브(negative)' 방식의 규정을 채택하였다.

[2] 그 과정에서 김종민, 권남훈(2007)은 공정위측의 경제분석을 수행하였고, 전성훈, 황윤재(2007)은 이에 대한 검토의견서를 작성한 바 있다.

[3] 본장의 주요 내용은 전성훈, 황윤재(2006, 2007, 2010)에 기초하여 재정리한 것이다.

랜드 측 경제분석의 상충되는 입장을 이해하는 데 도움이 되는 유통산업 내 기업결합과 관련한 시장획정 상의 두 가지 쟁점을 정리한다. 3절에서는 경쟁효과에 대한 축약형 계량분석 모형 및 추정결과를 소개한다. 그리고 4절에서는 관련 사례로서 이마트−월마트 및 홈플러스−홈에버 기업결합 사건을 살펴보고, 본건 경제분석의 의의와 시사점을 제시한다.

2. 유통산업 내 기업결합 관련 시장획정에 있어서 두 가지 쟁점

본절에서는 이랜드−까르푸 기업결합과 관련한 시장획정 상의 두 가지 이슈를 검토한다. 하나는 상품시장 획정에 있어서 하이퍼(hyper)와 비−하이퍼 상품군의 '묶음시장(cluster market)'의 타당성에 관한 것이고, 다른 하나는 지리적 시장획정에 있어서 '중첩원의 합집합(a union of overlapping circles)'의 1회 한정 적용의 타당성에 대한 것이다.[4] 이 두 이슈는 본건 기업결합뿐만 아니라 유통산업내의 기업결합 관련 시장획정에 있어서 일반적으로 제기될 수 있는 이슈라고 할 수 있다.

1) '거래적 보완성' 혹은 '일괄구매의 편의성'을 근거로 하이퍼와 비-하이퍼 상품군을 통합한 '묶음시장'으로 획정해야 한다는 주장의 타당성 검토

유통산업의 기업결합과 관련한 상품시장은 '특정한 유통환경에서 공급되는 상품군'으로 정의된다. 그런데 유통업자가 취급하는 상품군은 수천개의 품목 혹은 수만 개의 단품(SKU: Stock Keeping Unit)으로 구성되어 있기 때문에 SSNIP 검증의 핵심적 파라미터인 가격을 하나로 통합하고, 지수화하여 정의하는 것이 어렵다. 또한 그것에 유통사업자 특유의 다양한 유통환경적 부가가치 요인들이 더해진 것이어서 어려움은 더욱 커진다. 따라서 국내외 경쟁정책 집행기관들은 임

---

4) 공정위 의결에 대한 이랜드 측의 불복 소송(앞서 언급한대로 홈플러스에 의한 홈에버 인수로 인해 취하되었지만) 과정에서 김종민, 권남훈(2007)은 전성훈, 황윤재(2006)의 관련 시장획정의 문제점을 지적하면서, 공정위 측의 이 두 가지 주장의 타당성을 주장하였다. 이하의 내용은 전성훈, 황윤재(2007)의 이에 대한 반박 논리를 정리한 것이다.

계매출감소 분석과 같은 직접적 SSNIP 검증을 통하여 유통산업의 시장획정을 시도하기보다는 유통채널간의 주력 상품군 및 서비스 환경의 차별성을 보여주는 다양한 실용적 자료에 근거해서 유통산업의 상품시장을 획정해 왔다.

전성훈, 황윤재(2006)는 유통산업과 관련한 상품시장의 획정에 있어서는 제공되는 상품 바스켓(a basket of supplied commodities)과 유통환경의 특성(characteristics of retailing environments)이라는 두 가지 핵심적 결정요인을 고려하여 '특정한 유통환경에서 제공되는 상품군'으로 획정되어야 한다는 기본 원칙을 제시하였다. 이에 따라 이랜드－까르푸 기업결합과 관련한 상품시장 획정에 있어서 거래되는 상품군을 '전 품목 가계 소비용품'으로 보는 경우와 그 중 일부인 '식품 및 비식품 일상 소비용품'으로 보는 경우 두 가지를 모두 고려하여 보았다. 이러한 두 가지 상품 시장획정 가능성을 함께 고려한 것은, 경제분석이 공정위의 이랜드－까르푸 기업결합에 대한 심사보고서 및 의결 이전에 작성·제출된 것으로서 공정위가 어떠한 상품시장 획정을 취하든 경쟁제한성의 판단에는 영향을 주지 않는다는 것을 보여주기 위한 것이었다.

당시 공정위가 함께 심사를 진행하였던 이마트－월마트 기업결합과 관련한 상품시장의 경우 이마트와 월마트가 동일한 성격의 대형할인점이므로 '대형할인점 유통환경에서 제공되는 가계 소비용품' 시장으로 획정하는 것에는 문제가 없었다. 그러나 공정위가 만약 이랜드－까르푸의 기업결합도 이와 동일한 상품시장 획정 하에 심사를 행하고자 한다면, 하이퍼(식품 및 생활용품)와 비－하이퍼(패션, 리빙용품 및 기타) 부문 전체로 볼 때는 이랜드는 양 부문의 매출구성 및 비－하이퍼 부문의 유통환경의 현격한 차이로 인해 까르푸와 같은 '대형할인점 유통환경에서 제공되는 가계 소비용품' 시장에 속하지 않음을 강조한 것이다. 한편 하이퍼 부문에 국한시켜 볼 때는 양자가 일성한 성생관계가 있냐고 볼 수 있을 것이다.[5] 따라서 경제분석에서는 이랜드－까르푸 기업결합에서 경쟁제한성이 문제된

---

5) 이와 관련하여 전성훈, 황윤재(2006, 15쪽)에서는 *"경쟁제한성의 평가에 결정적이지 않은 경우 경쟁정책 당국은 규제의 집행비용(enforcement costs)과 순응비용(compliance costs)을 줄이기 위해서 대안적인 시장획정에 대한 판단을 유보하는 것이 일반적이다"*라는 점을 지적하였다. 그리고 본건과 관련하여 여러 시사점을 제공하는 Tesco-Carrefour사건에서 EC (2005.12.22)는 다음과 같이 밝히고 있다. *"당해 사건에 있어서는 일상 소비용품의 범위를*

다면, 그것은 양자의 하이퍼 부문에 해당하는 '대형마트 환경에서 제공되는 식품 및 비식품류 일상 소비용품' 시장에서 문제될 것이므로 경제분석은 이에 초점을 맞추었고, 이 시장에서의 시장집중도의 변화나 경쟁효과에 대한 실증분석 결과에 비추어 볼 때 경쟁제한성을 추정할 수 없음을 주장하였던 것이다.

한편 공정위 측은 상품시장 획정에 있어서 거래의 보완성(transaction complementarities) 혹은 일괄구매의 편의(one-stop shopping convenience) 개념을 지나치게 확대 적용하여, 하이퍼 부문과 비-하이퍼 부문을 하나의 상품군으로 묶어서 고려해야 한다고 주장하고 있다. 그러나 거래의 보완성이나 일괄구매의 편의는, 식료품 및 일상 소비용품과 같은 소모성 혹은 일상성을 특징으로 하는 상품군에 대해서 한정적으로 발생하는 것이지, 한 번 구입하면 오랫동안 소비되는 내구성 상품이나 선택에 있어서 개인적이 취향이 매우 중요한 패션 상품에 대해서는 적용하기가 적절하지 않은 개념이다. 이는 '일괄구매의 편의' 개념에 기초하여 상품시장 획정을 시도한 EC(1999.7.23)의 Wal-Mart-ASDA 사례와 US District Court(1997. 6.30)의 Staples-Office Depot 사례에서 잘 드러난다. 전자의 경우는 상품시장이 *슈퍼마켓에서 판매되는 신선 및 건조식품, 그리고 비식품 가계 소비용품의 상품군(a basket of fresh and dry food-stuffs, and non-food household consumables sold in a supermarket environment)'*으로 획정되었고, 후자의 경우는 '오피스 수퍼스토어를 통한 소모성 사무용품(consumable office supplies sold through office stores)'으로 획정되었다. 양자의 공통점은 소모성 일상용품들로 구성되었다는 것이다. 여기서 소비용품 혹은 소모성 용품은 소비되어 없어지는 성격이어서 반복적으로 구매되는 상품을 의미한다. Dalkir and Warren-Boulton(2004, p. 56)는 Staples- Office Depot 사례를 검토하면서, 이 점에 대해 보다 명확히 지적하고 있다. *"매장에 매번 방문할 때마다 일정한 고정비용이 소요되기 때문에, 소비자들은 한 번 방문해서 여러 품목들의, 특히 정기적으로 구매되어야 하는 저비용의 "소모성" 품목들의, 묶음을 구매하기를 선호한다."* 반면, 오랫동안 소비되는 값비싼 내구재나 개

전부로 보거나 한정된 일부로 보거나 경쟁제한성에 문제가 없기 때문에 위원회는 이에 대해 최종적 판단을 유보하였다." 그리고 *"정확한 지리적 시장획정은 경쟁제한성 평가에 큰 영향을 주지 않는다고 판단하여 유보하고 있다."*

인적 취향이 중요한 패션 상품의 경우는 소비자는 일괄구매의 편의를 희생하고 다른 매장을 방문하여 추가적 거래비용을 지불할 용의가 있는 것이다.

특히 주목할 점은 비록 Staples나 Office Depot와 같은 오피스 수퍼스토어(OSS, office superstore)에서는 매출의 거의 절반이 종이, 펜, 파일폴더, 포스트잇, 컴퓨터디스크, 토너카트리지 등의 소모성 사무용품이고, 나머지 반이 컴퓨터나 팩스 등의 사무기기 및 오피스가구 등의 내구성 사무용품이라는 사실이다. 그럼에도 불구하고 기업결합과 관련한 상품시장은 소모성 사무용품에 한정하고, 컴퓨터, 팩스기, 사무가구 등 내구성 소비용품은 상품시장에서 제외하였다. 미국의 FTC와 법원은 단순히 오피스 수퍼스토어에서 함께 팔리고 있다는 사실에 근거하여 거래의 보완성 혹은 일괄구매의 편의를 기계적으로 추론하여 컴퓨터나 사무가구와 같은 내구성 상품을 '묶음상품'에 포함시키지 않고 있다.

더욱이 아울렛의 유통환경의 특성을 살펴보더라도, 이랜드 아울렛의 비-하이퍼 부문과 하이퍼 부문 사이에는 거래적 보완성 혹은 일괄구매의 장점을 주장하기 어렵다. 아울렛과 백화점의 하이퍼 매장은 건물 구성상 지상과 지하의 경계뿐만 아니라 통합 계산대를 경계로 구분된다. 또한 지하 하이퍼 매장에서 식품 및 일상용품을 구매하는 경우에는 카트를 이용해서 통합 계산대에서 일괄적으로 대금을 지불한다. 반면 아울렛이나 백화점의 지상 '비-하이퍼' 매장에서 패션 및 내구 상품을 구매하는 소비자들은 카트를 이용하지 않고 개별 매장의 판매대에서 개별적으로 대금을 지불한다. 따라서 아울렛과 백화점에서는 비-하이퍼와 하이퍼 부문이 엄밀하게 말해서 '일괄구매'라고 볼 수 없다. 반면 대형할인점의 경우는 '비-하이퍼'와 '하이퍼' 부문이 구분되지 않고 통합 계산대로 경계지어진 하나의 영역 안에서 카트를 이용해서 일괄구매가 이루어지고 통합계산대에서 일괄적으로 대금이 지불되는 '일괄구매'가 이루어진다고 할 수 있다.

주의할 점은, 하이퍼와 비-하이퍼를 반드시 묶어서 보아야만 한다는 공정위 측의 주장과 그 근거가 일괄구매의 편의성에 있다는 논리가 잘못되었음을 지적하는 것이지, 양 부문을 묶어서 볼 필요가 없다는 것을 주장하는 것이 아니라는 것이다. 만약 두 부문의 상품군을 함께 제공하는 유통업자의 유통환경이 동일 혹은 매우 유사하다면 그렇게 보아야 할 것이다. 예컨대, 이마트-월마트의 기업결합과 관련한 상품시장의 획정에서는 두 유통업체 모두 대형할인점으로 하이퍼와 비－하이퍼의 상품군을 거의 동일한 유통환경에서 제공하고 있기 때문에, 이러한 경우는 두 상품군을 묶어서 '대형할인점 유통환경에서 제공되는 가계 소비용품' 시장으로 획정하는 것이 타당할 수 있다.

2) '중첩원의 합집합' 접근법의 1회 한정 적용 주장의 타당성 검토

본건과 관련한 지리적 시장은 전국성과 지역성의 양면성을 지니고 있다. 전국적인 유통체인, 가격책정, 매장관리 그리고 판매촉진 등의 경쟁전략은 관련 시장의 전국성을 시사하지만, 한편으로 소비자의 이동비용이나 지역특성을 반영한 지점별 가격 및 판매 전략의 수정제안의 가능성, 주민들을 대상으로 한 전단광고 등은 시장의 지역적 성격을 보여준다. 전성훈, 황윤재(2006)는 유통산업 기업결합 관련 지역시장의 획정을 소비자의 이동비용과 고객분포를 고려한 적절한 반경－대형할인점의 경우는 대략 10km 정도－을 기준으로 '중첩원의 합집합(a union of overlapping circles)' 방법을 제안하였다. 이 방법은 EC(2005.12.22)가 Tesco-Carrefour 사건에서 처음 제시한 것으로서, 일정한 반경(radius)를 정한 후에 당해 상품시장에 속하는 유통사업자들의 매장을 중심으로 정해진 반경을 이용해서 원을 그릴 때 중첩되는 원들이 있으면 동일 지역시장으로 포섭하는 것이다. 이때 결합기업의 한편에서 시작한다거나, 중첩원을 한 번만 그린다거나 하는 제약은 없었다.

그러나, 공정위(2006.11.6)는 중첩원의 합집합 방법을 채택하면서도, 다음과 같은 '피취득회사 중심－중첩원 1회 적용'이라는 제약을 가하였다: *"피취득회사 까르푸를 중심으로 일정거리(반경 5km 또는 10km)의 원에 포함된 모든 할인점을 기준으로 다시 일정거리의 원을 중첩시켜 이 중첩원에 포함된 지역에 대해서만 지리적 시장으로 획정하고 중첩원에 새로 포함된 지역에 소재하는 할인점을 중심으로 또 다시 원을 중첩시키는 않도록 함"*(의결서 20쪽 각주 11).

공정위의 이러한 중첩원의 합집합 방법의 문제점을 <그림 2－1>의 가상적인 경우를 예로 하여 살펴보기로 하자.

그림 2-1 중첩원의 합집합의 접근법에 대한 예시

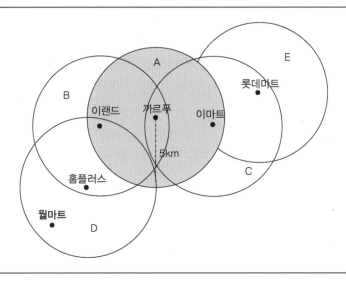

먼저 특정 지역의 까르푸를 중심으로 5km 반경(설명 목적상 공정위가 제시한 대도시권의 5km 반경을 적용)에 존재하는 이랜드와 이마트를 확인한 후, 이 두 업체를 중심으로 다시 5km 반경의 원을 그려서 이들 세 개의 원(까르푸 중심으로 그려진 음영 처리된 원 A와 이랜드 중심의 원 B, 이마트 중심의 원 C)의 합집합이 지역시장으로 획정되고, 여기에 속하는 까르푸-이랜드-이마트-홈플러스-롯데마트 5개의 업체가 시장참여자가 되는 것이다. 그러나 이 합집합의 왼쪽 아래에 있는 홈플러스를 중심으로 하는 원 D에 속하는 월마트는 동일 지역시장에 속하는 것으로 보지 않는다. 그리고 롯데마트를 중심으로 하는 원 E에는 다른 대형마트가 있다고 하더라도 시장참여자에 포함되지 않는다.

이러한 방법의 문제점으로는 먼저, 왜 까르푸만을 중심으로 동심원을 그리기 시작하느냐 하는 것이다. 이랜드와 까르푸간의 수평적 기업결합이라면(공정위는 하이퍼와 비-하이퍼 전체에 대한 수평결합으로 보고, 이랜드 측은 수평결합이라면 하이퍼 부문에 한정된 것으로 보는 차이가 있지만), 수평결합 당사회사 중 한 회사만을 비대칭적으로 우선적으로 고려하는 것은 적절하지 않다. 위의 그림 예에서처럼 이랜드와 까르푸가 일정거리(5km 혹은 10km) 내에 있다면, 두 기업을 대칭적으로 취급하여 각 기업을 중심으로 공정위가 제시한 방법을 적용하는 것이 합리적일 것이다. 즉 <그

림 2-1>의 예에서 이랜드를 중심으로 그린 원 B에 속하는 홈플러스를 중심으로 다시 그린 원에 속하는 원 D도 동일한 지역시장이 되어야 하고, 따라서 월마트도 경쟁기업으로 포함되어야 한다. 수평적 기업결합은 기존에 경쟁관계에 있던 결합 당사회사들이 결합 후 동일 지배하에 놓이게 됨을 전제로 경쟁제한성을 심사하는 것이므로, 결합의 형식적 구조, 즉 누가 피취득회사인가는 의미를 갖지 못하기 때문이다.

공정위가 제시한 방법의 또 다른 문제점은 중첩원을 더함에 있어서 1회에 한정해야 할 이유가 없다는 것이다. 즉 <그림 2-1>에서 홈플러스를 중심으로 한 원 D에 포함되는 월마트도 포함시키고, 만약 월마트를 중심으로 한 원에 또 다른 대형마트가 있다면 그것도 포함시키는 식으로 연쇄적 적용이 계속되어야 한다. 김종민, 권남훈(2007)은 공정위의 1회의 제한적 적용이 타당한 이유로서, 중첩원의 합집합의 연쇄적 적용에서 중요한 것이 '전 단계의 합집합'과 새로운 동심원이 충분히 겹쳐야 한다는 것을 들고 있다. 그러나 연쇄적 대체관계 개념의 적용에서 중요한 것은 '전 단계의 합집합'이 아니라 '전 단계의 동심원'과 새로운 동심원이 충분히 겹쳐야 한다는 것이다. 즉 <그림 2-1>에서 D가 추가되기 위해서는 전 단계의 합집합과-즉, 까르푸를 중심으로 한 최초 동심원 A, 이랜드 중심의 동심원 B, 이마트 중심의 동심원 C의 합집합과-D가 충분히 겹쳐야 하는 것이 아니라 B와 D가 충분히 겹치면 족한 것이다. 그런데 B와 D가 충분히 겹치는 것은 D가 B에 속하는 홈플러스를 중심으로 그려진 동심원이라는 사실에 의해서 이미 확인된다.

이러한 연쇄적 대체관계(chains of substitution)의 올바른 적용을 위해서는 EC (1997)이 밝히고 있는 시장획정의 기본 목적을 이해할 필요가 있다. *"시장획정의 주요 목적은 관여된 사업자들이 직면하는 경쟁적 제약요인을 체계적으로 식별하는 것이다 … 관여된 사업자들의 행동을 제약할 수 있는 그리고 그들이 유효한 경쟁압박과 무관하게 행동하지 못하도록 할 수 있는 그들의 실제의 경쟁자들을 식별하는 것이다."* (para. 2) 그리고 이 목적에 부합하는 시장획정을 하는 경우, *"연쇄적 대체관계가 존재하는 경우에는 시장의 양 극단에 있는 상품이나 지역이 직접적으로 대체 가능하지 않아도 관련 시장으로 획정할 수 있다"*고 밝히고 있다. (para. 57)

이를 <그림 2-1>의 예를 통해 설명하면 다음과 같다. 그림에서 이마트-까르푸－이랜드－홈플러스－월마트의 연쇄적 대체관계에 의해서 이마트와 월마트가 하나의 시장에 속하게 되는 이유는 EC가 시장획정의 목적으로 제시한, 서로가 상대편의 경쟁적 제약요인－즉 가격을 마음대로 올리지 못하게 만드는 경쟁압력－으로 작용하기 때문이다. 즉 우측 중앙의 이마트는 좌하측 월마트가 가격을 올리지 않는 한 독자적으로 가격을 올릴 수 없다. 왜냐하면 좌하측 월마트가 가격을 올리지 않으면, 상권이 상당부분 겹치는 홈플러스가 가격을 못 올리고, 이 경우 홈플러스와 상권이 상당부분 겹치는 이랜드가 가격을 못 올리고, 이 경우 이랜드와 상권이 상당부분 겹치는 까르푸도 가격을 못 올리고, 결과적으로 까르푸와 상권이 상당부분 겹치는 이마트도 가격을 마음대로 못 올리는 것이다. 즉 월마트는 연쇄적 대체관계에 의해서 이마트의 중요한 경쟁적 제약요인으로서 작용하므로 동일한 시장에 속한다는 것이다. 요컨대, 중첩원의 합집합 접근법을 단지 1회로 한정하여 적용해야 한다는 공정위 측의 주장은 시장획정의 근본 목적과 이에 부합하는 연쇄적 대체관계의 개념에 부합하지 않는다고 할 수 있다.

3. 이랜드－까르푸 기업결합의 경쟁효과에 대한 축약형 계량분석

이랜드－까르푸 기업결합이 경쟁에 미치는 효과를 살펴보기 위하여, 전성훈, 황윤재(2006)는 이랜드 아울렛과 까르푸 각 점포에서 관측된 패널자료(panel data)를 이용하여 지역시장 내의 경쟁상황과 아울렛과 까르푸의 가격지수 사이에 존재하는 경험적 관계를 축약형 계량모델(reduced-form econometric model)로 설정하고, 이를 이용하여 다른 조건이 일정할 때 아울렛과 까르푸의 가상적 결합이 이들의 가격지수에 미치는 영향의 정도를 통계적으로 추정하였다.[6]

1) 축약형 계량분석의 의의

기업결합심사에서 경쟁효과에 대한 평가는 전통적으로 다음과 같은 2단계의

---

6) 이하의 3절 내용은 전성훈, 황윤재(2010)를 정리한 것이다. 원래의 경제분석 보고서 전성훈, 황윤재(2006)는 기업결합이 매출액에 미치는 영향도 분석하였으나, 이하에서는 가격지수에 미치는 영향에 국한하여 소개한다.

절차에 따라 행해져 왔다. 먼저 기업결합과 관련한 상품 및 지리적 시장의 범위를 SSNIP Test에 따라 적절히 획정한 후에, 획정된 시장에 참여하는 경쟁기업들의 점유율 분포를 구하고, 다음으로 결합에 따른 시장점유율 및 시장집중도의 변화를 살펴보고, 심사기준에 따라서 기업결합의 경쟁제한성을 일차적으로 평가하는 것이다. 물론 이러한 집중도 변화가 해당 기업결합의 경쟁제한성을 올바로 반영하는지를 진입장벽, 제품차별화 정도 등 해당 시장의 구조적 요인을 종합적으로 고려하는 마지막 작업이 있지만, 대부분 경우 집중도 분석의 결과를 뒤집기는 쉽지 않다.[7] 기업결합 심사는 시장획정과 함께 시작되기 때문에, 시장의 범위가 어떻게 획정되느냐에 따라 시장점유율 및 집중도의 변화도 전혀 다르게 된다. 또한 시장획정에 문제가 없다고 할지라도, 시장점유율의 변화가 실제의 시장지배력의 변화와 어떻게 연결되는지, 그리고 가격과 소비자 후생에 어떠한 변화를 가져오는지는 명확하지 않다.

이와 같은 시장 점유율 및 집중도의 변화에 기초한 전통적 기업결합 심사방식의 문제점을 극복하는 발전적 대안의 하나가 축약형(reduced-form) 계량분석이다. 이는 경쟁자들간의 상호작용에 대한 이론적 모형을 설정함이 없이 합병의 단독효과를 실증적으로 예측하는 것이다.[8] 예를 들어, 여러 지역시장에서의 가격 및 경쟁기업의 수를 비롯한 시장 가격에 미치는 제반 변수들의 실제 자료가 존재한다면, 시장 가격의 결정 방식에 대한 축약형 계량모형을 설정한 후에, 그 관계에 기반하여 기업결합으로 인해 경쟁기업의 수가 줄어들 때 가격이 어떻게 변화될 것인지를 추정할 수 있다.[9] 이 방법은 1997년 Staples-Office Depot 사건

---

7) 우리나라의 경우 '경쟁을 실질적으로 제한하는' 기업결합의 추정요건을 법 제7조 제4항에서 다음과 같이 정하고 있다. i) 시장지배적 사업자의 추정요건을 충족하고, ii) 1위 사업자가 되고, iii) 시장점유율이 2위 사업자의 4/3 이상일 것. 이처럼 법에 경쟁제한성의 추정요건이 명시되어 있는 경우에는 집행기관이 이를 뒤집는 결정을 내리기는 어려울 것이다.

8) 그 발전적 대안이 Merger Simulation이고, 이를 실용화하여 간단히 지표화한 것이 가격인상압력(UPP, Upward Pricing Pressure) 분석이다. Merger Simulation 분석은 3장의 이베이－옥션(2009년) 사례에서, UPP 분석은 4장의 SKT-CJ헬로비전(2016년) 사례를 통해 상세히 소개될 것이다.

9) 이러한 실증분석은 '자연적 실험(natural experiment)'이라고도 한다. 이용되는 자료가 역사적으로 '자연스럽게' 형성된 데서 연유한다.

의 경제분석에 본격적으로 적용되었다.[10] FTC 측의 Ashenfelter 교수와 Staples 측의 Hausman 교수는 고정효과 패널모형을 이용하여 Staples의 가격지수와 피합병기업인 Office Depot을 비롯한 여러 경쟁업체들의 관련 지역시장 내에 존재 및 수 사이의 관계를 실증적으로 추정하였다.[11] Staples-Office Depot 합병의 가격인상 효과는 두 기업이 경쟁하고 있는 지역에서 Office Depot가 없어질 때의 Staples의 가격변화로 측정된다.

2) 모형

패널자료는 동일한 경제주체(예를 들면, 개인 혹은 기업)에 대해 여러 시점에 걸쳐 관측된 시계열 자료를 취합한 형태로서, 일반적으로 개별 시계열 자료 혹은 개별 횡단면 자료에 비해 많은 수의 관측치의 분석을 통해 보다 정확한 통계적 분석을 가능하게 할 뿐만 아니라, 개별 횡단면 자료를 통해서는 알 수 없는 경제 주체들의 행위의 동태적 특성(individual dynamics)에 대한 분석을 가능하게 해준다는 장점을 가지고 있다. 예를 들어 기업의 개별 점포들에 대한 패널 자료를 이용하면 시장 경쟁 상황의 변화에 대해 개별 점포들이 평균적으로 어떻게 반응하는지를 분석할 수 있다.

패널자료의 경험적 분석을 위해서는 개별 경제주체들의 행위가 여러 주체들에 공통적 영향을 주는 요인뿐만 아니라 개별적 이질성(individual heterogeneity)에도 의존한다는 사실을 명시적으로 고려하는 모형이 필요하다.[12] 이를 위해 다음과 같은 고정효과 패널모형(fixed effect panel model)으로 기본모형으로 고려한다.[13]

---

10) 1997년 Staples 사건의 개요 및 주요 쟁점에 대해서는 Dalkir and Warren-Boulton (2004) 참조.
11) Ashenfelter et. al.(2006) 참조.
12) 패널자료의 기타 특성 및 각종 패널 회귀 모형의 장단점에 대한 보다 자세한 내용은 Hsiao (2003), Cameron and Trivedi(2005), Wooldridge(2002) 등을 참조.
13) 이러한 모형은 Staples-Office Depot 결합의 경쟁효과 분석에 있어서도 사용된 바가 있다. Ashenfelter et. al.(2006) 참조.

$$\log(P_{it}) = \alpha_i + \sum_{k=1}^{K} [\beta_{1k}D_{kit} + \beta_{2k}\log(N_{kit})] + \gamma_i t + \varepsilon_{it};$$

식 2-1

$$i = 1,...,N \ ; \quad T = 1,..,T$$

단, P_{it} = 점포 i의 t 시점에서의 가격지수,

　　α_i = 점포 i의 고정효과(fixed effect) 변수,

　　D_{kit} = 경쟁업체 k가 점포 i의 지역시장 내에 존재하면 0이고 존재하

　　　　　지 않을 때 1의 값을 취하는 더미변수(dummy variable),

　　N_{kit} = 점포 i의 지역시장 내에 존재하는 경쟁업체 k의 시점 t에서

　　　　　의 점포의 개수[14]

　　ε_{it} = 평균이 0 인 교란항(disturbance term).

위 모형에서 고정효과를 나타내는 변수($\alpha_i : \ i = 1,..,N$)는 각기 다른 점포들간에 존재하며 시간의 경과에도 변함이 없는 개별 점포의 특성을 설명하기 위한 것이다. 예를 들어, 서로 다른 매장들 간에도 임대료, 수도 광열비 등의 비용 혹은 매장규모 및 전시행태 등의 차이가 존재하면, 이들이 가격에 미치는 효과를 명시적으로 반영하기 위한 것이다. 또한 만일 고정효과 변수 α_i를 설명변수에 포함시키지 않는다면, 예를 들어 지역 내 경쟁업체 수가 많은 매장의 가격이 보다 낮다는 사실이 경쟁의 심화로 인한 것인지 아니면 단순히 영업비용이 낮음 혹은 매장 규모가 작음으로 인한 것인지 구분하기가 어렵게 된다.

이러한 고정효과 모형의 또 다른 특징으로는 개별적 이질성(즉, 점포별 특성)을 나타내는 변수 α_i가 다른 설명변수인 경쟁업체의 수와도 상관관계가 있는 상황을 허용한다는 점이다. 예를 들어, 다른 조건이 일정하다면 업체들이 가능한 한 비용이 낮은 지역에서 영업하고자 한다는 사실을 감안할 때 이러한 특징은 본 경제분석의 경우 매우 중요한 측면이라 할 수 있다. 반면, 기타 패널모형으로서 결합회귀 모형(pooled regression model) 혹은 확률효과 모형(random effect model)

---

14) $N_{kit} = 0$ 인 경우는 $\log(N_{kit})$변수는 설명변수에서 제외되며 $D_{kit} = 1$만 설명변수에 포함되는 것으로 정의한다. D_{kit}가 일반적인 더미와 달리 부재시에 1의 값을 가지는 '부재더미(absence dummy)'로 설정된 것은 $\log(N_{kit})$가 $N_{kit} = 0$일 때에는 정의되지 않기 때문에 이를 반영하기 위한 것이다.

등은 개별적 이질성이 다른 설명변수와 상관관계가 있을 때 올바른 통계적 추론이 불가능하다는 단점을 가진다.

위의 모형에서는 가격지수와 지역시장 내의 경쟁의 정도에 대해 비선형관계를 가진다는 것을 가정하고 있다. 즉, 지역시장 내 경쟁업체의 수가 증가하면 가격지수가 영향을 받으나 그 영향의 정도는 경쟁업체의 수가 증가함에 따라 점차 감소한다는 비선형관계를 가정하고 있는 것이다. 이러한 로그선형 모형(log-linear model)은 계수추정치의 해석이 용이하고 측정 단위에 의존하지 않으므로 계량경제분석에서 널리 사용되고 있다.[15]

이랜드-까르푸의 기업결합이 관련시장의 경쟁을 얼마나 제한할 것인가 여부는 기업결합 이후, 다른 조건이 일정할 때, 까르푸와 이랜드의 점포들에서 공통으로 취급하는 품목들의 가격이 평균적으로 얼마나 상승할 것인가를 추정함으로써 판단 가능하다.[16] 본 실증분석에서는 위의 효과를 추정하기 위해서 다음의 지표들을 고려한다:

$$\Delta P_A = \frac{\sum_{i,t}[\beta_{1,outlet} - \beta_{2,outlet} \log(N_{outlet,i,t})]}{n} \qquad \text{식 2-2}$$

단, n은 까르푸의 지역시장 내에 아울렛이 동시에 존재했던 경우의 관측치의 숫자이며 $\sum_{i,t}$는 아울렛이 까르푸의 지역시장 내에 존재한 모든 아울렛 점포 i와 시점 t에 대해 합을 한 것이다. 따라서, 지표 ΔP_A는 아울렛이 결합 후 모두 영업을 하지 않는다면 지역시장 내에 아울렛 점포가 존재하던 모든 까르푸 점포에서의 가격이 평균적으로 얼마나 상승할 것인가를 추정하기 위한 것이다. 여기서 아울렛은 '이랜드 아울렛'으로서 '뉴코아'와 '2001아울렛'을 말한다. 만일 실제로 아울렛과 까르푸가 가격 경쟁을 치열하게 하였다면 이 지표가 유의적으

---

15) 실제로 본 경제분석에서는 선형모형(linear model) 및 준 로그모형(semi log-linear model) 등을 모두 고려해 보았으나 본질적인 결과의 차이는 존재하지 않았다.

16) 한편, 통상 경쟁업체들은 가격 경쟁뿐만 아니라 서비스의 차별화 등 비가격 경쟁도 치열하게 전개하고 있다. 비가격 경쟁의 정도를 수량화하기는 현실적으로 매우 어려우므로, 전성훈, 황윤재(2006)에서는 기업결합 후 비가격 경쟁의 완화로 인한 경쟁제한 효과를 간접적으로 알아볼 수 있는 척도로서, 기업결합으로 인한 매출액의 상승 효과도 추정하였다.

로 양수의 값을 가질 것이나, 그렇지 않을 경우 아울렛과 까르푸의 경쟁제한 효과는 적어도 가격 측면에서는 존재하지 않는다고 말할 수 있다.

한편, 기업결합의 경쟁제한성 여부를 판단하기 위한 또 다른 지표로는 다음을 고려할 수 있다:

$$\Delta P_B = \frac{\sum_i [\beta_{1,outlet} - \beta_{2,outlet} \log(N_{outlet,i,T})]}{m}.$$

식 2-3

단, m는 각각 최종 관측시점 T에서의 총 까르푸의 점포 수이며 $\sum_i$는 시점 T에서 지역시장 내 아울렛이 존재하고 있는 모든 까르푸 점포에 대해 합한 것이다. 따라서 지표 ΔP_B는 지표 ΔP_A와 달리, 현재와 과거 모든 시장 상황의 평균이 아니라 현재 시점의 시장 상황을 기준으로 아울렛이 결합 후 모두 영업을 하지 않는다면 모든 까르푸 점포에서의 가격이 평균적으로 얼마나 상승할 것인가를 추정하기 위한 것이다. 지표 ΔP_B의 특징으로는, 만일 기업결합이 효율성 증대로 인해 가격인하 효과를 가질 경우, 지역시장 내 아울렛이 존재하지 않았던 지역의 주민들의 후생증대 효과를 반영할 수 있게 해준다.

<식 2-2>, <식 2-3>에서 정의한 지표 ΔP_A, ΔP_B는 아울렛의 가격지수에 대해서도 대칭적으로 동일하게 정의할 수 있다.[17]

3) 자료

자료의 관측기간은 까르푸의 경우 2000/01~2005/12이며 아울렛은 2000/01~2006/06이다. 본 실증분석에서는 2006년 이후 개장된 점포 및 관측기간 중 폐점된 점포는 고려대상에서 제외하였으며, 그 결과 까르푸 31개의 점포 및 아울렛 17개 점포의 자료를 이용하였다.[18] 또한, 월말 개장된 점포의 월 총 매출은 일반적으로 지나치게 작게 나타나므로, 16일 이후 개점한 점포의 첫 달 매출액은

---

17) 이들 지표는 미국의 Staples-Office Depot 기업결합 사건에서 각각 FTC 및 피심인 측에서 사용되었다. Ashenfelter et. al.(2006) 참조.
18) 까르푸의 경우 사상점, 아울렛의 경우 광명점, 괴정점, 울산점, 천호2점, 해운대점이 2006/1 이후에 개점하였으며 및 까르푸 사상점은 2003/4에 폐점되었다.

제외하였다. 한편 관측 기간 중 매장의 리모델링 등의 이유로 휴점 후 재개점한 경우 휴점 기간을 관측기간에서 제외하였다.[19] 따라서, 실증분석에 사용된 패널 자료는 각 점포의 개점 일자가 서로 다르고, 관측 기간 중 일부가 제외된 자료가 있는 불균형 패널자료(unbalanced panel data)이다.

가격지수

이랜드−까르푸의 기업결합의 경쟁제한 효과의 올바른 분석을 위해서는 두 기업의 공통 취급 품목에 대한 가격지수를 적절히 구성하는 것이 중요하다. 두 기업의 취급 품목들은 하이퍼(식품 및 생활용품), 패션, 리빙용품, 기타 등으로 구분 할 수가 있으나, 비교적 표준화된 형태로 판매되는 일반식품 및 생활용품을 제외 하고는 공통 취급품목의 비중이 크지 않거나 취급 품목의 질적 다양성(예를 들어 패션 의류) 등으로 직접적인 가격 비교가 어렵다. 따라서 본 실증분석에서는 공통 취급 품목 중에서 일반식품 및 생활용품에 국한한 '하이퍼' 부문의 가격 지수를 산정하기로 한다.

이를 위해 먼저 대형 유통체인의 POS자료를 취급하는 AC Nielsen의 분류 기 준에 따라 일반식품 및 생활용품을 총 63개의 카테고리로 구분하였다.[20] 각 카 테고리에 있어서 2006년 6월 기준 최근 12개월간 매출액을 기준으로 상위 5개의 단품을 선정하였다.[21] 단품의 선정에 있어서는, 까르푸와 아울렛의 공통 취급 품 목이 우선적으로 고려되었으며 공통 취급 품목이 5개 미만인 경우 두 기업에 있

---

19) 뉴코아 아울렛 킴스의 경우 일산점, 평촌2점, 평택점, 동수원점, 야탑점, 강남점, 인천점 및 순천점이 2004/4월에서 2005/6월 기간 동안 각각 1~3개월 동안 휴점하였다.

20) 가격지수 산정을 위한 카테고리 리스트는 다음과 같다. 라면, 껌, 농후발효유, 맥주, 고추장, 흰우유, 커피, 간장, 육가공햄, 스낵-비스켓, 칫솔, 만두, 소주, 생수, 생면, 전통 과즙주스, 미용비누, 어육, 기저귀, 참기름, 김치, 의류세탁세제, 린스, 축산물가공캔, 바스롬티슈, 주방 세제, 분유, 샴푸, 당류, 일반냉동류, 생리용품, 면도날, 두유, 식용유, 다용도세제, 조미료, 올리브유, 기능성음료, 조미김, 수산물가공캔, 프리믹스, 이유식, 탄산음료, 밀가루, 건면, 섬 유유연제, 섬유탈취제, 제습제, 초콜릿, 키친타올, 주방용백, 치약, 쌈장, 유아로션, 녹차, 식 초, 당면, 시리얼, 프림, 잼, 치즈, 케첩-마요네즈, 램.

21) 단품은 재고처리단위(SKU, Store Keeping Unit)라고도 불리며, 각 단품은 바코드 형식의 표준상품코드(EAN, KAN, 혹은 UPC 등)에 의해 분류 및 관리된다.

어서 카테고리 내 매출액 기준 상위 제품들이 골고루 포함될 수 있도록 하였다. 매출액이 높더라도 기획상품의 비중이 매우 높거나, 계절성이 심한 상품, 자주 상품이 바뀌는 스낵 등 어린이 제품, 유아관련 제품 등은 제외하였다. 각 단품에 대한 관측 자료는 2002/1~2006/6 기간 동안 관측된 까르푸와 아울렛의 POS 자료이다.

본 실증분석 목적의 달성을 위해서는 관측기간 내에 동일한 품목들로 구성된 상품군에 대한 가격지수를 구성할 필요가 있다. 그러나 현실적으로 전 관측기간 (최대 4년 6개월) 동안 지속적으로 까르푸 및 아울렛의 총 48개의 모든 매장에서 공통적으로 팔린 품목은 매우 한정되어 있으므로, 주어진 점포 내에 있어서 관측기간 동안 지속적으로 팔린 품목을 선정하기로 한다.[22] 그러나 그 경우에 있어서도 위에서 선정된 단품들 중에서 일부만이 그 조건을 충족하였고 그 숫자들도 각 점포별로 일정하지 않았다.[23]

각 점포에서 관측기간 동안 지속적으로 팔린 단품들의 리스트가 정해지면 각 단품들의 매월 단위가격(월별총판매액/월별총판매수량)을 구한 후, 단품들의 단위가격의 가중평균치를 구하여 월별 가격지수를 계산하였다. 이때 가중치는 각 단품의 관측기간 내의 매출액의 비중을 이용하여 계산하였다.

경쟁업체의 선정

까르푸와 아울렛의 결합으로 인한 경쟁제한성 효과를 분석하기 위해서는 까르푸와 아울렛의 경쟁관계에 영향을 준다고 볼 수 있는 다른 경쟁업체들의 존재

---

[22] 본 실증 분석에서 사용하는 고정효과 모형은 기본적으로 주어진 점포의 가격지수가 자신의 (관측기간 내의) 평균값 주위에서 어떻게 변동하느냐를 설명하기 위한 것으로서, 고정효과 모형의 추정치는 소위 내부그룹 추정량(within estimator)이라고 불린다. 따라서, 각 점포 i의 가격지수를 구성하는 단품들이 평균 α_i만 제외하고 동일한 모집단 분포에서 무작위 추출된 것이라고 본다면 점포간 다른 품목을 이용하여 가격지수를 계산하는 일은 이론적으로 정당화될 수 있다.

[23] 이때 각 점포별 가격지수가 서로 다른 개수의 단품 가격들의 평균의 형태를 취하므로, 이 가격지수들을 종속변수로 이용할 때 이분산(heteroskedasticity)의 문제가 발생할 수 있다. 그러나 실제의 실증분석에서는 이분산이 유의적으로 존재한다는 증거는 찾을 수 없었다.

를 통제할 필요가 있다. 그러나 까르푸와 아울렛에서 취급하는 품목을 판매하는 경쟁업체는 매우 작은 편의점부터 대형할인점 혹은 백화점까지 다양하게 존재하고 있다. 현실적으로 모든 경쟁업체에 대한 정보를 전부 반영하기 어려우므로, 본 실증분석에서는 다음의 13개의 주요 대형 유통체인들의 점포만을 고려하기로 한다:

까르푸(N1), 뉴코아(N2), 2001아울렛(N3), 이마트(N4), 롯데마트(N5), 홈플러스(N6), 월마트(N7), 롯데백화점(N8), 현대백화점(N9), 신세계백화점(N10), 농협하나로(N11), GS마트(N12), 세이브존(N13).[24]

4) 실증분석 결과

회귀모형의 추정결과

다음 <표 2−1>, <표 2−2>는 고정효과 모형의 회귀분석 결과이다. 설명변수 Dk(k=1, 2, 3, 4,…,13)는 업체 k가 지역 시장 내 존재하지 않을 경우 1의 값을 취하는 더미변수이고, Nk(k=1,23,4,…,13)는 지역시장 내 존재하는 경쟁업체 k의 개수를 나타낸다. F(고정효과)는 고정효과가 존재하지 않는다는 가설, 즉 H_0: $\alpha_1 = \cdots = \alpha_N = 0$을 검정하기 위한 통계량이고 $\overline{R}^2$은 수정결정계수를 나타낸다.[25] [26]

---

24) N1, …, N13 등은 뒤에서 사용할 업체코드이다. N23은 아울렛(뉴코아아울렛＋2001아울렛)을 의미한다.

25) 실제 추정식에는 고정효과를 나타내는 더미변수들과 추세변수가 포함되었으나, 그들의 계수 추정치는 표기의 단순화를 위하여 제시하지 않는다. 뉴코아 아울렛의 경우 휴점 후 재개점한 점포는 재개점 전후 매출액의 추이가 매우 다르므로 구조적 변화(structural change)의 가능성을 허용하여 더미변수를 추가하여 추정하였으나 이 역시 단순화를 위하여 결과를 제시하지 않는다.

26) 회귀분석 결과표에서 나타나지 않는 변수들, 예를 들어 까르푸의 경우 $D10$ 및 아울렛의 경우 $D13$ 등은 관측 기간내 까르푸 혹은 아울렛의 전 점포의 지역시장 내에서 점포 수의 변화가 없었던 점포에 해당하는 변수이다. 이들 변수들의 계수는 식별이 되지 않으므로 실제의 회귀식의 추정에서는 제거되었다.

표 2-1 까르푸 가격지수가 종속변수인 경우

설명변수	계수추정치(t 값)	
D23	− 0.009	(− 1.084)
D4	− 0.016	(− 1.785)
D5	− 0.012	(− 1.563)
D6	0.023	(3.194)*
D7	0.037	(2.784)*
D8	0.029	(2.320)*
D9	− 0.002	(− 0.090)
D11	− 0.013	(− 0.655)
D12	− 0.007	(− 0.859)
D13	0.019	(2.175)*
log(N23)	0.010	(0.790)
log(N4)	0.000	(− 0.025)
log(N5)	0.014	(1.425)
log(N6)	0.000	(− 0.042)
log(N7)	− 0.055	(− 3.816)*
log(N8)	− 0.052	(− 3.175)*
log(N9)	0.019	(0.731)
log(N11)	− 0.066	(− 2.139)*
log(N12)	− 0.005	(− 0.274)
log(N13)	− 0.080	(− 1.885)
F(고정효과)	10721.65	[0.00]
$\overline{R}^2$	0.9757	
표본크기	1377	

※ ( )은 t-통계량, [ ]은 p-값, *는 5% 유의수준에서 유의함을 나타냄

우선 통계량 F의 결과를 보면 본 실증 분석에서 고려한 모든 회귀식에서 고정효과가 매우 유의적으로 존재한다는 것을 알 수 있었다(p-value=0.00). 또한 수정결정계수 $\overline{R}^2$도 0.88~0.99 사이의 값을 취하여 모형의 설명력도 매우 높은 것으로 나타났다. 따라서 이상의 결과들을 종합하면 본 실증분석 모형의 설정이 적절한 것이라고 판단된다.

표 2-2 아울렛 가격지수가 종속변수인 경우

설명변수	계수추정치(t 값)	
$D1$	0.042	$(3.301)^*$
$D4$	0.098	$(7.867)^*$
$D5$	0.027	$(3.806)^*$
$D6$	-0.025	$(-2.764)^*$
$D7$	0.001	(0.145)
$D8$	0.013	(1.390)
$D9$	-0.003	(-0.249)
$D11$	-0.013	(-1.434)
$log(N1)$	0.025	(1.503)
$log(N4)$	-0.016	$(-2.309)^*$
$log(N5)$	-0.017	$(-2.176)^*$
$log(N6)$	-0.004	(-0.416)
$log(N7)$	0.001	(0.119)
$log(N8)$	0.003	(0.284)
$log(N9)$	-0.074	$(-4.498)^*$
$log(N11)$	-0.009	(-0.523)
F(고정효과)	44804.12	$[0.00]$
$\bar{R}^2$	0.9949	
표본크기	756	

※ ( )은 t-통계량, [ ]은 p-값, *는 5% 유의수준에서 유의함을 나타냄

<표 2-1>에 제시된 까르푸의 하이퍼 부문의 가격지수와 경쟁업체의 관계식의 추정결과를 살펴보면, 지역시장 내의 아울렛의 존재는 까르푸의 가격지수를 유의적으로 하락시킨다는 증거를 찾을 수 없다. 한편, <표 2-2>의 뉴코아아울렛의 킴스 및 2001이올렛의 피머스렛 매장의 가격지수의 경우에는 $D1$의 계수는 유의적으로 양의 값을 가지나 $log(N1)$의 계수는 비유의적임을 알 수 있다. 이는 지역시장 내 까르푸 매장이 없다가 1개가 개점을 하게 되면 아울렛의 하이퍼 부문의 가격지수가 평균적으로 4.2% 하락하나, 추가적인 까르푸 매장의 증가는 더 이상 가격지수에 유의적인 영향을 주지 못하는 것으로 해석할 수 있다.[27]

---

27) 여기서 해석상 주의하여야 할 사항은 본 실증분석에서 다룬 가격지수는 하이퍼 부문에 국

기업결합효과의 추정

　이상의 실증분석 결과는 까르푸와 아울렛의 하이퍼 부문 가격지수가 지역시장 내의 경쟁상황에 대한 전 관측 기간 및 전 점포에 걸친 '평균적인 반응'을 추정한 것이다. 이제 이 추정결과를 이용하여, 까르푸와 아울렛의 가상적인 결합으로 인해 현재 상황으로부터 각각의 가격지수가 어떻게 변화할 것인가를 예측해 보자.

　다음 <표 2−3>의 ΔP_A, ΔP_B는 앞의 <식 2−2>, <식 2−3>에 정의된 것으로서, 이랜드−까르푸의 결합으로 아울렛이 더 이상 경쟁관계에 있지 않게 될 때 까르푸 및 이랜드의 하이퍼 가격지수가 현재 시점의 값에서 얼마나 변화할 것인지를 나타내고 있다. 즉 ΔP_A는 까르푸(이랜드)가 결합 후 모두 영업을 하지 않는다면 지역시장 내에 이랜드(까르푸) 점포가 존재하던 모든 까르푸(이랜드) 점포에서의 가격이 평균적으로 얼마나 상승할 것인가를 나타내는 지표이고, ΔP_B는 자료의 최종 관측시점의 시장상황을 기준으로 이랜드(까르푸)가 결합 후 모두 영업을 하지 않는다면 모든 까르푸(이랜드) 점포에서의 가격이 평균적으로 얼마나 상승할 것인가를 나타내는 지표이다.

　<표 2−3>의 결과는 기업결합의 효과를 측정하기 위한 어떤 지표를 사용하더라도, 다른 조건이 일정할 때 기업결합이 까르푸의 가격지수를 유의적으로 증가시키지 않을 것임을 보여준다. 한편 아울렛의 가격지수의 경우 기업결합이 10% 유의수준에서 2∼3% 인상시킬 수 있음을 시사한다. 그러나 후자의 추정 결과는 5% 유의수준에서는 유의적이지 않으며, 또한 가격지수가 아울렛 전체의 가격지수가 아니라 하이퍼에서 판매되는 일반 식료 및 생활용품에 한정하여 구성된 것이므로 약간의 가격인상의 효과가 나타난다고 할 지라도 이는 하이퍼 매장에 국한된 것임을 고려하여 제한적으로 해석되어야 할 것이다.

한된 상품들로 구성되었다는 점이다. 하이퍼 부문은 아울렛 매출에서 큰 비중을 차지하지 않으므로, 아울렛 전 품목으로 가격지수를 구성하였다면 그것이 지역시장 내 까르푸의 존재에 의해 영향을 받을 것으로 기대하기 어려울 것이다.

표 2-3 까르푸-이랜드 기업결합이 가격지수에 미치는 효과

	ΔP_A	ΔP_B
까르푸 가격지수에 미치는 효과	-1.12% (-1.341)	-0.65% (-1.368)
이랜드 가격지수에 미치는 효과	2.71% (1.915)	2.35% (1.715)

※ ( )은 t-통계량

5) 해석상의 유의점

공정위는 본 경제분석 결과가 이랜드 아울렛이 까르푸, 이마트, 롯데마트 등과 같은 할인점과 유의미한 경쟁관계가 있음을 보여주는 것으로 해석하였다. 즉 <표 2-2>의 추정계수 *D1*, *D4*, *D5*가 각각 0.042, 0.098, 0.027의 양의 값을 취하고, 5% 유의수준에서 유의하게 나타난 것을 지적하면서, 이는 *"이랜드 아울렛 상품가격은 까르푸, 이마트, 롯데마트가 인근에 없다가 1개 점포가 새로 개점하는 것에 따라 각각 4.2%, 9.8%, 2.7%씩 하락하는 것으로 나타나 이랜드 아울렛의 가격은 까르푸, 이마트, 롯데마트 등 할인점과의 경쟁관계에 따라 크게 영향을 받는 것으로 나타났다"*고 해석하고 있다. 한편 동일한 <표 2-2>의 추정계수 *D8*과 *D9*이 각각 0.013, -0.003으로 절대값이 낮을 뿐만 아니라 통계적 유의성이 없음을 들어, *"반면에 롯데백화점, 현대백화점이 인근에 없다가 새로 점포를 개점하더라도 이랜드 가격에 있어 유의미한 변화가 없어, 이랜드 아울렛의 가격은 백화점과의 경쟁관계에 크게 영향을 받지 않는 것으로 나타났다"*고 해석하고 있다.[28]

이와 같은 공정위의 해석은 다음과 같은 점에서 한계를 가진다. 첫째, 개별 회귀계수에 경제학적인 의미를 부여할 수 있는지 여부는 관측된 자료의 분포에 의존한다는 점을 고려하지 않고 있다. 논의의 초점이 되는 *D1* 변수의 계수 추정치는 표본기간(2002/01~2006/06) 동안 까르푸가 0에서 1로 한번이라도 변한 사실이 있는 아울렛 점포의 가격에 대한 관측치에 주로 의존하고 있다. 그러나 실

---

28) 공정위(2006.11.6, 10쪽) 참조.

증 자료에 따르면 2001아울렛 안산점만이 주위에 까르푸가 표본기간 내 0에서 1로 변하였으며(까르푸 안산점, 2002-08-22 개점) 기타의 아울렛점포들은 주위에 까르푸 점포 수의 변동이 없거나 있더라도 1에서 2로, 혹은 2에서 3으로의 변화였다. 따라서 이 계수 추정치에 경제적 의미를 부여하기는 어렵다고 볼 수 있다.[29] 특히 기업결합은 지역시장 내 다양한 경쟁점포 수의 변화를 야기하는 것이고, 전체적인 기업결합의 효과를 보기 위해서는 개별 계수의 추정치보다 지표를 이용한 평균적인 효과를 보는 것이 타당하다고 할 것이다. 둘째, 본건에서 고려한 회귀모형은 가격지수와 경쟁업체수 간에 존재하는 통계적 관계를 추정하기 위한 것으로서, 본 추정 결과를 이용하여 시장획정을 시도하는 것은 적절치 않을 수 있다. 보다 엄밀한 시장획정을 위해서는 각 점포의 수요함수 추정을 통한 구조적인 관계에 대한 추정치가 필요하다. 공정위의 해석은 $D8$, $D9$ 변수만을 대상으로 하고 있으나, $N9$(현대백화점)의 계수는 매우 유의적이며 특히 그 값이 -0.074로 타 할인점 $N4$(이마트)의 계수 -0.016 및 $N5$(롯데마트)의 계수 -0.017보다 절대값이 더 크고 유의적이라는 사실은 하이퍼 부문에서 아울렛이 타 할인점보다 백화점과 더욱 밀접히 경쟁한다는 증거로 해석할 수 있다. 또한 까르푸의 가격지수에 대한 <표 2-1>에서도 까르푸 하이퍼 부문 가격이 $D8$, $N8$(롯데백화점) 변수에 의해 유의미하게 설명되어, 까르푸와 이랜드가 백화점과 경쟁관계가 있다는 것을 시사한다. 따라서 이러한 결과를 종합하면 아울렛과 까르푸가 타 할인점뿐 아니라 백화점과도 광범위하게 경쟁을 한다는 점을 알 수 있다.

요컨대, 공정위 해석은 기업결합의 경쟁효과 예측을 위한 축약형 계량분석의 기본취지에 부합하지 않는 것이다. 공정위 의결은 상기 추정결과를 아울렛과 할인점이 밀접한 경쟁관계에 있는 동일한 유통서비스시장에 속한다는 주장을 뒷받침하는 데 활용하고 있다. 그러나 축약형 계량분석의 목적은 기업결합의 경쟁효과를 추정함에 있어서 논란이 있을 수 있는 시장획정 및 시장점유율 분석에서 탈피하여, 기업결합의 대상인 아울렛과 까르푸간의 유의적인 경쟁관계의 유무를 확인함으로써 당해 기업결합의 경쟁제한성을 직접 예측하고자 하는 것이다. 기

---

29) $D1$ 변수는 그 자체로서 계수의 추정치를 해석하는 것은 의미가 없을 수 있으나, 다른 변수의 계수의 올바른 추정을 위해서는 필요하다.

타 변수들은 이들 관계를 올바른 추정을 위한 통제변수로서 의미를 가지며, 이를 이용하여 시장획정의 시도하는 데는 무리가 있다는 점에 유의하여야 할 것이다.

4. 평가

이랜드－까르푸 기업결합에 대한 공정위 의결은 아쉽게도 법원의 판단을 받을 기회를 갖지 못했다. 앞서 언급한 바대로 이랜드 측이 까르푸(홈에버로 상호 변경)를 홈플러스에 매각하면서 진행되던 불복 소송을 취하하였기 때문이다. 한편 이마트－월마트 기업결합에 대해서는 공정위 의결에 대한 고등법원의 판결이 있었고, 소송 과정에서 원고인 이마트 측은 이랜드－까르푸 경쟁효과에 대한 축약한 계량분석과 유사한 방법을 적용한 경제분석을 법원에 제출하였다. 이하에서는 관련 사례로서 2006년 이마트－월마트, 2008년 홈플러스－홈에버 기업결합 사례를 소개하고, 이랜드－까르푸 사례의 의의를 살펴본다.

이랜드－까르푸에 대한 공정위(2006.11.6) 의결 이후 바로 이마트－월마트에 대한 공정위(2006.11.14) 의결이 있었다. 공정위는 두 사건에서 상품 및 지리적 시장을 동일하게 획정한 후에 점유율 기준으로 경쟁제한성이 추정되는 지역에 대해서 결합기업에 속하는 어느 한 점포를 제3자에게 매각하라는 시정명령을 내렸다.[30] 이마트 측은 이에 대한 불복 행정소송을 제기하였고, 서울고등법원(2008.9.3)은 공정위의 시정명령을 취소하는 판결을 내렸다.[31]

이 소송의 원고인 이마트 측이 법원에 제출한 이한식(2007)의 경제분석에서는 이마트의 지역 및 점포 별 가격지수를 구성하여 단순 비교한 후, 이 가격지수를 종속변수로 한 다중회귀 계량분석을 통하여 기업결합의 경쟁효과를 평가하였다.[32] 가격지수의 구성 및 계량분석 방법은 1997년 Staples－Office Depot 사건

---

30) 양도대상 지점은 월마트 계양점 및 중동점 또는 인천점, 평촌점, 대구시지점, 포함점(총 4개 (인천점을 매각할 경우) 또는 5개(계양점 및 중동점을 매각할 경우) 지점)이다.
31) 이는 공정위의 상고 포기로 확정되었다. 이 판결에 따라서 공정위(2009.7.2)는 대구 시지ㆍ경산 지역에 대해서만 비교대상 점포를 선정하여 가격을 그 이하로 유지할 것을 명령하는 행태적 시정조치를 부과하였다.
32) 그 주요 내용은 신광식, 이한식(2009)에 정리되어 있고, 이하에서는 이를 참조하였다.

의 경제분석에서 도입된 것으로서, 앞서 소개한 이랜드-까르푸 사례에서 전성훈, 황윤재(2006)의 축약형 계량분석 방법과 기본적으로 동일하다.[33] 법원은 이마트-월마트 기업결합의 경쟁제한성을 부인하면서, 그 근거의 하나로서 이한식(2007)의 경제분석 내용 중에 가격지수 비교 분석을 원용하였다. 즉 *"가장 가격지수가 높은 지점과 가장 낮은 지점의 차이가 2,972개 품목 가격지수에서 3.83%, 즉 ±1.9% 정도로 나타났는데, 원고가 독점사업자의 지위에 있는 지역에 위치한 지점 11개의 평균 가격지수와 가장 경쟁적인 지역에 위치한 원고 지점의 가격지수의 차이는 평균 2% 정도인 것으로 나타났는바, 이에 비추어 보면 그동안 원고가 독점지역에서 시장지배력을 남용해 왔다고 단정하기는 어렵다"*고 판시하였다. 또한 경쟁제한성 추정지역에서 신규 출점이 활발히 이루어진 것도 법원의 판결의 근거가 되었다.

한편 홈플러스-홈에버 기업결합에 대한 공정위(2008.10.27) 의결은 이러한 서울고등법원(2008.9.3)의 판결에 영향을 받은 것으로 보인다. 공정위는 이 기업결합을 경쟁제한성이 우려되는 4개 지역의 피심인 점포에 대해서 경쟁가격 수준 이하로 판매하도록 하는 행태적 시정조치를 부과하여 허용하였다.[34] 이러한 조건부 허용의 배경으로 공정위는 2006년 이랜드-까르푸, 이마트-월마트 기업결합 이후 유통업의 경쟁심화를 들고 있다. 또한 주목할만한 발전은 이 심결에서 공정위는 소비자 구매전환율(diversion ratios) 분석을 통하여 기업결합에 따른 경쟁제한성 우려를 판단하였다는 것이다. 구매전환율 분석이란 피취득회사인 홈에버 고객이 최우선의 대체 소비처로 선택한 점포를 조사하여 홈플러스 비율이 높은 경우 경쟁제한 가능성이 있는 것으로 판단하는 것이다.[35] 이는 논란이 많은 시장

---

[33] 단 이한식(2007)은 앞의 〈식 2-1〉에서 log(N) 대신 로그 없는 N을 이용하였고, 고정효과 (fixed effect)가 아닌 확률효과(random effect) 패널모형을 이용하였다. 후자는 피고인 공정위 측의 김종민, 권남훈(2007)의 반박 보고서에서 비판의 대상이 되었다. 그 이유는 앞서 언급한 바대로 확률효과 모형은 점포별 특성을 나타내는 변수 α_i가 다른 설명변수인 경쟁업체의 수와도 상관관계가 있는 상황에서는 추정결과에 있어서 편의(bias)가 발생할 수 있기 때문이다.

[34] 공정위(2008.10.17) 원의결에서는 '경쟁가격'을 전국 평균가격으로 정하였으나, 공정위 (2009.3.23) 재의결에서는 비교대상으로 특정된 점포의 가격으로 변경하였다.

[35] A에서 B로의 구매전환율이란 A의 가격인상 시에 A의 매출감소 중에 B의 매출증대로 전환

획정을 회피하면서 기업결합의 단독효과(unilateral effect)를 추정할 수 있는 매우 간단하고 유용한 방법으로서 최근 미국을 비롯한 각국의 기업결합 심사에 널리 응용되고 있다.[36] 4장에서 소개될 SKT-CJ헬로비전 사건의 경제분석에서 적용된 '가격인상압력(UPP, Upward Pricing Pressure) 개념은 구매전환율을 보다 발전시킨 것이라고 할 수 있다.

이랜드-까르푸 사례는 국내에서 처음으로 공정위 사건에서 경쟁효과의 분석에 축약형 계량분석이 도입되었다는 데 중요성을 지닌다. 공정위는 의결서에서, 비록 본래의 취지인 경쟁효과를 예측하는 목적이 아니라 자신의 시장획정을 정당화하는 목적으로 원용하기는 하였지만(앞서 지적한 바대로 문제가 있는 해석을 통해서), 경제분석의 결과에 관심을 보였다. 공정거래 사건에서 경제분석이 활성화되기 위해서는 공정위가 의결서에서 어떤 취지로든지 그 결과를 원용하여 판단에 활용하고, 이에 대한 논의가 활발해지는 것이 중요하다. 이랜드-까르푸 사건의 경제분석에서 도입된 축약형 계량분석은 그 후 이마트-월마트 사건에서 행정소송 단계에서 다시 시도되었다. 비록 법원은 가격지수의 단순 비교만을 판결의 근거로 제시하였지만, 엄밀한 축약형 계량분석의 결과도 판결에 영향을 미쳤을 것임이 분명하다. 이 또한 경제분석의 활성화를 위한 커다란 진전으로 평가할 수 있다.

이랜드-까르푸 사건의 또 다른 의의는 유통과 같은 서비스 산업의 지리적 및 상품 시장획정에 대한 이해가 깊어지는 계기가 되었다는 것이다. 우선 이후의 유통산업 내의 다양한 기업결합 관련 지역시장 획정에서 '중첩원의 합집합'이라는 기본 개념이 자리를 잡게 되었다.[37] 그 기본 원칙은 크게 보아 다음과 같이

되는 비율로서, A의 자체가격 탄력성 대비 B의 교차가격 탄력성으로 정의된다. 그러나 공정위의 분석에서는 보다 단순하게 홈에버가 폐업되면 홈플러스 및 다른 유통점으로 소비자들이 얼마나 옮겨갈 것인가를 설문조사를 통해서 이를 추정하였다.

36) 최근에 대폭 수정된 미국의 기업결합 심사지침 US DOJ and FTC(2010)에서는 차별화된 제품 기업결합의 단독효과에 의한 경쟁제한성을 평가하는 데 있어서 구매전환율 분석의 중요성을 강조하고 있다.

37) 대형할인점의 기업결합에 대한 일련의 공정위(2006.11.6, 2006.11.14, 2008.10.17) 의결에서 시작하여, 백화점 간 기업결합에 대한 공정위(2008.2.4)의 신세계의 경방유통 경영수임 신속승인 건, 대형마트와 기업형 슈퍼마켓 SSM 사이의 기업결합에 대한 공정위(2012.5.14) 롯

정리할 수 있다. 우선 취득회사와 피취득회사의 유통점이 인접하여 경쟁하는 지역을 중점심사 지역으로 선정한 후에, 그 지역의 피취득 유통점을 중심으로 일정한 반경으로 동심원을 그리고, 해당 동심원에 포함되고 관련 상품시장에 속하는 모든 유통점에 대해 다시 동일한 반경으로 동심원을 그린 후에 중첩되는 동심원들의 합집합(a union of overlapping circles)으로 일차적인 지리적 시장을 획정한다. 이때 동심원의 반경은 유통업태 별로 누적 회원 및 매출액을 기준으로 대략 70~80% 정도가 포함되는 것으로서, SSM의 경우 1km, 대형할인점/마트의 경우는 5km, 백화점의 경우는 10km로 한다. 그리고 이차적으로 행정구역/자연지형/도로여건 등을 인문지리적 특성, 고객분포 현황 등을 감안하여 지역시장의 범위를 합리적으로 조정한다. 단, 공정위는 중첩원의 합집합 접근법 적용을 1회에 한정하였다. 그러나 2절 2)항에서 소개한 전성훈, 황윤재(2007)의 논리에 따르면, '연쇄적 대체관계'의 의미를 경쟁압력의 식별이라는 시장획정의 원칙에 비추어 해석할 때 이를 보다 신축적으로 확대 적용할 필요가 있을 것이다. 공정위가 최근 2015년 롯데쇼핑의 대우 마산, 대우 센트럴 백화점 인수 사례에서 중첩원의 합집합 접근법을 1회에 한정하여 적용하지 않고 적용하여 관련 지리적 시장을 대우 마산점 관련 시장을 '창원시', 대우 센트럴점 관련시장을 '부산시'로 확대 적용한 것은 의미있는 진전이라고 할 수 있다.[38]

한편 상품시장의 획정에 있어서는 이랜드-까르푸와 이마트-월마트 사건이 동시에 한 묶음으로 심사가 진행되면서 양자의 차이가 충분히 고려되지 않았다는 아쉬움이 있다. 후자는 동일한 유통업태인 대형마트 간의 기업결합인 데 반해 전자의 경우는 유통업태 상의 차이가 존재하는 아울렛과 대형마트의 기업결합이었다. 2절 1)항에서 소개한 전성훈, 황윤재(2006)의 주장대로, 전체로서 아울렛과 대형마트가 차별화된 유통업태로서 서로 다른 상품시장에 속한다는 주장이 받아들여지지 않는다면, 관련 시장은 아울렛과 대형마트의 '하이퍼' 부문에 해당하는 '대형마트 환경에서 제공되는 식품 및 비식품류 일상 소비용품'의 부분시장으로

데슈퍼-굿모닝마트 사례 등에서 관련 지리적 시장획정에 '중첩원의 합집합' 개념이 적용되었다.

38) 공정위(2015.6.25) 의결.

획정되는 것이 적절하다고 판단된다. 그 이유는 이러한 시장획정이 묶음시장 획정의 경제적 논거라고 할 수 있는 '거래의 보완성' 혹은 '일괄구매의 편의' 개념과 부합하기 때문이다.

Chapter 03 옥션-G마켓 기업결합(2009년)과 Merger Simulation 분석

인터넷쇼핑의 세계적 선도기업인 이베이(eBay Inc.)는 2001년 국내 최초의 인터넷 경매서비스를 제공한 옥션을 인수하였고, 2008년에는 국내 오픈마켓 1위 사업자인 G마켓을 인수하였다.[1] 본장에서는 옥션-G마켓 기업결합 사건에서의 공정위 의결과 이베이 측 경제분석의 주요 내용을 소개한다. 특히 이 사건의 경제분석에서는 기업결합의 경쟁효과에 대한 Merger Simulation이 국내에서 처음 시도되었다.

1. 사건 및 경제분석 개요

1) 공정위 의결 개요

이베이는 G마켓 주요 주주들과 주식취득을 위한 양해각서를 체결(2008.4.25)하고 동 기업결합의 경쟁제한성 여부에 대한 임의적 사전심사를 공정위에 요청(2008.5.24)하였다. 이에 대해 공정위는 전원회의 심의를 거쳐 행태적 시정조치를 부과하기로 하고, 정식 심사요청시 시장상황 변화 등 중요한 사정변경이 없는 경우 동 심의결과가 그대로 적용될 것임을 통지(2008.9.30)하였다. 이에 따라 이베이는 G마켓 주식을 인수하는 계약을 체결하고 이를 공정위에 신고(2009.4.16)하였다. 공정위는 임의적 사전심사의 결과대로 3년간 인터넷 오픈마켓에 입점한 판매자에게 적용하는 거래수수료 인상을 금지하고, 등록 및 서비스 수수료 등을

---

[1] 이베이나 옥션은 소비자와 소비자를 연결하는 C2C의 일반경매방식으로 사업을 시작하였으나, 현재 국내 오픈마켓에서는 판매자가 제시한 고정가격, 즉 즉시구매 가격만으로 판매하는 B2C의 일반 고정가 판매방식이 자리잡고 있다.

소비자물가지수 인상률 범위 이내로 인상하도록 제한하고, 중소형 판매사업자 보호대책 수립 및 공정거래 법률 준수 방안을 마련하도록 하는 등의 행태적 시정조치를 부과하여 동 기업결합을 허용(2009.6.25)하였다.[2]

공정위는 오픈마켓과 인터넷쇼핑몰이 지니고 있는 양면시장(two-sided market)의 특성을 반영하여, <그림 3-1>에서와 같이 본 기업결합 관련 상품시장을 소비자 측면과 판매자 측면에서 달리 획정하였다.

공정위는 *"인터넷쇼핑을 하는 소비자들은 오픈마켓과 일반쇼핑몰을 동일한 쇼핑 수단으로 인식하고 가격비교를 통하여 복수의 인터넷쇼핑몰을 이용하고 있어 소비자 측면에서 오픈마켓과 일반쇼핑몰은 상호 대체관계가 존재한다. 따라서 소비자 측면에서 오픈마켓과 일반쇼핑몰은 동일시장으로 획정할 수 있다"*(의결 27쪽)고 판단하였다.[3] 반면에, 공정위는 *"서비스의 가격, 기능, 효용의 유사성, 판*

그림 3-1 공정위의 옥션-G마켓 기업결합 관련 상품시장 획정

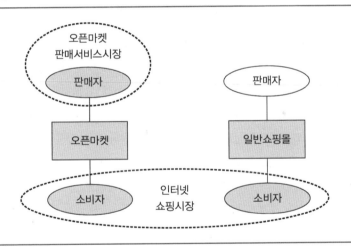

---

2) 공정위(2009.6.25) 의결.
3) 한국인터넷진흥원(2007)이 실시한 2007년 상반기 정보화 실태조사 결과에 따르면 소비자들의 인터넷쇼핑 시 쇼핑몰을 결정함에 있어 가장 중요한 요소로 저렴한 가격이라고 응답하고 있으며 50%이상의 소비자가 원하는 물품을 인터넷상에서 구매하기 위해 평균 2.6개의 인터넷쇼핑몰을 방문하고 있는 것으로 나타나고 있다. 그리고 약 80%의 소비자가 상품정보를 인터넷포털을 통해서 취득하며, 55%의 구매자는 가격비교사이트를 통해서 상품의 가격정보를 취득하고 있다.

매자들의 시장경계에 대한 인식, 서비스구매자(판매자)의 전환가능성 및 그에 대한 인식 등을 고려할 때 판매자 측면의 시장은 오픈마켓 시장을 일반쇼핑몰과 구별되는 별개의 시장으로 획정"(의결 27쪽)하였다.[4] 한편 관련 지리적 시장은 언어적 한계 및 배송 비용 등을 고려하여 양 측면 모두 국내시장으로 획정하였다.

공정위가 주목하는 판매자 측면에서 오픈마켓과 일반쇼핑몰의 차이점을 부연하면 다음과 같다.[5] 첫째, 상품판매의 주체와 책임의 정도가 다르다. 일반쇼핑몰에서 판매주체는 쇼핑몰 운영자이지만, 오픈마켓에서는 판매주체가 오픈마켓 운영자가 아닌 판매자이다. 이에 따라 일반쇼핑몰은 쇼핑몰 운영자가, 오픈마켓은 판매자가 상품의 배송, 교환, 환불 등의 책임을 부담한다. 둘째, 일반쇼핑몰은 구매 담당직원이 상품을 선정, 구매하여 쇼핑몰에 등록·판매하는 이른바 MD(Merchandiser) 시스템으로 운영되나, 오픈마켓은 판매상품 선정과정이 없이 판매자들이 직접 판매를 원하는 상품을 등록하고 판매하는 방식으로 운영된다. 셋째, 상품구성이 다르다. 일반쇼핑몰은 가격 경쟁력이 있는 상품보다 브랜드 제품 등 품질이 인정된 상품을 취급하며, 협력 업체의 수를 품목당 1개 또는 예외적으로 2~3개를 유지하나, 오픈마켓에서는 판매자의 능력에 따라 제한없이 다양한 상품을 판매할 수 있으며 품목당 판매자의 수에 제한을 두지 않는다. 넷째, 수익구조가 다르다. 일반쇼핑몰은 상품판매가격과 협력업체에 지급하는 금액의 차이인 판매마진이 주 수입원이라 할 수 있는데, 오픈마켓은 판매자와 구매자를 연결해 주면서 생기는 거래수수료가 주 수입원이며 그 외에도 상품등록, 부가서비스, 광고서비스에 대한 수수료 등에서 수익을 얻고 있다.

---

4) 특히 공정위는 오픈마켓과 일반쇼핑몰이 제공하는 서비스의 내용에 큰 차이점이 존재한다고 보았다. 공정위에 의하면, 오픈마켓은 판매자에게 제공하는 서비스는 소비자와 만날 수 있는 가상의 시장을 개설하는 것, 결제대행 서비스를 제공하는 것 등 최소한에 그치고 있는 반면, 일반쇼핑몰은 쇼핑몰의 신뢰도를 높이기 위해 판매자를 대신하여 다양한 서비스 - 소비자불만 해결을 위한 고객센터 운영과 교환 및 A/S 책임 등 - 오픈마켓에서는 제공되지 않는 서비스도 제공한다.
5) 이하의 오픈마켓과 일반쇼핑몰의 차이점은 공정위 의결(18~19쪽)에서 발췌한 것이다.

표 3-1 오픈마켓과 일반쇼핑몰의 차이점

	오픈마켓	일반쇼핑몰
판매주체	판매자(seller)	쇼핑몰
운영방식	판매자(seller)의 자율	MD에 의해 운영
상품구성	다양한 상품	제한된 상품
수입원	거래 수수료 및 부가수수료	판매마진

출처: 유재현, 박철(2006)

이러한 시장획정을 근거로 공정위는 본건 기업결합의 경쟁제한성을 다음과 같이 평가하였다. 먼저 소비자 측면에서 보면, 국내 인터넷 쇼핑시장에서 결합기업의 시장점유율은 2008년 거래금액기준 37% 정도이고, 가격비교 사이트의 활발한 이용, 오프라인 유통채널로부터의 가격경쟁, 신규진입의 용이 등으로 인해 기업결합의 실질적인 경쟁제한성이 없다고 판단하였다. 한편 판매자 측면의 국내 오픈마켓 시장에서 결합기업의 시장점유율은 2008년 거래금액 기준 87.5% (G마켓 51.5%＋옥션 36%), 수수료 매출 기준 90.8%(G마켓 52.9%＋옥션 37.7%)이고, 1, 2위 격차가 각각 79.4%와 86.6%에 이르러 공정거래법상 경쟁제한성 추정요건에 해당된다.[6] 이에 따라서 공정위는 결합기업이 시장점유율을 크게 확대하여 단독으로 판매자 측에 부과되는 거래수수료를 비롯한 각종 가격을 인상할 가능성이 높다고 보았다. 또한 판매자들의 G마켓과 옥션간 높은 중복거래 비율로 파악되는 양 사업자간의 밀접한 대체성과 양면 플랫폼의 특성상 소비자 측면에서 네트워크 크기나 특성에 따른 높은 충성도로 인해 시장지배력의 남용가능성이 커질 것으로 판단하였다.

그러나 공정위는 결합기업의 수수료 인상과 같은 판매자 측면의 경쟁제한 가능성은 단기에 국한되는 것으로 보았고, "중·장기적으로는 IPTV, 이동전화와 연계한 새로운 서비스의 등장 가능성, 오픈마켓 시장의 높은 동태적 변화가능성 등에 의해 이러한 가능성은 크게 줄어들 것으로 판단"(의결 52쪽)하였다. 보다 구체적으로 오픈마켓 시장의 동태적 변화 가능성으로는 활발한 진입과 퇴출, 비즈니

---

6) 순 방문자수 기준으로도 결합기업의 점유율은 79.3%(G마켓 36.9%＋옥션 42.4%), 1, 2위 격차가 66.8%에 이르러 공정거래법상 경쟁제한성 추정요건에 해당된다.

스 모델의 지속적 변화, 통신·방송과의 연계한 사업 확장 등을 들고 있다. 공정위가 3년간 일시적 기간 동안 판매자 측의 수수료 인상을 제한하는 등의 행태적 시정조치를 부과하여 본 기업결합을 허용한 이유가 바로 인터넷쇼핑 산업에서의 이러한 활발한 동태적 경쟁 때문이라고 할 수 있다.

2) 이베이 측 경제분석 개요

이베이 측이 2008.7.9. 공정위에 제출한 남재현, 신일순, 안형택, 전성훈(2008)의 경제분석 보고서에서는 옥션－G마켓 기업결합의 경쟁효과를 여러 측면에서 검토하였다. 보고서는 크게 다섯 파트로 구성되어 있다. 먼저 논의 배경이 되는 국내 인터넷쇼핑시장의 구성, 발전, 현황을 개괄하였다. 다음으로는 Critical Loss Analysis를 적용하여 본건 관련 상품시장이 오픈마켓으로 한정되는지 아니면 전체 인터넷쇼핑시장으로 확대되어야 하는지를 구매자 측과 판매자 측 양 측면에서 검토하였다. 이 경우 인터넷쇼핑시장의 양면시장 특성이 중요하게 고려되어야 함을 강조하였다. 세 번째 파트에서는 옥션－G마켓 기업결합의 구매자 측에 대한 폐해로 제기될 수 있는 할인쿠폰의 삭감 가능성을 살펴보았다. 간단한 이론적, 실증적 분석을 통해서 결합기업이 우려되는 경쟁제한적 행위를 할 유인이 있는지를 검토한다는 점에서, 이러한 분석은 비록 완전한 형식을 갖춘 것은 아닐지라도 간이화된 형태의 Merger Simulation이라고 할 수 있다. 네 번째 파트에서는 옥션－G마켓 기업결합의 판매자 측에 대한 폐해로 제기될 수 있는 판매 수수료의 인상 가능성을 분석하였다. 이는 국내에서는 최초로 엄밀한 Merger Simulation 기법을 도입하여 기업결합의 경쟁효과를 분석한 것으로서 의미를 지닌다. 마지막 파트에서는 국내의 인터넷쇼핑시장에서 매우 역동적으로 작동하고 있는 다양한 경쟁압력들을 종합적으로 기술하였다. 즉 국내 인터넷쇼핑시장에서는 구매자와 판매자 양측에서 작동하는 경쟁압력과 서로 간의 상승작용, 그리고 신규기업의 진입과 기존기업의 사업재편(repositioning) 등의 잠재적 경쟁이 활발한 경합시장적 특성, 그리고 상하류 시장에서 포털, 가격비교 사이트, 멀티채널툴 등의 경쟁촉매 작용 등으로 인해서 매우 역동적인 경쟁 행태 및 성과가 나타났다는 것이다.

이하에서는 상기 보고서의 내용 중에서 새로이 도입된 경제분석을 중심으로 소개한다.[7] 먼저 2절에서는 옥션-G마켓 기업결합 관련 시장획정을 위한 Critical Loss Analysis을 실행하는 데 있어서 인터넷쇼핑 시장의 양면적 특성을 어떻게 고려해야 하는지를 논의한다. 다음으로 3절에서는 옥션-G마켓 기업결합에 따른 구매자측 폐해 가능성에 대한 직관적 분석을 검토한다. 그리고 4절에서는 본 경제분석의 핵심으로서 옥션-G마켓 기업결합으로 인한 판매자측 폐해 가능성을 평가하는 Merger Simulation 분석의 틀을 설명한다. 마지막으로 5절에서는 본 사건 및 경제분석의 의의와 시사점을 제시한다.

2. 인터넷쇼핑시장의 양면적 특성과 옥션-G마켓 기업결합 관련시장 획정의 접근법

양면시장의 특성을 지닌 인터넷쇼핑몰 운영 기업들의 결합과 관련한 시장획정에 있어서는 양면시장의 핵심적 특징인 간접적 네트워크 효과를 고려하여야 한다. 그렇지 않은 경우 편협한 시장획정의 오류에 빠질 수 있다.

1) 인터넷쇼핑시장의 양면적 특성

현대 산업조직론의 흥미로운 연구주제 중의 하나가 양면시장에서의 기업전략과 시장성과의 분석이다.[8] 양면시장(two-sided markets)이란 서로를 필요로 하는 두 부류의 서로 다른 고객군을 어떤 방식으로든 연결시켜주는 역할을 하는 시장을 말한다.[9] 가장 역사가 오래된 양면시장의 예에 해당하는 중매시장(남자와 여자

---

7) 이하에서 방법론을 중심으로 소개하는 것은, 실증적인 분석의 결과로서 얻은 수치들 중에는 영업비밀이 내포되어 있을 수도 있기 때문이기도 하지만, 본 저술의 목적이 구체적 수치를 제시하여 특정한 입장을 옹호하는 것이 아니라 기본적으로 공정거래 경제분석을 소개하는 데 있기 때문이다.

8) Rochet and Tirole(2003)이 이 분야의 선도적 연구로 인정받고 있다. Rochet and Tirole (2006)은 그 후의 주요한 이론적 연구성과를 소개해 주고 있다.

9) 연결되는 고객군이 반드시 두 부류로 한정되는 것은 아니기 때문에 다면시장(multi-sided markets)이라고도 한다.

를 연결)을 비롯하여 현대적 인터넷 검색서비스 시장(이용자와 광고자를 연결)에 이르기까지 양면시장의 예는 다양하다. 그 밖에도 부동산을 비롯한 각종 상품의 중개시장(구매자와 판매자 연결), 뉴스, TV, 각종 오프라인 및 온라인 미디어(구독자 혹은 시청자와 광고자 연결), 운영시스템 소프트웨어(응용프로그램 사용자와 개발자 연결), 비디오 게임 콘솔(게임 플레이어와 개발자 연결), 지불카드 시스템(카드보유자와 가맹상점) 등 다양한 예를 들 수 있다.

인터넷쇼핑시장은 구매자와 판매자를 연결해 주는 전형적인 양면시장이다. 그 핵심적 특징은 양 측면 고객군의 수요가 상호 연관되어 있다는 점(inter-related demands)이다.[10] 수요의 상호 연관성이 발생하는 이유는 간접적 네트워크 효과 (indirect network effect)에서 찾을 수 있다. 이는 한 측면의 고객군이 많아지면 다른 측면의 고객군의 수요가 높아지는 현상을 말한다. 인터넷쇼핑시장의 경우 수요 측의 구매자가 많아지면 공급 측의 판매자들이 많아지고, 역으로 공급 측의 판매자들이 많아지면 수요 측의 구매자들이 더욱 많아지게 된다.

양면시장의 특성을 지니는 산업에서의 시장획정에서는 어느 측면에서 분석을 출발하든지 간에 간접 네트워크 효과를 적절히 고려해야 한다. 인터넷쇼핑산업에서의 기업결합과 관련한 시장획정에 있어서 구매자 측에서 출발하든 판매자 측에서 출발하든 어느 한 측의 관점에서 SSNIP Test를 실행하는 경우 간접적 네트워크 효과에 따른 양면시장의 양측의 상호작용을 적절하게 고려하지 않을 경우 야기 될 수 있는 편협한 시장획정(narrow market definition)의 편의(bias)가 발생하지 않도록 유의하여야 한다.

2) 구매자 측과 판매자 측 사이의 간접 네트워크 효과와 좁은 시장획정 가능성

간접 네트워크 효과가 있는 양면시장에서의 시장획정에 있어서 주의할 점을 보다 쉽게 이해할 수 있도록, 다음과 같이 양면시장의 어느 한 시장에서 임계매

---

10) 양면시장의 여러 특성들과 이들의 경쟁정책 및 규제에 대한 시사점에 대해서는 Evans (2003, 2008)와 전성훈(2013)을 참조.

출감소 분석을 이용한 SSNIP Test를 시행하는 경우를 생각해 보자. 만일 어느 한 시장의 수요의 자체가격 탄력성이 3이라면, 5%(혹은 10%)에 상응하는 가격 실제 매출감소율은 15%(혹은 30%)가 된다. 한편 이 측면에 상품을 제공하는 가상적 독점기업의 마진율이 20%라고 하면, 임계 매출감소율은 1장의 <식 1−1>에 따라서 20%(혹은 33.3%)가 된다.[11] 따라서 1장의 <표 1−4>에서 소개한 임계매출 감소 분석의 틀에 따르면 상품시장의 가상적 독점기업은 5%(혹은 10%)의 가격인 상으로 이윤을 높일 수 있고 시장범위는 더 이상 확대될 필요 없이 이 시장으로 한정되어야 한다는 결론에 이르게 된다.

그러나 이러한 분석은 가격인상이 행해진 한쪽 측면의 수요감소 효과만을 고려함으로써 양면시장에서 사업하는 기업 전체의 이윤에 대한 가격인상의 효과를 제대로 파악하지 못한다. 그 이유는 양면시장에서는 간접 네트워크 효과로 인해 양 측면의 시장수요가 상호 연관되어 있기 때문이다. 즉 한 측면의 시장에서 가격인상은 그 시장의 수요를 감소시킬 뿐만 아니라, 다른 측면의 시장 수요도 함께 감소시킨다. 예컨대 인터넷쇼핑시장의 경우 구매자에 대한 할인쿠폰의 발급을 중지하면 구매자의 이탈이 발생하고, 이는 판매자의 물품 공급의 중단 혹은 감소를 야기한다. 또한 판매자에 대한 수수료 인상은 판매자의 물품공급 중단 혹은 가격인상을 야기하고, 이는 구매자의 수요를 감소시킨다.

이러한 논의를 좀더 구체화시키기 위해서 A측과 B측 양면시장을 상대로 하는 플랫폼 운영사업자의 경우를 살펴보자. 그 이윤은 다음과 같이 나타낼 수 있다:

$$\pi = (p_A - c_A)Q_A + (p_B - c_B)Q_B.$$

여기서 Q_i는 각 측의 판매량을, p_i와 $c_i (i = A, B)$는 각 측의 가격과 한계비용을 나타낸다.[12] 이세 A, B 중의 어느 한 측, 예긴대 A측에서 SSNIP Test를 위한

---

11) 이는 단지 설명 목적상의 수치 예에 불과하다. 본 건에서의 시장획정 분석의 출발점이 되는 오픈마켓에 대한 수요탄력성은 매우 높고, 관련 마진율은 매우 낮다.

12) 옥션 및 G마켓과 같은 유통업자의 경우는 양측의 판매량이 $Q_A = Q_B = Q$로 일치하고, 거래 규모(GMV, Gross Merchandise Volume)에 따라서 수입과 비용이 발생하므로, 이윤은 다음 3절에서 표기하듯이 $(r-s)PQ$로 나타낼 수 있다. 이러한 경우를 위의 표기방식과 비교해 보면, $r = \dfrac{P_A + P_B}{P}$, $s = \dfrac{C_A + C_B}{P}$가 된다.

Critical Loss Analysis를 행한다고 해 보자. 이 경우 A측의 임계 매출감소율 공식은 다음과 같이 유도된다:

$$CL_A = \frac{X_A}{X_A + M_A} - \frac{(p_B - c_B)\Delta Q_B}{p_A Q_A (X_A + M_A)} < \frac{X_A}{X_A + M_A} \qquad \text{식 3-1}$$

단, CL_A는 A측 임계매출감소율, $X_A = \dfrac{\Delta p_A}{p_A}$는 A측 가격인상률, $M_A = \dfrac{p_A - c_A}{p_A}$는 A측 마진율을 나타낸다.

그 유도 과정은 다음과 같다. 먼저 A측의 가격변화 Δp_A에 수반되는 이윤의 변화를 살펴보면 다음과 같이 표현된다:

$$\Delta \pi = \underbrace{\Delta p_A (Q_A - \Delta Q_A)}_{\substack{\text{A측 가격상승의 이윤증대 효과}}} - \underbrace{(p_A - c_A)\Delta Q_A}_{\substack{\text{A측 가격상승에 따른}\\\text{A측 매출감소의 이윤감소 효과}}}$$

$$\qquad \text{식 3-2}$$

$$- \underbrace{(p_B - c_B)\Delta Q_B}_{\substack{\text{A측 가격상승에 따른}\\\text{B측 매출감소의 이윤감소 효과}}}$$

단면시장의 경우인 1장의 <식 1-1>과 비교하면 마지막 항이 추가된다. 이 식에서 $\Delta \pi = 0$로 놓고, 양측을 $p_A Q_A$로 나누어 주고 난 뒤 적절히 변환하면 다음 관계를 얻는다:

$$\frac{\Delta p_A (Q_A - \Delta Q_A)}{p_A Q_A} - \frac{(p_A - c_A)\Delta Q_A}{p_A Q_A} - \frac{(p_B - c_B)\Delta Q_B}{p_A Q_A} = 0$$

$$\Leftrightarrow \frac{\Delta p_A}{p_A} - \frac{\Delta p_A}{p_A}\frac{\Delta Q_A}{Q_A} - \frac{p_A - c_A}{p_A}\frac{\Delta Q_A}{Q_A} - \frac{(p_B - c_B)\Delta Q_B}{p_A Q_A} = 0$$

$$\Leftrightarrow X_A - (X_A + M_A)CL_A - \frac{(p_B - c_B)\Delta Q_B}{p_A Q_A} = 0.$$

<식 3-1>는 위 식을 CL_A에 대해서 푼 것이다.

1장에서 소개한 단면시장에서의 임계매출감소율 공식 <식 1-1>와 비교하면, 양면시장의 특성을 고려한 <식 3-1>의 A측의 임계매출감소율 CL_A는 단면시장

에서의 상응하는 $\dfrac{X_A}{X_A + M_A}$보다 작아진다. 이는 〈식 3-2〉의 세 번째 효과인 'A측 가격상승에 따른 B측 매출감소의 이윤감소 효과'가 추가적으로 존재하기 때문으로, 그만큼 '손실을 내지 않고 버틸 수 있는 매출감소율의 임계치'인 임계매출감소율이 낮아지는 것이다. 따라서 양면시장의 특성을 고려하지 않고 단면시장에서와 같이 CL_A를 $\dfrac{X_A}{X_A + M_A}$로 상정하고 Critical Loss Analysis를 실행하는 경우, 임계매출감소율을 과대하게 추정하여 좁은 시장획정의 편의가 발생하게 된다.

간접 네트워크 효과를 무시하는 경우 발생하는 양면시장에서의 편협한 시장획정의 위험은 여기에 그치지 않는다. 일반적인 계량적인 추정이나 서베이조사 결과에 따라서 실제 매출감소율을 추정하게 되면 과소 추정의 가능성이 높다. Critical Loss Analysis에서 CL_A와 비교대상이 되는 A측의 실제 매출감소율은 A측 가격인상에 따른 직접적인 A측 수요감소뿐만 아니라, 이로 인한 B측의 수요감소와 그것이 다시 A측 수요감소 및 이러한 반복적인 상호작용을 모두 포함하는 것이다. 따라서, 일반적으로 그러할 수밖에 없듯이, 추정된 실제 매출감소율이 가격인상의 직접적 수요감소 효과만을 혹은 반복적 상호작용에 의한 간접적 수요감소 효과의 일부만을 포착한다면 이는 진정한 실제 매출감소율을 과소 추정하게 된다. 이 또한 좁은 시장획정의 편의를 야기한다.

요컨대 양면시장에 존재하는 간접 네트워크 효과를 고려하지 않고 한 측면의 시장에서 가격효과만을 고려한 SSNIP Test는 좁은 시장획정의 가능성을 내포한다. 달리 표현하면 이러한 시장획정에 기초하여 기업결합의 경쟁제한성을 추정하게 되면, 간접 네트워크 효과에 따른 다른 시장에서의 수요감소 효과로 인해서 결합 사업자가 그 시장에서 의미있는 가격인상을 실행할 수 없음에도 불구하고 가격인상 능력을 보유하는 것으로 판정하여 과다규제(false positives)의 오류를 범하게 되는 것이다.

양면시장 산업의 시장획정의 가장 이상적인 방법은 양측의 상호작용, 즉 한 측의 수요감소가 다른 측의 수요감소에 미치는 일종의 반복적 순환작용(repetitive feedback)을 통합적으로 고려한 분석방법일 것이다.[13] 피심인 측의 경제분석에서

---

13) 최근 Evans and Noel(2008)은 이러한 통합적 관점의 임계매출감소 분석(Critical Loss Analysis) 방법을 제시하고 있다.

는 먼저 구매자 측의 유통채널에 대한 수요대체성 관점에서 SSNIP Test를 실행하여 본건 관련 상품시장이 오픈마켓으로 한정되지 않고 전체 인터넷쇼핑시장으로 확대되어야 함을 보였다. 다음으로 판매자 측의 유통채널에 대한 수요대체성의 관점, 즉 상품공급 채널의 전환가능성의 관점에서 SSNIP Test를 실행해도 동일할 결론에 이르게 됨을 확인하였다.

3) 구매자 측 및 판매자 측의 임계매출감소 분석과 인터넷쇼핑시장 획정[14]

동서리서치(2008)의 설문조사 결과에 의하면 오픈마켓에서 가격이 5% 인상될 때 구매액으로 가중된 구매자의 20% 미만의 일부만이 계속 오픈마켓에서 구매하고 80% 이상 대부분이 다른 인터넷쇼핑 사이트 혹은 오프라인으로 구매처를 전환한다. 따라서 가격 5% 인상에 따른 실제 매출감소율은 80% 이상으로 추정되고, 오픈마켓 수요의 자체 가격탄력성은 15가 넘는다. 오픈마켓 수요의 가격탄력성이 이처럼 높은 이유는 이용자들이 가격 정보를 포털이나 가격비교 사이트를 통해서 쉽게 확인할 수 있고, 인터넷쇼핑시장에서의 구매전환에 수반되는 비용은 단지 몇 번의 클릭에 불과하여 사실상 영이라고 볼 수 있기 때문이다.

일반적으로 유통산업과 관련한 시장획정을 구매자 측에서 접근하는 경우에는 최종 소비자의 구매가격의 결정 주체는 유통업자와 판매자들의 통합체라고 할 수 있을 것이다. 그리고 SSNIP Test에서는 이들 통합기업의 관점에서 의미있는 소비자 후생저하를 야기하는 5~10%의 가격인상을 감행하여 이윤을 증대할 수 있느냐가 판단기준이 된다. 따라서 SSNIP에 상응하는 임계매출감소율 산정의 기초가 되는 마진율은 유통업자와 판매자의 '통합 마진율'로 보는 것이 적절하다. 회계자료 및 동서리서치(2008)의 설문조사 결과를 종합하면 오픈마켓의 '가상적' 독점사업자의 통합 마진율은 대략 15% 수준으로 계산되나 아무리 보수적으로 추정하여도 10%를 상회하지 않는 것으로 볼 수 있다. 이러한 마진율 수준에 상

---

14) 본항에서는 SSNIP Test와 관련한 여러 변수들의 구체적 수치는 밝히지 않고 대략적인 최종 결과만을 제시한다.

응하는 5% 가격상승 시의 임계 매출감소율은 33.3%로서, 앞서 제시된 실제 매출감소율 80%는 이를 훨씬 상회한다. 따라서 오픈마켓의 가상적 독점기업은 5% 정도의 의미있는 가격인상을 통해서 이윤을 증대시킬 수 없고, 이는 옥션-G마켓 기업결합의 관련 상품시장이 오픈마켓으로 한정되지 않고 전체 인터넷쇼핑시장으로 확대된다는 것을 의미한다.

한편 판매자 측의 관점에서 SSNIP Test를 실행하여도 옥션-G마켓 관련 상품시장이 오픈마켓에 한정되지 않고 인터넷쇼핑시장으로 확대되어야 한다는 앞의 결과를 재확인할 수 있다. 동서리서치(2008)의 설문조사 결과에 나타난 판매자 측과 구매자 측의 반응을 종합하면, 수수료 0.5%P 인상에 따른 옥션과 G마켓 운영사업자의 실제 매출감소율은 판매자들의 공급전환율(대략 20%대)과 판매자들의 수수료의 가격전환에 따른 구매자들의 수요전환율(대략 30%대)을 합계한 50%대가 된다. 한편 오픈마켓 운영사업자의 평균 마진율 M과 수수료 인상률 X =6.25(8%에서 8.5%로 0.5%P 인상)을 대입하면 임계 매출감소율 $CL = \dfrac{X}{X+M}$은 30% 이하로 추정된다. 따라서 수수료 0.5%P 인상에 따른 옥션과 G마켓 운영사업자의 50%대의 실제 매출감소율은 30% 이하의 임계 매출감소율을 훨씬 상회한다.

판매자 측의 임계매출감소분석의 결과도 구매자 측의 상응하는 분석결과와 마찬가지로 옥션-G마켓 기업결합 관련 상품시장이 오픈마켓으로 한정되지 않고 인터넷쇼핑시장으로 확대되어야 함을 의미한다. 양측의 분석은 모두 간접 네트워크 외부효과에 의한 상승적 상호작용을 충분히 고려하지 않고 행해진 것이다. 만일 간접 네트워크 효과에 따라서 한 측의 매출감소가 다른 측의 매출감소를 야기하는 상호 피드백 효과까지 감안한다면 궁극적 실제 매출감소는 더욱 커질 것이다. 이는 물론 시장의 경계가 더 큰 범위로 확대되어야 할 필요성을 더욱 강하게 시사하는 요인이다.

3. 옥션–G마켓 기업결합의 구매자 측 폐해 가능성에 대한 직관적 분석

옥션–G마켓 기업결합에 따른 구매자 측 폐해(buyers' side harm)의 구체적 가능성으로 결합 후 할인쿠폰 삭감이 우려될 수 있다. 본절에서는 이를 검토하는 간단한 분석을 소개한다. 이는 기업결합의 판매자 측에 대한 폐해 가능성으로 제기될 수 있는 결합 후 수수료 인상 가능성을 분석하는 다음 절의 Merger Simulation의 기본 아이디어를 응용한 직관적 분석이라 할 수 있다.

1) 결합 후 옥션 혹은 G마켓이 할인쿠폰을 삭감할 경우의 이윤 변화

옥션이나 G마켓과 같은 인터넷쇼핑 운영사업자의 이윤은 다음과 같이 표현될 수 있다:

$$\pi = (r - s)PQ. \tag{식 3-3}$$

단, r은 거래규모에 따라 부과되는 판매수수료율, s는 거래규모 증가에 따라 발상하는 변동비용 비율, P는 판매자가 책정하는 가격, Q는 거래량을 나타낸다.

이제 결합 전에 거래에 따른 변동비용으로 s_0을 지출하던 옥션이나 G마켓이 결합 후에 할인쿠폰을 삭감하여 그 수준을 $s_1 = s_0 - \Delta s$로 낮추어 비용을 줄이려고 시도할 유인이 있는지를 검토해 보자. 할인쿠폰의 삭감은 판매자에게 부과되는 수수료율 r이나 판매자가 책정하는 가격 P에 바로 영향을 미치지 않으므로, 이하에서는 $r = \bar{r}$와 $P = \bar{P}$로 고정된 것으로 가정한다. 그러나 결합 후에 옥션이나 G마켓이 할인쿠폰 발행을 축소하는 경우 소비자가 지불하는 최종 구매가격이 상승하게 되므로 오픈마켓에서의 판매량은 결합 전 Q_0에서 결합 후 $Q_1 = Q_0 - \Delta Q$로 감소하게 될 것이다.

따라서 할인쿠폰 삭감은 판촉비용의 감소에 따라 이윤을 증대시키는 측면이 있지만, 이와 동시에 소비자가격 상승으로 인한 매출 감소에 따라 이윤을 감소시키는 측면도 있다. 양자를 고려하여 결합기업이 할인쿠폰을 삭감시킬 경우의 이윤 변화는 다음의 식과 같다:

$$\Delta \pi = \underbrace{(\bar{r} - s_1)\overline{P}Q_1}_{\text{결합 후 이윤}} - \underbrace{(\bar{r} - s_0)\overline{P}Q_0}_{\text{결합 전 이윤}}$$

$$= (\bar{r} - s_0 + \Delta s)\overline{P}(Q_0 - \Delta Q) - (\bar{r} - s_0)\overline{P}Q_0 \qquad \text{식 3-4}$$

$$= \underbrace{\Delta s \overline{P}(Q_0 - \Delta Q)}_{\text{쿠폰 비용 절감}} - \underbrace{(\bar{r} - s_0)\overline{P}\Delta Q}_{\text{매출감소}}.$$

여기에서 주의할 점은 결합 후의 매출 감소 ΔQ는 결합된 두 기업의 관점에서 계산되어야 한다는 것이다. 즉, 결합 기업 중 어느 한 기업, 예컨대 옥션이 할인쿠폰을 삭감할 경우, 옥션의 매출은 감소하지만 그 중의 일부는 G마켓으로 이전될 것이므로 결합기업의 관점에서 볼 때 이전되는 부분은 매출감소에 포함되지 않는다:

$$\Delta Q = \Delta Q_{\text{쿠폰삭감 기업의 매출 감소분}} - \Delta Q_{\text{다른 결합기업으로의 매출 전환분}}. \qquad \text{식 3-5}$$

결합 후 한 기업의 가격인상과 같은 경쟁제한적 행동이 결합기업 전체의 이윤에 미치는 영향을 고려하여 그러한 행동의 유인을 엄밀한 모형분석을 통해 살펴보는 것이 다음 4절에서 시도하는 현대적 Merger Simulation이라고 한다면, <식 3-4>에 기초한 본절의 분석은 Merger Simulation의 매우 간단한 버전이라고 할 수 있을 것이다. 또한 다른 결합기업으로의 매출전환의 중요성을 강조하는 것은 Katz and Shapiro(2003)와 Farrell and Shapiro(2008) 등의 기여에 의해 발전된 전환율(Diversion Ratio)을 이용한 임계매출감소 분석(Critical Loss Analysis)과 상통하는 것이다.[15]

2) 옥션과 G마켓의 수요감소율 및 구매전환율의 추정 및 결합 후 구매 할인쿠폰의 삭감 가능성

보다 구체적으로 옥션과 G마켓의 결합 후 두 기업 중 어느 한 기업이라도 총거래금액(GMV)의 1% 해당하는 할인쿠폰 삭감을 통해 이윤을 증대시킬 수 있는

---

15) 이는 다음 4장에서 살펴보는 가격인상압력(UPP, Upward Pricing Pressure) 분석방법과 기본적으로 같은 것이다.

지에 대해 살펴본다. 즉 <식 3-4>에서 $\Delta s = 1\%$에 대해서 $\Delta \pi$가 양이 될 수 있는가를 살펴보는 것이다.

결합기업의 할인쿠폰 삭감을 통한 이러한 구매자 측 폐해 가능성을 평가하기 위해서는 구매가격 1% 상승에 따른 옥션과 G마켓에서 구매수요의 감소율(즉, 옥션과 G마켓 수요의 자체 가격 탄력성)과 G마켓과 옥션으로의 구매전환율(즉, G마켓과 옥션 수요의 교차 가격 탄력성)을 추정해야 한다. 그 이유는 옥션이나 G마켓이 할인쿠폰을 $\Delta s = 1\%$ 감소시키는 것은 판매가격이 1% 상승함을 의미하는데, 그것이 자신의 수요를 감소시키는 효과는 자체탄력성으로 나타나고, 다른 결합기업의 수요를 증가시키는 구매전환효과는 교차탄력성으로 나타나기 때문이다:

$\Delta Q_{쿠폰삭감 기업의 매출 감소분}$=옥션(G마켓) 가격 1% 상승시 옥션(G마켓)의 수요 감소율 [옥션(G마켓)의 수요의 자체 가격 탄력성],

$\Delta Q_{다른 결합기업으로의 매출 전환분}$=옥션(G마켓) 가격 1% 상승시 G마켓(옥션)의 수요 증가율 [G마켓(옥션)의 수요의 교차 가격 탄력성].

동서리서치(2008)의 설문조사 결과를 이용하여 옥션과 G마켓에서의 가격 1% 상승에 따른 자체 수요의 감소율 및 다른 사업자로의 구매전환율을 추정하였다. 이러한 추정치들을 대입하여 옥션-G마켓 결합기업이 결합 후 구매 할인쿠폰을 삭감하는 경우 발생하는 결합기업의 이윤 변화를 살펴보면, 옥션이나 G마켓이 결합 후 단독으로 혹은 함께 할인쿠폰 발행액을 현재보다 GMV의 1% 정도를 축소시키려 할 경우에 쿠폰비용의 절감효과보다 구매가격의 인상과 판매감소에 따른 이윤 감소효과가 더 크게 나타난다. 따라서 결합기업의 입장에서 할인쿠폰을 삭감하는 것은 자신의 이윤극대화 동기에 부합하지 않는다고 할 수 있다.

4. 옥션-G마켓 기업결합의 판매자 측 폐해 가능성에 대한 Merger Simulation[16]

옥션-G마켓 기업결합의 판매자 측에 대한 폐해 가능성으로 결합기업이 판

---

16) 본절은 남재현, 전성훈(2010)의 주요 내용을 재정리한 것이다.

매자에게 부과하는 수수료를 인상하지 않을까 하는 우려가 제기되었다. 본절에서는 현대적 Merger Simulation 기법을 응용하여 이러한 경쟁제한적 행위가 결합기업의 이윤극대화 유인에 부합하는지를 평가한다. 즉, 결합기업이 결합 후의 경쟁상황 및 효율성증대를 고려해서 이윤을 극대화하는 의사결정을 할 때 판매자에게 부과하는 수수료를 얼마나 인상할 유인이 있는지를 예측해 본다. 이는 국내에서 기업결합의 경쟁효과 분석에서 최초로 Merger Simulation 기법을 도입한 것으로서 의미를 지닌다고 할 수 있다.

1) 기업결합심사의 현대적 접근과 Merger Simulation의 의의

기업결합심사에서 경쟁효과에 대한 평가는 전통적으로 다음과 같은 2단계 절차에 따라 행해져 왔다. 첫 번째 단계는 기업결합과 관련한 상품 및 지리적 시장의 범위를 적절히 획정한 후에, 획정된 시장에 참여하는 경쟁기업들의 점유율 분포를 구하는 것이다. 두 번째 단계는 결합에 따른 시장점유율 및 시장집중도의 변화를 살펴보고, 심사기준에 따라서 기업결합의 경쟁제한성을 일차적으로 평가하는 것이다.

이러한 접근 방법에는 간단, 명료함의 장점이 있지만, 결합에 따른 시장 집중도의 변화가 소비자 가격 및 후생에 어떠한 변화를 가져오는지가 명확하게 규명되지 않았다는 점에서 한계를 지닌다. 기업결합 심사 시 시장점유율에 관심을 가지는 것은 시장점유율의 변화가 가격의 변화와 이에 따른 후생의 변화와 연관관계를 가지고 있다는 가정에 근거한다. 그러나 시장점유율의 변화가 가격 또는 후생에 어떠한 변화를 초래하는지가 확실하지 않으며, 어느 정도의 시장점유율 변화가 바경쟁적인 가격상승이나 후생감소를 가져오는지는 명확하지 않다.

1990년대에 들어서면서 미국의 법원은 시장점유율은 시장지배력을 측정하기 위한 한 가지 방법에 불과하며, 시장지배력을 보다 정확하게 측정하는 다른 방법이 있을 경우 법원은 그 방법 역시 고려해야 한다고 판단하고 있다. 이에 따라 보다 정확한 경쟁제한성 평가를 내리는 데 도움이 되는 여러 방식들이 사용되고 있다. Merger Simulation은 시장점유율에 근거한 시장획정의 약점을 보완할 수 있는 기업결합 심사 방식으로, 과점시장에서 가격과 산출량의 결정에 대한 구조적(structural) 분석을 함으로써 결합 시 관련 기업의 상품가격 및 그에 따른 사회후생의 변화를 직접적으로 계산할 수 있다는 장점을 지닌다. 보다 구체적으로, Merger Simulation은 결합 이전의 데이터를 이용하여 결합기업과 관련되는 여러 상품들에 대한 수요와 비용 곡선을 추정하고, 이를 바탕으로 결합 이후 기업들이 어떠한 가격/산출량을 책정할 것인지를 예측하여 결합이 시장 가격/산출량에 미치는 영향을 평가한다.

Merger Simulation은 결합에 따른 가격변화 효과를 추정하기 위한 목적으로 지난 10여년 동안 미국과 EC의 주요 결합 심사에서 종종 활용되어 왔다.[17] US DOJ FTC(2006)은 자신들이 이용하는 경제분석 기법의 하나로 Merger Simulation을 소개하고,[18] 예컨대, 1995년 Interstate Bakeries-Continental Baking의 기업결합 심사에서 DOJ는 가격경쟁에 기반한 게임이론과 로짓 수요(Logit Demand)에 근거한 Merger Simulation을 사용하여 기업결합 심사를 하였다.[19] 미국 MCI Worldcom-Sprint의 결합심사에서 Merger Simulation은 가장 중요한 분석방법으로 사용되었으며 집행기관과 피심인 측 모두 Merger Simulation에 기반한 분석 결과를 제출하였다. 유럽위원회도 Volvo-Scania의 결합심사인 EC(2000.3.15)에서 Merger Simulation을 사용하였다.

Merger Simulation은 결합 전 시장에서 관측된 자료를 사용하여 결합대상 기업들의 수요탄력성과 비용을 추정(front-end estimation)하고, 결합이 이루어진 후

---

17) 기업들 간의 상호작용에 대한 효과를 고려하지 않고, 결합의 효과를 축약형(reduced form)으로 추론해 내는 실증적 모델들도 있다. 미국 FTC가 1997년 Staples-Office Depot의 결합에 대하여, 각 도시별로 경쟁자들의 수가 변함에 따라 가격이 어떻게 변하는지를 추정한 것이 축약형 실증분석의 효시이다. 국내에서는 2장에서 소개한 이랜드-까르푸 기업결합의 경제분석에서 처음 시도되었다.

18) *"One type of modeling the Agencies use is "merger simulation," which calibrates a model to match quantitative aspects(e.g. demand elasticities) of the industry in which the merger occurs and uses the calibrated model to predict the outcome of the competitive the outcome of the competitive process after the merger."* (pp. 25~26 참조)

19) United States v. Interstate Bakeries Corp., No 95C-4194. 이는 미국 여러 지역의 식빵 제품 기업들간의 결합에 관한 심사였으며, 미국 법무성은 Merger Simulation을 통해 이 결합은 상당한 가격상승으로 이어질 것으로 판단하였다.

의 관련 기업들의 가격과 생산량이 어떻게 변하는 지를 예측(back-end simulation)한다. 추정 및 예측 과정은 보다 세부적으로 다음의 (i)~(iv) 네 단계로 설명될 수 있다.

(i) 결합 전 기업들의 경쟁방식에 대한 이론모형을 선택한다. Merger Simulation은 대체로 수량경쟁(Cournot Competition) 또는 가격경쟁(Bertrand Competition)의 과점경쟁 모형에 기반한다. 수량경쟁 모형에서는 각 기업이 자신의 이윤을 극대화하는 산출량을 결정하고, 가격경쟁 모형에서는 각 기업들이 자신의 이윤을 극대화하는 가격을 책정한다. 시멘트, 석유제품, 밀가루와 같이 기업들의 상품이 동질적(homogeneous)인 경우에는 수량경쟁 모형이 그 산업의 특성을 보다 더 잘 반영하고, 자동차, 탄산음료, 시리얼 등과 같이 기업들의 상품이 서로 차별화되어 있는 경우에는 가격경쟁 모형이 산업의 특성을 더 잘 반영한다고 보는 것이 일반적이다.

(ii) 앞 단계에서 선정된 경쟁모형에 따라, 각 기업들의 결합 전 이윤극대화 1계 조건을 도출한다. 이 조건으로부터 기업의 마진율 $\frac{p-c}{p}$ 과 탄력성간의 관계를 구할 수 있다. 마진율은 탄력성의 역수이다: $\frac{p-c}{p} = \frac{1}{\varepsilon}$ (단 ε은 수요탄력성). 이러한 관계로부터, 상품들의 수요의 가격탄력성과 각 기업의 가격 및 비용과의 관계를 파악하게 된다.

(iii) 각 상품의 가격탄력성을 구하고,[20] 이를 이용하여 각 개별 기업들의 마진율을 구한다. 통상적으로는 기업의 이윤 마진율 및 한계비용을 직접 관측하는 것은 어려운 일이다. 예를 들어, 상품 a, b, c를 생산하는 다상품 기업의 경우, 공동으로 들어가는 한계비용을 상품 a, b, c에 분배하여 상품별 마진율을 계산하는 것은 쉽지 않다. 하지만, 수요탄력성을 추정할 수 있으면, 수요 탄력성의 역수가 이윤 마진이라는 관계를 이용하여 마진율을 추정할 수 있다. 그리고, 시장에서 관측된 가격을 이용하여 각 기업의 한계비용을 추정한다.

위의 (i)~(iii) 단계는 결합 전 관측된 여러 자료를 사용하여, 결합 전 각

---

[20] 각 상품에 대한 수요탄력성을 얻는데 사용되는 모형으로 Logit 모형, Mixed Random Coefficient Logit 모형, AIDS 모형, PCAIDS 모형 등이 사용되고 있다. 실제 데이터를 구할 수 없으면 서베이조사 결과를 이용하기도 한다. Merger Simulation을 위한 수요함수 추정방법에 대한 소개로는 Epstein and Rubinfeld(2004) 참조.

기업의 이윤극대화 조건으로부터 기업의 수요탄력성과 마진율 등을 추정하는 작업(front-end estimation)이다. 그리고 그 결과는 결합기업이 결합 후 자신의 이윤극대화를 위해 가격과 산출량을 어떻게 책정할 것인지를 예측하는 다음 작업(back-end simulation)에 사용된다.

(ⅳ) 결합 후 결합기업은 새로운 이윤 극대화 조건을 갖게 된다. 예를 들어, 상품 a를 생산하는 기업 1과 상품 b를 생산하는 기업 2가 결합하는 경우, 결합기업은 상품 a의 가격을 책정하는 데 있어서 상품 a의 가격 변화가 상품 a의 판매와 상품 b의 판매에 미치는 영향 모두를 고려하게 된다. 즉, 결합으로 인해 기업의 이윤극대화 조건이 변하게 되고, 결합기업은 상품 a와 b 간의 경쟁을 내부화(internalize)하게 되는 것이다. 결합기업의 새로운 이윤극대화 조건을 구하고 (ⅰ)~(ⅲ)에서 추정한 마진율과 수요탄력성 등을 사용하여 결합기업이 책정하는 가격을 예측한다.

옥션과 G마켓의 결합에 Merger Simulation을 실행하기 위해서는 먼저 옥션과 G마켓 같은 인터넷쇼핑시장 운영자의 이윤함수를 정의하고 인터넷쇼핑시장 운영자들간의 경쟁에 대한 이론적 분석을 선행하여야 한다. 다음의 2)항에서는 인터넷쇼핑시장 운영자의 이윤함수와 결합 전후의 이윤극대화 1계 조건을 도출한다. 그리고 3)항에서는 탄력성의 추정방법에 대해 논의하고, 추정결과를 이용한 Merger Simulation을 통해 옥션과 G마켓의 결합에 따른 거래수수료의 변화를 예측하기로 한다.

2) 옥션-G마켓 Merger Simulation의 이론적 분석 틀

인터넷쇼핑시장 운영자는 구매자와 판매자 간에 발생하는 총 거래액의 일정 부분을 판매자로부터 거래수수료 명목으로 받는다. 수수료는 인터넷쇼핑시장 운영자 매출액의 거의 대부분을 차지한다. 인터넷쇼핑시장 운영자의 이윤함수는 $\pi_i = (r_i - s_i)P_iQ_i$로 표현될 수 있다. 여기서 r_i는 인터넷쇼핑시장 운영자 i가 얻는 명목 수수료이고 s_i는 거래당 비용을 나타낸다. 인터넷쇼핑시장 운영자는 위의 이윤함수를 극대화하는 판매 수수료를 책정한다. 인터넷쇼핑시장 운영자들은 보다 많은 판매자들을 유치하기 위하여 서로 경쟁한다. 양면시장의 특성상 판매자의 수가 증가할수록 더 많은 소비자들을 끌어들일 수 있다.

인터넷쇼핑시장 운영자가 수수료를 인상시킬 경우, 다음의 두 경로를 통해 총 거래량이 변화하게 된다. 첫 번째는 판매자들의 이윤마진이 감소하게 됨에 따른 변화이다. 인터넷쇼핑시장은 경쟁이 극심하여 판매자들의 마진이 매우 작다. 이러한 상황에서 판매자의 마진을 감소시키는 수수료의 인상은 한계 상황에 처해 있는 판매자들은 상품 공급을 중단할 수 있다. 설사 공급을 중단하지 않는다 하더라도 판촉노력이 필요한 품목의 경우, 보다 높은 이윤마진을 주는 인터넷쇼핑시장 운영자에게 판매자들이 판촉을 집중하게 되므로 수수료 인상은 거래량의 감소를 초래할 수 있다. 이는 수수료율 변화가 판매자 측에 미치는 직접적 효과이다. 두 번째 경로는 수수료가 판매가격으로 전가됨에 따른 것이다. 수수료 인상이 판매가격 인상으로 일정 부분 전가되면 구매자들이 수요를 전환하게 되어 총 거래액이 감소하게 된다.

요컨대, 수수료의 인상은 판매자의 참여 결정/품목 선택/판매 채널의 다양화 등을 통해 거래액에 직접적으로 영향을 주며, 제품의 판매가격 인상을 초래하여 간접적으로도 거래액에 영향을 미친다. 따라서 인터넷쇼핑시장 운영자는 수수료를 책정함에 있어 a) 수수료 인상에 따른 판매자들의 공급 결정(수수료 변화에 따른 공급 탄력성), b) 수수료 인상이 판매 가격에 전가되는 정도(가격 전환율), 그리고, c) 판매가격의 상승이 구매에 미치는 영향(가격 변화에 따른 수요 탄력성) 등 세 가지를 고려해야 한다.

결합 전의(Pre-Merger) 이윤극대화 조건

기업결합 전 각 인터넷쇼핑 운영자는 다음의 목적함수를 극대화한다.

$$\max_{r_i} \pi_i = (r_i - s_i)P_i Q_i \qquad \text{식 3-6}$$

인터넷쇼핑 운영자의 총거래량을 $Q_i(r, P)$로 표시하자. 여기서 r은 수수료 벡터를, P는 평균가격 벡터를 나타낸다.[21] 수수료의 인상이 공급자 탄력성을 통해 총

---

21) 운영자가 둘이라면, $r = (r_1, r_2)$, $P = (P_1, P_2)$가 된다. 평균가격은 모든 제품들의 판매가격

거래량에 직접적으로 미치는 효과는 $\dfrac{\partial Q_i}{\partial r_i}$ 으로 표현되며, 가격전가를 통하여 평균적인 판매가격을 상승시켜 간접적으로 수요를 감소시키는 효과는 $\dfrac{\partial Q_i}{\partial P_i}\dfrac{\partial P_i}{\partial r_i}$ 으로 표시된다.

단순화를 위해 $\dfrac{\partial P_j}{\partial r_i}=0$ 이라 가정하자. 즉, 인터넷쇼핑시장 운영자 i의 수수료가 인터넷쇼핑시장 운영자 j의 평균가격에 영향을 미치지 않는다고 가정한다.[22] 각 인터넷쇼핑시장 운영자들은 다음과 같은 1계 조건에 따라 수수료를 결정한다:

$$P_i Q_i + (r_i - s_i)\left[\frac{\partial P_i}{\partial r_i}Q_i + P_i\frac{\partial Q_i}{\partial P_i}\frac{\partial P_i}{\partial r_i} + P_i\frac{\partial Q_i}{\partial r_i}\right] = 0 \qquad \text{식 3-7}$$

이 식에서 $\dfrac{\partial Q_i}{\partial r_i}<0,\ \dfrac{\partial P_i}{\partial r_i}>0,\ \dfrac{\partial Q_i}{\partial P_i}<0$ 일 것이다. 즉 수수료가 인상되면 일부 판매자는 판매를 중단하고, 계속해서 판매하는 판매자들도 인상된 수수료를 판매가격으로 전가한다. 이로 인해 그 인터넷 마켓의 평균가격은 증가하고, 가격 상승으로 거래량이 감소한다.

이윤을 극대화하는 모든 인터넷쇼핑시장 운영자들의 수수료율은 위의 이윤극대화 1계 조건을 만족하고, 이는 다음과 같이 정리될 수 있다:

$$\frac{r_i - s_i}{r_i} = \frac{1}{\theta_i(\varepsilon_{ii}-1)+\eta_{ii}} = \frac{1}{CE_{ii}}\ . \qquad \text{식 3-8}$$

$$\text{단,}\ \begin{cases} CE_{ii}=\theta_i(\varepsilon_{ii}-1)+\eta_{ii}: \text{자체 결합탄력성} \\[2mm] \theta_i=\dfrac{\partial P_i}{\partial r_i}\dfrac{r_i}{P_i}: \text{판매자의 수수료에 대한 가격전환 탄력성} \\[2mm] \varepsilon_{ii}=-\dfrac{\partial Q_i}{\partial P_i}\dfrac{P_i}{Q_i}: \text{구매자의 가격에 대한 수요 탄력성} \\[2mm] \eta_{ii}=-\dfrac{\partial Q_i}{\partial r_i}\dfrac{r_i}{Q_i}: \text{판매자의 수수료에 대한 공급전환 탄력성} \end{cases}$$

을 판매량에 따라 가중 평균한 것이다.

[22] 이는 분석을 단순화하기 위한 것이지만, 여러 인터넷쇼핑 운영자들이 경쟁하고 있는 상황에서 한 인터넷쇼핑 운영자의 수수료 상승이 다른 운영자의 평균 가격 인상에 미치는 영향은 거의 0에 가까울 것이므로 별 무리가 없는 가정이라고 할 수 있다.

자체 결합탄력성 CE_{ii}는 판매자의 수수료에 대한 가격전가 탄력성 θ_i, 구매자의 수요 탄력성 ε_{ii}, 판매자의 공급전환 탄력성 η_{ii}를 결합한 것으로서, 수수료가 1% 변화함에 따라 총거래량이 몇 % 변화하는지를 나타낸다. 결합탄력성은 수수료의 인상이 거래량에 미치는 직·간접 효과를 모두 반영한다.

<식 3−8>은 인터넷쇼핑시장 운영자의 수수료 마진율 $\dfrac{r_i - s_i}{r_i}$이 인터넷쇼핑시장 운영자의 결합탄력성의 역수임을 보여준다. 즉, 결합탄력성이 높을수록 수수료 마진율이 낮아지게 된다. 따라서 인터넷쇼핑시장 운영자의 결합탄력성을 알고 있다면, <식 3−8>에 의거하여 수수료 마진율을 도출하고, 그로부터 다시 인터넷쇼핑시장 운영자의 비용을 추정할 수 있다. 이 방법을 사용하기 위해서는 판매자의 가격전가 탄력성, 구매자의 수요탄력성 그리고 판매자의 공급전환 탄력성을 모두 알고 있어야 한다.

결합 후의(Post-Merger) 이윤극대화 조건

옥션−G마켓 결합기업은 옥션 수수료와 G마켓 수수료, 두 개의 선택변수를 가지게 된다. 편의상 옥션을 인터넷쇼핑시장 1, G마켓을 인터넷쇼핑시장 2로 표시하면, 결합기업의 이윤함수는 다음과 같다.

$$\max_{r_1, r_2} \tilde{\pi} = \pi_1 + \pi_2 = (r_1 - s_1)P_1 Q_1(r, P) + (r_2 - s_2)P_2 Q_2(r, P) \qquad \text{식 3−9}$$

결합기업은 옥션의 수수료 인상이 옥션의 거래액에 미치는 영향과 함께 G마켓의 거래액에 미치는 영향까지도 함께 고려해야 한다. G마켓 수수료를 변경할 때도 마찬가지이다. 즉 결합기업의 상품구성이 바뀌게 되어, 결합기업은 상품들간의 상호 효과까지를 내부화하여 고려하게 된다.

결합기업은 다음 두 개의 이윤 극대화 1계 조건을 가지게 된다:

$$
\begin{cases}
\dfrac{\partial \tilde{\pi}}{\partial r_1} = P_1 Q_1 + (r_1 - \tilde{s}_1)\left[\dfrac{\partial P_1}{\partial r_1}Q_1 + P_1\dfrac{\partial Q_1}{\partial P_1}\dfrac{\partial P_1}{\partial r_1} + P_1\dfrac{\partial Q_1}{\partial r_1}\right] + (r_2 - \tilde{s}_2)\left[P_2\dfrac{\partial Q_2}{\partial P_1}\dfrac{\partial P_1}{\partial r_1} + P_2\dfrac{\partial Q_2}{\partial r_1}\right] = 0 \\[4mm]
\dfrac{\partial \tilde{\pi}}{\partial r_2} = P_2 Q_2 + (r_2 - \tilde{s}_2)\left[\dfrac{\partial P_2}{\partial r_2}Q_2 + P_2\dfrac{\partial Q_2}{\partial P_2}\dfrac{\partial P_2}{\partial r_2} + P_2\dfrac{\partial Q_2}{\partial r_2}\right] + (r_1 - \tilde{s}_1)\left[P_1\dfrac{\partial Q_1}{\partial P_2}\dfrac{\partial P_2}{\partial r_2} + P_1\dfrac{\partial Q_1}{\partial r_2}\right] = 0
\end{cases}
$$

$$\text{식 3−10}$$

여기에서 $\tilde{s}_1$은 결합기업의 거래당 비용을 나타내는데, 결합으로 효율성이 향상될 경우 결합 이전의 비용보다 작은 값이 된다. 예를 들어, 한계비용이 5% 감소했다고 하면, $\tilde{s}_1 = 0.95 s_1$이 된다.

옥션의 수수료 인상이 옥션의 거래량에 미치는 영향은 결합 이전의 〈식 3-7〉과 동일하고, 이는 위의 이윤극대화 일계조건 〈식 3-10〉의 처음 두 항에 나타나 있다. 하지만, 결합 이후에는 옥션의 수수료 인상이 G마켓에도 두 가지 경로를 통해 영향을 준다. 첫째, 옥션의 수수료 인상은 판매자들을 G마켓으로 이동시킬 수도 있고, 옥션과 G마켓에서 동시에 판매하는 판매자들로 하여금 G마켓에서 판촉노력을 강화하게 할 수 있다. 이와 같이 공급자를 통한 직접효과는 $\dfrac{\partial Q_j}{\partial r_i}$로 표현된다. 둘째, 옥션의 수수료 인상은 옥션의 평균 가격을 인상시켜, 구매자들이 옥션에서 G마켓으로 구매를 이전하는 효과를 가져온다. 이와 같은 수요자를 통한 간접효과는 $P_j \dfrac{\partial Q_j}{\partial P_i} \dfrac{\partial P_i}{\partial r_i}$로 표현된다. 옥션과 G마켓이 결합하더라도 구매자와 판매자 입장에서는 두 사업자가 대체관계가 있으므로 $\dfrac{\partial Q_j}{\partial P_i} > 0$와 $\dfrac{\partial Q_j}{\partial r_i} > 0$일 것으로 예상된다. 즉, 시장 i에서의 수수료 인상은 경쟁관계에 있는 시장 j의 거래량에 직·간접적으로 양의 효과를 가져오는 것이다.

〈식 3-10〉의 결합 후 기업의 이윤극대화 일계조건은 다음과 같이 정리될 수 있다:

$$\begin{cases} \dfrac{\partial \tilde{\pi}}{\partial r_1} = P_1 Q_1 \left[1 - \dfrac{r_1 - \tilde{s}_1}{r_1} CE_{11} \right] + P_2 Q_2 \left[\dfrac{r_2 - \tilde{s}_2}{r_1} CE_{21} \right] = 0 \\ \dfrac{\partial \tilde{\pi}}{\partial r_2} = P_2 Q_2 \left[1 - \dfrac{r_2 - \tilde{s}_2}{r_2} CE_{22} \right] + P_1 Q_1 \left[\dfrac{r_1 - \tilde{s}_1}{r_2} CE_{12} \right] = 0 \end{cases}$$

식 3-11

$$\text{단,} \begin{cases} CE_{ij} = \theta_j \varepsilon_{ij} + \eta_{ij} : \text{교차 결합탄력성} \\ \theta_j = \dfrac{\partial P_j}{\partial r_j} \dfrac{r_j}{P_j} : \text{판매자의 수수료에 대한 가격전환 탄력성} \\ \varepsilon_{ij} = \dfrac{\partial Q_i}{\partial P_j} \dfrac{P_j}{Q_i} : \text{구매자의 가격에 대한 교차 수요 탄력성} \\ \eta_{ij} = \dfrac{\partial Q_i}{\partial r_j} \dfrac{r_j}{Q_i} : \text{판매자의 수수료에 대한 교차 공급전환 탄력성} \end{cases}$$

교차 결합 탄력성 CE_{ij}는 j의 수수료 상승이 j의 거래액에 미치는 영향을 나타내는 것인데, 첫 번째 항은 j의 수수료 인상이 j의 평균가격으로 전가되는 부분인 θ_j과 j의 가격인상으로 인해 i로 이동하는 거래액인 ε_{ij}(i와 j간의 교차 수요 탄력성)을 측정한다. 두 번째 항 η_{ij}는 j의 수수료 인상으로 인해 판매자들이 j에서 i로 이동하는 것을 측정한다. 이러한 결합 교차 탄력성의 부호는 양이 될 것이다.

결합 후 책정될 옥션과 G마켓의 수수료 수준은 <식 3-11>을 만족시키는 r_1과 r_2가 된다. 이를 구하기 위해서는 옥션과 G마켓의 거래액 ($P_1 Q_1,\ P_2 Q_2$), 옥션과 G마켓의 자체 결합탄력성 ($CE_{11},\ CE_{22}$), 옥션과 G마켓간의 교차 결합 탄력성 ($CE_{21},\ CE_{12}$), 그리고 결합 후 비용감소 추정치 등이 필요하다.

3) 옥션-G마켓 Merger Simulation 결과 개요

인터넷쇼핑 시장에서 판매 수수료 변경이 매우 드물었던 관계로, 수수료 1% 변화에 따른 인터넷쇼핑 시장에서의 거래량 변화를 계량적으로 추정하는 것은 어렵다. 하지만, 판매자의 가격전가 탄력성, 구매자의 수요탄력성 그리고 판매자의 공급전환 탄력성을 안다면, 이를 이용하여 결합 탄력성을 계산할 수 있다. 피심인 측 경제분석에서는 판매자 및 구매자 설문조사를 통하여 판매자의 가격전가 탄력성, 구매자의 수요탄력성 그리고 판매자의 공급전환 탄력성을 추정하였다. 또한, 결합에 따른 거래규모 증가로 인해 가격비교 사이트나 인터넷 포털에 지급하고 있는 중개수수료, 카드사에 대한 카드수수료 등 거래비용을 절감할 수 있는 정도를 예상하였다.

기업결합 심사의 요체는 당해 결합의 경쟁제한성과 효율성을 비교 형량하는 것이다. 시장점유율로부터 기업결합의 경쟁제한성을 추론하는 전통적인 접근방법과 달리 Merger Simulation을 통해서 결합에 따른 가격과 산출량의 변화를 정량적으로 예측할 수 있으며, 또한 결합으로 우려되는 가격상승을 억제할 수 있는 효율성개선 및 비용감소분을 추론할 수 있다.

동서리서치(2008)에 따른 피심인 측 경제분석에서는, <식 3-11>에 나타난 제반 탄력성의 추정치와 예상되는 기업결합의 효율성개선 효과를 반영한 $\tilde{s}$를 대입한 결과, 결합 후 옥션과 G마켓의 수수료는 모두 인상되지 않을 것으로 예측되었다. 더욱이 효율성개선 효과가 전혀 없다고 가정할지라도, 옥션－G마켓 기업결합은 '상당한(significant)' 정도의 경쟁제한 효과를－'상당한' 수준에 대한 판단 기준을 SSNIP의 관행대로 5~10% 수수료 인상이라고 본다면－야기한다고 볼 수 없었다. 따라서 결합에 따른 수수료 인상으로 인한 판매자 측의 피해 우려는 크지 않을 것으로 예측되었다.

아울러, 이러한 Merger Simulation은 인터넷쇼핑시장의 양면시장의 특성을 고려하지 않은 것이다. 인터넷쇼핑시장의 양면적 특성을 고려하면, 판매자 측에 대한 수수료 인상은 그 직접적 효과로서 판매자 측의 거래량 감소 및 판매가격 전가에 따른 구매자 측의 거래량 감소뿐만 아니라 양면시장에서의 간접 네트워크 효과에 따른 반복적 상호작용에 의한 거래량 감소를 초래하게 되는데 Merger Simulation에서 사용된 결합탄력성은 이러한 거래량 감소를 포함하지 않은 것이기 때문에 이를 감안한다면 결합탄력성이 더욱 높아지게 되므로 결합에 따른 수수료 인상에 의한 판매자 측에 대한 피해 가능성이 크지 않을 것이라는 주장은 더욱 강화된다.

5. 평가

옥션－G마켓 기업결합은 공정위의 의결에 있어서는 법상 추정요건에 해당하는 기업결합을 '합리적' 재량권 행사에 의해 허용한－비록 행태적 시정조치가 부과되기는 하였지만－실질적인 첫 사례라고 할 수 있다.[23] 또한 피심인 측 경제분석에 있어서는 국내 최초로 첨단의 Merger Simulation이 시도되었다는 점에서 큰 의의를 지닌다.

---

23) 1999년 현대차-기아차 및 SK텔레콤-신세기통신 기업결합도 법상 추정요건에 해당되었으나, 공정위가 재량권을 행사하여 행태적 시정조치를 조건으로 허용한 바 있었다. 그러나 이 두 경우는 당시 경제위기 상황에서 산업정책이 경쟁정책에 우선하여 고려된 것으로서, '합리적' 재량권 행사의 결과라고 보기 어렵다.

1) 공정위 의결의 의의

우리나라의 수평적 기업결합의 경쟁제한성 평가기준은 2계위(two tiers)로 구성되어 있다. 기업결합 심사기준에는 안전영역(safe harbor)이 제시되어 있고, 공정거래법 제7조 4항에는 제시되어 경쟁제한 추정(anti-competitive presumption) 조건이 규정되었다. 공정거래위원회는 2007년부터 도입한 안전영역 혹은 "간이심사대상" 조건은 기업결합 이후 시장집중도 및 그 변화치가 이 범위 내에 있을 경우에 경쟁제한성이 없는 기업결합으로 보아 집중심사 없이 수리하는 영역을 말한다. 이는 일종의 관문심사(threshold test)라 할 수 있다.[24] 안전영역에 속하지 않을 경우에는 시장집중상황, 단독효과, 협조효과, 해외경쟁, 신규진입, 인접시장 등을 종합적으로 고려해서 경쟁제한 가능성을 판단한다. 한편 공정거래법상의 추정조건이 충족되면 일차적으로 한 "경쟁을 실질적으로 제한하는 것으로 추정"한다. 다른 나라들의 평가기준과 비교하여, 우리나라의 경우 특기할 만한 점은 경쟁제한성의 추정요건을 고시가 아닌 구속력이 강한 법에서 규정하고 있다는 점이다. 다음 <표 3-2>에서 정리하고 있는 바와 같이 미국이나 EU, 영국 등에서도 경쟁제한성의 추정 혹은 우려 영역을 제시하고 있으나, 이는 법적 구속력이 없는 지침(guideline) 수준이다.[25]

추정(presumption)이란 원칙적으로 반박가능(rebuttable)하다. 그러나 구속력이 강한 법에 규정된 추정조건이 충족되는 경우 경쟁상황을 종합적으로 판단하여 경쟁제한성이 없다고 추정을 복멸하는 것은 실제적으로 쉽지 않다. 따라서 따라서 현재와 같이 추정조건이 법 수준에 규정되어 있는 한, 추정영역에 속하는 경우의 위법성 판단은 합리적 평가에 기초한 '재량(discretion)'보다는 정해진 '규칙(rule)'에 따르게 되기 쉽다.

경쟁정책 집행의 발전이 기업결합과 시지남용 사건에서 '합리의 원칙(rule of reason)'을 제대로 적용하는 데 있다고 볼 때, 공정위가 법상의 추정조건을 합리

---

24) 공정위의 기업결합 심사기준은 종전에는 시장점유율 및 CR3를 이용하여 안전영역과 경쟁제한가능영역으로 구분하였으나, 2007년 12월 20일 이를 개정하여 <표 3-2>에 나타난 바와 같은 HHI 지표를 이용한 안전영역의 단일 기준으로 전환하였다.

25) 우리나라 및 다른 나라의 수평적 기업결합 평가기준에 대한 논의는 전성훈(2008)을 참조.

표 3-2 국가별 수평적 기업결합 평가의 점유율 및 집중도 기준의 비교

국가	안전, 우려, 추정 영역
우리 나라	기업결합심사기준의 "간이심사대상" (안전영역) (i) HHI < 1200 (ii) 1200 ≤ HHI < 2500 & ΔHHI ≤ 250 (iii) HHI ≥ 2500 & ΔHHI ≤ 150 　　[단 법상 경쟁제한성 추정요건에 해당될 경우에는 적용되지 않음] 공정거래법 제7조 4항 경쟁제한성 추정 조항 (i) 결합 후 점유율 50% 이상인 1위의 경우: 2위의 1.33배 이상 (ii) 결합 후 점유율 50% 미만인 1위의 경우: 2위의 1.33배 이상이며, CR3 ≥ 75%
미국	안전영역 (i) HHI ≤ 1000 (ii) 1000 < HHI ≤ 1800 & ΔHHI ≤ 100 (iii)　HHI > 1800 & ΔHHI ≤ 50 경쟁제한성 우려영역 (i) 1000 < HHI ≤ 1800 & ΔHHI ≤ 100 (ii)　HHI > 1800 & 50 ≤ ΔHHI < 100 경쟁제한성 추정영역 HHI > 1800 & ΔHHI > 100
EU	안전영역 (i) 시장점유율 ≤ 25% (ii) HHI ≤ 1000, (iii) 1000 < HHI ≤ 2000 & ΔHHI < 250 (iv) HHI > 2000 & ΔHHI < 150 시장지배적 지위의 추정 점유율 ≥ 50%
영국	경쟁제한 우려영역 (i) 결합후 시장점유율 ≥ 25% (ii) HHI ≤ 1800 & ΔHHI ≥ 100 (iii) HHI > 1800 & ΔHHI ≥ 50
캐나다	단독효과 안전영역 결합후 시장점유율 < 35% 조율효과 안전영역 (i) CR4 < 65%이거나 (ii) 결합후 시장점유율 < 10%
일본	단독/조율 효과 안전영역 결합 후 시장점유율이 10% 이하이거나 HHI ≤ 1000이면서 결합 후 시장점유율이 25% 이하인 경우 단독효과 추가적 안전영역 (i) 1000 < HHI ≤ 1800 & 시장점유율 ≤ 25% 　　& 10% 이상의 시장점유율을 가진 경쟁자가 존재 (ii) 1000 < HHI ≤ 1800 & 시장점유율이 35% 미만 　　& 10% 이상의 시장점유율을 가진 2 이상의 경쟁자가 존재 (iii) ΔHHI < 100 & 10% 이상의 시장점유율을 가진 경쟁자가 존재

적 재량권을 행사하여 이를 복멸할 수 있는 역량과 권한을 갖추는 것이 중요하다고 할 수 있다. 이런 의미에서, 옥션-G마켓 기업결합 사건의 경우 공정위가 판매자 측의 관련 시장을 오픈마켓으로 획정하여, 관련 시장에서 결합기업의 점유율이 수수료 매출 기준 90.8%, 1, 2위의 격차가 80%에 이르러 법상 추정조건이 매우 강하게 충족됨에도 불구하고, 정해진 규칙을 따르지 않고 동태적 경쟁을 근거로 합리적 재량을 행사하여 일시적인 행태적 시정조치를 부과하여 허용하는 결정을 내린 것은 높게 평가할 만하다.

공정위의 옥션-G마켓 의결에서 또 하나 주목할 만한 점은 양면 플랫폼의 관련 시장을 소비자와 판매자 양 측면에서 달리 획정하였다는 것이다. 소비자 측면에서 넓은 인터넷쇼핑시장 범위와 달리 판매자 측면에서는 좁은 오픈마켓으로 한정한 것에 대해서, 공정위는 오픈마켓과 일반 인터넷쇼핑몰 운영자들의 사업모델의 차이를 근거로 제시할 뿐 상호간의 대체성 및 소비자 측면과의 상호작용을 고려하지 않았다는 아쉬움을 제기할 수도 있다. 그리고 이러한 시장획정은 양 측면 모두 인터넷쇼핑시장으로 확대된다는 피심인 측 경제분석의 입장과는 상치되는 것이다. 그러나 공정위가 이처럼 양면시장을 비대칭적으로 획정한 것은 판매자 측면에서 제기되는 경쟁제한 우려를 적절한 수준에서 행태적 시정조치를 통해 해결하기 위한 일종의 타협이라고 볼 수 있을 것이다. 이러한 비대칭적 양면 시장획정 가능성 및 타당성은 향후 플랫폼 산업에서의 경쟁정책 집행과 관련 경제분석에 있어서 흥미로운 이슈가 될 것으로 예상된다.

2) 경제분석의 의의

공정위 의결서에서는 피심인 측의 경제분석을 명시적으로 언급하지는 않았다. 그러나 소비자 측면의 시장획정 및 경쟁제한성 평가와 판매자 측면에서의 동태적 경쟁의 중요성을 인정하였고, 일시적인 행태적 시정조치만을 부과한 것은 경제분석의 결과를 암묵적으로 반영한 것으로 볼 수 있다. 그러나 피심인 측 경제분석의 보다 큰 의의는 판매자 측면의 경쟁효과를 평가하는 데 있어서 반독점 경제학의 프론티어라고 할 수 있는 Merger Simulation을 시도하였다는 데 있다.

미국이나 EU와 같이 경쟁정책 집행에 있어서 경제분석이 매우 중요한 역할을 하는 국가에서도 Merger Simulation은 오래전부터 그 유용성에 대해서 거론은 되어왔지만 아직 활발하게 응용된다고는 할 수 없다. 이는 경쟁당국과 피심인 측이 모두가 수용할 수 있는 Merger Simulation 결과를 도출하기 어렵기 때문이다. 많은 경우 결합 전 기업들이 속하는 시장에서의 경쟁 양상을 적절히 반영하는 이론모형의 선정이 쉽지 않고, 개별기업 제품의 수요함수 및 제반 가격탄력성을 추정하는 데 필요한 자료와 시간이 충분하지 않고, 결합 후의 담합 및 동태적 경쟁가능성 등을 적절히 고려하기 어렵다는 문제가 있다.

피심인 측 경제분석에서는 결합 전의 이론모형의 구성에 있어서, 오픈마켓 사업자들이 판매자에게 부과하는 거래수수료를 결정하는 데 있어서 판매자들의 공급에 미치는 영향뿐만 아니라 수수료 인상의 가격전가를 통해 구매자들에게 미치는 영향도 함께 고려하였다. 사업자들의 마진율을 결정하는 결합 탄력성을 추정하는 데 있어서는, 그 구성요소가 되는 판매자의 수수료에 대한 공급전환 탄력성, 가격전환 탄력성 및 구매자의 수요 탄력성을 설문조사들 통해서 추정하였다. 결합 후의 경쟁모형에 담합 가능성 및 동태적 경쟁은 고려할 수 없었지만, 수수료 담합은 공정위도 인정하였듯이 현실적 가능성이 낮았고, 동태적 경쟁을 고려하면 결합 후 수수료 인상의 가능성은 더 낮아질 것이므로 이를 고려하지 않은 것은 피심인 측에서는 일종의 보수적인 접근이라고 할 수 있다. 피심인 측의 서베이 추정 결과에 대해서 신뢰성 문제를 제기할 수 있겠지만, 적절한 실제 자료를 구하기 어렵고 기업결합 심사의 제한된 일정을 고려할 때 이는 현실적으로 감수할 수밖에 없는 것이다.

04

apter

SK텔레콤-CJ헬로비전 기업결합 (2016년)과 가격인상압력 분석

SK텔레콤(이하 SKT)은 2015.11. ICT 융복합과 방송통신산업의 재편 추세에 대한 대응 목적으로 케이블TV(이하 CATV) 방송과 알뜰폰 사업 등을 영위하는 CJ헬로비전(이하 CJHV)의 인수 및 합병을 시도하였다. 그러나 공정위는 오랜 기간의 심사를 거쳐 2016.8. 기업결합을 금지하는 구조적 시정명령을 내렸다. SKT-CJHV 기업결합은 수평/수직/혼합을 포괄하는 복합적 성격을 지녔으나, 경쟁제한적 우려의 핵심은 전국적 IPTV 사업자인 SK브로드밴드와 23개 권역의 CATV 사업을 하는 MSO인 CJ헬로비전 사이의 유료 방송시장에서의 수평적 결합에 있다고 할 수 있다. 여기서 주요 쟁점은 유료 방송시장의 지리적 범위(전국 혹은 개별 방송권역)와 결합에 따른 CJHV의 CATV 요금인상 가능성이었다. 본건의 심사과정에서 피심인 측은 최근 기업결합 경쟁제한성 분석에서 중요하게 활용되기 시작한 가격인상압력(UPP, Upward Pricing Pressure) 분석 결과를 제시하였고, 공정위는 이를 나름대로 재해석, 재평가하여 의결의 기초로 삼았다. 본장에서는 SKT-CJHV 사건에서 적용된 UPP 분석을 소개하고, 그 의의를 검토한다.[1]

1. 사건 및 경제분석 개요

1) 공정위 의결 개요

SKT는 2015.11.2. CJ오쇼핑과 CJHV의 지분 30%를 인수하고, SK브로드밴드(이하 SKB)과 합병하는 계약을 체결하였다. 이들은 2015.12.1. 공정위에 기업결합

---

[1] 이하의 1, 3, 4, 5절은 전성훈, 남재현(2019)의 Ⅰ, Ⅱ, Ⅲ, Ⅳ장의 내용을 재정리한 것이다.

표 4-1 SKT-CJHV 기업결합 유형

관련시장	신고회사			상대회사 (CJ헬로비전)	결합 유형
	SKT	SKB	SK텔링크		
23개 방송구역별 유료방송시장	×	○	×	○	수평
방송광고시장	×	○	×	○	수평
방송채널 전송권 거래시장	×	○	×	○	수평
이동통신 소매시장	○ (MNO)	×	○ (MVNO)	○ (MVNO)	수평
초고속인터넷시장	○	○	×	○	수평
유선전화시장	×	○	○	○	수평
국제전화시장	×	○	○	○	수평
이동통신 도매시장	MNO	×	MVNO	MVNO	수직
유료방송, 이동통신 소매, 초고속인터넷, 유선전화 등					혼합

주: 공정위 의결서 32쪽 <표 21> 전제. 단 위의 세 개 '관련시장'의 '음영'은 공정위가 경쟁제한성 판단을 내린 것을 나타내기 위해 추가한 것임.

신고를 하였으나, 공정위는 이례적으로 장기간의 심사를 거쳐서 2016.7.18. SKT의 주식취득 및 SKB-CJHV의 합병을 전면적으로 금지하는 구조적 시정명령을 내렸다.[2]

SKT-CJHV 기업결합은 <표 4-1>에 정리된 바와 같이 여러 관련시장에서의 수평/수직/혼합 결합을 포괄하는 복합적 성격을 지니고 있다. 공정위는 유료방송시장에서의 수평결합의 경우, *"23개 지역 중 21개 지역에서 결합당사회사의 시장점유율이 1위이고 16개 지역에서 법상 경쟁제한성이 추정되는 등 경쟁제한 우려가 매우 큰 바 요금 인상 제한과 같은 행태적 조치나 일부 방송권역 매각과 같은 구조적 조치로는 경쟁제한 우려를 치유하기 곤란"*한 것으로 판단하였다. 다음으로, 이동통신 소매시장에서의 수평결합의 경우, *"현재 알뜰폰 1위 사업자로서 적극적 마케팅, 서비스 혁신 등을 통해 MNO를 실질적으로 견제하는 독행기업*

---

2) 공정위(2016.7.18) 의결.

(maverick) 역할을 해온 *CJ헬로비전이 시장에서 제거*"되어 경쟁에 부정적 영향을 미칠 우려가 매우 큰바, *"알뜰폰 부문만을 분리 매각하는 구조적 조치"*를 부과할 경우 *"과거 독행기업으로서 수행하던 역할을 상실할 우려가 있으므로 경쟁제한 우려를 치유하는 효과를 기대하기 어렵다*"고 판단하였다. 마지막으로 이동통신 도매시장에서의 수직 결합에 있어서는, *"결합당사회사는 알뜰폰 가입자의 2*.**%, 이동통신 도매제공대가의 5*.*%를 확보할 수 있게 됨에 따라 경쟁사업자의 이동통신 도매 판매선을 봉쇄"*할 우려가 있는바, *"이를 방지하기 위해 CJ헬로비전의 MVNO 가입자에 대해 지급하는 보조금을 이용 도매망의 종류에 따라 차별하지 않도록 하는 등의 행태적 조치"*만으로는 *"실효성이 낮다"*고 판단하였다. 공정위는 이러한 판단에 따라 관련 주식취득 및 합 행위를 전면적으로 금지하는 구조적 시정조치를 부과하였다(공정위 의결서 70~72쪽 참조).

이러한 시정조치는 당초의 언론과 업계의 예상에 비하여 매우 강한 것이라고 할 수 있을 것이다.[3] 이전의 2013년 티브로드 도봉강북방송의 대구케이블방송 주식 취득 건에서 공정위는 해당 기업결합이 '대구 중구·남구 지역 다채널 유료방송 시장'에서 경쟁제한성을 인정하면서도, 시정조치에 있어서는 아날로그방송에 한하여 개별가입자 및 단체가입자의 묶음상품별 수신료의 인상, 묶음상품의 수와 채널 수를 정당한 사유 없이 줄이는 행위 등에 대한 행태적 제한만을 부과한 바 있었다.[4] 한편, 알뜰폰과 관련한 이동통신 소매 및 도매 시장의 경쟁제한성은 알뜰폰 사업부문을 인수 대상에서 배제하면 해소될 수 있는 것이다.

2) 경제분석 개요

피심인 측은 SKT-CJHV의 기업결합의 의의, 그리고 유료방송, 이동통신, 초고속인터넷 시장 및 결합판매에 미치는 경쟁효과를 광범위하게 분석, 제시하였

---

3) 미디어 오늘 2017.2.2. 기사에 따르면, *"당초 언론과 업계는 알뜰폰 사업 매각, 요금인상 금지 등을 조건으로 '조건부 인수합병' 결정으로 예상했으나 공정위는 몇 차례 발표를 연기한 끝에 '합병불허' 결정을 내렸다."*(http://www.mediatoday.co.kr/?mod=news&act=article View&idxno=137666 참조)

4) 공정위(2013.12.12) 의결.

다.[5] 그 중 경제분석의 관점에서 가장 중요하고 흥미로운 쟁점이 되었던 유료방송에서의 경쟁효과 부분을 요약하면 다음과 같다.

SKB의 IPTV와 CJHV의 유선방송 사업부문의 결합이 유료방송시장에 미치는 경쟁효과를 평가하는 데 있어서 고려하여야 할 가장 중요한 현실은 SO들이 방송권역별로 허가를 받아 사업을 하고 있다고 하더라도 전국적으로 단일가격을 책정하는 IPTV 및 위성방송의 전국사업자와 경쟁을 하고 있다는 것이다. 이는 유료방송 가입자 관련 지리적 시장이 개별 방송권역이 아닌 전국으로 획정되어야 한다는 것을 의미한다. 전국 모든 권역 디지털방송 시장에서 IPTV 및 위성방송 전국사업자로 시장점유율이 급격하게 이동하고 있으며, 시장점유율을 지키기 위한 SO 사업자들의 가격은 전국 사업자들과의 경쟁과정을 통해 경쟁가격으로 수렴하고 있다. 결합 후에 SKB와 CJHV의 시장점유율 합계는 2014.3. 기준 전체 유료방송의 전국시장에서 24.0%, 디지털 유료방송 전국시장에서 25.0%가 된다. 이는 전체 및 디지털 유료방송 전국시장에서 각각 27.4%, 40.3%의 점유율을 확보하고 있는 1위 사업자인 KT에게 보다 유효한 경쟁압력을 행사할 수 있는 2위 사업자의 출현을 의미한다. 특히 유료방송시장에서 디지털 부분이 지니는 점증적 중요성을 감안하면 본건 기업결합으로 기대되는 유료방송시장에서의 유효경쟁 강화 효과는 더욱 명확해진다.

이러한 시장점유율을 이용한 전통적 기업결합의 경쟁효과 평가는 시장획정과 무관하게 결합기업의 단독 가격인상 가능성을 평가하는 기법으로 최근 도입된 UPP 개념을 적용한 분석을 통해서도 뒷받침된다. 효율성개선의 효과를 전혀 고려하지 않은 CJHV의 GUPPI 지수는 대개의 지역에서 5% 이하이고, 모든 지역에서 10%를 넘지 않았다. 또한 GUPPI 분석의 경쟁제한적 평가의 편의(bias)을 상쇄하기 위해서 통상적으로 전제되는 '표준적 효율성 인정(Standard Efficiency Credit)' 10%를 상정하면 UPP/P 수치는, 전환율 산정에 있어서 시장점유율을 이용한 분석의 경우는 거의 모든 지역에서 음(-)의 값을 보여주고 있다. 이는 유료방송 관련 지리적 시장의 범위가 가사 방송권역별로 획정된다고 하더라도 실질

---

5) 피심인 측이 공정위 및 미래창조과학부에 제출한 경제분석 보고서 전성훈, 권남훈, 김성환, 남재현, 이상규(2016) 참조.

적 경쟁제한성의 우려가 없다는 것을 의미하고, 역으로 이는 지리적 시장획정이 전국적 경쟁구도를 반영하여 전국시장으로 획정되어야 하는 근거로 해석될 수도 있을 것이다.

이하에서는 상기 보고서의 내용 중에서 최근 추세적으로 강화되고 있는 유료방송 관련 지리적시장의 '전국성' 주장에 대해서 간략히 소개하고, 기업결합의 경쟁제한성 판단에 있어서 최근 세계적으로 중요한 분석도구로 자리잡은 UPP 및 GUPPI 개념의 적용을 중점적으로 논의한다.[6] 먼저 2절에서는 최근 전국 모든 권역의 디지털 방송시장에서 IPTV 및 위성방송 전국사업자의 시장점유율 확대가 유료방송관련 지리적 시장의 전국성에 대해서 지니는 함의를 살펴본다. 다음으로 3절에서는 피심인 측이 적용한 UPP 분석의 개요를 소개한다. 그리고 4절에서는 공정위에서 이를 변용하여 적용한 UPP 분석의 방법의 문제점을 지적한다. 마지막으로 5절에서는 SKT−CJHV 기업결합 사건 및 경제분석의 의의와 시사점을 제시한다.

2. 유료방송 가입자 시장의 전국성

SKT−CJHV 기업결합 관련 유료방송가입자의 지리적 시장획정에는 상당한 주의가 필요하다. 케이블방송 사업자는 외형상 권역 단위로 사업을 하나, 다수의 권역에서 사업을 하는 MSO(multiple system operator)들이 전국사업자인 IPTV 및 위성방송 사업자들과 경쟁하고 있어서 지역성과 전국성이 혼재되어 있다. 만약 관련 지리적 시장이 개별 권역으로 획정된다면 본건 기업결합으로 인해 여러 권역에서 결합기업의 집중도가 기업결합 안전항 수준을 초과하는 것으로 보이지만, 반면에 전국시장으로 획정된다면 점유율 1위인 KT와 보다 유효한 경쟁을 할 수 있는 2위 사업자가 등장하는 것으로 평가될 수 있다.

---

6) 이하에서 방법론을 중심으로 소개한다. 이는 실증적인 분석의 결과로서 얻은 수치들 중에는 영업비밀이 내포되어 있을 수도 있기 때문이기도 하지만, 본 저술의 목적이 구체적 수치를 제시하여 특정한 입장을 옹호하는 것이 아니라 기본적으로 공정거래 경제분석을 소개하는 데 있기 때문이다.

공정위는 지금까지 같은 방송권역에서의 유선방송사업자(SO)들 간의 기업결합 심사에서 해당 사업자의 방송권역을 지리적시장으로 획정해왔으며, 그 근거로 "*SO는 지역사업권을 허가받은 구역에서만 방송을 송출*"할 수 있고, "*시청자 역시 다른 방송 허가구역으로의 구매전환이 사실상 제한*"되어 있다는 사실, 즉 공급 및 수요 대체 상의 제약을 근거로 들고 있다.[7] 그러나 본건에 있어서는 기존의 공정위 의결 사례와는 달리, SO 사이의 결합이 아니라 다수의 권역에서 사업하는 MSO와 전국적인 IPTV 사업자와의 결합이라는 점과, 현 시점에서는 경쟁구도의 전국화 요인으로 작용하는 IPTV의 급성장, MSO화 및 디지털 전환 등의 유료방송시장의 변화가 기존의 공정위 의결 시점과 비교하여 심화되었다는 점을 고려하여야 한다. 따라서 본건 기업결합의 경쟁평가에 있어서는 과거의 사례들에서 공정위가 채택한 방송권역별 지역시장 획정의 타당성은 재검토되어야 한다. 특히 방송과 같은 위치기반(location-based) 서비스와 관련한 지리적 시장획정에 있어서는 물리적으로 불가능한 수요나 공급 대체성과 동시에 전국사업자의 '공통가격제약(common pricing constraints)'으로 지역사업자 사이의 경쟁압력 파급을 적극적으로 고려할 필요가 있다.

KISDI(2014)는 "*현재 유선초고속인터넷 시장에서는 가입자 점유율의 대부분을 차지하고 있는 전국사업자들은 약관요금을 전국적으로 동일하게 설정해야 하는 공통가격제약으로 인해 특정지역에서만 지배력을 행사할 가능성이 낮음*"을 이유로 전국을 단일 시장으로 획정하고 있다. 유료방송시장에서 공통가격제약 하의 전국사업자가 차지하는 점유율은 현재 50% 가까운 수준으로 계속 높아져 가는 추세이고, 무엇보다도 이를 매개로 한, 이하에서 설명할 소위 '연쇄적 대체관계(chains of substitution)'를 통한 경쟁압력이 전국적으로 작동하기에 충분하다.

SO들은 형식상 각각의 방송권역 내에서 가입자 요금을 독자적으로 결정할 수 있다. 그러나 실제에 있어서는 CJHV나 티브로드와 같은 MSO의 방송권역들 사이에 디지털 CATV 요금수준은 큰 차이가 없는 것으로 알려져 있다.[8] 그 이유는 전국적으로 동일한 요금을 책정하는 IPTV와 위성방송 사업자들과의 경쟁에

---

7) 앞서 소개한 티브로드도봉강북방송의 기업결합 공정위(2013.12.12) 의결 참조.
8) 미래창조과학부(2013, 22~25쪽) 참조.

직면하고 있고, 이들을 통해서 사실상 동일한 경쟁압력을 받고 있기 때문이다.

이러한 서로 다른 권역의 SO 사이에 존재하는 상호 경쟁압력은 <그림 4-1>을 통해서 쉽게 이해할 수 있다. 이 그림에서 SO a, b는 해당 권역 A, B에서 IPTV의 전국사업자 c와 직접적으로 경쟁할 뿐 아니라, 전국사업자 c를 매개로 서로 간접적으로도 경쟁한다. 예컨대 SO a가 요금을 낮추면, 권역 A에서도 사업하는 전국사업자 c는 요금 인하의 압박을 받게 되고, 전국 공통가격제약 하에 있는 전국사업자 c와 권역 B에서 경쟁하는 SO b에게까지 SO a의 요금 인하로 촉발된 경쟁압력이 전달되게 된다. 물론 SO b의 요금 인하도 마찬가지로 전국사업자 c를 통해서 SO a에게까지 경쟁압력으로 작용한다. 즉 a ↔ c ↔ b 사이의 연쇄적 대체관계에 의해서,[9] 전국사업자 c를 매개로 경쟁압력이 서로 다른 방송권에서 사업하는 SO a와 b 사이에도 상호 경쟁관계가 형성되는 것이다. 더욱이 IPTV c가 전국의 단일가격을 변경하는 경우에는 SO a와 SO b는 이에 상응하는 가격조정을 하여야 하므로, SO들의 가격은 전국적으로 수렴하는 경향을 보이게 된다.

공정위도 이미 유통산업에서의 기업결합 사건에서 관련 지역의 범위를 획정하는 데 있어서 '중첩원의 합집합(a union of overlapping circles)' 접근법을 일관되게 채택하여 왔는데, 이 방법의 경제적 논거는 연쇄적 대체관계 외에는 달리 설명하기 어렵다. 공정위가 채택한 중첩원의 합집합 방법에 의하면, 피취득 유통점을

그림 4-1 전국사업자를 매개로 한 SO들 사이의 경쟁압력

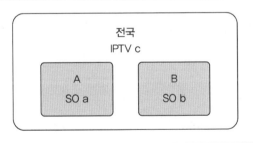

---

9) EC(1997)는 시장획정 지침에서 *"연쇄적 대체관계가 존재하는 경우에는 시장의 양극단에 있는 상품이나 지역이 직접적으로 대체 가능하지 않아도 관련 시장으로 획정할 수 있다"*고 기술하고 있다.

중심으로 일정한 반경(지역 특성에 따라 5~10km)으로 동심원을 그리고, 해당 동심원에 포함되고 관련 상품시장에 속하는 모든 유통점에 대해 다시 동일한 반경으로 동심원을 그린 후에 중첩되는 동심원들의 합집합으로 지리적 시장을 '일차적으로' 획정한다.[10]

<그림 4-2>는 관련 상품시장에 속하는 유통점 a와 c가 예컨대 5km, 그리고 c와 b가 마찬가지로 5km 떨어진 경우를 상정하여 중첩원의 합집합을 도시한 것이다. 공정위의 중첩원의 합집합 방식에 따르면, '형식적으로' 관련 지역시장의 범위는 <그림 4-2>에서 A와 C의 합집합인 것으로 보인다. 그러나 유통점 b도 관련 시장에 포함되는 시장참여자므로, '실제적으로는' b의 상권인 B도 포함되는 것으로 보아야 한다. 왜냐하면 관련시장에서의 점유율 산정에 있어서 a, b, c 모두의 매출액 합계가 분모가 되기 때문이다. 이처럼 <그림 4-2>에서 A, B, C 세 개 원의 합집합이 실제적으로 동일 지역시장으로 획정되는 이유는 다음과 같은 대체관계가 연쇄적으로 형성되기 때문이다. 유통점 a와 c는 상권이 겹치므로, a가 가격을 인하할 경우 c는 고객을 잃게 되어 가격경쟁의 압박을 받는다. 유통점 b는 a와 상권이 전혀 겹치지 않지만, a의 가격인하로 인해 c가 경쟁압력을 받아 가격을 따라 내리면 c와 상권이 겹치는 b 역시 고객을 잃게 되어 가격인하의 경쟁압력을 받게 되는 것이다. 마찬가지로 b와 상권이 전혀 겹치지 않는 a도 b가 가격을 인하하는 경우 c를 통해서 경쟁압박을 받게 된다. 즉 a↔c↔b 사이의

그림 4-2 중첩원의 합집합 방식과 연쇄적 대체관계

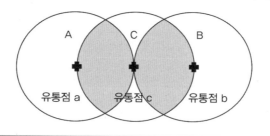

---

10) 유통산업에서의 기업결합 관련 지리적 시장획정에서 공정위가 채택한 중첩원의 합집합 접근법에 대해서는 2장의 이랜드-까르푸 사례의 경제분석에서 상세히 논의한 바 있다.

연쇄적 대체관계에 의해서, 유통점 c를 매개로 경쟁압력이 서로 상권이 겹치지 않는 유통점 a와 b 사이에도 경쟁관계가 형성되는 것이다.

<그림 4-1>과 <그림 4-2>를 비교하면, 각각 전국사업자 c와 유통점 c가 연쇄적 대체관계의 동일한 연결고리 역할을 하고 있다고 할 수 있다. 그렇다면, 여기서 흥미로운 질문은 '과연 유료방송 시장에서 다른 권역 A와 B를 동일 시장에 포함시킬 만큼 IPTV와 위성방송과 같은 전국사업자가 경쟁압력을 전국적으로 파급시키는 역할을 실제적으로 충분히 할 수 있는가?'이다. 달리 표현하면 IPTV 등 전국사업자의 경쟁압력이 전국의 경쟁상황을 하나로 수렴시킬 만큼의 충분한 경쟁압력을 지니는가의 문제이다. 이는 수치의 문제이며 크기의 문제이다.

공정위가 대형할인점 관련 기존 사례에서 채택한 5km 반경의 중첩원의 합집합 접근법에서는 중간의 유통점 c의 상권 C가 유통점 a, b의 상권 A, B와 음영 지역 정도만큼 겹치면, 서로 겹치지 않는 상권 A와 B를 동일 지역시장에 포함시켰다. 간단한 계산을 통해서 상권 C와 상권 A 및 B가 겹치는 음영 지역의 면적은 각각 상권 C 전체 면적의 약 38%임을 알 수 있다.[11]

유료방송시장에서는 IPTV 및 위성방송 전국사업자와 개별 SO는 각 방송권역에서 경쟁하고 있으며, 이는 '상권'이 겹치는 것이다. 즉 <그림 4-1>에서 방송권역 A 및 B에서 전국사업자 c가 해당 권역 SO a, b와 같이 경쟁하는 영역을 나타내는 음영 지역은 형식적으로 권역 A와 B의 거의 100%라고 할 수 있다. 실제적으로 2014년말 혹은 2015.3. IPTV 및 위성방송의 전국사업자가 유료방송시장에서 차지하는 점유율 합계는 전국시장을 기준으로 50%를 상회하고, 또한 거의 모든 방송권역에서 30%이상의 가입자를 확보하고 있다.[12] 2008년까지 SO들만이 사업하던 유료방송시장에 현재에 이르러서는 전국사업자들이 이처럼 상당 수준의 점유율을 확보하였다는 것은, 상권이 겹치는 부분이 중첩원의 합집합 접근법에서 지역시장 통합의 전제로 암묵적으로 상정하는 임계수준이라고 할 수 있는 38%를 크게 상회한다는 것을 보여주기에 충분하다.[13]

---

11) 상권 C의 면적은 잘 알려진 πr^2이고, C와 A(또는 B)가 겹치는 부분의 면적은 $2(\frac{2}{3} - \frac{\sqrt{3}}{2})r^2$ 이어서, 음영 비율은 $2(\frac{2}{3} - \frac{\sqrt{3}}{2})/\pi = 0.38$이 된다.

12) 미래창조과학부, 방송통신위원회(2015) 참조.

한편, 이와 같은 맥락에서 Ofcom(2004)은 공통가격책정의 제약이 있음에도 불구하고 수요대체성 또는 공급대체성만을 고려하여 시장을 획정할 경우 관련시장이 부당하게 좁게 획정되고 현실적인 경쟁요소를 파악하지 못할 수 있음을 지적하면서 공통가격책정의 제약을 고려하여 관련지역시장을 넓게 획정할 필요가 있음을 인정하고 있다. 즉, Ofcom은 (i) 모든 지역에 걸쳐 영업을 하고 있는 사업자가 전국적으로 평준화된 가격을 책정하고, (ii) 전국사업자가 경쟁에 직면하고 있는 지역에서 충분히 높은 시장점유율을 확보하고 있어서 가격을 결정하는 데 있어서 이들 지역에서의 구매전환 행동을 고려하는 경우에는 지리적 시장을 획정함에 있어서 수요대체성과 공급대체성 이외에 공통가격책정제약이 존재하는 범위를 추가로 고려해야 한다고 기술하고 있다. 현재 유료방송시장에서는 IPTV 및 위성방송 사업자가 전국에 걸쳐 서비스를 제공하면서 동일한 가격을 책정하고 있고, 높은 시장점유율, 특히 디지털방송 부분시장에서 높은 점유율을 확보하고 있기 때문에 이 요건들을 충분히 충족한다고 할 수 있다.

그러나 공정위는 이러한 공통가격책정의 제약에 따른 연쇄적 대체관계의 논리에 의거한 유료방송의 시장의 전국성을 인정하지 않았다. 그 이유로 *"기본적으로 SO와 IPTV사업자 및 위성방송사업자들은 SO의 영업 가능 지역범위 내 가입자를 대상으로 상호 경쟁하는 것이므로 유료방송시장의 지리적 경쟁범위는 각 방송구역으로 보는 것이 타당하다. 또한 실제로 방송구역별 유료방송사업자 간 경쟁압력 및 경쟁조건이 상이하게 나타나고, CJ헬로비전의 이용약관상 요금수준 및 상품구성, 실제 판매요금 등도 방송구역별로 다르게 나타나는 점 등을 고려할 때, 피심인이 주장하는 공통가격책정의 제약에 따른 연쇄적 대체관계가 각 방송구역에서 충분히 작동 내지 성립된다고 보기 어렵다"*고 주장하였다(의결서 18쪽).

한편 방송통신위원회는 이미 오래전 위성방송의 도입시점인 2008년 연구보고서에서 *"만약 전국사업자인 위성방송 또는 향후 IPTV가 충분한 경쟁압력을 가진다면 연쇄적 대체성(chains of substitution)에 의해 전국시장 획정이 가능할 수도*

---

13) A(및 B)와 C상권이 38% 겹치는 경우 유통점 c의 A(및 B)에서의 점유율은 그에 훨씬 못 미치게 된다. 만약 a, b, c가 대등한 경쟁력을 가진다고 가정하면, c의 A(및 B)에서의 점유율은 19%에 불과할 것이다.

있"다고 인정한 바 있다.[14] 유료방송시장에서의 현재 경쟁상황은 전국사업자들이 지역 SO들에게 충분한 경쟁압력으로 작용하고 있다. 또한 전국사업자의 경쟁압력은 공정위의 기존의 유통산업에서의 기업결합 관련 지역시장의 획정에서 적용한 연쇄적 대체관계가 실질적으로 형성되기 충분한 수준에 이르렀다고 할 수 있다. 따라서 방송통신위원회의 사전적 규제 목적상의 유료방송 경쟁평가에 있어서나, 공정거래위원회의 MSO와 IPTV 전국적 사업자 간의 기업결합 경쟁제한성 평가에 있어서나, 기존의 입장을 전향적으로 바꾸어 관련 지리적 시장을 '전국'으로 획정하는 것이 타당한 시점에 왔다고 판단된다.

3. 피심인 측의 UPP 분석

SKB와 CJHV의 기업결합으로 23개 방송권역 유료방송시장에서 수평결합이 발생한다. 기업결합 후 결합기업은 가격인상 유인을 가질 수 있다. 본절에서는 최근의 기업결합심사에서 관심을 끌고 있는 UPP 등의 분석을 통해 CJHV의 권역별 가격인상 유인을 분석한다. 전국 단일가격을 책정할 수밖에 없는 SKB의 경우 전국 단일가격 제약하에서 당 기업결합이 영향을 미치지 않는 나머지 55개의 방송권역(세종시 포함 총 78권역)에서의 경쟁상황을 고려해야 하므로, 본건 결합으로 인해 추가적으로 가격인상 유인을 가지기는 어렵다고 판단하고, CJHV의 가격인상 유인 분석에 집중한다.

1) UPP 및 GUPPI 분석 개요

US DOJ and FTC(2010)의 수평기업결합 심사지침(Horizontal Merger Guideline)은 가격인상압력(UPP, Upward Pricing Pressure) 분석을 수평적 기업결합에 따른 가격인상 단독효과를 측정하는 심사방법의 하나로 명시적 도입하였다.[15]

---

14) 방송통신위원회(2014, 38쪽).
15) 그 Section 6.1은 "전환되는 매출의 가치가 비율적으로 작다면, (기업결합으로 인한) 유의미한 가격인상 단독 효과 개연성은 낮다(If the value of diverted sales is proportionally small, significant unilateral price effects are unlikely)"고 기술한다.

UPP 개념 설명을 위해 다음과 같은 단순한 경우를 상정해보자. 기업 1은 기업 2와 3과 경쟁하고 있다. 기업 1은 자사의 제품 가격을 인상할 때 다음 두 가지 효과를 고려해야 한다. 먼저, 기업 1은 자사 제품의 가격인상으로 기존 고객으로부터 더 높은 가격 마진을 취할 수 있다. 하지만 동시에 기업 1 제품/서비스 가격인상 시 소비자들은 대체재를 판매하는 기업 2 또는 3으로 구매를 전환할 수 있다. 다음 식은 기업결합 전 기업 1의 가격인상에 따른 이윤의 변화를 보여준다:

$$\text{기업결합 전 이윤 변화} = \Delta p_1 Q_1 - (p_1 - c_1)\Delta Q_1.$$

(단, $\Delta p_1 (> 0)$와 $\Delta Q_1 (> 0)$은 가격인상분 및 판매감소량의 절대치)

한편 기업 1과 2의 기업 결합 후 가격을 인상할 때 발생하는 이윤 변화는 다음의 식으로 나타낼 수 있다:

$$\text{기업결합 후 이윤 변화} = \{\Delta p_1 Q_1 - (p_1 - c_1)\Delta Q_1\} + D_{12}\Delta Q_1 (p_2 - c_2)$$

이 이윤변화는 기업결합 전과 마찬가지로 제품 1의 가격 인상에 따른 제품 1의 마진 증가와 그 판매량 감소에 따라 제품 1에서 발생하는 이윤 변화를 포함한다. 추가로 위 식의 뒷 부분은 기업결합 후 새로이 발생하는 요인으로서 제품 1의 가격 인상에 따라 제품 1을 구매하지 않는 고객 중 제품 2를 구매하는 고객의 수와 이에 따른 이윤 변화를 나타낸다. 전환율(Diversion Ratio)이란 기업 1의 가격이 상승하였을 때 감소하는 제품 1의 판매량 중에서 제품 2로 전환하는 비율이다. 그 수식은 다음과 같다:

$$D_{12} \equiv \Delta Q_2 / \Delta Q_1.$$

(단, $\Delta Q_2 (> 0)$는 판매전환량)

이러한 새로운 요인으로 인해 결합기업은 결합 후 추가적인 가격인상 유인(incentive)을 갖게 된다. 제품 1의 가격인상에 따라 이탈하는 고객들 중 일부가 제품 2를 구매할 것이며, 이는 결합기업의 제품으로 여전히 자신의 고객에 해당되기 때문이다. 이러한 추가 가격인상 유인은 전환율의 크기에 비례한다. 제품 1의 가격이 인상되었을 때 타 제품으로 구매를 전환하는 소비자 중 상당한 부분이 제품 2를 구매하면 전환율은 높게 나타나고, 결합기업의 가격인상 유인은 커지게 된다.

한편 기업결합으로 인해 효율성이 증대하여 비용이 감소한다면, 가격인하의 요인도 발생한다. 다음의 UPP 지수는 기업결합으로 인한 가격인상 요인과 가격인하 요인을 함께 반영하여 나타낸 것이다:

$$UPP_1 = D_{12}(p_2 - c_2) - Ec_1.$$ 식 4-1

여기서 E는 효율성 증대로 인한 비용감소 비율을 나타낸다. 위 식의 앞 항목은 제품 1의 가격 상승 시 감소하는 판매량을 결합기업이 제품 2로 재흡수함으로 인한 가격인상 요인을 나타내고, 뒤 항목은 기업결합으로 인한 비용절감으로 인한 가격인하 요인을 나타낸다.

단순한 UPP 분석은 UPP 지표가 양(+)의 값을 가지냐, 음(-)의 값을 가지냐를 바탕으로 이루어진다. UPP_1이 양의 값을 가지는 경우에는 제품 1 가격인상으로 결합기업의 이윤이 증가하므로 기업결합 후 제품 1의 가격인상 유인이 존재한다. 반대로, UPP_1이 음(-)의 값을 가지는 경우에는 제품 1의 가격인상 유인이 없다. UPP는 결합하는 두 기업간의 소멸되는 경쟁으로 인한 가격인상 유인과 기업결합으로 인한 비용절감으로 인한 가격인하 유인을 비교하여 '순' 효과(net effect)를 측정한다.

한편 Moresi(2010)는 효율성 증대로 인한 가격인하 유인을 제외하고 오로지 가격인상 요인만을 살펴본 GUPPI(Gross Upward Pricing Pressure Index) 지수를 제안하였다. 그 수식은 다음과 같다:

$$GUPPI_1 = D_{12} \times M_2 \times \frac{p_2}{p_1}, \text{ 단 } M_2 = \frac{p_2 - c_2}{p_2}.$$ 식 4-2

이는 효율성 부분이 없는 UPP_1 식을 제품 1의 가격으로 나누어 준 것이다. 효율성 개선 효과를 배제하였기에, GUPPI 수치는 항상 양(+)이지만 그 수치를 사용하여 결합 후의 가격인상'률'을 가늠할 수 있다. 가격전가율(pass-thru rate)을 1/2로 가정하면,[16] GUPPI 값의 1/2 은 가격인상률로 해석할 수 있다. 이 경우 GUPPI가 10% 이하라면, 기업결합의 효율성 개선효과가 전혀 없다고 할지라도 결합으로 인한 단독 가격인상률은 5% 이하라는 추정이 가능하다.

한편 효율성 개선 효과를 고려한 UPP 지수(Index)에는 다양한 형태가 있는데, Farrell and Shapiro(2010)는 <식 4-1>의 UPP를 가격으로 나눈 지수를 제안한다:

$$\frac{UPP_1}{p_1} = D_{12}M_2\frac{p_2}{p_1} - E(1-M_1), \ \ \text{단} \ \ M_1 = \frac{p_1 - c_1}{p_1}. \qquad \text{식 } 4-3$$

UPP/P는 GUPPI에 비해서 효율성개선을 명시적으로 고려하는 장점이 있으며, 효율성을 고려하지 않은 $E=0$인 경우는 GUPPI와 동일하게 되므로 GUPPI를 일반화한 것으로 해석할 수 있다. GUPPI를 이용한 분석에서와 마찬가지로, 선형 수요함수 혹은 가격전가율 1/2의 가정하에서 UPP/P 값의 1/2은 효율성을 고려한 가격인상률로 해석할 수 있다.

경쟁법 학계에서는 GUPPI가 내포한 경쟁제한적 평가의 편향성에 대한 우려가 지속적으로 제기되어 왔다. 예컨대, Simons and Coate(2010)은 UPP분석은 과거 20년간 기업결합 심사를 진행해오면서 경쟁제한성 우려가 있다고 판단하던 합병 건들보다 더 넓은 범위의 기업결합을 잠재적으로 경쟁제한성이 있다고 판단함을 지적하였다.[17] 이러한 GUPPI의 경쟁제한적 평가의 편향성(bias)을 고려하여, 학자들 중에는 – 예컨데 Moresi(2010)는[18] – 10%의 GUPPI를 안전항의 임계치로 제시하기도 한다. 또한 유사한 맥락에서 경쟁제한성 판단의 편향성(bias)을 상쇄하는 방안으로, Farrell and Shapiro(2010)는 매우 단순하면서 예비적 검증으로 어느 정도의 "디폴트 한계비용 효율성(default marginal-cost efficiencies)" 혹은 "표준적 삭감(standard deduction)"을 인정하는 것을 제시하고 있다.[19]

---

16) '가격전가율'이란 비용변화나 UPP와 같은 가격변화 요인이 실제 가격변화로 '전가(pass-thru)'되는 비율을 말한다. 수요함수가 선형인 경우에는 가격전가율이 1/2이 된다.

17) The UPP screen *"identifies as potentially problematic far more mergers than would be challenged or even investigated under the enforcement standards that have existed for more than twenty years."*

18) *"The Agencies might consider using a GUPPI threshold of 10 percent, since this characterizes what could be deemed to be a "merger to monopolize," absent production substitution or other uncommitted entry."*

19) Farrell and Shapiro(2010, pp. 10~12) 참조.

2) 본건 분석을 위한 UPP 및 GUPPI 공식의 수정

지금까지 UPP 및 GUPPI 일반론을 살펴보았다. 본 기업결합 건의 특수성을 반영하여 <식 4-1, 4-2, 4-3>의 일반적 공식을 수정할 필요가 있다. 본건에서 고려해야 할 특수성들은 다음과 같다.

먼저, 유료방송시장에서 본 기업결합의 관련 제품은 다제품(multi-products)을 포함한다. CJHV는 CATV에서 아날로그와 디지털 케이블TV 두 가지 종류의 서비스를 제공하고, SKB IPTV는 디지털TV 제품에 속한다. 또한, SKB IPTV를 이용하기 위해서는 SKB 초고속인터넷 사용이 전제되어야 한다. 소비자가 CJHV에서 SKB IPTV로 전환하기 위해서는 SKB IPTV와 초고속인터넷서비스를 같이 사용해야 한다. 다음으로, CJHV 유료방송 가입자 중 이미 SKB 초고속인터넷을 사용하는 가입자들이 있다는 사실을 고려해야 한다.

이러한 시장환경을 고려하여 UPP 공식을 도출하여 보자. 재화 1, 2, 3, 4는 각각 CJHV 아날로그방송, CJHV의 디지털방송, SKB IPTV, SKB 초고속인터넷을 나타낸다. 여기서 CJHV의 가격 인상이 아날로그방송 또는 디지털방송에서 이루어지는 경우, 기존의 CJHV 아날로그방송 가입자 또는 디지털방송 가입자는 SKB IPTV로 전환할 수 있다.

이러한 경우, SKB IPTV는 초고속인터넷서비스 사용을 전제하므로 결합기업은 재화 3(SKB IPTV) 및 재화 4(SKB 초고속인터넷)의 판매 마진, 즉 $p_3 - c_3$와 $p_4 - c_4$를 같이 얻게 된다. 'CJHV 유료방송+<u>SKB 초고속인터넷 미(未) 사용자</u>'가 SKB IPTV로 전환한다면, 결합기업의 추가적인 이윤마진은 SKB IPTV의 이윤마진과 초고속인터넷 이윤마진의 합인 $(p_3 - c_3) + (p_4 - c_4)$이 된다. 하지만, 'CJHV유료방송+<u>SKB 초고속인터넷 기(旣) 사용자</u>'가 CJHV 유료방송에서 SKB IPTV로 전환 시에 발생하는 결합기업의 추가적인 이윤 마진은 SKB IPTV의 이윤마진 $(p_3 - c_3)$뿐이다.

CJHV의 아날로그에서 SKB IPTV로 전환하는 유료방송 가입자 중 이미 SKB 초고속인터넷 사용하는 사람들의 비율을 λ로 표시하면, 이러한 사항들 고려한 <식 4-1>의 UPP 기본 공식은 다음과 같이 수정된다:

$$UPP_1 = D_{13}[\lambda(p_3 - c_3) + (1-\lambda)\{(p_3 - c_3) + (p_4 - c_4)\}] - Ec_1$$
$$= D_{13}\{(p_3 - c_3) + (1-\lambda)(p_4 - c_4)\} - Ec_1, \qquad \text{식 } 4-4a$$
$$UPP_2 = D_{23}\{(p_3 - c_3) + (1-\lambda)(p_4 - c_4)\} - Ec_2. \qquad \text{식 } 4-4b$$

여기서 $D_{13}(D_{23})$는 CJHV 아날로그(디지털)에서 SKB IPTV로 전환율, M은 해당 서비스의 마진율, p는 해당 서비스의 가격, 그리고 E는 효율성 개선의 정도 (CJHV 아날로그와 디지털 사업부문에서 동일함을 가정)를 나타낸다. 단, 위의 <식 4-4> 에서는 기업결합 후에 CJHV의 아날로그(디지털) 가격인상 시에 CJHV의 디지털(아 날로그)로 전환하는 경우는 고려하지 않았다.

효율성 개선 효과를 고려하지 않은 <식 4-2>의 일반적 GUPPI 수식도 다음 과 같이 수정된다:

$$GUPPI_1 = D_{13}\left\{M_3\frac{p_3}{p_1} + (1-\lambda)M_4\frac{p_4}{p_1}\right\}, \qquad \text{식 } 4-5a$$

$$GUPPI_2 = D_{23}\left\{M_3\frac{p_3}{p_2} + (1-\lambda)M_4\frac{p_4}{p_2}\right\}. \qquad \text{식 } 4-5b$$

GUPPI나 UPP에서 기업결합 후 가격상승으로 인한 구매전환으로 재포착되 는 이윤 부분 $D_{13}\{(p_3 - c_3) + (1-\lambda)(p_4 - c_4)\}$은 항상 양의 값을 가진다. 따라 서 기업결합으로 인한 비용절감 항목이 무시된다면, UPP는 언제나 양의 값을 가 지게 되어 모든 기업결합은 경쟁제한성을 내포한다. Farrell and Shapiro(2010), Simons and Coate(2010) 등은 기업결합 특유의 효율성을 예측하는 것이 현실적으 로 매우 어려우므로, 입증할 필요가 없는 '표준적인 효율성 인정(Standard Efficiency Credit)'을 제안한다.

앞에서 지적한 바와 같이 IPTV는 초고속인터넷과 같이 사용되고, SKB IPTV 로 전환하는 CJHV 가입자 중 이미 SKB 초고속인터넷을 사용하고 있는 사람들 의 비율이 λ라는 것을 고려한 UPP/P 지수는 다음과 같이 표현된다:

$$\frac{UPP_1}{P_1} = D_{13}\left\{M_3\frac{p_3}{p_1} + (1-\lambda)M_4\frac{p_4}{p_1}\right\} - E(1-M_1), \qquad \text{식 } 4-6a$$

$$\frac{UPP_2}{P_2} = D_{23}\left\{ M_3 \frac{p_3}{p_2} + (1-\lambda) M_4 \frac{p_4}{p_2} \right\} - E(1-M_2). \qquad \boxed{\text{식 } 4-6b}$$

<식 4-4, 5, 6>의 UPP 분석에 필요한 수치(parameter)는 전환율, 마진율, λ, 그리고 가격이다. 이하에서는 이들 수치들 추정 방법을 소개한다.

3) 전환율, 마진율 등 추정 방법

전환율

CJHV의 가격인상에 따른 SKB IPTV로의 전환율을 D_{HB}로 표기하면(하첨자 H는 헬로비전, B는 브로드밴드). D_{HB}는 두 가지 방식으로 추정할 수 있다. 하나는 기존의 유료방송시장 시장점유율에 기반하여 전환율을 추정하는 것이고, 다른 하나는 설문조사 결과에 기반하여 전환율을 추정하는 것이다.

시장 내에 포함된 한 상품의 가격이 인상될 때 소비자가 다른 제품으로 구매를 전환하는 경우, 기존 시장점유율에 비례하여 다른 상품들을 선택한다고 상정하고 전환율을 계산할 수 있다. 예로, 제품 1, 2, 3의 시장점유율이 각각 a, b, c일 때, 제품 1에서 제품 2와 3으로 구매를 전환하는 구매자 중 제품 2를 선택하는 비중을 b/(b+c)로 상정하는 것이다. 이러한 경우 CJHV에서 SKB로의 전환율은 다음과 같이 표현된다:

$$D_{HB} = \frac{S_{SKB}}{1 - S_{CJHV}}.$$

여기서 S_{SKB}와 S_{CJHV}는 관련시장에 포함되지 않은 '외부재화(outside goods)'까지를 포함하여 산정된 점유율이다.[20]

전환율 산정에 있어서 다른 대안은 가입자 대상 설문조사의 결과를 이용하는 것이다. 방송 권역별로 표본 수를 할당하여 CJHV 가격인상에 따라 SKB IPTV로 전환율 설문조사를 수행할 수 있다. 시장점유율을 이용하는 방식은 현실적인 시

---

20) 외부재화 점유율, 즉 관련시장의 재화를 구매하지 않는 비중을 고려한 시장점유율이다. 통상적인 시장점유율에 (1-외부재화 구매 비중)의 조정을 통하여 그 수치를 구할 수 있다.

장 자료를 이용한다는 장점은 있으나, 제품 간의 선호 및 대체성에 대한 제약적인 가정에 기초한다는 단점이 존재한다.[21] 설문조사 방식은 실제 소비자들의 가상적 상황에 대한 반응을 측정할 수 있다는 장점이 있지만, 설문조사 방식이 가지는 방법론적 한계를 지닐 수 있다. 시장점유율 이용한 방식과 설문조사 방식은 상호 보완적일 수 있으므로, 그 분석결과 모두를 함께 사용하여 분석의 강건성을 증가시킬 수 있다.

마진율

경제학적인 의미의 마진율은 가격과 한계비용과의 차이의 비율이다. 일반적으로 한계비용 측정의 어려움으로 실무에서는 평균가변비용(average variable cost)을 사용한다.

$$M - \frac{\text{가격} - \text{한계비용}}{\text{가격}} \cong \frac{\text{가격} - \text{평균가변비용}}{\text{가격}}$$

가변비용이란 매출변화에 따라 변동가능한 비용으로서, 매출과 무관하게 지불되는 고정비용을 포함하지 않는다. 회계 자료를 이용해서, 이러한 마진율을 근사적으로 구하는 방법은 다음과 같다:

$$M - \frac{\text{매출액} - \text{인건비, 광고비 등의 가변비용}}{\text{매출액}}.$$

마진율은 손익계산서상의 영업이익율과는 차이가 있다. 영업이익은 매출액에서 매출원가 및 판매비와 관리비를 차감하여 구해지지만, 매출원가 및 판매비와 관리비는 매출변동에 따라서 변화시킬 수 없는 고정비용을 포함하고 있다. 마진율을 추정하기 위해서는 매출원가 및 판매비와 관리비에서 고정적 비용항목을

---

21) 이 가정은 경제학에서 IIA(Independence of Irrelevant Alternatives)라고 칭해지는 것으로, 이는 수요함수를 로짓(Logit) 형태로 단순화시켜 분석을 용이하게 장점이 있으나, 현실의 소비자 선택이 반드시 이에 부합하지 않는다는 점이 문제로 지적되어 왔다. Whinston (2008, pp. 88~89) 참조.

공제한 가변비용을 계산하여, 이를 매출액에서 차감하여야 한다. 비용항목들 중에서 고정비용의 성격을 지니는 대표적인 항목들은 유형 및 무형 자산의 감가상각비, 임차료, 보험료, 연구개발비 등이 있다.

비용항목의 고정·가변 분류는 분석의 시간시계(time horizon)에 따라서 달라진다. 서울고등법원은 2004년 무학－대선 기업결합건의 판결에서 고정비, 가변비 구분의 기준이 되는 기간을 *"독점력 행사가 예상되는 상당한 기간 동안"*임을 밝히고, '노무비, 교육훈련비, 급여, 퇴직금, 복리후생비, 퇴직위로금 등 노동비용'과 '광고선전비' 등을 반드시 고정비용으로 볼 수 없다고 판단하였다.[22] 2006년 하이트－진로 기업결합에 대한 공정거래위원회 의결 역시 이러한 법원의 판례를 따른 바 있다.[23] 공정위는 최근 에실로－대명광학 기업결합 건 의결에서 보다 구체적으로 *"노무비, 교육훈련비, 급여, 퇴직금, 복리후생비, 퇴직위로금 등 노동비용과 광고선전비, 각종 보수공사에 소요된 수선비, 세금과 공과, 각종 수수료는 고정비용으로 볼 수 없다. 따라서 이런 비용을 제외하고 매출원가 중에서 임차료, 감가상각비 등을 고정비용으로 간주하고, 판매비와 관리비 중에서 임차료, 감가상각료, 무형자산상각비, 보험료, 제회비 등을 고정비용으로 간주하여 마진율을 산정한다"*고 명시하고 있다.[24]

본건에서 UPP 등의 분석기법에 의거하여 기업결합에 따른 가격인상 가능성을 평가하기 위해서 필요한 마진율은 SKB의 IPTV와 초고속인터넷 사업부문의 마진율과 CJHV의 유료방송 부문 마진율이다.

먼저 SKB의 IPTV의 마진율을 산정하기 위해서는 IPTV 사업부문의 회계분리된 손익계산서 자료가 필요하다. SKB는 방통위에 『인터넷 멀티미디어 방송제공사업 회계분리기준』에 의한 영업보고서를 매년 제출하고 있다. 영업비용 중에 고정비로 분류된 것은 전술한 공정위의 선례에 따라서 기본적으로 유형자산 감가상각비, 무형자산 상각액, 지급임차료, 보험료나 IPTV 사업의 특수성을 고려하여 다음과 같은 조정을 하였다.

첫째로, 유형자산 감가상각비 중에서 단말기와 관련된 것은 가입자 수에 따라

---

22) 서울고등법원(2004.10.27) 판결.
23) 공정위(2006.1.24) 의결.
24) 공정위(2014.5.29) 의결 27쪽 각주 34 참조.

서 연동되므로 가변비용으로 판단하였다. 다음으로 전용회선료, 선로설비사용료 등의 비용 항목은 새로운 지역의 가입자에게 서비스를 하기 위해서 추가적으로 소요되는 가변비의 성격과 기존 서비스 지역의 가입자 증가에 따라서는 변동하지 않는 고정비의 성격을 같이 내포하고 있다. 이를 자의적으로 배부하지 않고 고정비용 또는 가변비용으로 분류하여 강건성 분석을 수행할 수 있다. 설비사용료를 모두 고정비용으로 간주하는 것은 마진율을 높임으로써 경쟁제한성 판단에서 합병기업 측면에서는 보수적 접근이다. 콘텐츠 사용료의 경우는 지상파 재전송이나 유료채널사용 대가나 VOD 콘텐츠 사용료 등인데, 이들은 대개 가입자 기반으로 매출에 연동되므로 가변비용으로 분류하였다.[25]

일반적으로 특정 기업의 마진율을 구하는 경우, 특정 연도의 영향을 배제하기 위해서 단일 연도보다는 수개 연도의 평균 마진율을 사용한다. SKB IPTV의 경우 2012, 2013년은 서비스 개시 후 3, 4년이 지난 시점으로 SKB의 마진율은 아직 적자 상황이나, 연도별 추이를 보면 최근 들어 적자 폭은 감소하고 있다. 이에 피심인 측의 분석에서는 3개년 평균이 아니라, 가용자료의 가장 최근 연도인 2014년의 마진율을 이용하여 분석을 수행하였다.

SKB의 음의(-) IPTV의 마진율만을 고려한다면, CJHV의 요금인상 가능성은 분석의 필요가 없다. 왜냐하면 마진율이 음이면 <식 4-1,2,3>의 각종 UPP 지수들이 모두 음이 되기 때문이다. 그러나 CJHV가입자가 SKB IPTV로 전환하기 위해서는 전제조건으로 SKB의 초고속인터넷서비스 가입이 필수적이므로, SKB IPTV로의 전환에 따른 이윤증가는 완전한 1:1 보완재인 SKB 초고속인터넷에서의 추가적 이윤도 고려해야 한다. 이를 위해서는 SKB 초고속인터넷 사업부문의 마진율이 필요하다.

전기통신사업자이기도 한 SKB는 방통위에 『전기통신사업 회계정리 및 보고에 관한 규칙』에 의해 통신사업부문의 영업보고서를 매년 제출하므로, 이를 이용하여 초고속인터넷 부문의 마진율을 산정하였다. 초고속인터넷사업의 경우에

---

25) 미래과학부, 방통위(2015, 415쪽) 『방송산업 실태조사 보고서』에서도 방송사업자의 영업비용 구성내역을 설명하면서, 이에 상응하는 *프로그램사용료*를 "*방송프로그램의 상영횟수, 시청자수, 관련 매출액 등의 기준에 따라 방송채널사용자 등에게 프로그램의 사용료를 지급하는 계약의 경우 계약조건에 따라 해당 프로그램의 방영 시 지급한 금액*"으로 설명하고 있다.

고정비와 가변비 분류상의 특이 사항은 전술한 IPTV 사업의 경우와 마찬가지이다. 유형자산 감가상각비 중에서 단말기와 관련된 것은 가변비용으로 처리하였고, 분석의 강건성 측면에서 설비사용료는 모두 고정비용으로 간주하였다. 초고속인터넷사업의 경우는 콘텐츠 사용료가 없다.

SKB의 경우 초고속인터넷 사업부문의 흑자가 IPTV 사업부문의 적자를 보전하고 있다는 것을 확인할 수 있다. SKB 초고속인터넷 부문 마진율의 연도별 추이를 보면, 2012년과 2013년에 비해 2014년에는 마진율이 상당히 감소하였다. 이는 최근의 경쟁심화를 반영한 것으로 판단된다. 앞에서의 IPTV 마진율 선택 — 수개 연도의 평균이냐 최근 연도의 것이냐 — 과 일관성을 유지하기 위해서, 초고속인터넷의 경우도 가장 최근 연도의 2014년 마진율을 이용하였다.

UPP 등을 통한 결합 후의 CJHV의 가격인상 가능성 분석에서 SKB의 IPTV와 초고속인터넷 마진율을 결합하여 이용하는 방법은 다음과 같다. CJHV가 케이블TV 요금을 인상할 시에 SKB IPTV로 한 가입자가 전환하게 될 때 결합기업이 얻는 추가적인 이익은 SKB IPTV의 마진과 그 전제조건으로 필요한 SKB 초고속인터넷가입으로 얻게 되는 마진의 합이라고 할 수 있다.

그러나 SKB IPTV로 전환하려는 CJHV 케이블TV가입자가 이미 SKB 초고속인터넷에 가입해 있다면, 후자는 추가적 이익이 되지 않을 것이다. 따라서 SKB IPTV로 전환하려는 CJHV 케이블TV가입자가 이미 SKB 초고속인터넷에 가입해 있는 비율을 λ라고 한다면, 마진율 분석에 이용하는 '결합마진율'은 대략적으로 'SKB의 IPTV 마진율 $+ (1 - \lambda) \times$ SKB의 초고속인터넷 마진율'이라고 할 수 있다.

여기서 λ는 전환율과 마찬가지로 두 가지 방식으로 추산될 수 있다. 하나는 시장점유율을 이용하는 것으로서, SKB의 2014년 기준 초고속인터넷 점유율 25%를[26] λ의 대리값(proxy)으로 사용하는 것이다. 이는 CJHV에서 SKB IPTV로 전환하는 유료방송 가입자 중 이미 SKB 초고속인터넷 사용하고 있는 비율이 전체 초고속인터넷 가입자시장에서 SKB 초고속인터넷 시장점유율과 같다고 가정하는 것이다. 이는 결합기업 입장에서는 보수적인 접근이다. 왜냐하면 CJHV에서 SKB IPTV로 전환하려는 가입자는 그 이유가 이미 SKB 초고속인터넷에 가입해

---

26) 미래창조과학부, 한국인터넷진흥원(2015) 『2015 한국인터넷백서』 참조.

있기 때문인 경우가 많을 것이기 때문이다.[27] 다른 하나는 설문조사 결과를 이용하는 것이다. 따라서 일관성을 위해서 시장점유율 기반 전환율을 이용하는 경우에는 시장점유율에 따른 수치 $\lambda = 25\%$, 설문조사 기반 전환율을 이용하는 경우에는 설문조사 결과에서 도출된 λ수치를 사용하였다.

한편 CJHV의 마진율은 다음과 같이 구해졌다. CJHV의 경우 방송부문의 분리회계 기준이 마련되지 않아서, 차선책으로 전 사업의 통합 손익계산서 자료를 사용하였다. CJHV의 경우 통합 마진율 산정에 있어서 고정비와 가변비 분류상의 특이 사항은 전술한 SKB의 IPTV 와 초고속인터넷 사업의 경우와 마찬가지 이유로 유형자산 감가상각비 중에서 단말기와 관련된 것은 가변비용으로 처리하였고, 전송망경비는 모두 고정비용으로 간주하였다. 그러나 추가적인 고려 사항으로서, 프로그램 제작비는 지역방송채널을 운영하는 경비로서 가입자 수와 무관하므로 고정비에 포함시켰다. 프로그램 사용료는 SKB IPTV의 경우 콘텐츠 사용료에 해당하므로 가변비용으로 분류하였다.

서비스 가격

마지막으로 서비스가격은 수입을 가입자 수로 나눈 ARPU(Average Revenue Per User)를 이용할 수 있다. 유료방송의 경우는 가입자 한 명 확보에 따른 유료방송 사업자의 전 방송부분에서 발생하는 추가적인 수익으로 홈쇼핑 수수료 및 VOD 등을 포함한 매출을 가입자 수로 나눈 수치이다.

피심인 측의 경제분석에서는, 이와 같이 시장점유율과 설문조사 결과에 따른 전환율, 마진율, 서비스 가격을 추정하고, 그 추정된 수치를 이용하여 기업결합 후 CJHV의 지역별 가격인상 가능성을 평가하는 GUPPI 및 UPP/P 값을 산정하였다. 구체적으로 CJHV의 경우 아날로그와 디지털 방송을 판매하므로 각 서비스에 대해 각 방송권역별 GUPPI 및 UPP/P 값을 평가하였다.

---

[27] 즉, SKB IPTV로 전환하려는 사람들 중에 SKB 초고속인터넷 기(旣) 가입률은 일반적인 전체 초고속인터넷 시장에서의 SKB의 점유율 25%보다는 높을 것으로 예상되기 때문이다.

4. 공정위 측의 UPP 분석에 대한 검토

UPP 계산식을 본건에 적합하도록 수정하기 위해서는, CJHV의 케이블TV 요금인상에 따라 SKB의 IPTV로 전환하는 고객은 SKB의 IPTV 서비스만이 아니라 SKB의 초고속인터넷 서비스도 함께 구매해야 한다는 것을 고려해야 한다는 점에 있어서 공정위도 피심인 측의 UPP 수정 방식을 받아들였다. 그리고, 공정위 측은 추가적으로 고려할 요인으로서, 기업결합으로 인한 효율성증대로 CJHV의 아날로그와 디지털 케이블TV의 비용이 동일하게 감소한다고 가정하면, CJHV의 아날로그(디지털) 요금인상 시에 CJHV 디지털(아날로그)로 전환하는 고객에 대해서 CJHV디지털(아날로그)의 마진이 기업결합으로 인한 비용의 감소분만큼 커질 것이므로 이를 UPP 분석 시 고려해야 한다는 점을 지적하였다.

이는 타당한 지적으로서 앞의 <식 4-4>가 다음과 같이 수정됨을 의미한다:

$$UPP_1 = D_{13}\{(p_3 - c_3) + (1 - \lambda)(p_4 - c_4)\} + D_{12}Ec_2 - Ec_1, \qquad \text{식 } 4-7a$$

$$UPP_2 = D_{23}\{(p_3 - c_3) + (1 - \lambda)(p_4 - c_4)\} + D_{21}Ec_1 - Ec_2. \qquad \text{식 } 4-7b$$

효율성개선을 고려하지 않는 GUPPI의 경우는 바뀌지 않으므로 <식 4-5>는 동일하다. 단, 가격으로 나누어 준 UPP/P 지수는 <식 4-6>에서 다음과 같이 수정된다:

$$\frac{UPP_1}{P_1} = D_{13}\left\{M_3\frac{p_3}{p_1} + (1-\lambda)M_4\frac{p_4}{p_1}\right\} + D_{12}E(1-M_2)\frac{p_2}{p_1} - E(1-M_1), \quad \text{식 } 4-8a$$

$$\frac{UPP_2}{P_2} = D_{23}\left\{M_3\frac{p_3}{p_2} + (1-\lambda)M_4\frac{p_4}{p_2}\right\} + D_{21}E(1-M_1)\frac{p_1}{p_2} - E(1-M_2). \quad \text{식 } 4-8b$$

기업결합으로 인한 효율성개선 효과가 CJHV 케이블TV의 아날로그와 디지털 서비스에서 동일하게 발생한다면, 공정위의 이러한 UPP 공식의 수정은 타당하다고 할 수 있다.

앞에서 살펴본 바와 같이 기업결합 경쟁제한성을 추정하는 UPP 수치는 전환율, 마진율, 가격 등의 파라미터에 어떤 값을 입력하는가에 따라 변하게 된다. 공정위 측의 UPP 분석은 주요 파라미터의 추정에 있어서 피심인 측의 경제분석과 다른 접근을 택하고 있다. 첫 번째는 공정위 측이 전환율의 추정에 있어서 '하한값'과 '상한값'을 설정하고 있는데, 그 중 '하한값'이 UPP 분석의 취지에 타당하다. 이에 대한 설명은 다음 항 '전환율 추정'에서 제시한다. 두 번째는 SKB IPTV 부문의 마진율 및 가격의 추정 방식에 있어서도 양측은 입장 차이를 보이고 있다. 그리고 세 번째는 공정위 측은 기존의 판례 및 공정위의 선례와 달리 당 사건에서 *"단기적 차원"*에서 계산된 마진율과 가격을 이용한 UPP 분석을 추가적으로 수행하였다.[28] 이러한 차이로 인해 UPP 값이 다르게 도출되고 있다.[29] 이하에서는 이들을 차례로 검토하고자 한다.

1) 전환율 추정

단일 제품을 판매하는 기업 1과 기업 2 간의 기업결합인 경우 그 전환율은 기업 1 제품 구매 중단자 중 기업 2 제품을 구매하는 비중이다. CJHV은 다제품 판매기업으로서 아날로그 및 디지털방송 서비스를 제공하고 있다. CJHV의 아날로그방송 제품 가격인상 시 구매를 중단한 고객 중 일부는 CJHV의 디지털방송 제품을 구매할 수 있다. CJHV 아날로그에서 SKB IPTV로 전환율 산정에 있어서 CJHV 아날로그 제품에서 디지털 제품으로 구매를 전환한 고객을 어떻게 고려해야 하는가?

당 사건 공정위 의결서에서는 *"CJ헬로비전의 아날로그 케이블TV(디지털 케이블 TV) 가격인상 시 CJ헬로비전의 디지털 케이블TV(아날로그 케이블TV)로 구매를 전환하는 고객도 '구매이탈 고객'으로 분류하여 전환율을 계산하는 것으로, 이는 전환율의 하한값(lower bound)"*으로 정의하고 있다. 동시에 *"CJ헬로비전의 아날로그*

---

28) 공정위의 유료방송시장에서의 가격인상압력(UPP) 분석은 의결서의 〈별지 1〉 74~85쪽에 비교적 상세히 소개되어 있다.

29) 공정위 의결서는 〈식 4-4〉의 UPP 값(효율성 효과 E를 *"통상 10%"*로 가정)이 *"일관되게 양(+)의 값이 나타난 바, 결합당사회사는 이 사건 기업결합 후 케이블TV의 가격을 인상할 유인이 있다고 판단된다. 특히 이러한 경향은 중·장기보다 단기에 더욱 강하게 나타나는데, 중·장기에는 아날로그 케이블TV의 UPP값이 5.05~5.73%으로, 디지털 케이블TV의 UPP값이 1.76~2.49%으로 분석되고, 단기에는 아날로그 케이블TV의 UPP값이 32.75~37.08%으로, 디지털 케이블TV의 UPP값이 13.95~15.35%로 분석된다'*고 밝히고 있다(의결서 42쪽).

케이블TV(디지털 케이블TV) 가격 인상 시 CJ헬로비전의 디지털 케이블TV(아날로그 케 이블TV)로 구매를 전환하는 고객은 사실상 CJ헬로비전 제품을 계속 구매하는 것이 므로, 해당 고객을 '구매유지 고객'으로 분류하여 전환율을 계산한다. 이는 전환율 의 상한값(upper bound)"으로 정의하고 있다.

의결서에 따른 CJHV의 아날로그 케이블TV 서비스에서 SKB의 IPTV 서비스 로의 전환율 '하한값'은 '일반적인' 전환율로서 다음과 같이 정의된다:

$$D_{13} = \frac{SKB \ IPTV \ 전환고객 \ 수}{CJHV \ 아날로그 \ 이탈고객 \ 수}.$$

반면, '상한값'은 다음과 같이 계산된다:

$$D_{13}^* = \frac{SKB \ IPTV \ 전환고객 \ 수}{CJHV \ 아날로그 \ 이탈고객 \ 수 - CJHV \ 디지털 \ 전환고객 \ 수}.$$

CJHV의 디지털 케이블TV 서비스에서 SKB의 IPTV 서비스로의 전환율 '하한값' D_{23}과 '상한값' D_{23}^*은 유사하게 정의된다. 공정위 의결서는 위와 같은 전환율의 '상한값'과 '하한값'에 기반하여 UPP 계산을 진행한다. 하지만, 위 공식과 같은 전환율 '상한값'은 이론적 근거를 지니기 어렵다. 위 두 공식중 전환율 '하한값'만 이 이론적으로 타당성을 지닌다.[30] 그 이유는 다음과 같다.

UPP 분석의 기본 취지는, 기업결합 시뮬레이션(merger simulation)의 단순화된 축약형 분석으로 이론적으로서, 기업결합 전의 기업의 이윤극대화 조건과 기업 결합 후 기업의 이윤극대화 조건의 차이에서 도출된다. 그 차이를 비교하기 위해 서 먼저 기업결합 전과 후의 이윤을 정의하면 다음과 같다:

---

30) 공정위는 UPP 분석에서 이 '상한값'을 이용하는 경우에는 CJHV 제품 간 전환되는 고객 비 율이 전환율에 모두 흡수되므로, 앞의 <식 4-7>, <식 4-8>에서 전환율이 '상한값'으로 바뀔뿐, "비용절감 효과로 인한 추가적인 이윤재포착" 항목은 사라진다고 설명한다. 이하에 서 설명하듯이, '상한값'은 UPP 분석의 취지에 맞는 적절한 전환율 개념이 아니므로 이에 대한 논의는 생략한다.

$$\pi^{pre} = (p_1 - c_1)q_1 + (p_2 - c_2)q_2,$$

$$\pi^{post} = \{p_1 - (1-E)c_1\}q_1 + \{p_2 - (1-E)c_2\}q_2$$

$$+ (p_3 - c_3)q_3 + (1-\lambda)(p_4 - c_4)q_4.$$

단, 기업결합은 CJHV의 아날로그(제품 1) 및 디지털(제품 2) 케이블TV에 효율성개선을 가져와 비용이 E만큼 절감된다고 가정하였다. SKB의 IPTV(제품 3)나 초고속인터넷(제품 4)에도 효율성을 가져올 수 있지만, 단순화를 위해서 현실적으로 보다 중요하다고 판단되는 피인수 기업인 CJHV의 효율성 개선만을 고려하기로 한다.

이제 기업결합 전(pre-merger) 및 후(post-merger) CJHV 이윤의 아날로그 가격 인상시의 변화율은 각각 다음과 같다:

$$\frac{\partial \pi^{pre}}{\partial p_1} = q_1 + (p_1 - c_1)\frac{\partial q_1}{\partial p_1} + (p_2 - c_2)\frac{\partial q_2}{\partial p_1}, \qquad \text{식 4-9}$$

$$\frac{\partial \pi^{post}}{\partial p_1} = q_1 + \{p_1 - (1-E)c_1\}\frac{\partial q_1}{\partial p_1} + \{p_2 - (1-E)c_2\}\frac{\partial q_2}{\partial p_1} + (p_3 - c_3)\frac{\partial q_3}{\partial p_1}$$

$$+ (1-\lambda)(p_4 - c_4)\frac{\partial q_4}{\partial p_1}. \qquad \text{식 4-10}$$

UPP란 결국 $\dfrac{\partial \pi^{pre}}{\partial p_1}$와 $\dfrac{\partial \pi^{post}}{\partial p_1}$의 차이에서 발생한다.

$$UPP_1 = \frac{\partial \pi^{post}}{\partial p_1} - \frac{\partial \pi^{pre}}{\partial p_1}$$

$$= (p_3 - c_3)\frac{\partial q_3}{\partial p_1} + (1-\lambda)(p_4 - c_4)\frac{\partial q_4}{\partial p_1} + Ec_2\frac{\partial q_2}{\partial p_1} + Ec_1\frac{\partial q_1}{\partial p_1}.$$

$$\text{식 4-11}$$

단, 여기서 SKB IPTV에 신규 가입하기 위해서는 SKB 초고속인터넷의 가입을 요하므로 $\dfrac{\partial q_4}{\partial p_1} = \dfrac{\partial q_3}{\partial p_1}$로 놓고, 양변을 $\dfrac{\partial q_1}{\partial p_1}$의 절대값으로 나누어 준 것(마지막 항은 부호 조정), 즉 $\{(p_3 - c_3) + (1-\lambda)(p_4 - c_4)\}\dfrac{\partial q_3/\partial p_1}{\partial q_1/\partial p_1} + Ec_2\dfrac{\partial q_2/\partial p_1}{\partial q_1/\partial p_1} - Ec_1$이 <식 4-7a>의 UPP_1이 되는 것이다. 여기서 $\dfrac{\partial q_3/\partial p_1}{\partial q_1/\partial p_1}$이 바로 '일반적인' 전환율 D_{13}, 즉 공정위의 전환율 '하한값'에 상응하는 것이다. 마찬가지로 CJHV 디지털

케이블TV 가격 p_2에 대해서 기업결합 전과 후의 이윤의 변화율의 차이를 구하여 $\frac{\partial q_2}{\partial p_2}$로 나누어 주면 <식 4-7b>의 UPP_2가 된다.

결합기업이 제품 1의 가격을 인상하면 제품 3, 4뿐만 아니라 제품 2의 판매량도 증가하여 이윤에 영향을 미친다. 하지만, 제품 3, 4의 판매량 증대로 인한 이윤 증가, 즉 $(p_3 - c_3)\frac{\partial q_3}{\partial p_1} + (1-\lambda)(p_4 - c_4)\frac{\partial q_4}{\partial p_1}$ (판매량증가 * 마진전부)가 모두 새로운 것으로서 UPP에 포함된다. 그러나 제품 2의 판매량 증가의 영향은 비용감소에 의한 마진증가 부분에 한정되어 $Ec_2\frac{\partial q_2}{\partial p_1}$ (판매량증가 * 비용감소에 따른 마진증가)만으로 한정된다. 제품 2의 '이전의 마진' 부분 $(p_2 - c_2)\frac{\partial q_2}{\partial p_1}$은 기업결합 전에도 존재하였던 부분이므로 <식 4-10>과 <식 4-9>의 차이에서 상쇄(cancel out)된다.

UPP 분석이란 이론적으로 확인되는 바와 같이, 기업결합으로 인해 '새로이 발생하는' 가격인상압력을 포착하는 것이므로, 기업결합 전에도 존재하였던 가격결정 요인은 고려대상이 되지 않는다. 아날로그(혹은 디지털) 요금인상 시에 아날로그에서 디지털 사이의 전환이 '기존의 마진'을 통해서 미치는 이윤의 증대는 기업결합 전에도 이미 가격결정 시에 고려되었던 부분이다. 공정위는 피심인 측의 설문조사 결과를 이용하여, 전환율의 '하한값'과 '상한값'을 제시한다. 그러나, '상한값'은 기업결합 이전에도 고려되었던 전환을 기업결합 이후에 새로이 나타난 가격인상 요인으로 중복적으로 고려하는 문제점을 가진다. 반면, '하한값'은 '일반적인' 전환율로서 기업결합으로 인한 새로운 가격인상 요인을 포착하는 UPP 분석의 취지에 부합하는 수치이다.

2) SKB IPTV 부문 마진율 및 가격

공정위는 *"기업결합의 UPP 분석 시에는 결합 직전의 마진율 및 가격을 분석에 적용하는 것이 적절"*하지만, 2015년 자료는 신뢰가능한 자료를 확보할 수 없고, SKB IPTV 부문의 경우 피심인 측과 같이 2014년의 마진율을 그대로 활용하는 것이 적절하지 않다고 주장한다. 그 이유로 *"CJ헬로비전의 케이블TV 부문 및 SK브로드밴드의 초고속인터넷 부문의 경우 3년간 마진율이 비교적 안정적인 데 반해, SK브로드밴드 IPTV 부문은 가입자 수가 급증함에 따라 마진율도 매우 빠른 속도로 개*

선"되고 있기 때문임을 들고 있다. 따라서 공정위는 SKB IPTV 부문의 2015년 마진 율이 2012~2014년의 '선형추세'에 따를 것이라는 가정하에서 새로이 추산한다. 이때 SKB IPTV 부문의 영업수익 및 가변비용이 선형추세를 가진다는 가정과 SKB 전체의 영업수익에서 SKB IPTV 부문의 영업수익 및 가변비용이 차지하는 비율이 선형추세를 가진다는 가정, 두 가지 전제하에서 마진율을 추산한다(의결서 78~79쪽).

공정위는 중·장기 분석에서의 가격을 산출하는 데는 '방송사업매출액'을 기준으로 ARPU를 계산한 반면에, 단기 UPP 분석에서의 가격은 '가입자매출액' 기준 ARPU를 사용하였다. 이는 앞서 중·장기 및 단기의 마진율 계산에서 적용한 매출액과 일관성을 유지하기 위한 것이다.

다음으로 SKB IPTV 부문의 마진율의 추정에 있어서 피심인 측이 2014년의 자료를 이용한 것에 대해서, 개선 추세를 반영하지 못하고 있다는 지적은 경쟁정책 집행기관인 공정위 입장에서 볼 때 수긍할 만한 것이다. 다만 그 추세를 '선형'으로 가정하는 것 외에도 다양한 방식으로 그 강건성을 검토할 필요가 있다. IPTV 서비스 사업이 네트워크 효과 등으로 시간이 흐름에 따라 초기 투자비용이 회수되면서 수익성이 개선되는 추세에 있지만, 그것이 일직선으로 지속되기보다는 시간에 따라서 개선 정도가 둔화된다고 볼 수 있을 것이기 때문이다.

3) "*단기적 차원*"의 UPP 분석

공정위의 UPP 분석에서 특기할 만한 점은 전통적인 "*중·장기적*" 관점의 분석에 그치지 않고, "*단기적(통상 1~2년)*" 관점에서 마진율과 가격을 산정하여 추가적인 분석 결과를 제시하고 있다.

공정위는 중·장기 분석에서의 마진율은, 무학−대선 기업결합 고등법원 판결을[31] 참고하여, "*노무비, 교육훈련비, 급여, 퇴직금, 복리후생비, 퇴직위로금 등 노무비용 및 광고선전비, 세금과 공과, 각종 수수료 등을 가변비용으로 분류하고, 콘텐츠 사용료 및 단말기 관련 유형자산 감가상각비는 가변비용으로, 설비사용료는 고정비용으로 분류*"하여 계산하였다. 또한 매출액은 "*방송사업매출액 자*

---

[31] 서울고등법원(2004.10.27) 판결.

료, 즉 총영업수익 자료를 활용"하였다(의결서 78~79쪽).

반면, 단기적 관점에서는, 매출액의 경우 "방송수신료, 설치비 및 기기임대매출로 구성된 가입자매출액"을[32] 사용하고, "정규직에 대한 인건비, 퇴직급여, 복리후생비, 전력수도비, 제세공과금, 지급임차료, 보험료, 교육훈련비, 설비사용료, 유형자산 감가상각비(비단말), 무형자산 감가상각비 일체와 지급수수료, 수선유지비, 콘텐츠 사용료 중 일부는 단기적으로 가입자 수와 직접 연동된다고 보기 어려우므로 고정비용으로 분류"된다고 주장하여, 중·장기적 관점과 상당히 다른 입장을 취했다(공정위 의결서, 82~84쪽). 이와 같이, 고정비용 항목을 늘려서 계산된 각종 단기 마진율은 중·장기 마진율 보다 커질 것이다. 이는 SKB IPTV 마진율이 중·장기에서는 "− *.*%"로 음이었지만, 단기에는 "*.*%"로 양의 값을 갖게 되는 것으로 확인된다.

5. 평가

먼저 UPP 분석의 의미와 한계를 이해하기 위해서 그 동안 해외 및 국내의 경쟁정책 기관에서 이들 개념을 어떻게 활용해 왔고, 경쟁법 학계에서는 이에 대해서 어떠한 평가를 내리고 있는지를 살펴본다. 그리고 나서, 앞서 소개한 본건에서 피심인 및 공정위의 UPP 분석에 대해 평가하고, 시사점을 찾아보기로 한다.

1) 기업결합 경쟁제한성 판단에서 UPP 분석의 의미와 한계

2010년 8월 개정된 미국의 Merger Guideline에 UPP 분석을 도입하는 데 주도적인 역힐을 힌 경제힉자 Carl Shapiro는 2010년 11월 당시 DOJ의 반독점국 경제분석 차관보(Deputy Assistant Attorney General for Economics, Antitrust Division)의 자격으로 행한 연설에서 "현재 반독점국의 관행은 전환된 매출의 비율이 잃어버린 수입의 5%보다 크지 않으면 비율적으로 작은 것으로 간주한다(Current Division practice is to treat the value of diverted sales as proportionally small if it is no more than

---

[32] 가입자매출액은 방송사업매출액에서 홈쇼핑수수료, 광고 등을 제외한 것을 의미한다.

5% of the lost revenues)"고 밝힘으로써, *"GUPPI ≤ 5%"*가 기업결합 심사에서 '안전항(safe harbor)' 기준일 수 있음을 제시했다.[33] 이러한 GUPPI ≤ 5% 안전항 기준은 DOJ의 입장으로 해석되고 있다.

이러한 Shapiro의 'GUPPI ≤ 5%의 안전항' 기준 언급은 최근 2015년 7월 미국 FTC의 Dollar Tree—Family Dollar 기업결합 건 심사과정에서 노정된 위원들(commissioners) 사이의 의견 차이로 크게 주목을 받게 되었다. 5명의 FTC 위원중 한 사람인 Wright 위원은 'GUPPI ≤ 5%의 안전항' 기준의 당위성의 근거로 다음 세 가지를 제시하고 있다. 첫째, Merger Guidelines에서 의도한(contemplated) GUPPI 기반의 안전항에 대한 법적, 경제적, 정책적 기반이 매우 강하다는 것, 둘째, GUPPI는 기업결합으로 인한 효율성, 신규사업자 진입, 사업재조정 등으로 인한 가격인하의 압력을 고려하지 않으므로, GUPPI 수치를 가지고 경쟁제한성을 평가함에 있어서는 일정한 보상(compensate for)을 해주어야 한다는 점, 셋째, GUPPI 지수는 잘 알려진 바대로 전환율이 양인 모든 대체관계에 대해서 경쟁폐해를 예측하는 특징을 가지므로 이를 역시 고려하여 그 의미를 해석하여야 한다는 것이다.[34] Wright 위원은 작은 GUPPI 지수에 대해 안전항을 인정하면서도 어느 임계수준 보다 높다고 해서 경쟁폐해를 추정하는 데는 반대하였다.[35]

한편 위의 Dollar Tree-Family Dollar 심사에서 Wright를 제외한 나머지 4명의 FTC위원들도 GUPPI 분석이 경쟁폐해의 우려가 있는 거래와 없는 거래를 구분하는 데 있어서 *"유용한 일차적 선별(a useful initial screen)"* 방법임을 인정한다.[36] 그러나 기업결합 심사는 *"본질적으로 사실 특유적(fact-specific)"*이므로, 관

---

33) Shapiro(2010) 참조.

34) "Statement of Commissioner Joshua D. Wright Dissenting in Part and Concurring in Part" in the Matter of Dollar Tree, Inc. and Family Dollar Stores, Inc. FTC File No. 141-0207, July 13, 2015.

35) *"A second question is whether a presumption of competitive harm should follow, as a matter of economic theory and empirical evidence, from a demonstration of a GUPPI above a certain threshold value. There appears to be a consensus that the answer to this question, at this point, is no."*

36) "Statement of Federal Trade Commission" in the Matter of Dollar Tree, Inc. and Family Dollar Stores, Inc. FTC File No. 141-0207, July 13, 2015.

134   PART 01 기업결합 사건과 경제분석

련된 모든 상황, 자료, 증거를 기반으로 보완되어야 하므로, "GUPPI에 기반한 경쟁폐해를 추정하는 것은 현재의 경제적 지식의 단계에서는 적절하지 않다 (a GUPPI-based presumption of competitive harm is inappropriate at this state of economic learning)"는 Wright 위원의 의견에는 동의하지만, 마찬가지 논리로 "GUPPI에 기반한 안전항도 동일하게 적절하지 않다(a GUPPI-based safe harbor is equally inappropriate)"는 Wright 위원과는 다른 입장을 밝혔다.

공정위(2014.5.29)는 에실로−대명광학 기업결합 사건의 의결에서 Farrell and Shapiro(2010)가 제시한 <식 4−3>을 Simons and Coate(2010)가 대칭성의 가정하에서 약간 수정한 UPP/P 지수를 적용하여 경쟁제한성 분석을 시도한 바 있다. '표준적 효율성 인정(Standard Efficiency Credit)'에 대해서는 정확한 입장을 밝히지 않았지만, 1~30%까지 다양한 수치를 적용하여 UPP/P 값을 산정하고, 20%까지 양수로 나타나므로 결합으로 인한 가격인상 압력이 높다고 판단하였다.

이상의 논의를 정리하면, GUPPI 값은 경쟁평가의 일차적 판별로서 유용하다. GUPPI 값 5% 혹은 10% 미만이 안정항의 기준이 되느냐에 대해서는 합의가 이루어지지 않고 있지만, GUPPI 값이 낮은 수준인 경우 경쟁제한 우려가 거의 없다는 데에는 이견이 없다고 볼 수 있다. 반면 GUPPI 값이 높다고 해도 그것만으로 경쟁제한성을 추정해서는 안 된다는 것에 대해서도 의견의 일치가 있다. 또한 GUPPI가 지닌 경쟁제한적 평가의 내재적 편향성을 고려할 때, 이를 보완하기 위해서 '표준적 효율성 인정'을 고려한 UPP/P 분석이 유용할 수 있다. 이 경우 어느 정도의 효율성을 인정할 것인가는 아직 명확하지는 않지만, 일단 $E=10\%$ 정도를 기준으로 UPP/P 값이 음(−)이 된다면 가격인상 압력이 거의 없다고 보아도 무방할 것이다.

2) 본건에서 UPP 분석의 의의와 평가

공정위는 이미 2014년 에실로−대명광학 기업결합 심사에서 UPP 분석을 도입한 바 있지만, 본건에서 보다 중요하게 활용하였다고 할 수 있다.[37] SKT-

---

37) 이는 의결서 그 주요한 결과만을 소개하는 데(41~42쪽) 그치지 않고, 별지로 그 유도과정

CJHV 기업결합 심사의 핵심이 유료방송시장에서의 경쟁제한성 수준과 그에 상응하는 제재 방안의 결정, 즉 전면적인 기업결합 불허가 필요한가 아니면 한시적인 요금인상 제한과 같은 행태적인 시정조치로 충분한가의 판단에 있었다. IPTV와 위성방송 서비스의 확대에 따라서 유료방송시장에서의 경쟁이 전국화되고 있는 상황에서 공정위로서도 단순한 방송권역별 시장획정에 기초한 점유율 및 시장집중도 평가 방식에 의존하여 경쟁제한성을 주장하기는 어려웠을 것이다. 따라서 공정위는 피심인 측에서 제시한 UPP 분석 방법을 변용하여, 지리적 시장획정의 범위에 의존하지 않는 경제분석을 통해 당 기업결합의 경쟁효과를 평가하고자 하였다.

우선 UPP 분석방법론의 측면에서, 공정위가 결합 후 CJHV의 효율성 증대효과를 적절히 고려하는 방식으로, 피심인 측이 제시한 <식 4-6>을 <식 4-7>로 수정한 것은 긍정적으로 평가할 만한 것이다. 다만, 방법론 측면에서 CJHV의 아날로그(디지털) 가격인상 시에 디지털(아날로그)로의 전환율의 '상한값'과 '하한값' 중 '하한값'을 사용하는 것이 논리적으로 타당하고, '상한값'은 결합 이후 '새로이 발생하는' 가격인상 요인을 포착하고자 하는 시도로서의 UPP 분석의 취지와 어긋난다.

다음으로 SKB IPTV 부문의 마진율의 추정에 있어서 마진율 개선 추세를 추가적으로 고려함에 있어서, 그것을 '선형추세'로 가정하는 것은 그 개선 정도가 둔화될 수 있는 가능성을 반영하지 못한다는 점에서 한계가 있다. IPTV 서비스 사업이 시간이 흐름에 따라서 수익성이 개선되는 추세에 있지만, 그것이 일직선으로 지속되기 보다는 시간에 따라서 개선 정도가 둔화된다고 볼 수 있을 것이기 때문이다.

그러나 공정위 UPP 분석에서 가정 논란이 될 수 있는 부분은 "*단기적 차원의*" UPP 분석을 추가적으로 제시한 데 있다. 단기적 관점에서 인건비 등으로 고정비용 항목을 대폭 확장하여 마진율을 산정하는 것은 서울고등법원(2004.10.27)의 무학-대선 판결과 이를 인용한 2015년 하이트-진로 사건 이래의 기존의 공정위의 입장과 상충되는 것이다. 물론 마진율이 적용된 경제분석의 성격에는 다소

및 결과를 상세히 설명하고 있는 데(74~85쪽)에서 확인된다.

차이가 있다. 무학−대선이나 하이트−진로 사건에서는 가상적 독점기업의 SSNIP 검정에 의한 기업결합 관련 시장획정에 마진율이 적용되었고, 본건에서는 UPP에 의한 기업결합의 경쟁제한성 평가에 마진율이 적용되었다. 그러나 이전의 에실로−대명광학 기업결합 사건에서 공정위는 본건과 동일한 UPP 분석에서 무학−대선 및 하이트−진로의 시장획정 분석에서 채택된 중·장기 관점의 마진율 개념을 적용하였다. 따라서 본건에서 새로이 단기적 차원의 마진율 산정에 기반한 UPP 분석 결과를 제시한 것은 향후 공정위나 피심인 측의 시장획정 및 경쟁제한성 분석에 혼란을 야기할 우려가 있다.

피심인 측의 지역별 UPP 및 GUPPI분석의 결과, 효율성개선의 효과를 전혀 고려하지 않은 GUPPI 지수는 대개의 지역에서 5% 이하이고, 모든 지역에서 10%를 넘지 않았다. 이는 결합 후 가격인상의 우려가 크지 않음을 의미한다. 또한 GUPPI 분석의 경쟁제한적 평가의 편향성을 상쇄하기 위해서 통상적으로 전제되는 '표준적 효율성 인정(Standard Efficiency Credit)' 10%를 상정하면 UPP/P 수치는, 전환율 산정에 있어서 시장점유율을 이용한 분석의 경우는 모든 방송권역에서, 그리고 서베이결과를 이용한 분석의 경우 한 지역을 제외한 모든 지역에서 음(−)의 값을 보여주고 있다. 이는 실질적 경쟁제한성의 우려가 개별 방송권역에서 제한적임을 의미한다.

한편, 공정위의 분석 결과 중에서 논란의 여지가 큰 단기적 분석 결과와 UPP 개념의 취지에 부합하지 않는 '대안적인'인 전환율 '상한값'을 이용한 분석 결과를 배제하면, 효율성 10%를 가정한 중·장기의 UPP 분석 결과는 <식 4−8a>의 아날로그 UPP 지수 값이 5.05~5.50%, <식 4−8b>의 디지털 UPP 지수 값이 1.76~2.11%로 나타난다(의결서 81~82쪽 <표 1−6> 참조). 특히, 아날로그 케이블TV 서비스의 디지털 선환이 임박한 싱황에서, 실질적 중요성을 지니는 디지털 UPP 지수 값이 2% 전후인 점을 주목할 필요가 있다. 그 UPP 분석 결과 수치가 과연 기업결합을 전면적으로 불허할 수준인지에 대해서는 논란의 여지가 있을 수 있다.

최근 공정위는 SKT의 자회사 SK 브로드밴드와 티브로드의 합병과 LG 유플러스의 CJ 헬로비전 인수에 대해 조건부 승인하였다.[38] 이 두 건은 본건과 유료

---

38) Korea IT Times, "공정위, SKB−티브로드 LG유플러스−CJ헬로 결합 승인", 2019.11.11.

방송시장의 경쟁제한성 측면에서는 근본적으로 차이가 없다. 세 기업결합 모두 전국적인 IPTV 사업자와 다수의 권역에서 CATV 사업을 하는 MSO 사업자의 결합이고, 해당 방송권역으로 한정된 시장에서의 집중도 변화는 경쟁제한성 추정 내지 우려를 야기하기에 충분하다. 물론 본건 기업결합이 시도된 시점에서 대략 3년이 경과한 현재 과거의 우려를 불식시키는 유료 방송시장 상황의 변화가 있었을 것이다. 그러나 이러한 변화는 이미 충분히 예견된 것이었음을 고려할 때, 공정위의 SKT-CJHV 기업결합 불허 결정과 그 기반이 되는 관련시장의 확정 및 경쟁제한성 분석이 기업결합심사가 지향하는 '미래지향성(forward-looking)'에 비추어 적절한 것이었는지 대해서는 의문을 제기할 수도 있을 것이다.

(http://www.koreaittimes.com/news/articleView.html?idxno=93992)

PART

02

시장지배적 지위남용 사건과
경제분석

pter 05 포스코 거래거절(2001년)의 부당성 판단 및 지역시장 획정

공정위는 2001년 포스코(전 포항종합제철(주), 이하 포스코)가 열연코일시장의 지배적 사업자로서 냉연강판시장에서 자신과 경쟁관계에 있는 하이스코(전 현대강관, 이하 하이스코)에 대하여 냉연강판 생산에 필수적인 열연코일의 공급을 부당하게 거절함으로써 경쟁사업자의 사업활동을 방해하였다는 의결을 내렸다. 그러나 대법원은 2007년 공정거래 사건에 대한 최초의 전원합의부 판결을 통해서 공정위 의결을 지지한 고등법원 판결을 파기 환송하는 결정을 내림으로써 시지남용 사건에 있어서 부당성 유무의 판단에 대한 기념비적 선례를 확립하였다. 본장에서는 이 사건에서의 공정위 의결 및 법원 판결, 그리고 포스코측 경제분석의 주요 내용을 소개한다. 특히 포스코의 공급거절이 시지남용으로서의 부당성을 인정할 정도의 경쟁제한 우려를 야기하지 않지 않았다는 대법원의 부당성 판단이 열연코일 관련시장의 지리적 범위가 국내시장으로 한정되지 않고 최소한 동북아를 포함하는 국제시장으로 확대되어야 한다는 포스코 측의 주장과 상통한다는 점을 강조하고자 한다.[1]

1. 사건 및 경제분석 개요

1) 공정위 의결 및 법원 판결

포스코는 철광석을 용광로에서 녹여 쇳물을 만드는 제선공정, 쇳물의 불순물을 제거하는 제강공정, 쇳물을 응고시켜 슬라브를 만드는 연주공정, 응고된 슬라브를 고온에서 압연하여 열연코일을 만드는 열간압연공정, 열연코일을 상온에서

---

1) 본장은 전성훈, 이한식(2015)를 수정한 것이다.

압연하여 냉연강판을 만드는 냉간압연공정의 모든 설비를 갖춘 일관 제철업체이다. 한편 하이스코는 현대자동차그룹의 계열회사로서 냉간압연설비 등의 압연설비만을 갖춘 단압(단순압연)업체이다.

공정위(2001.4.12)는 하이스코의 1999년 2월 냉연강판공장 완공을 전후한 포스코의 하이스코에 대한 열연코일의 공급거절행위가 공정거래법 제3조의 2 제1항 제3호, 같은 법시행령 제5조 제3항 제3호, 심사기준 IV.3.다.(1)에 따른 시장지배적 사업자의 부당한 거래거절행위에 해당하는 것으로 의결하였다. 또한 서울고등법원(2002.8.27)은 포스코의 시정조치명령 등의 취소청구를 기각하고 공정위 의결을 지지하는 판결을 내렸다. 그러나 대법원(2007.11.22)은 전원합의부에서 10:3의 다수의견으로 포스코의 공급거절이 공정거래법상의 시장지배적 사업자에 의한 남용행위로서 관련시장에 실질적인 경쟁제한적 효과를 초래하는 부당성을 지니지 않는다고 판단하여 고등법원의 판결을 파기·환송하였다.

포스코의 하이스코에 대한 열연코일 공급거절행위가 공정거래법상의 시장지배력 남용행위로서 위법성을 인정받으려면, 우선 포스코가 관련시장에서 지배적지위에 있어야 하며, 포스코의 시장지배적 지위가 인정된 연후에야 그 행위의 위법성 혹은 부당성 여부에 대한 판단으로 넘어가게 될 것이다. 공정위와 고등법원은 관련 상품 및 지역시장을 열연코일 국내시장으로 획정하고, 포스코가 국내 유일한 열연코일 생산업체로서 2000년 기준 국내 열연코일시장의 79.8%(냉연용 및 강관용 열연코일 그리고 포스코의 자가소비분 포함)를 점유하고 있고, 이를 기반으로 하류의 냉연강판시장의 58.4%를 점유하는 제1위 사업자라는 사실에 근거하여 열연코일시장에서 포스코의 시장지배적 지위를 인정하였다.

반면 포스코는 하이스코가 요청한 냉연강판용 열연코일은 포스코의 자동차용 냉연강판의 일관생산체제하에 중간재로서 전량 투입되고 외부에 판매되지 않아 '상품'에 해당하지 않고, 설사 이를 상품으로 본다 할지라도 자동차용 냉연강판용 열연코일은 용도, 특성, 수요 및 공급대체성 측면에서 일반용 냉연강판용 열연코일의 거래시장과는 별도의 상품시장을 형성한다고 주장하였다. 또한 열연코일은 국제적으로 교역이 활발한 상품이며, 국내 수요업체들이 수요의 40~50%를 일본, 중국, 러시아 등으로부터 조달하고 있고, 열연코일의 국내가격과 국제가격이 긴밀한 동조성을 보이며, 실증적으로 국제가격이 국내 열연코일의 가격에 경쟁압력으로 작용하고 있으므로, 관련시장의 지리적 범위는 국내시장을 넘어 최소한 동북아를 포함한 국제시장으로 보아야 한다고 주장하였다. 이러한 시장획정에 근거하여 포스코의 시장지배적 지위가 인정될 수 없다고 주장하였다.[2]

또한 공정위와 고등법원 판단에 의하면, 포스코는 열연코일시장에서의 지배적 지위를 이용하여 하류의 냉연강판 시장에 새로이 진입한 경쟁사업자인 하이스코에 대하여 냉연강판 생산에 필수적인 열연코일의 공급을 거절함으로써 열연코일시장에서의 지배적 지위를 남용하여 냉연강판 시장에서 경쟁사업자인 하이스코의 사업활동을 방해하고 자신의 시장지배적 지위를 계속 유지하려고 하였고, 이러한 행위는 경쟁 및 소비자 후생을 저해할 뿐만 아니라, 이로 인해 하이스코가 열연코일 수입에 따른 비용의 추가 부담, 거래의 불안정성, 불리한 수입거래 조건 등으로 사업활동에 상당한 어려움을 겪게 되어 경쟁자로서 충분하게 기능할 수 없을 정도의 장애를 초래하여 경쟁저해의 결과를 가져온 부당한 시장지배적 지위 남용행위로 간주되었다.

반면 포스코는 공급거절이 시지남용으로서의 부당성 요건을 충족하려면 상대방의 피해가 단순한 사업상의 불리함이나 금전적 손해의 차원을 넘어 당행 시장에서의 유효한 경쟁이 봉쇄 또는 제거될 정도에 이르러야 하며, 시장지배적 사업자 외에 다른 실제적 혹은 잠재적 대체공급원이나 대체수단이 존재하지 않아야 한다고 주장하였다. 그러나 하이스코는 포스코로부터 열연코일을 공급받지 않고도 일본 등에서 열연코일을 조달하여 100% 가동하여 높은 영업이익률을 실현하는 등 본건 거래거절로 인해 실질적 피해를 입었다고 보기 어렵다. 따라서 경쟁의 봉쇄 혹은 제거 수준의 경쟁제한 효과가 초래되지 않았음이 명백하므로 부당성 요건을 충족하지 못하고 있다고 주장하였다.

한편 내법원은 본건의 관련 상품 및 지역시장의 획정 및 포스코의 시장지배적 지위 인정에 있어서는 공정위 및 고등법원의 판결을 인용하였으나, 부당성의 판단에 있어서는 기본적으로 포스코의 주장을 받아들였다. 대법원 판결의 다수의견에 의하면, 법 3조의 시지남용행위로서의 거래거절은 법 23조의 불공정거래행위로서의 거래거절과 달리 *"특정 사업자가 불이익을 입게 되었다는 사정만으*

---

2) 본건에서 포스코 측의 주장에 대해서는 황창식, 신광식(2008) 참조.

로는 그 부당성을 인정하기에 부족하고, … *시장에서의 독점을 유지·강화할 의*
도나 목적, 즉 시장에서의 자유로운 경쟁을 제한함으로써 인위적으로 시장질서
에 영향을 가하려는 의도나 목적을 갖고, 객관적으로도 그러한 경쟁제한의 효과
가 생길 만한 우려가 있는 행위로 평가될 수 있는 행위로서의 성질을 갖는 거래
*거절행위를 하였을 때에 그 부당성이 인정될 수 있다"*고 설시하였다. 그러나 본
건 거래거절 전후의 시장상황을 종합적으로 판단해 보면, 공정위와 고등법원이
제시하고 있는 이 사건 거래거절로 인하여 하이스코가 입게 된 불이익에 관한
사정만으로는 *"이 사건 거래거절행위를 거래거절 당시 경쟁제한의 효과가 생길*
*만한 우려가 있는 행위로 평가하기에는 부족하다"*고 판결하였다.[3]

2) 포스코 측의 경제분석

포스코 소송의 핵심 쟁점은, 포스코가 해외 일관제철업체들의 경쟁압력을 무
시하고 국내 열연코일시장에서 시장지배력을 행사할 수 있는지, 그리고 하이스
코는 필요로 하는 열연코일을 해외업체들로부터 공급받을 수 있는지의 문제로
귀착된다고 볼 수 있다. 이에 대한 판단은 열연코일시장의 지리적 범위가 과연
국내시장으로 한정되는가 아니면 동북아를 포함한 국제시장으로 확대되는가에
따라서 달라진다. 따라서 포스코 측은 2005.3. 본건 관련 지역시장 획정에 대한
이한식, 전성훈(2005)의 경제분석 보고서를 대법원에 제출하였다.

아래 2절에서는 열연코일시장의 국제적 성격을 밝히는 몇 가지 예비적 증거
들을 검토하고, 3절에서는 경쟁법 집행목적에 부합하는 체계적인 분석방법에 의
거하여 열연코일의 지역시장을 획정하는 경제분석 내용을 소개한다. 5절에서는
본 사건의 의의를 평가한다.

2. 열연코일시장의 국제적 성격

경쟁법 집행목적에 부합하는 시장획정의 체계적 분석방법은 잘 알려진 대로

---

[3] 대법원(2007.11.22) 판결.

SSNIP Test이다. 다음 3절에서는 수요함수추정의 계량분석 및 임계매출감소 분석에 입각해서 SSNIP Test를 실행한다. 본절에서는 이러한 본격적 경제분석 이전에 열연코일시장의 국제적 확장의 당위성을 밝혀주는 몇 가지 예비적 증거들을 확인한다. EU의 시장획정 지침인 EC(1997)도 엄밀한 시장획정 분석의 전 단계로서 광범위한 예비적 증거들의 검토를 권고하고 있다.[4] EU 국가들에서는 경쟁법 집행과 관련한 지역시장획정에 있어서 외국시장의 포함여부가 중요한 경우가 많다. 따라서 EU의 지침에서 상품시장 못지않게 지역시장 획정방법을 설명하는 데 많은 지면을 할애하고 있다. 본절에서는 EU의 지침을 참조하여, 열연코일시장의 국제적 성격을 보여주는 증거들로서 열연코일제품의 국내수입동향, 국내가격과 국제가격의 동조현상 및 인과관계, 국제·국내가격 차이와 포스코 시장점유율의 변화 등을 살펴본다.

1) 열연코일 제품의 국내수입 동향

특정 제품시장의 국제적 통합의 정도는 일차적으로 당해 제품의 국내수입 동향을 통해서 파악할 수 있다. EU의 시장획정 지침에서도 지역시장 획정에서 고려할 만한 예비적 증거로서 현재 구매의 지역적 패턴(current geographic pattern of purchases) 혹은 출하의 교역흐름/패턴(trade flows/pattern of shipments)을 제시하고 있다.

시장의 지역적 범위에 대해서는 우리나라와 면적이 비슷하고 지리적 입지가 비슷한 EU 국가들의 사례가 중요한 참고가 될 것이다. 국가 영역이 광대한 미국의 경우에도 시장의 지역적 범위를 국외시장까지 포함한 예가 많지만, 독일을 비

---

4) 관련 구절의 원문은 다음과 같다. *"The Commission's approach to geographic market definition might be summarized as follows: it will take a preliminary view of the scope of the geographic market on the basis of broad indications regarding the distribution of market shares of the parties and their competitors as well as a preliminary analysis of pricing and price differences at national and EU or EEA level. This initial view is used basically as a working hypothesis to focus the Commission's enquiries for the purposes of arriving at a precise geographic market definition."* (EC 1997, para. 28).

롯한 유럽 국가의 경우에는 중간재에 대한 시장의 지역적 범위를 주변의 여러 나라 시장을 포함하도록 획정하는 예가 흔하다고 할 수 있다. 특히 철강산업이나 석유화학산업의 기초원자재 또는 중간원자재의 경우, 국제적인 교역 비중이 높아 국내생산자가 국내수요를 충족하지 못하는 경우가 많이 나타난다. 열연코일의 경우 포스코가 국내에서는 유일한 생산자로서 시장지배력을 가지는 것으로 인식되지만, 실제로는 국내수요의 상당부분이 수입에 의해 충당되고 있다. 이는 결국 시장의 지역적 범위가 국내 시장으로 한정되지 않을 가능성이 있다는 것을 의미한다.

<그림 5-1>은 일본, 중국, 러시아로부터의 열연코일 수입물량의 변화추이를 보여주고 있다. 이를 보면 전체 분석대상 기간 동안 큰 변화를 나타내고 있다. 2000년에는 국내 열연코일시장에서 수입품의 공급이 감소하였으나 2001년부터 2002년 3분기까지는 빠른 증가를 나타냈다. 그 후 2003년 말까지는 큰 하락세를 보이고 있다.

그림 5-1 열연코일 수입물량의 변화추이

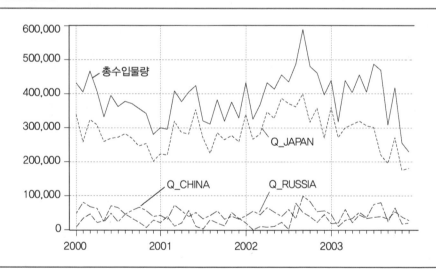

다음 <그림 5-2>는 국내 열연코일시장에서 포스코와 수입제품의 시장점유율 변화추이를 나타내고 있다. 포스코의 시장점유율은 전체적으로 60% 내외를 차지하고 있으며 수입제품의 시장점유율은 40% 수준을 유지하고 있다. 그러나 기간에 따라 10% 이상의 큰 변화를 보이기도 하였는데, 이러한 변동은 <그림 5-1>에서의 총수입물량의 추이와 비슷한 형태를 보이고 있다. 포스코의 시장점유율은 2002년 중 50% 이하로 크게 감소했다가, 그 이후 2003년 말까지 급격하게 증가하였다.

그림 5-2 국내 열연코일시장의 점유율 변화추이

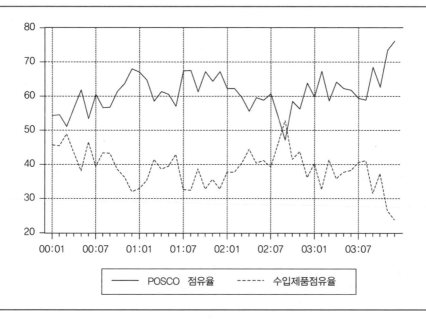

열연코일시장에서의 수입제품이 시기에 따라 변화하지만 전반적으로 40% 대의 비중을 차지한다는 것은 해외시장으로부터의 수입을 어렵게 하는 장애 요인들-예컨대, 수송비용이나 관세장벽 등이 크지 않음을 시사한다. 실제로 열연코일의 수입에 대해서는 관세 이외의 무역장벽은 거의 없었다고 할 수 있다. 일본, 중국으로부터의 해상운송비용은 국내의 육상운송비용에 비해 높지 않고, <표 5-1>에서 볼 수 있는 바와 같이 관세의 수준도 2000년 이후 계속 낮아져 2004년부터는 무관세를 시행하고 있다.

표 5-1 열연제품 수입관세율 추이   (단위: %)

기간	1998	1999	2000	2001	2002	2003	2004
관세율	8	8	8	6	4	2	0

2) 국내가격과 국제가격의 동조현상 및 인과관계

서로 다른 지역시장들 사이의 통합 정도를 파악하기 위해서는 가격의 동조현상 및 인과관계 등의 분석이 유용하다.[5] EC(1997)는 시장획정 목적상 유용한 계량경제학적, 통계적 접근의 예로서 '시간에 따른 가격움직임의 동조현상 검증(tests based on similarity of price movements over time)' 및 '가격 시계열 사이의 인과관계 분석(the analysis of causality between price series)'을 제시하고 있다.[6]

<그림 5-3>은 국내 열연코일 시장에서의 포스코와 일본, 중국, 러시아로부터의 수입품에 대한 가격의 추이를 보여주고 있다. 이를 보면 전체 분석대상 기간에서 포스코 가격이 중국, 러시아보다는 훨씬 높은 것으로 나타났으나, 일본보다는 전반적으로 낮은 수준임을 확인할 수 있다. 특히 포스코 가격은 일본 가격과 대체적으로 비슷한 움직임을 보이고 있는데, 이는 일본으로부터의 수입압력이 포스코의 가격결정에 중요한 영향을 미쳤다는 것을 의미한다.

---

[5] 본절에서 소개하는 이한식, 전성훈(2005) 이외에 국내에서 시장획정을 위한 가격 시계열 경제분석을 행한 예로는 정갑영, 김영세, 정진욱, 김동훈(2006)과 전성훈, 정진화, 황윤재(2017)를 들 수 있다.

[6] 관련 구절을 원문 인용하면 다음과 같다. *"There are a number of quantitative tests that have specifically been designed for the purpose of delineating markets. These tests consist of various econometric and statistical approaches: estimates of elasticities and cross-price elasticities for the demand of a product, tests based on similarity of price movements over time, the analysis of causality between price series and similarity of price levels and/or their convergence."* (EC, 1997, para. 37). 이 중에 수요의 가격탄력성 및 교차탄력성에 대한 추정분석은 다음 3절에서 다룰 것이다.

그림 5-3 열연코일의 국내 및 수입 가격의 변화 추이

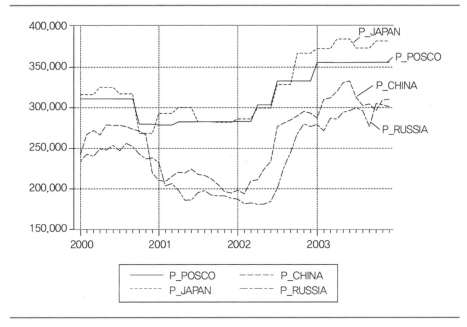

실제로 이 기간 동안 포스코 가격과 일본 수입품 가격 사이의 상관관계를 추정해 본 결과 0.965의 높은 값을 나타내고 있다. 그 밖에 중국, 러시아 제품에 대한 가격과도 0.903, 0.847의 높은 상관관계를 보이고 있다. 이러한 가격 시계열들 사이의 높은 상관관계는 이들 가격들이 동조적으로 움직여 왔음을 보여주는 통계적인 증거이다.

보다 흥미로운 계량경제학적 분석은 해외시장의 경쟁압력이 포스코의 열연코일 가격 설정에 얼마나 영향을 미쳤는가를 살펴보기 위한 수입제품의 가격과 포

표 5-2 포스코 가격과 수입제품 가격의 상관관계

	P_Posco	P_Japan	P_China	P_Russia
P_Posco	1.0000	0.9654	0.9038	0.8467
P_Japan	–	1.0000	0.8805	0.8635
P_China	–	–	1.0000	0.9147
P_Russia	–	–	–	1.0000

스코 가격 사이의 인과관계에 대한 분석이다.

경제변수 사이의 인과관계 분석을 위해서는 Granger(1969)에 의해 개발된 방법을 사용하였다. Granger 검정법은 시계열 자료 사이에 나타나는 선행성(precedence)과 예측성(predictability) 측면에서 경제변수 사이의 동태적 관계를 분석하는 방법으로 Granger(1969)와 Sims(1972)에 의해 개발된 이래 경제 시계열 자료의 인과관계 분석에서 가장 많이 사용되는 분석도구이다.[7] 그랜저 인과관계 검정(Granger Causality Test)은 한 변수의 변화가 다른 변수의 미래 값에 영향을 미칠 수 있는가를 다음의 모형을 통해서 분석하는 방법이다:

$$y_t = a_0 + \sum_{k=1}^{p} a_k y_{t-k} + \sum_{k=1}^{p} b_k x_{t-k} + \varepsilon_t.$$

위 식에서 변수 x의 과거 값이 다른 변수 y의 현재 값에 영향을 미치는 구조를 갖고 있어 현 시점에서의 x의 변화가 변수 y의 미래 값 예측에 도움이 되는 경우, 변수 x로부터 변수 y로 통계적으로 유의한 인과관계가 있는 것으로 판정한다. 이를 가설 검정 측면에서 해석해 보면 「$b_k = 0$ for all k」의 귀무가설이 기각되는 경우, 「$x \Rightarrow y$」 방향의 인과관계를 의미하는 것으로 판정한다.

Granger 인과관계 검정을 시행해 본 결과는 다음 <표 5-3>과 같다.

표 5-3 Granger 인과관계 검정 결과

귀무가설	F-통계치	p-value
P_Import does not Granger-cause P_Posco	4.53940	0.03753
P_Posco does not Granger-cause P_Import	0.93518	0.33768

주: 1. 인과관계 분석을 위해서는 EViews 프로그램의 Granger-Causality 검정법 적용.
  2. 여기에서 F-통계치는 클수록, p-value는 작을수록 해당 귀무가설이 맞을 가능성은 낮아짐. (p-value가 0.05보다 작은 경우 5% 유의수준에서 귀무가설 기각)
  3. 수입가격은 일본, 중국, 러시아 및 기타 지역으로부터의 수입물량을 기준으로 각국의 가격을 가중 평균한 지수를 사용하였으며, 최근의 가격 변동을 고려하여 2004년까지의 자료를 이용함. 사용 자료에 대한 설명은 3절 참조.

---

[7] Granger 검정법의 이론적 연구 및 경제학에서의 실증 분석에 대한 다양한 응용 사례 연구는 Aigner and Zellner(1988)에 의해 편집된 *Journal of Econometrics* 특별호(vol. 39) 참조.

검정결과에 의하면 '국제가격이 국내 포스코 가격에 대해 인과관계를 갖지 않는다'는 귀무가설은 5% 유의수준에서도 기각되는 것으로 나타났다. 즉 열연코일 시장에서 「국제가격 ⇒ 국내가격」으로의 인과관계가 있는 것으로 분석되었는데, 이는 포스코가 국제가격과 무관하게 일방적으로 국내 열연코일의 가격을 인상하거나 변경할 수 있는 시장지배력을 발휘하지 못하는 상황이었음을 의미한다. 반면 '국내가격이 국제가격에 영향을 미치지 않는다'는 가설은 기각되지 않는 것으로 나타나, 포스코의 가격 변화에 대해 수입가격이 반응하지 않는 것으로 분석되었다. 이는 포스코가 국제시장에서 가격 선도자(price leader)로서의 시장지배력을 발휘하지는 못한다는 것으로 해석할 수 있다. 종합하면, 국내 포스코 가격이 국제가격의 변화와는 별개로 독립적으로 변화하거나 혹은 국제가격의 변화를 선도하는 관계에 있는 것이 아니라 국제가격의 변화에 종속적으로 반응하는 관계에 있음을 의미한다.

3) 국내·국제가격 차이와 포스코 국내시장 점유율의 관계

앞의 <그림 5-2>에 나타난 포스코의 국내시장점유율의 변화는 <그림 5-3>의 포스코와 수입품에 대한 가격의 상대적인 변화와도 밀접한 관계를 갖는 것을 확인할 수 있다. 즉 포스코의 시장점유율이 2002년 중 50% 이하로 크게 감소하였는데, 이는 이 기간 중 포스코의 가격이 주요 경쟁국인 일본의 가격보다 오히려 높았던 것에 기인하는 것으로 판단된다. 반면에 2002년 하반기 이후 2003년에는 일본보다 월등히 낮은 가격을 유지함으로써 국내 시장에서의 점유율을 높일 수 있었던 것을 볼 수 있다.

실제로 이 기간 동안 포스코의 국내시장 점유율과 포스코의 열연코일 가격 사이의 상관관계를 추정해 본 결과 −0.076으로 나타나, 포스코가 가격을 상승시키는 경우 이는 국내시장 점유율의 하락을 초래했던 것으로 분석되었다. 포스코의 가격 변동에 대한 이러한 반응은 다음의 회귀분석을 통해서도 확인해 볼 수 있다:

$$s_1 = \alpha + \beta \ln p_1 + \gamma \ln p_{23} + \varepsilon \qquad \text{식 5-1}$$

<식 5-1>에서 s_1은 포스코의 국내 열연시장 점유율을 나타내며, p_1은 포스코의 가격(<표 5-2>와 <표 5-3>의 P_Posco), p_{23}는 열연코일의 수입가격지수 (<표 5-3>에서의 P_Import)를 나타낸다.

<식 5-1>에 대한 추정 결과는 <표 5-4>에 정리하였다. 이 경우 각 계수의 유의성은 낮은 것으로 나타났으나, 각 계수의 추정치는 전체적으로 앞에서의 관측과 부합하는 부호를 갖는 것으로 분석되었다. 즉 포스코의 가격상승은 국내 시장점유율은 떨어뜨리는 반면, 수입제품의 가격이 상승하는 경우 포스코의 시장점유율은 상승하는 것을 알 수 있다. 이러한 결과는 포스코가 국제시장으로부터의 수입가격을 고려하지 않고 일방적으로 국내 열연코일 가격을 인상하는 경우 국내시장에서의 수요를 잃게 된다는 것을 의미한다. 이러한 결과는 국내가격과 국제가격 사이의 관계로부터 앞에서 관찰한 바와 같이 포스코가 국제가격과 무관하게 일방적으로 국내시장에서 열연코일 가격에 대한 시장지배력을 발휘할 수 없는 상황이라는 것을 보여주고 있다.

<표 5-4>의 추정치가 경제적으로는 의미가 있는 부호를 보임에도 통계적인 유의성이 낮게 나온 원인으로는 포스코의 시장점유율에 영향을 미치는 다른 요인들을 고려하지 않고 단순한 회귀모형을 사용하는 데 따르는 식별오류와 국내가격과 수입가격 사이의 높은 상관관계로 인한 다중공선성(multi-colinearity)에 기인하는 것으로 판단된다.[8] 여기에서는 포스코의 가격추이와 국내 시장점유율 사이의 대략적인 관계를 살펴보기 위해 <식 5-1>과 같은 매우 간단한 다중회귀모형을 추정해 보았는데, 보다 체계적인 시장 분석을 위해서는 다른 제품의 시장

표 5-4 국내·국제 가격의 변화와 포스코의 시장점유율

계수	추정치	표준편차	t-통계치	p-value
α	1.705917	1.248987	1.365840	0.1788
β	− 0.232869	0.309474	− 0.752470	0.4557
γ	0.147391	0.246285	0.598456	0.5525

---

8) 식별오류와 다중공선성으로 인해 나타나는 회귀모형 추정의 문제점에 대해서는 남준우, 이한식(2002) 참조.

점유율의 변화를 동시에 고려할 수 있는 연립방정식 모형을 사용할 필요가 있다. 다음 3절에서 보다 엄밀한 시장획정을 위한 임계매출감소 분석의 일부로서 국내 열연코일 시장 전체에 대한 연립방정식 모형을 추정한다.

3. 관련 지역시장 획정을 위한 수요함수 추정 및 임계매출감소 분석

앞의 2절에서는 열연코일시장이 국내에 한정되지 않는 국제적 성격이 강한 시장임을 보여주는 여러 예비적 증거들을 확인하였다. 경쟁법 집행목적의 시장 획정을 위해서는, 이러한 예비적 증거들의 제시뿐만 아니라 '가능한 한' 정형화된 경제분석이 요청된다.[9] 잘 알려진 대로 각국의 경쟁법 집행기관들이 일반적으로 수용하는 시장획정 원칙이 바로 SSNIP Test이고, 이를 실행하는 분석기법이 임계매출감소분석(Critical Loss Analysis)이다. 이는 앞의 1장에서 소개한 바대로 SSNIP의 가격인상에 따른 실제매출감소와 임계매출감소를 비교하는 것이다.

1) 가격인상에 따른 실제매출감소의 추정

어떤 지역시장에서 가격인상에 따른 실제 매출감소를 구하기 위해서는 먼저 이에 대한 수요함수를 추정해야 한다. 시장 전체의 수요구조에 대한 체계적 분석 접근법으로 잘 알려진 AIDS(Almost Ideal Demand System) 모형은 Deaton and Muellbauer(1980)에 의해 개발된 이래 경제학계에서 대표적인 수요체계 분석모형으로 인정되어 수요함수의 추정과 관련된 실증분석에서 널리 사용되고 있다. 특히 AIDS 모형은 시장전체의 수요구조를 체계적으로 분석할 수 있다는 특징이 있어, 공정거래법 사건의 경쟁제한효과를 평가에 있어서 핵심적인 역할을 하는 시장획정분석에 유용한 것으로 평가받고 있다. 그 응용 예로는 Hausman, Leonard and Zona(1994), Hausman and Leonard(1997) 및 국내에서는 류근관, 이상승

---

9) 자료의 제약상 정형화된 경제분석이 가능하지 않은 경우에는 예비적 증거만으로도 시장획정을 할 수밖에 없고, 각국의 경쟁법 집행기관은 이를 인정한다.

(2004) 등을 들 수 있다.

기본 AIDS 모형

하나의 시장에 n개의 상품이 존재할 때, AIDS 모형에 따르면 각 상품의 매출액기준 점유율(budget share)은 다음과 같이 설정된다:

$$s_i = \alpha_i + \sum_{j=1}^{n} \gamma_{ij} \ln p_j + \beta_i \ln (Y/P).$$ 식 5-2

s_i: i번째 상품의 매출액 점유율
α_i: i번째 점유율 식의 상수항
γ_{ij}: i번째 점유율 식에서 j번째 상품 가격과 관계된 기울기 계수
　　(j의 가격 1% 상승에 대한 i 제품의 시장점유율의 변화)
p_j: j번째 상품의 가격
β_i: i번째 점유율 식에서의 총지출 효과(가격 변화를 감안한 실질 총지출액 변화
　　에 대한 i번째 상품 점유율의 변화)
Y: 시장 내에 있는 n개의 상품군에 지출한 지출 총액

$$Y = \sum_{i=1}^{n} p_i q_i$$ (여기서 q_i는 i번째 상품에 대한 수요)

P: 다음과 같이 정의되는 관련상품의 가격지수[10]

$$\ln P = \alpha_0 + \sum_{i=1}^{n} \alpha_i \ln p_i + \frac{1}{2} \sum_{i=1}^{n} \sum_{j=1}^{n} \gamma_{ij} \ln p_i \ln p_j$$ 식 5-3

<식 5-3>의 관계를 시장 내에 있는 n개의 상품에 대해 동시에 추정하면 시장 전체의 수요구조를 체계적으로 분석할 수 있다. 시장 전체에 대해서는 모든 상품의 점유율의 합이 항상 1이 되어야 하며, 지출액 변화에 따른 시장 내의 모든 상품의 점유율의 변화와 각 상품의 가격변화에 대한 대체효과의 합은 0이 되어야 한다. 이를 합산조건(add-up condition)이라 하는데, 이로부터 다음과 같은 제약식을 고려하여 모형을 추정함으로써 이론적 정합성을 갖춘 수요함수를 추정할

---

10) 이러한 가격지수 P를 선형으로 근사한 선형근사 AIDS 모형도 사용되고 있으나, 본 분석에서는 위의 비선형 AIDS 모형을 그대로 추정하였다.

수 있다.[11]

$$\sum_{i=1}^{n} \alpha_i = 1, \ \sum_{i=1}^{n} \beta_i = 0, \ \sum_{i=1}^{n} \gamma_{ij} = 0 \ \text{(모든 } j=1,\cdots,n\text{에 대해서)} \quad \boxed{\text{식 } 5-4}$$

관련 지역시장 분석을 위한 AIDS 모형

이상의 기본 AIDS 모형을 본건 관련 지역시장의 획정을 위한 AIDS 모형으로 변환하기 위해서 점유율 등의 각 변수를 다음과 같이 정의한다:

s_i: i번째 지역 공급자의 매출액 점유율

α_i: i번째 지역 공급자 점유율 식의 상수항

γ_{ij}: i번째 지역 공급자 점유율 식에서 j번째 지역 공급자의 가격과 관계된 기울기 계수(j의 가격 1% 상승에 대한 i 제품의 시장점유율의 변화)

P_j: j번째 지역으로부터의 공급자 가격

β_i: 시장 수요의 규모 변화에 대한 i번째 상품 점유율의 변화

Y: 시장 내에서 각 지역별 공급자의 제품 구입에 사용된 지출 총액

$Y = \sum_{i=1}^{n} p_i q_i$(여기서 q_i는 i번째 지역 공급자의 상품에 대한 수요)

그 밖에 관련 지역시장의 획정을 위한 지역간의 구매전환가능성 추정에 사용하기 위해서는 다음과 같이 기본 AIDS 모형을 열연코일의 수요변화 요인과 계절적 요인(seasonal factor)을 감안할 수 있는 실증 분석모형으로 확장하면 된다.

---

11) 또한 경제이론에 따르면 합리적인 대표 소비자(rational representative consumer)에 의해 나타나는 실제 소비 자료의 경우 수요함수 체계에서 각 재화의 점유율이 가격벡터에 대해 0차 동차성(homogeneity of degree zero)의 조건을 만족시켜야 한다. 이는 AIDS 모형에서 모든 상품($i=1,\cdots,n$)에 대해 다음의 조건이 성립해야 함을 의미한다: $\sum_{j=1}^{n} \gamma_{ij} = 0$. 뿐만 아니라 AIDS 모형의 모든 상품 쌍($i, j = 1,\cdots,n$)에 대해서 슬러츠키 대칭성의 조건 $\gamma_{ij} = \gamma_{ji}$이 성립해야 한다. 본 분석에서는 0차 동차성과 슬러츠키 대칭성의 조건은 고려하지 않고, 합산 조건만을 모형에 대한 제약으로 반영하여 모형을 추정하였다.

$$s_{it} = \alpha_i + \sum_{j=1}^{n} \gamma_{ij} \ln p_{jt} + \beta_i \ln (Y_t / P_t) + (냉연강판 \ 수요의 \ 변화에 \ 따른$$

효과) + (계절적 변동 요인) + ε_{it}

모든 $t = 1, \cdots, T$에 대해서. 식 5-5

탄력성의 개념 및 추정 방법

한 재화의 가격이 1% 변할 때 해당 재화의 소비가 몇 % 변화하는가를 측정하는 지표를 자체 가격탄력성(own price elasticity)이라 하고, 다른 재화의 소비가 몇 % 변화하는가를 측정하는 지표를 교차 가격탄력성(cross price elasticity)이라고 한다. 이를 수식으로 표현하면 다음과 같다:

$$\varepsilon_{ij} = \frac{\% \Delta q_i}{\% \Delta p_j} = \frac{\partial q_i}{\partial p_j} \frac{p_j}{q_i}$$ 식 5-6

여기서 p_i는 i번째 상품의 가격을, q_i는 i번째 상품의 수요량을 나타낸다. 따라서 <식 5-6>에서 ε_{ij}는 $i = j$일 때는 자체 가격탄력성을, $i \neq j$일 때는 교차 가격탄력성을 의미한다. 자체 가격탄력성이 절대값으로 1 이상이면 수요가 탄력적(elastic)이라 하고, 1 이하이면 비탄력적(inelastic)이라고 한다.

이러한 가격 탄력성은 마샬의 수요함수(Marshallian demand equation)나 힉스의 수요함수(Hicksian demand equation)를 이용하여 도출할 수 있다. 마샬의 수요함수는 소비자가 예산제약 하에서 효용극대화를 달성할 때의 수요함수인 반면, 힉스의 수요함수는 소비자가 일정한 효용을 얻는다는 제약하에서 지출 최소화를 달성하는 수요함수를 나타낸다. 이 경우 마샬의 수요함수에서 구한 탄력성을 마샬 탄력성(Marshallian elasticity) 또는 비보상 탄력성(uncompensated elasticity)이라 하고, 힉스의 수요함수에서 구한 탄력성을 힉스 탄력성(Hicksian elasticity) 또는 보상 탄력성(compensated elasticity)이라고 한다.

마샬 탄력성과 힉스 탄력성 사이에는 다음 관계가 성립하는데, 이 관계식을 슬러츠키 방정식(Slutsky equation)이라고 부른다:

$$\varepsilon_{ij}^{H} = \varepsilon_{ij}^{M} s_j + \varepsilon_i.$$ 식 5-7

여기서 ε_{ij}^H는 힉스 탄력성을, ε_{ij}^M은 마샬 탄력성을, s_j는 상품 j의 점유율을, ε_i는 상품 i에 대한 소득탄력성을 나타낸다.[12) 힉스 탄력성은 가격변화로 인한 실질소득의 변화를 통제한 후 가격변화에 따른 대체효과(substitution effect)만을 고려하는 탄력성 지표이며, 마샬 탄력성은 대체효과뿐만 아니라 실질소득의 변화로 인한 소득효과(income effect)까지 고려하는 탄력성 지표이다.

각 상품의 시장점유율에 대한 AIDS 모형이 추정되면 상품 i의 상품 j에 대한 마샬 가격탄력성은 다음의 관계로부터 도출할 수 있다:

$$\varepsilon_{ij}^M = \frac{\gamma_{ij} - \beta_i(s_j - \beta_j \ln{(Y/P)})}{s_j} - \delta_{ij}. \qquad \text{식 5-8}$$

여기서 $\delta_{ij} = 1\,(if\ i = j)$, $\delta_{ij} = 0\,(if\ i \neq j)$로 정의된다. 이를 이용하여 마샬 가격탄력성을 구할 때 Y와 P의 값이 필요한데, 이를 위해서는 표본기간 내 중간시점의 자료 또는 전체 표본의 평균을 많이 사용한다.

사용 자료

시장획정을 위한 임계매출감소 분석을 위해서는 포스코 열연코일의 자체 가격탄력성에 대한 추정치가 필요하며, 이를 위해서는 AIDS 모형에 대한 추정치를 구해야 한다. 모형 추정을 위해서는 포스코와 동북아시장(일본+중국+러시아)으로부터의 수입제품, 기타 지역으로부터의 수입제품의 가격과 열연코일시장에서의 시장점유율 등에 대한 2000~2003년까지의 월별자료를 사용하였다. 포스코의 열연코일 가격 및 물량 자료는 포스코 제공 자료를, 기타 수입 가격 및 물량 자료는 철강협회의 KOSIS(Korea Steal Information Service)의 무역통계 자료를 사용하였다.

계량분석에서의 자유도(degrees of freedom) 확보를 감안하여 2000~2003년까지 4년의 기간을 대상으로 하였다. 이용자료의 기간을 2000~2003년으로 한 것은 포스코의 공급거절의 주된 행위가 2000년말 및 2001년초에 있었던 점, 그 이

---

12) 소득 탄력성은 소득이 1% 변할 때 수요가 몇 % 변하는가를 나타내는 지표로 이를 수식으로 표현하면 다음과 같다: $\varepsilon_i = \frac{\%\Delta q_i}{\%\Delta y} = \frac{\partial q_i}{\partial y}\frac{y}{q_i}$ (여기서 y는 총소득을 나타낸다).

전의 1997년 말부터 1999년까지의 기간은 외환위기의 영향으로 수입제품의 수급 및 가격조건이 비정상적인 상황이었던 점을 고려하였다.

s_i: i번째 지역 공급자의 매출액 점유율(즉 총 매출액 기준 국내 열연코일시장 수요 중 각 공급 국가별 점유율)

$i = 1$: 국내(POSCO) 공급점유율

$i = 2$: 일본＋중국＋러시아 시장점유율[13]

$i = 3$: 기타 지역점유율

p_j: j번째 지역으로부터의 공급자 가격

$j = 1$: 국내(POSCO) 공급 가격

$j = 2$: 일본＋중국＋러시아 시장으로부터의 공급가격 지수(매출액 기준으로 가중 평균한 지수)

$j = 3$: 기타 지역으로부터의 공급가격 지수

Y_T: 각 시점에서 국내 시장에서 열연코일의 구입에 사용된 지출 총액

$$Y = \sum_{i=1}^{3} p_i q_i$$

여기서 q_i는 i번째 지역 공급자의 상품에 대한 수요

q_1: 국내(POSCO) 공급 총량

q_2: 일본＋중국＋러시아 시장으로부터의 공급량

q_3: 기타 지역으로부터의 공급량

이를 이용하면 각 시점에서 i번째 지역 공급자의 매출액 점유율은 다음과 같이 정의된다:

$$s_{it} = \frac{p_{it} q_{it}}{\sum_{i=1}^{3} p_{it} q_{it}} = \frac{p_{it} q_{it}}{Y_t}$$

냉연강판 수요의 변화에 따른 효과를 고려하기 위해서 이에 대한 분기별 자

---

13) 여기에서는 국내시장 다음 단계의 관련 지역시장으로 동북아 시장(일본＋중국＋러시아)을 고려하여 분석하였다. 비교를 위해 일본+중국 시장을 국내시장 다음 단계의 지역시장으로 설정하고 러시아 및 기타 세계시장으로 구분하여 분석해 본 결과 탄력성이 약간 작게 추정되기는 하였으나 시장획정 분석에 대한 본 보고서의 결론에는 영향을 미치지 않는 것으로 나타났다.

료를 월별 자료로 변환하여 사용하였으며, 계절적 변동 요인에 관한 자료는 계절 더미 또는 sine/cosine 함수를 사용하였다.[14]

AIDS 모형 추정 결과

관련 지역시장의 획정을 위한 지역간의 구매전환가능성 추정에 사용하기 위한 AIDS 모형의 추정 결과는 다음 〈표 5-5〉와 같다.

표 5-5 AIDS 모형의 추정 결과

계수	추정치	표준편차	t-통계치	p-value
α_1	4.926428	1.284684	3.834739	0.0002
γ_{11}	-0.874162	0.365444	-2.392053	0.0178
γ_{12}	0.545292	0.286182	1.905402	0.0584
γ_{13}	0.073896	0.104269	0.708704	0.4794
β_1	-0.095424	0.064930	-1.469642	0.1434
α_2	-2.590715	1.289651	-2.008849	0.0461
γ_{21}	0.619228	0.314440	1.969303	0.0505
γ_{22}	-0.330473	0.258533	-1.278259	0.2028
γ_{23}	-0.082057	0.064960	-1.263193	0.2082
β_2	0.040421	0.064960	0.622245	0.5346

주: 1. 위의 표에서 각 계수는 〈식 5-5〉에 대한 추정결과를 나타냄.
   2. 여기에서 t-통계치는 클수록, p-value는 작을수록 계수의 값이 0이라는 귀무가설이 맞을 가능성은 낮아짐. 0.05보다 작은 경우 5% 유의수준에서 귀무가설 기각.
   3. 계수 γ_{ij}는 j의 가격 1% 상승에 대한 i제품의 시장점유율의 변화를 나타냄. [i, j=1(포스코), 2(동북아), 3(기타)]
   4. 기타 지역(j=3)에 대한 추정치는 위 〈식 5-4〉의 합산 조건으로부터 도출되므로 여기에서는 생략함.

각 계수의 추정치를 보면 전체적으로 경제이론과 부합하는 부호와 유의성을

---

14) 이들 변수의 포함 여부는 탄력성 추정치 및 이를 이용한 시장획정 분석 결과에 거의 영향을 미치지 않는 것으로 나타났다. 또한 이들 변수는 본 분석에서 관심 대상이 아니므로, 이들 변수의 계수 추정치에 대해서는 아래의 추정 결과에서 제외하였다.

갖는다. 이 중 탄력성 추정에 필요한 계수 γ_{ij}는 j의 가격 1% 상승에 대한 i 제품의 시장점유율의 변화를 나타낸다. 특히 포스코 열연코일에 대한 탄력성 추정에 가장 중요한 γ_{11}에 대한 추정치는 -0.87로 도출되었는데, 이는 포스코의 열연코일 가격이 10% 상승하는 경우 포스코의 국내시장 점유율은 8.7% 포인트 정도 낮아지는 것으로 해석된다. 이러한 결과는 포스코가 동북아 시장의 가격을 고려하지 않고 일방적으로 국내 열연코일의 가격을 인상하는 경우 국내시장에서의 수요를 크게 잃게 된다는 것을 의미한다.

또한 γ_{12}에 대해서도 유의성이 높은 추정치가 도출되어, 동북아 시장으로부터의 수입가격이 상승하게 되면 포스코 제품으로의 수요대체가 발생하는 것으로 분석되었다. 여기서 추정치 0.54는 수입가격이 10% 상승하는 경우 포스코의 국내시장 점유율은 5.4% 포인트 증가하며, 반대로 수입가격이 10% 하락하는 경우 포스코의 국내시장 점유율은 5.4% 포인트 하락한다는 것을 의미한다. 따라서 동북아 시장에서의 가격변화가 나타나는 경우, 포스코는 국내시장에서의 수요를 확보하기 위해 이러한 가격변화에 따라가야 하는 것으로 나타났다.

포스코의 국내시장 점유율은 이와 같이 자체의 가격 변화뿐만 아니라 동북아 시장으로부터의 수입가격 변화에 대해 민감하게 영향을 받는 것으로 나타났다. 이러한 결과는 포스코가 동북아 시장의 움직임과 무관하게 일방적으로 국내 열연코일의 가격을 인상하거나 변경할 수 있는 시장지배력을 행사할 수 없는 상황이었음을 의미하는 것으로 해석할 수 있다.

반면 기타 지역으로부터의 수입가격에 대한 계수 γ_{13}은 (+) 부호로 추정되어, 다른 지역의 수입품 가격이 상승하는 경우 어느 정도 포스코 제품으로의 수요대체가 발생하는 것으로 나타났으나, 포스코의 자체 가격과 동북아 시장의 가격과는 달리 그 유의성이 낮은 것으로 분석되었다.

동북아 시장으로부터의 수입품과 포스코 제품 사이의 대체 가능성은 동북아 시장에 대한 추정결과에서도 볼 수 있다. 즉 γ_{21}의 추정치가 0.62로 크게 도출되었을 뿐만 아니라 그 유의성도 높게 나타나, 포스코 제품의 가격이 10% 상승하면 동북아 시장으로부터의 수입수요가 크게 증가하여 수입제품의 점유율이 6.2% 상승하는 것으로 분석되었다. 이러한 결과 역시 포스코가 동북아 시장에서의 가격의 움직임을 고려하지 않고 일방적으로 국내 열연코일의 가격을 인상할 수 있는 정도의 시장지배력을 행사할 수 없다는 것을 의미한다.

2) 임계매출감소 분석에 의한 관련 지역시장의 획정

각 상품의 시장점유율에 대한 AIDS 모형이 추정되면 포스코의 열연코일에 대한 마샬 가격탄력성은 <식 5-8>을 이용하여 계산할 수 있다. 여기서 탄력성을 구하기 위해서는 Y와 P값을 대입해야 하는데, 이를 위해 본 분석에서는 표본자료의 평균을 이용하였다.[15]

앞의 AIDS 모형에서 γ_{ij} 및 β_i $(i,j=1,2)$에 대한 계수 추정치와 Y와 P의 평균값을 이용하여 열연코일에 대한 포스코의 자기 가격 탄력성 및 교차 탄력성을 추정한 결과 다음 <표 5-6>의 값이 도출되었다. 앞에서 상술한 바와 같이 탄력성은 가격 1% 변화에 따라 포스코 제품과 동남아 수입제품에 대한 수요가 각각 몇 % 변화할 것인지를 나타내는 지표로, 예를 들어 ε_{11}은 열연코일 수요에서 포스코의 자기 가격탄력성을, ε_{12}는 열연코일 수요에서 수입제품의 가격 변화에 대한 포스코의 교차탄력성을 의미한다.

<표 5-6>에서 임계매출감소 분석에 필요한 포스코의 자체 가격탄력성 ε_{11}은 −2.12로 추정되었는데, 이는 포스코의 공급가격이 1% 상승함에 따라 포스코 제품에 대한 수요가 2.12% 정도 감소하게 된다는 것을 의미한다. 또한 ε_{12}에 대한 추정치를 보면, 동복아 시장으로부터의 수입가격이 1% 상승함에 따라 포스코 제품으로의 대체수요가 발생하여 포스코의 열연제품에 대한 수요가 1.46% 상승하게 된다는 것을 알 수 있다.

표 5-6 탄력성 추정치

탄력성	추정치	탄력성	추정치
ε_{11}	− 2.1176	ε_{12}	1.4576
ε_{21}	0.8753	ε_{22}	− 1.8922

---

15) 이 경우 표본기간 내 중간시점의 자료를 이용하여도 탄력성의 추정치는 거의 비슷한 값이 도출되어, 전체의 분석 결과에는 아무런 영향을 미치지 않는 것으로 나타났다.

표 5-7 열연코일 시장에서 포스코의 임계매출감소 분

가격 인상률	5%		10%		15%		20%	
임계 vs. 실제 매출감소율	임계	실제	임계	실제	임계	실제	임계	실제
	8.2%	10.6%	15.1%	21.2%	21.1%	31.8%	26.2%	42.4%

포스코의 가상적 가격 인상률에 자체 가격탄력성 추정치 $\varepsilon_{11} = -2.12$를 곱하면 포스코의 실제 매출감소율에 대한 추정치를 도출할 수 있다. 이러한 임계매출감소 분석결과는 〈표 5-7〉에 정리하였다. 표를 보면 포스코가 단독적으로 자신의 열연코일 가격을 5% 인상하는 경우 실제매출 감소율은 10.6%(=5%×2.12)로 임계매출 감소율 8.2%(=5%/(5+56.2)보다 크다는 것을 알 수 있다. 여기서 2.12는 포스코의 자체 가격탄력성에 대한 추정치이며, 56.2%는 포스코 열연코일 부문의 마진율을 나타낸다.[16] 더욱이 가격 인상 폭이 10%, 15%, 20%인 경우에는 실제 매출감소율이 임계 매출감소율보다 클 뿐만 아니라, 그 차이는 점증적으로 커지는 것을 확인할 수 있다.

〈표 5-7〉의 결과에 의하면, 어떤 수준의 SSNIP 가격인상률에 대해서도 실제매출감소율이 임계매출감소율보다 크기 때문에 포스코 소송과 관련한 지역시장은 국내로 한정될 수 없고 동북아를 포함한 국제시장으로 확장되어야 한다는 결론에 이르게 된다. 즉 국제시장으로부터의 수요대체 압력이 강한 열연코일 시장에서 포스코가 국내시장에서의 독점적 공급자의 지위를 이용하여 가격을 인상할 능력은 없는 것으로 나타났다.

이처럼 열연코일의 국내생산을 독점하고 있는 포스코가 마음대로 가격을 인상할 수 없는 것은 열연코일시장에서 포스코가 해외업체로부터의 강한 경쟁압력을 받고 있기 때문이다. 이러한 결과는 포스코가 가격을 인상할 경우 국내 수요

---

16) 제철생산은 높은 고정비용으로 인해서 마진율이 높을 수밖에 없다. 포스코의 열연코일 부문의 마진율은 포스코 내부의 원가분석 자료를 이용하여 산정되었다. 이 경우 마진율 산정에 활용된 원가자료는 본건의 경쟁제한성이 문제화되기 전인 2000년에 임계매출감소분석 목적과 무관하게 작성되었기 때문에 가변비용 항목 처리를 둘러싼 이해상충 및 논란에서 자유롭다고 할 수 있다.

자들이 해외시장, 특히 동북아시장으로 구매전환을 할 용의가 큰 상황에서 열연코일시장을 국내로 한정하여 획정하는 것은 적절하지 않다는 것을 의미한다.

본 분석의 결과는, 포스코가 국내 유일의 생산자라는 사실로부터 일견 열연코일시장에서 독점적 지배력을 갖고 있는 것처럼 보일지라도, 국내 수요자들의 해외 공급자들로의 구매전환 의사 및 능력을 적절히 고려할 때 관련시장은 국제시장(global market)이 될 수밖에 없고 포스코는 시장지배력을 행사할 수 없다는 것을 시사한다. 따라서 공정거래위원회나 고등법원에서의 판단 근거로 사용된 국내 유일의 생산자라는 형식적인 분석은 경쟁제한성의 판단에 근본적인 오류를 야기할 가능성이 있다. 포스코 소송과 관련한 열연코일의 올바른 지역시장획정을 위한 보다 체계적인 경제분석의 결과는 포스코가 국제가격과 무관하게 일방적으로 국내 열연코일의 가격을 인상하거나 변경할 수 있는 시장지배력을 행사할 수 없다는 것을 보여주고 있다.

4. 평가

잘 알려진 바대로 포스코 거래거절 사건은 공정거래사건 최초의 대법원(2007.11.22) 전원합의부 판결을 통해서 시지남용 행위의 부당성 판단의 기준을 확립한 기념비적 의의를 지닌다. 특히 아래 인용된 대법원 판결로 인해서 이후의 시지남용 사건에서 위법성 입증을 위해서는 관련 시장에서의 경쟁제한 효과 입증이 필요 요건으로 되었다:

"그러므로 시장지배적 사업자의 거래거절행위가 그 지위남용에 해당한다고 주장하는 피고로서는 그 거래거절이 상품의 가격상승, 산출량 감소, 혁신 저해, 유력한 경쟁사업자의 수의 감소, 다양성 감소 등과 같은 경쟁제한의 효과가 생길 만한 우려가 있는 행위로서 그에 대한 의도와 목적이 있었다는 점을 입증하여야 할 것이고, 거래거절행위로 인하여 현실적으로 위와 같은 효과가 나타났음이 입증된 경우에는 그 행위 당시에 경쟁제한을 초래할 우려가 있었고 또한 그에 대한 의도나 목적이 있음을 사실상 추정할 수 있다 할 것이지만, 그렇지 않은 경우에는 거래거절의 경위 및 동기, 거래거절행위의 태양, 관련시장의 특성, 거래거

절로 인하여 그 거래상대방이 입은 불이익의 정도, 관련시장에서의 가격 및 산출량의 변화 여부, 혁신 저해 및 다양성 감소 여부 등 여러 사정을 종합적으로 고려하여 거래거절행위가 위에서 본 경쟁제한의 효과가 생길 만한 우려가 있는 행위로서 그에 대한 의도나 목적이 있었는지를 판단하여야 할 것이다."

이처럼 포스코 대법원 판결은 시지남용 행위의 위법성 판단에 있어서 일반적이고 합리적인 기준을 제시하였다는 점에서 매우 중요한 의미를·지니고 있다. 그러나 포스코의 거래거절이라는 특정 사건에서 대법원의 부당성 여부의 판단 방식에 있어서는 그것이 적절했는지에 대해서 좀더 검토해볼 필요가 있다고 본다. 그 이유는 대법원 판결에서 포스코의 거래거절이 시지남용 행위로서의 부당성 요건을 충족하지 않는다고 제시한 사실적 근거들은 다른 각도에서 살펴보면 관련 지역시장의 범위가 국내에 한정되지 않고 동북아를 포함하는 국제시장이라는 주장의 근거로도 볼 수 있기 때문이다. 이하에서는 공정위 및 법원의 관련 지역시장 획정의 문제점을 먼저 살펴보고, 대법원의 부당성 판단과 지역시장 획정의 연관성을 검토하기로 한다.

1) 공정위 및 법원의 관련 지역시장 획정의 문제점

공정위(2001.4.12)는 의결서에서 포스코 거래거절과 관련한 지역시장이 왜 국내로 한정되어야 하는지에 대한 아무런 근거를 제시하지 않고 있다. 그러나 고등법원(2002.8.27)의 판결에서는 공정위가 제출한 자료에 기초하여 국내 지역시장 획정의 이유를 간단하게나마 제시하고 있다. 즉 "원고는 1998. 3/4분기 이후부터 국내 열연코일가격 이하의 가격으로 열연코일을 수출하기 시작하여 그 가격차이가 1998. 4/4분기에는 t당 13달러, 1999. 1/4분기에는 t당 22달러에까지 이르게 되었고, 동남아나 일본으로의 수출가격은 수출평균가격보다 훨씬 낮아서 2000. 4/4분기 국내가격과의 차이는 일본의 경우 t당 25달러, 동남아의 경우 t당 43달러에까지 이르게 되었음에도 국내가격을 올리거나 그대로 유지하여왔다"는 사실을 근거로 하여, "이는 이들 아시아 지역에서 열연코일의 가격이 인하되더라도 국내 구매자가 동남아나 일본으로 구매를 전환할 수 없었던 사정을 명백히 보여주는 것이므로, 구매지역 전환가능성이 없는 아시아시장을 국내시장과 동일한

*열연코일 시장에 속한다고 할 수 없다"*고 판단하였다.

이에 대해 대법원은 *"열연코일의 국내가격과 수출가격 사이의 관계를 판단하는 전제로서 열연코일의 국내가격은 원화가격으로, 수출가격은 미국 달러화가격으로 비교함으로써 환율을 고려하지 아니하였을 뿐만 아니라 열연코일의 국내가격은 표준가격으로, 수출가격은 실거래가격의 평균가격으로 비교함으로써 등가성을 확보하지 아니한 채 비교한 잘못"*은 지적하고 있으나, 관련 지역시장 획정에 있어서 고등법원의 기본적 사유에는 문제가 없다고 판단하였다.

그러나 고등법원의 국내 지역시장 획정의 문제점은 국내가격과 수출가격 비교에 있어서 *"등가성을 확보하지 아니한"* 수준의 지엽적인 것이 아니라, 보다 근본적인 데 있다. 즉 경쟁법 집행을 위한 시장획정의 기본 원칙인 SSNIP test과 무관한 비교를 행하고 있다는 데 있다. SSNIP test에 따르면, 열연코일 시장이 국내로 한정되기 위해서는 포스코의 열연코일 국내 판매가격이 SSNIP 수준으로 인상될 때, 국내 구매자들이 포스코 제품에 대한 수요를 일본, 중국, 러시아 등의 동북아 지역으로부터의 수입구매로 대체하기가 용이하지 않아서 포스코가 SSNIP의 가격인상을 실행하여 이윤을 늘릴 수 있어야 한다. 열연코일의 포스코 및 해외수입 제품 수요함수 추정 및 임계매출감소 경제분석을 통해 포스코 측이 제시한 결과는 그렇지 않다는 것을 밝히고 있다.

고등법원의 판결이 비교하고 있는 포스코의 열연코일 국내 및 수출 가격의 차이는 포스코의 국내와 해외의 지리적 가격차별을 비롯한 다양한 공급 요인들에 기인하므로, SSNIP test가 기반하고 있는 지역간 수요대체성의 정도를 판정하는 근거가 되기 어렵다. 국내가격과 해외가격을 비교한다면, 포스코의 국내 판매가격과 포스코의 해외 수출가격이 아니라, 포스코의 국내 판매가격과 해외 생산자들의 자국에서의 판매가격 및 우리나리로의 수출가격을 비교하는 것은 의미가 있을 수 있다. 후자의 차이가 상당 수준, 상당 기간 지속되었다면, 이는 국내에서 해외로, 혹은 그 역으로의 수요대체가 이루어지기 어려운 사정이 있음을 시사하고, 따라서 국내 지역시장 획정의 근거가 될 수도 있을 것이다. 물론 이러한 경우에는 수요함수의 추정 및 임계매출감소 분석을 통해 국내 지역시장 획정의 타당성을 확인할 수 있을 것이다.

2) 대법원의 부당성 판단과 지역시장 획정의 부정합성

포스코 사건에서의 핵심 쟁점은, 포스코가 해외 일관제철업체들의 경쟁압력을 무시하고 국내 열연코일시장에서 시장지배력을 행사할 수 있는지, 그리고 하이스코는 필요로 하는 열연코일을 해외업체들로부터 공급받을 수 있는지의 문제로 귀착된다고 볼 수 있다. 이에 대한 판단은 열연코일시장의 지리적 범위가 과연 국내시장으로 한정되는가 아니면 동북아를 포함한 국제시장으로 확대되는가에 따라서 달라진다. 물론 포스코 사건과 같은 거래거절 사건에서는 시장획정이 위법성 판단에 있어서 결정적 중요성을 지니지 않을 수도 있다. 일반적으로 거래거절의 위법성이 인정되기 위해서는 기업결합이나 다른 위반행위에 비해서 훨씬 까다로운 조건들이 만족되어야 한다. 즉 포스코 사건에서 지리적 시장이 국내시장으로 획정되더라도 경쟁제한 효과의 입증과 같은 보다 엄격한 기준을 충족시켜야 하고, 대법원 판결도 그러한 사정을 반영한 것으로 보인다. 그러나 관련 지리적 시장의 범위가 세계시장으로 획정되어 시장지배적 지위 자체가 부인된다면, 시장획정이 경쟁제한의 부당성에 대한 판단을 대체할 수 있을 것이다.

대법원은 *"원심에 제출된 증거들에 의하면, 원고(포스코를 말함)의 이 사건 거래거절행위에도 불구하고 참가인(하이스코를 말함)은 일본으로부터 열연코일을 자신의 수요에 맞추어 수입하여 냉연강판을 생산·판매하여 왔고, 냉연강판공장이 완공되어 정상조업이 개시된 2001년 이후부터는 지속적으로 순이익을 올리는 등 냉연강판 생산·판매사업자로서 정상적인 사업활동을 영위해 왔던 사실"*을 들면서, 포스코 거래거절의 시지남용 행위로서의 부당성을 부인하고 있다. 이처럼 포스코의 거래거절에 직면한 하이스코가 일본으로부터의 수입대체를 통해서 생산에 차질을 겪지 않았을 뿐만 아니라 순이익을 실현하여 정상적인 사업활동을 할 수 있었다는 것은, 국내 열연코일시장에서 포스코와 일본의 고로제철소가 실제적 경쟁관계에 있다는 것을 인정하는 것이고, 관련 지역시장에 일본을 비롯한 동북아 지역이 포함될 수 있음을 시사하는 것이라 볼 수 있다.

포스코 판결에서 대법원의 부당성 판단과 지역시장 획정은 부정합한 것으로 평가될 소지가 있다. 즉 대법원은 부당성 판단의 단계에서 일본으로부터의 매우 유효한 수입 대체선이 존재함으로 인해 경쟁제한 효과의 우려가 없었다는 판단을 내리면서, 관련 지역시장 획정의 단계에서는 국내시장으로 한정하여 사실상 일본을 비롯한 해외 사업자들이 포스코와 실제적 경쟁관계에 있지 않다는 판단을 내리고 있다. 따라서 대법원이 부당성 판단의 단계에서 일본 등의 해외수입으로부터의 경쟁압력의 작동 여부를 검토하는 것이 아니라, 보다 선제적으로 관련 지역시장 획정의 단계에서 포스코와 실제적 경쟁관계에 있는 해외 사업자들을 포함시켜서 포스코의 시장지배적 지위 보유 여부를 판단해 볼 필요가 있었을 것이다.

Chapter 06

인텔 리베이트(2008년)의 '동등효율 경쟁자' 유효가격-비용 검증

공정위는 2008년 인텔의 조건부 리베이트 사건에서 인텔이 국내 PC 제조회사들에게 경쟁사업자인 AMD의 CPU를 구매하지 않거나 자사의 CPU를 일정 비율 이상 구매할 것을 조건으로 리베이트를 제공하는 행위 등이 경쟁사업자를 배제하는 시장지배적지위 남용이라고 의결하였다. 이 사건에서는 특히 공정위와 인텔 양측의 경제분석에서 조건부 리베이트의 경쟁배제 가능성에 대한 안전항을 검증하는 방법으로서 European Commission(이하 EC)이 2005년 제시한 '동등효율 경쟁자' 유효가격-비용 검증을 둘러싸고 치열한 논쟁이 전개되었다.[1]

1. 사건 및 경제분석 개요

1) 공정위 의결 개요

공정위(2008.11.5)는 인텔이 국내 PC제조회사들에게 다음과 같은 조건으로 리베이트를 제공하는 행위를 시장지배적 남용으로 의결하고 다음과 같은 시정조치를 부과하였다: 국내 PC제조회사들이 (i) 경쟁사업자의 CPU를 구매하지 않을 것, (ii) 제조·판매하는 PC에 탑재하는 총 CPU의 수량 중 인텔의 CPU의 수량이 차지하는 비율을 일정 비율 이상으로 유지할 것, (iii) 특정 유통채널을 통해 판매하는 PC에 경쟁사업자의 CPU를 탑재하지 말거나 인텔의 CPU를 일정 비율 이상으로 탑재할 것, (iv) 경쟁사업자의 신제품 CPU 국내 출시 행사에 참여하지 아니할 것과 경쟁사업자의 신제품 CPU를 탑재한 PC를 출시하지 아니할 것. 이

---

[1] 본장은 전성훈(2019)를 수정, 보완한 것이다.

러한 시정조치와 더불어 과징금 266억원이 부과되었다.

공정위는 이 사건 관련 상품시장은 'PC용 x86계열 CPU(또는 마이크로프로세서)시장'으로, 지리적 시장은 '국내시장'으로, 거래단계 및 거래상대방에 따른 시장은 'CPU 제조회사들이 국내 PC제조회사들에게 CPU를 직접 판매하는 시장(직판채널 시장)'으로 획정하고, 인텔은 이 시장에서 2001~2005년 평균 95%의 점유율로 유일한 경쟁사인 AMD를 압도하는 지배적 사업자임을 확인하였다.[2] 그리고 인텔의 리베이트는 경쟁자배제를 조건으로 하고 있고, 그 의도 및 목적, 경쟁 배제효과, 소비자 피해를 살펴볼 때 부당성을 인정할 수밖에 없다고 판단하였다.

먼저 2002년경부터 삼성전자 및 삼보컴퓨터 등이 홈쇼핑채널을 통해 가격이 저렴한 AMD CPU를 탑재한 PC를 출시하여 AMD의 국내시장 점유율 확대가 우려되자 인텔이 조건부 리베이트를 적극적으로 도입하였다(삼성전자가 AMD와의 거래를 중단하고 인텔 CPU를 100% 사용하는 조건으로 리베이트를 받은 기간은 2002년 3/4분기~2005년 2/4분기이고, 삼보컴퓨터가 홈쇼핑채널에서 AMD와의 거래를 중단하고 인텔 CPU를 100% 유지하는 조건 및 내수 PC에 탑재되는 CPU 기준 MSS(Market Segment Share)를 70% 이상으로 유지하는 조건으로 리베이트를 받은 기간은 2003년 4/4분기~2005년 2/4분기이다)는 사실로부터 배타적 의도 및 목적을 추론할 수 있다고 보았다. 경쟁사업자 배제효과를 입증하는 데 있어서는, 조건부 리베이트의 구속력의 원인이 되는 리베이트의 태양 및 PC 시장의 경쟁상황 그리고 도입 이후의 관련 시장에서의 실질적 경쟁배제 효과에 대한 일반적 논의와 더불어, 특히 인텔이 리베이트를 통해서 AMD를 배제하고 삼성전자에게 추가적으로 판매한 매출부분에 대한 리베이트까지를 감안한 실질적 단위 가격은 거의 제로(0)에 가깝고 경우에 따라서는 음이라는 것을 입증하였다고 주장하였다.[3] 이는 인텔 리베이트가 문제의 기간 동안 AMD의 삼성전자에 대한 접근가능성을 원천적으로 봉쇄하는 효과를 지녔다는 것을 의미한다. 공정위 의결서의 이러한 분석은 기본적으로 EC(2005)가 제시한 조건부 리베이트에 대한 '동등효율 경쟁자' 유효가격 – 비용 검증의 응용이라고 할 수 있다.

---

[2] 인텔의 점유율은 2001년에서 2005년까지 99.2, 95.3, 97.8, 89.5, 93.3%로 나타났다. 공정위 의결 74쪽 <표 41> 참조.

[3] 공개된 공정위 의결서 84쪽 <표 43>에서 그 정확한 수치는 피심인의 요청으로 삭제되어 있다.

2) 인텔 측 경제분석 개요

인텔 측은 관련 시장의 획정, 경쟁배제 효과, 효율성 항변 등 다양한 이슈들에 대한 공정위 의결서의 주장에 대해 반론을 제기하였다. 전성훈(2007, 2008)의 인텔 측 용역 경제분석 보고서의 주요 내용을 요약하면 다음과 같다. 인텔의 리베이트는 비록 그것이 조건부 리베이트라고 할지라도, EC가 제시하는 조건부 리베이트에 대한 위법성 여부에 대한 판정에서 일차적 관문이라고 할 수 있는 안전항 검증(safe harbor test)을 통과한다. 즉 인텔의 리베이트는 AMD가 인텔과 동등한 효율성을 가진 경쟁기업이었다면 삼성전자나 삼보컴퓨터에 대한 매출에서 이윤을 누릴 수 있는 기회를 박탈할 수 없는 성격의 것이었다. 또한 세계시장에서의 인텔과 AMD의 경쟁 환경 및 특성에 비추어 볼 때, 인텔 리베이트가 경쟁제한성을 지닌다고 보기 어렵다. 그리고 AMD는 지난 수년간 인텔에 대한 매우 강력하고 효과적인 경쟁자로 발전하여 왔다. 따라서 인텔 리베이트로부터 국내 PC 제조회사들과 소비자들은 가격인하의 직접적 혜택을 누렸다. 설령 그 과정에서 어느 한 사업자의 국내 점유율의 부침이 있었다고 할지라도, 강력한 경쟁자인 AMD가 시장에 존재하는 한 국내 PC 제조회사들은 언제든지 AMD로 구매선을 전환할 수 있고, 이는 국내 소비자들이 계속해서 인텔과 AMD의 판매경쟁의 혜택을 받을 수 있다는 것을 의미한다.

다음 3절에서는 인텔 측 입장에서의 유효가격 – 비용 분석에 의한 안전항 검증을 공정위 측 주장과 비교하여 정리한다. 4절에서는 일본, 미국 및 EU 경쟁정책 집행기관의 관련 결정과 비교하고, 인텔 사례의 의의를 평가한다. 그 이전에 이하에서는 인텔 사건의 관련 지리적 시장과 경쟁제한 효과에 대한 인텔측의 입장에 대해서 간략히 소개하고자 한다.

공정위 의결서는 '관련시장'을 '국내 직판채널'에서 PC 제조업자들에게 판매되는 CPU 시장으로 좁게 획정하고 있다. CPU 제품의 전세계적 동일성, 낮은 운송비용 등을 감안할 때, 인텔과 AMD가 경쟁하고 있는 마이크로프로세서 시장이 '세계(worldwide) 시장'이라는 보는 것이 타당할 것이다. AMD(2005)조차도 미국에서 인텔을 상대로 제기한 소송에서 자신의 이익에 반할 수 있음에도 불구하고 관련 지역시장이 '세계시장'으로 획정되어야 한다는 데 동의하고 있다. 시장획정의 방법론인 SSNIP 검증을 적용해도, CPU 제조회사들이 국내시장에서만 가격을 현저히 인상한다면, CPU 사업자들에 대한 상당한 교섭력을 가진 국내 구매자들이 이를 수용하지 않을 것이고, 앞서 언급한 동질적 제품특성과 낮은 운송비용의 조건하에서 어떤 방식이든 차익거래가 지역간 가격격차를 해소하는 경쟁압력으로 작용할 것이다. 또한 PC 시장의 경쟁이 치열하고, PC 가격에서 CPU 가격이 차지하는 비중이 적지 않기 때문에 국내 소비자의 다른 나라 PC로의 구매이전 가능성은 국내의 CPU 가격인상에 대한 중요한 경쟁압력으로 작용할 것이다.

또한 공정위 의결서가 '국내' 시장을 '직판'과 '대리점' 채널로 구분한 것은 수요의 대체성의 측면에서 정당화되기 어렵다. 직판채널의 가격이 5~10% 인상되는 경우 PC 제조회사들이 가격 메리트 측면에서 대리점채널로의 구매선 전환을 고려하게 될 것이다. 물론 PC 제조회사들이 현실적으로 구매선을 완전히 대리점 채널로 전환할 수는 없다. 그러나 SSNIP 분석에 있어 시장확대를 위한 구매선의 전환은 총수요량의 일부라도, 그것이 가상적 독점사업자의 가격인상을 어렵게 만들 정도라면, 충분할 수 있다. 그런 의미에서 PC 제조회사들의 총 수요의 46.6%의 공급능력을 확보하고 있는 대리점채널은[4] 현실적으로 직판채널에 대한 대체적인 구매선이 될 수 있는 것이다.

본건과 관련하여서는, 관련시장을 '국내 직판채널'로 한정하든 '세계시장'으로 획정하든 시장지배적 지위의 입증의 측면에서는 큰 차이가 없을 수 있다. 그러나 경쟁제한성 입증을 위한 실질적 경쟁배제효과 분석에 있어서는 관련 시장을 '국내 직판채널'로 한정하는 경우 경쟁 특성 및 성과에 대해 올바른 분석을 하기 어렵게 된다. 국내의 PC 제조회사나 소비자의 관점에서 인텔이 독점력을 행사하여 가격을 인상하는 등과 같은 폐해를 입지 않기 위해서 필요로 하는 것은, '세계시장'에서 인텔의 강력한 경쟁자로서 AMD의 존재이다. 비록 인텔의 리베이트로 인해 AMD가 국내시장에서 점유율을 잃어버린다고 해도, 세계시장에서 AMD가 인텔의 강력한 경쟁자로서 지위를 여전히 유지하면서 국내시장 PC사업자들을

---

[4] 의결서 12쪽 <표 8>을 보면, 국내 CPU 총판매 중에서 대리점 채널에서 판매되는 비중은 2001년~2005년 평균 31.8%인데, 이를 직판채널을 통한 판매량 대비 대리점채널에서의 판매량으로 환산하면 46.6%(=31.8/68.2)가 된다.

대상으로 인텔과 계속 가격경쟁을 하고 있다면 커다란 문제가 없다. 국내 사업자들과 소비자들은 인텔의 가격할인으로 즉시적인 혜택을 보고, 앞으로도 AMD의 경쟁압력 덕분에 인텔이 가격을 함부로 인상할 수 없을 것이기 때문이다.

2. 인텔의 리베이트의 경쟁배제 가능성에 대한 유효가격-비용 검증

먼저 인텔 측 경제분석의 기본 틀을 제시하면 다음과 같다.

1) 경제분석의 기본 틀

최근 들어 시장지배적 사업자의 배제적 남용행위(exclusionary abuse)의 위법성 판정이 단지 '외형을 근거(form-based)'로 하지 않고 그 '효과에 기초'(effect-based)' 해야 한다는 점이 강조되면서, 시지남용 행위에 대한 경쟁정책의 집행에 있어서 경제분석의 중요성에 대한 인식이 제고되고 있다. 이러한 추세를 보여주는 예로서 유럽위원회의 EC(2005)의 DG Comp. Discussion Paper를 언급하고 있다. 그후 EC는 이를 기초로 하여 OECD(2008)에서 조건부 리베이트에 대한 경쟁제한성 판단기준을 제시하였고, 이러한 입장은 최종적으로 EC(2008)의 Guidance 로 정리되었다. EC Guidance에 제시된 조건부 리베이트의 경쟁제한성 판단기준은 기본적으로 EC Discussion Paper와 다르지 않다.

EC(2005)는 지배적 사업자의 배타조건부 리베이트의 경쟁제한성 평가에 있어서 3단계의 합리원칙에 의거한 평가방법을 제시하고 있다. 먼저 이를 요약한 구절을 인용하면 다음과 같다. *"리베이트 시스템이 시장을 왜곡하는 배제효과를 창출하고 따라서 지배적 지위의 남용에 해당한다고 결론을 내리기 위해서는 다음과 같은 사실들이 확인되어야 한다.*

(a) 지배적 기업이 정해진 임계수준(threshold)이 초과되면 특정 기간의 모든 구매에 대해서 리베이트가 부여되는 조건부 리베이트 시스템을 적용할 것,

(b) 임계수준이 너무 낮게 설정되어 있어서 지배적 기업의 상당 부분의 구매자

들이 리베이트의 손실을 보지 않고도 상당한 추가 물량을 다른 공급자들로 전환 구매하는 데 장애가 되지 않는다는 증거가 없을 것,

(c) 고객별로 필요점유율(required share)이 상업적 생장가능 점유율(commercially viable share, 이하 CVS)을 초과할 것,[5]

(d) 지배적 기업이 구매자의 상당 부분에 대해서 리베이트 시스템을 적용해서, 이 시스템이 시장수요의 대부분은 아니라 해도 적어도 상당 부분에 영향을 미칠 것,

(e) 봉쇄효과가 존재하지 않는다는 명백한 증거, 예컨대 경쟁기업의 공격적이고 현저한 진입 및/또는 확장, 고객의 전환행위 등이 없을 것.[6]

즉 EC(2005)에 의하면 지배적 사업자의 조건부 리베이트의 위법성 구성의 제1단계 요건은 (a), (b), (c)로 정리되는 안전항 검증(safe harbor test)을 통과하지 못해야 한다는 것이다. 즉, EC는 지배적 사업자의 리베이트가 배타조건부라고 할 지라도 '그 자체로(per se)' 위법하다고 보는 것이 아니라, 일차적으로 안전항 검증을 통과하는 경우를 선별하여(screening out) 그에 대해서는 더 이상 문제삼지 않는다. 지배적 사업자의 조건부 리베이트가 안전항 검증을 통과하지 못하는 경우에는 제2단계로서 그로 인한 배제효과의 실질적 존재 요건인 (d)와 (e)를 충족하는지를 검토하게 된다.[7]

더욱이 EC Discussion Paper는 설령 지배적 사업자의 리베이트가 배타조건부이고, 안전항 검증을 통과하지 못하여 경쟁배제의 가능성을 내포하고, 경쟁배제의 효과가 실질적으로 존재한다고 할지라도 - 즉 위의 (a), (b), (c), (d), (e)의 조건이 모두 충족된다고 할지라도 - 합리적 평가방법의 제3단계로서 효율성 항변의 가능성(possible efficiency defenses)을 열어 두고 있다. "단일 브랜드 의무 혹은

---

5) 공정위는 CVS를 "그 의미를 보다 명확하게 하기 위하여 상업적 경합가능점유율"로 번역하고 있다(의결서 110쪽 각주 108 참조). EC(2008)는 최종적으로 CVS를 '관련 범위(relevant range)'라는 다른 용어를 사용한다.

6) EC(2005) pp. 49-50, para. 162.

7) EC Discussion Paper의 조건부 리베이트에 대한 이러한 단계적 합리적 평가방법은 최근 미국 Antitrust Modernization Commission(2007)가 제안하고 있는 결합상품 리베이트 (bundled rebate)의 경쟁제한성 평가방법과 기본적으로 동일하다고 할 수 있다.

리베이트 시스템이 어느 정도 배제 효과를 가질 개연성이 있는 경우에, 지배적 회사는 그 의무나 리베이트 시스템을 효율성에 대한 고려들을 이유로 정당화할 수 있다고 주장할 수 있을 것이다."[8]

여기서 한 가지 지적할 사항은 EC의 경우는 단일제품 충성할인(single-product loyalty discounts)과 복수제품 충성할인(bundled loyalty discounts)의 경우 모두에 대해서 할인금액을 경쟁이 이루어지는 부분에 배부한 후에 '경쟁 부분에 대한(for the competitive portion)' 평균가격이 평균비용을 상회하는 경우 경쟁제한성이 없는 것으로 간주하지만, 미국의 경우는 오직 복수제품 할인의 경우에만 이러한 안전항 검증을 적용한다는 것이다. 미국의 경우 단일제품 충성할인의 경우에는 일반적인 약탈적 가격의 경우와 마찬가지로 할인금액을 전체 판매량에 배부한 후에 '전체에 대한(for all units)' 평균가격을 평균비용과 비교하는 방식으로 안전항 검증을 적용한다.[9]

즉 단일제품 충성할인에 대해서는 미국이 EC보다 훨씬 허용적 입장을 취한다고 볼 수 있다. 왜냐하면 할인금액을 전체 판매량에 배부한 후에 '전체에 대해' 산정된 평균가격은 할인금액을 경쟁이 이루어지는 부분에 배부한 후 '경쟁 부분에 대해' 산정된 평균가격보다 높게 되고, 따라서 평균비용보다 높을 가능성이 더 커지기 때문이다. 미국의 경우 이처럼 단일제품에 대한 충성할인을 보다 관대하게 허용하는 이유는 단일제품의 경우 '경쟁 부분'과 '비경쟁 부분'을 구분하기가 현실적으로 더 어렵다는 점에 연유하는 것으로 사료된다.

이하에서는 인텔 측 경제분석 중에서 1단계의 조건부 리베이트의 원천적 배제가능성에 대한 안전항 검증의 핵심적 파트인 (c)를 중심으로 소개한다. 이 부분이 흥미롭고 중요한 이유는 조건부 리베이트에 대한 '동등효율 경쟁자(AEC, As Efficient Competitor)' 유효가격 - 비용 검증은[10] EC(2005) DG Comp Discussion Paper에서 방법론이 처음 제시된 후에 공정위 심사관이 인텔 사건에서 실제 적

---

8) EC(2005) p. 53, para. 172.
9) 단일제품 충성할인에 대한 미국의 판례로는 1983년 *Barry Wright v. ITT Grinnel*, 1993년 *Brooke Group v. Brown & Williamson*, 1998년 *Concord Boat v. Brunswick* 등이 있다.
10) 필요점유율 - CVS 비교 방식은 유효가격 - 비용 비교 방식을 재해석한 것으로 양자는 완전히 동일하다.

용하였고, 공정위 심결 단계에서 인텔과 공정위 측의 경제분석에서 방법론 및 그 올바른 적용을 둘러싸고 첨예한 의견 차이가 있었기 때문이다.[11]

2) EC의 '동등효율 경쟁자' 유효가격-비용 검증

EC의 조건부 리베이트에 대한 엄격한 안전항 검증의 기본 원리는 조건부 리베이트가 경쟁기업이 고객에게 '상업적 生長可能 수량(commercially viable amounts, 이하 CVS)'을 공급하는 것, 즉 고객에 대한 CVS를 획득하는 것을 막는 배제효과가 있는지 여부를 살펴보는 것이다. 한편 일반적 약탈가격에 대한 안전항 검증의 경우는 고객의 전체 수요량에 대한 배제효과가 있는지 여부만을 따진다. 특정 고객에 대한 CVS란 경쟁기업이 특정 고객의 총 구매수요량 중에서 경쟁을 통해서 획득가능한 부분 점유율 MSS(market segment share)를 말한다. 예를 들어, 소비자들의 지배기업 제품에 대한 선호로 인해서 특정 고객이 자신의 필요량 중 적어도 70%는 지배기업 제품을 구매하기를 원하고, 나머지 30%는 경쟁사업자로부터 구매할 용의가 있다고 하자. 이 경우 경쟁사업자의 해당 고객에 대한 CVS는 소비자들이 경쟁사업자로부터 구매가능한 MSS 30%가 된다.

이러한 이유로, 경쟁자들은 지배사업자의 충성유도 조건부 리베이트가 없는 경우에도, *"개별 고객의 전체의 수요에 대해서 경쟁할 수 있는 것이 아니므로, 문제는 리베이트 시스템이 경쟁기업이 개별 고객들에게 상업적 생장가능 수량을 제공하는 것을 저해하느냐"*에 있다.[12]

경쟁 배제가능성을 분석하기 위해서는 조건부 리베이트 하에서 '당해 구매자에 대한 CVS의 유효가격(the effective price for the buyer over a commercially viable share)'을 구해야 한다. 이는 지배기업이 제공하는 조건부 리베이트에 대응하여 경쟁기업이 CVS를 획득하기 위해서는 고객에게 제공하여야 하는 단위당 가격이다. 당해 구매자에 대한 CVS의 유효가격을 공식화하여 안전항 검증을 나타내면

---

11) 공정위 의결서는 조건부 리베이트에 대한 유효가격-비용분석 방법 및 인텔 측의 경제 분석에 대해 상당히 많은 지면(109~120쪽)을 할애하여 검토하고 있다. 인텔 측 경제분석은 전성훈(2007, 2008), 공정 측 경제분석은 김종민, 이인호(2008) 참조.
12) EC(2005) Discussion Paper, para. 154.

다음과 같다:[13]

> 동등효율 경쟁자의 유효가격−비용 검증: '$P_E = P - \dfrac{\Delta R}{Q_D\, CVS} \geq$ 지배적 기업의 AC'이면, 조건부 리베이트는 경쟁배제 가능성이 없는 안전항(safe harbor)에 속한다.
>
> 식 6−1

P_E = 지배기업의 조건부 리베이트에 대응하여 경쟁기업이 고객에게 자신의 CVS를 판매하기 위해서 제공하여야 하는 단위 가격

P = 지배기업의 평균가격(단 배타조건부 리베이트를 포함)[14]

ΔR = 지배기업의 고객에 대한 배타조건부 리베이트(즉 고객이 배타조건을 충족하는 경우 받는 총 리베이트에서 배타조건과 무관하게 주어지는 비조건부 디폴트(default) 리베이트와의 차이)[15]

Q_D = 고객의 총 수요량

CVS = 경쟁기업의 고객에 대한 상업적 생장가능 점유율(즉 경쟁기업이 지배기업과 경쟁하여 획득할 수 있는 고객에 대한 점유율)

즉 EC의 안전항 검증은 유효가격 P_E와 지배적 기업이 문제 행위와 관련된 산출량, 즉 $Q_D\, CVS$를 추가적으로 공급하는 데 소요되는 평균비용 AC를 비교하는 것이다. 만약 P_E가 적절히 측정된 AC 보다 높다면, 리베이트는 설령 조건부라고 할지라도 경쟁배제 가능성은 없다. 경쟁기업은 당해 고객에 대한 CVS만큼에 있어서는 소비자의 지배기업 제품에 대한 선호에 구애 받지 않고 지배기업과 경쟁할 수 있다. 그리고 지배적 기업의 조건부 리베이트와 경쟁하여 CVS의 매출을 달성하기 위해서는 가격을 P_E 이하로 제시하여야 한다. P_E가 지배기업의 평균비용보다 높은 경우에는, (i) 경쟁기업이 지배기업과 동등한 효율성을 가

---

13) EC의 안전항 검증은 유효가격(effective price) P_E와 평균비용 AC를 같게 만드는 가상적인 CVS인 '필요점유율(RQS, Required Share)과 실제의 생장가능점유율(CVS, Commercially Viable Share)을 비교'하는 방식으로 제시되기도 한다. 그러나 이는 CVS에 대한 유효가격 P_E와 평균비용 AC를 비교'하는 방식을 달리 표현한 것에 불과하다.

14) 즉 P는 배타조건부 리베이트는 공제하지 않고, 배타조건과 무관하게 주어지는 비조건부의 디폴트 리베이트만 공제한 가격이다.

15) 즉 배타조건이 충족되는 경우 받게 되는 총 리베이트는 조건부 리베이트와 비조건부 디폴트 리베이트의 합으로 구성된다.

지고 있고, (ii) 경쟁기업은 경쟁대응(match)하기로 작정만 하면 가격을 P_E 이하로 제시하여 CVS를 확보할 수 있다. 따라서, 이 경우에는 경쟁기업이 CVS를 획득하지 못했다면, 이는 조건부 리베이트로 인한 것이 아니라 다음 두 가지 중 하나 때문일 것이다. 즉, 경쟁기업이 지배기업보다 비효율적이거나, 아니면 지배기업의 리베이트에 경쟁대응을 하지 않기로 결정하였기 때문이다. 달리 말하면 경쟁기업이 CVS를 잃은 것은, 지배기업의 조건부 리베이트가 경쟁자 배제가능성을 가져서가 아니라, 지배기업과 경쟁기업 사이의 정상적인 효율성경쟁 혹은 가격경쟁의 결과일 뿐이다.

여기서 한 가지 강조하고자 하는 점은, EC를 비롯한 세계적 기준(global standard)이 지배적 기업의 공격적 가격정책과 관련한 경쟁법적 판단에 있어서 '동등효율 경쟁자(as efficient competitor)' 검증을 채택한다는 것이다. EC (2005, para. 64)의 관련 구절을 인용하면, *"가격에 기초한 배제적 행위를 평가함에 있어서 본 보고서에서 기술되는 보다 상세한 원칙들은 일반적으로 가상적인 동등효율 경쟁자(a hypothetical "as efficient" competitor)를 배제할 행위만이 남용적이라는 전제에 기초하고 있다. 동등효율 경쟁자는 지배적 회사와 동일한 비용을 가지는 가상적인 경쟁자이다. 일반적으로 동등효율 경쟁자의 배제는 지배적 회사가 그 자신의(its own) 비용 아래로 가격을 책정할 때에만 결과로 나타날 수 있다."*

3) 삼성전자에 대한 인텔 리베이트의 경쟁사업자 배제가능성

공정위는 의결서에서 2002년 4/4분기부터 2005년 2/4분기까지 인텔이 삼성전자에게 제공한 리베이트는 경쟁사업자인 AMD가 삼성전자에 접근하는 것 자체를 원천적으로 봉쇄하는 효과가 있다는 것을 보이고자 하는 경제분석을 시도하고 있다. 이는 기본적으로 EC가 제시한 조건부 리베이트에 대한 안전형 검증의 일종이라고 할 수 있다. 공정위는 인텔 리베이트가 문제의 기간 동안 AMD의 삼성전자에 대한 접근가능성을 원천적으로 봉쇄하는 효과를 지녔다는 것을 보여주는 예로서, AMD가 인텔의 리베이트에 경쟁하기 위해서는 사실상 CPU를 무료로 혹은 돈을 주고(음의 가격으로) 제공했어야 한다고 주장한다.[16] 이는 인텔이 리

---

16) 의결서 86쪽 <표 43>의 AMD의 경쟁가능 가격분석 참조.

베이트를 통해서 AMD를 배제하고 삼성전자에게 추가적으로 판매한 매출부분에 대한 리베이트까지를 감안한 실질적 단위 가격은 거의 0에 가깝고 경우에 따라서는 음이라는 것이다.

이러한 공정위 분석이 기반하고 있는 핵심적 가정은 삼성전자가 각 분기 총 구매량의 3.0%에 해당하는 물량을 AMD CPU로 구매하게 되면 각 분기 피심인들이 제공하는 리베이트 금액은 피심인들로부터 구매하는 CPU 총 구매액의 1.15%까지 감소할 수 있다는 것이다. 그 근거로는 2002년 1/4 분기에 삼성전자가 CPU 총수요량의 3%를 AMD로부터 구매하자 인텔로부터의 리베이트가 총 구매액의 1.15%로 감소한 일회적 사건을 제시하고 있다.

EC의 조건부 리베이트에 대한 안전항 검증에서 CVS가 의미하는 바는 AMD가 인텔과 경쟁하여 '생장해 나갈 수 있는(viable)' 점유율을 의미한다. 이것은 앞서 논의한 바대로, 삼성전자가 '필수품목(a must stock)'인 인텔 제품 이외에 대체재로서 AMD를 얼마나 구매할 용의가 있는지에 의해서 결정된다. 그러면, 문제가 되고 있는 2002년 4/4분기부터 2005년 2/4분기 사이의 인텔 리베이트의 AMD 배제가능성을 분석하는 안전항 검증에서 AMD의 삼성전자에 대한 CVS는 얼마로 보는 것이 적절한가? 삼성전자가 *"2002년 1/4분기 이후 AMD CPU를 도입함에 따라서 AMD CPU의 삼성전자 내 MSS는 0%에서 2002년 2분기의 12.9%까지 상승"*한 (공정위 의결서 95쪽 <그림 9> 참조) 경험적 사실로부터, 문제의 기간 전후에 삼성전자는 최소한 12.9%까지는 AMD로부터 CPU를 구매할 용의가 있었음을 알 수 있다.

따라서 고객에 대한 CVS가 효율적인 경쟁기업이 획득할 수 있을 것으로 기대되는 고객의 필요량에 대한 점유율 수준을 의미한다고 할 때, AMD가 삼성전자의 필요량 중에서 획득할 수 있을 것으로 기대되는 수준의 MSS는 최소한 12.9%로 보는 것이 합리적이다. 이처럼 CVS를 최소한 문제행위의 개시 전후에 경쟁기업이 달성한 적이 있는 최고의 MSS 수준으로 보는 것이 합리적인 이유는, 그 수준을 실제로 달성한 적이 있다면 적어도 그 수준까지는 수요 측면의 제약을 극복하였다는 것을 추론할 수 있기 때문이다.

공정위 의결서(84~86쪽)에 의하면 삼성전자가 인텔 CPU만 구입한다는 조건을 충족하지 않을 경우 인텔의 리베이트 금액은 인텔로부터의 전체 CPU와 칩셋에 대한 총 구매액의 1.15%로 감소하는 것으로 되어 있다. 이에 따르면 조건 불이행에 따라 삼성전자가 감수하게 되는 리베이트 감소액 $\triangle R = R - (T - 0.129PQ_D) \times 0.0115$($R$ = 해당 분기의 실제 리베이트 지급액, T = 해당 분기의 실제 총 구매액)로 표현할 수 있다. 여기서 $0.129PQ_D$는 삼성의 CPU 총 구입액 중 CVS 비율에 해당하는 구입액이다. 따라서 $T - 0.129PQ_D$는 삼성이 CPU 총 구입액 중 CVS 비율만큼을 AMD로부터 구입할 경우의 인텔로부터의 총 구매액이 되므로, 그 경우 삼성전자가 받을 리베이트 금액은 $(T - 0.129PQ_D) \times 0.0115$로 예상된다. 예상 리베이트 감소액 $\triangle R$은 실제 리베이트 금액 R과 이렇게 계산된 예상 리베이트 금액의 차이가 되는 것이다. 이를 <식 6-1>의 유효가격 공식에 대입하면 삼성전자 건에서의 유효가격은 다음과 같이 표현된다:

$$P_E = P - \frac{R - (T - 0.129PQ_D) \times 0.0115}{0.129Q_D}.$$

식 6-2

유효가격 P_E와 평균가변비용 AVC를 비교하여 수행한[17] 삼성전자에 대한 인텔 리베이트의 경쟁배제 가능성에 대한 안전항 검증의 결과, 문제의 기간 동안 인텔의 삼성전자에 대한 리베이트는 비록 그것이 조건부적 성격을 지니고 있다고 할지라도, 원천적으로 경쟁사업자 배제가능성이 없음을 확인할 수 있다. 전 기간에 걸쳐 AMD가 CVS=12.9%에 대해 인텔의 리베이트에 경쟁대응하여 제시할 수 있는 가격 P_E는 2002년 2/4분기~2005년 2/4분기 사이의 모든 기간에 대하여 AVC보다 훨씬 높았다. 즉 AMD는 (i) 인텔과 대등한 효율성을 가지고 있고, (ii) 자신의 삼성전자에 대한 생장가능 점유율 CVS(=12.9%)를 획득하기 위한

---

17) 그 수치는 인텔 측의 엉엽비밀을 내포할 수 있으으로 제시하지 않는다. 단, 인텔 CPU의 평균비용 AC는 평균판매가격(ASP, Average Selling Price) P와 매출총이익률(gross margin) m이 주어지면 다음의 관계를 이용하여 산정될 수 있다: $\frac{P(1-r) - AC}{P(1-r)} = m$ (단, r은 리베이트율을 나타낸다). 따라서 평균비용은 $AC = (1-r)(1-m)P$로 표현된다. 여기서 평균생산비용 AC는 재료비는 물론 노동비용과 감가상각비도 포함한 것이다. 반면 평균가변비용 AVC는 고정자산에 대한 감가상각비는 포함하지 않기 때문에, AVC를 구하기 위해서는 이를 감안한 조정이 행해져야 한다. 감가상각률(depreciation ratio)을 d라고 표기하면, 감가상각비를 공제한 평균가변비용 AVC는 $(1-d)AC = (1-d)(1-r)(1-m)P$가 된다.

경쟁대응의 의사가 있었다면, 손실을 보지 않고 인텔의 리베이트에 경쟁 대응할 수 있었다는 것이다. 따라서 AMD가 삼성전자에 대한 MSS를 잃은 것은 (i) 혹은 (ii)가 아니었다는 것이다.

인텔 리베이트의 안전항 검증에서 유효가격과의 적절한 비교기준은 AVC이지만, 보다 엄격한 ATC를 비교기준으로 채택하는 경우에도,[18] 인텔 리베이트는 안전항 검증을 통과하였다. 즉 전 기간에 대하여 AMD가 CVS = 12.9%에 대해 인텔의 리베이트에 경쟁 대응하여 제시할 수 있는 가격 P_E는 ATC보다 상당히 높게 나타났다.

공정위 의결서(109~120쪽)와 김종민, 이인호(2008, 58~89쪽)는 이러한 인텔 측의 안전항 검증의 경제분석에 대하여 여러 측면에서 비판을 제기하였다. 무엇보다도 *"피심인들의 경제분석은 가정에 따라 결과가 쉽게 바뀌어 분석결과의 견고성(robustness)이 떨어진다고 할 수 있는 것이다. 이러한 상황에서 피심인의 주장처럼 경제분석 결과에 의존하여 피심인들이 제공한 조건부 리베이트가 경쟁제한성을 갖는지 여부를 명확하게 판단하는 것은 어렵다"*고 주장한다(의결서, 112쪽).

그러나 모든 검증 경제분석은 주요 결정변수에 의존하고, 검증을 시행하기 위해서는 그 값을 알아야 한다. 예컨대, 경쟁법 집행목적의 시장획정 기본원칙인 SSNIP 테스트와 그 구체적인 분석방법인 임계매출감소 분석(critical loss analysis)의 경우도 그 결과가 임계매출감소를 결정하는 관련 산업의 마진율과 실제매출감소를 결정하는 수요의 가격탄력성 수준에 의존한다. 현실적으로 테스트 결과를 결정하는 주요 변수의 값을 정확히 알기는 어렵기 때문에, 일반적으로 경제분석은 그 추정치를 이용할 수밖에 없다. 따라서 경제분석이 의미가 있기 위해서는 그 결과가 '견고성'을 지녀야 한다는 점은 올바른 지적이지만, 이 경우 모든 가정에서 견고할 수는 없는 것이고, 그보다는 '추정치의 합리적인 범위에 대해서(for a reasonable range of estimates)' 견고하여야 하는 것이다.

공정위 측은 인텔 측의 경제분석 결과를 비판하면서, 그 주요 논거로서 CVS와 조건부 리베이트 $\triangle R$에 대한 추정치에 다른 값을 대입하면 결과가 바뀐다는 점을 문제삼고 있다. 그러나 주요 결정변수의 추정치를 크게 바꾸는 경우 결과가

---

18) ATC는 $AC = (1-r)(1-m)P$의 공식에서 영업이익률 m을 대입하여 구하였다.

바뀌는 것은 테스트의 속성상 당연한 것이므로, 정당한 비판이라고 할 수 없을 것이다. 문제는 양측이 제시하는 주요 결정변수에 대한 추정치 중 어느 편이 보다 합리적인 수준이냐 하는 것이다.

합리적 CVS 수준의 추정

공정위 의결서(113쪽)에서는 AMD의 삼성전자에 대한 *"CVS 값을 반드시 12.9%나 9.8% 혹은 6.4%로 해야 하는 명확한 근거는 없다"*고 주장하면서, *"피심인들이 CVS의 값을 추정하고 있는 기간은 2002년 1/4분기와 2/4분기 2분기에 불과하여 정확한 CVS 값을 추정하기에는 너무 짧은 기간이고 해당 기간은 삼성전자가 AMD CPU를 처음 사용하기 시작한 기간으로 삼성전자가 전략적 차원에서 AMD CPU의 구매량을 결정했을 수 있기 때문"*이라고 그 이유를 제시하고 있다. 김종민, 이인호(2008, 71쪽)는 더 나아가서 12.9%로 추정한 것에 대해서, *"합리적인 주장으로 보기에는 매우 자의적인 판단에 근거하고 있다"*고 하고 *"경쟁 제한성의 부인을 위해 가장 높은 CVS를 선택했다"*고 비판하고 있다.

그러나 공정위 의결서(110쪽)에서 정의하고 있듯이, CVS는 어떤 구매자의 총 구매량 중 시장지배적 사업자에게 반드시 구매하지 않아도 되는 구매량의 비율을 의미하는 것으로 '시장지배적 사업자와 경쟁사업자간 실질적인 경쟁이 이루어지는 부분'을 의미한다.[19] 인텔 측이 AMD와 삼성전자 사이의 세 번의 실제 거래에서 AMD가 달성한 가장 높은 MSS를 CVS로 간주한 것은 그것이 CVS의 정의에 부합하는 합리적인 추정이기 때문이다. 즉 2002년 2/4분기에 삼성전자가 총 구매량의 12.9%를 AMD로부터 구입한 경험이 있다면 최소한 그만큼은 '시장지배적 사업자로부터 구매하지 않아도 되는 구매량의 비율'로 시현된(示顯된, revealed) 것으로 보는 것이 합리적 추론이기 때문이다.

2002년 1/4분기는 삼성전자가 AMD CPU 제품을 처음 구입한 시기이므로 아직은 삼성전자의 AMD 제품에 대한 탐색기라고 보아야 할 것이다. 따라서 2002년

---

19) 이는 인텔 측 경제분석에서 CVS를 '경쟁기업이 경쟁을 통해서 획득 가능한 고객에 대한 MSS'로 정의한 것과 사실상 동일한 것이다.

1/4분기는 삼성전자에 대한 인텔과 AMD의 경쟁이 초보적으로 시작된 단계로서, 이 분기의 AMD의 삼성전자에 대한 MSS 3%는 '시장지배적 사업자와 경쟁사업자간 실질적인 경쟁이 이루어지는 부분'을 제대로 반영한다고 볼 수 없다. 이는 바로 다음 분기인 2002년 2/4분기에 AMD의 MSS가 12.9%로 4배 이상으로 비약적으로 증가한 점, 그리고 그 다음 분기인 2002년 3/4분기의 AMD MSS가 지속적으로 12%를 상회한 점(공정위 의결서 95쪽 <9>)으로부터 알 수 있다.

따라서 인텔 측은 2002년 1/4분기부터 3/4분기까지의 세 분기의 실제적 경험 중에서 경쟁의 도입 단계인 2002년 1/4분기를 논외로 하고 경쟁이 형성되기 시작한 2002년 2/4분기와 3/4분기 두 기간의 경쟁상황을 종합적으로 고려하면, 삼성전자를 고객으로 하여 AMD가 인텔과 실질적으로 경쟁하는 부분인 CVS는 최소한 12% 이상이라고 보았다. 설령 보수적인 접근을 취하여 2002년 1/4분기까지를 포함한 세 분기의 평균적 경쟁상황을 고려하더라도 – 2002년 1/4분기 3%, 2/4분기 12.8%, 3/4분기 약 12%의 단순 평균[(3 + 12.8 + 12)/3 = 9.3]을 취하면 – AMD의 삼성전자에 대한 CVS는 적어도 9% 이상이라고 보아야 할 것이라고 인텔 측은 주장하였다.

한편 공정위 측은 삼성전자에 대한 AMD의 CVS의 추정치로 앞서 언급한 3% 대신에 보다 합리적인 추정치로서 4.7%를 제시하고 있다. 공정위는 그 근거로서 단지 *"2002년 4/4분기부터 2005년 2/4분기 전체 기간 동안 AMD 직판시장에서의 평균 점유율인 4.7%를 AMD가 삼성전자 내에서 획득 가능한 시장점유율로 가정하는 것이 보다 합리적일 수 있다"*고 주장한다(공정위 의결서, 114쪽). 그리고 의결서 118쪽과 119쪽의 <표 48>과 <표 49>에서는 이러한 대안적 CVS 추정치 4.7%를 평균비용 AVC 및 ATC와 비교하여 인텔의 조건부 리베이트하에서는 AMD가 수익성 있는 경쟁대응을 할 수 없었고, 따라서 인텔 리베이트는 경쟁배제 효과를 지닌다고 주장한다.

그러나 4.7%가 삼성전자에 대한 AMD의 CVS에 대한 합리적 추정치라는 주장에는 문제가 있다. 무엇보다도 삼성전자의 CPU 수요 중에서 인텔과 AMD가 실질적으로 경쟁하는 부분을 추정하는데, 삼성전자의 자료가 있음에도 불구하고 보다 통합된(aggregated) 직판시장 전체의 자료를 이용하는 것은 적절치 않다. 더욱이 이는 실증적 정확성을 결여하고 있다. 2002년 4/4분기부터 2005년 2/4분기 전

체 기간 동안 AMD 직판시장에서의 평균 점유율은 4.7%가 아니라 6.2%이다.[20]

또한 이러한 실증적 오류를 교정하여 6.2%를 삼성전자에 대한 AMD의 CVS의 적절한 추정치라고 주장한다고 하더라도, 이러한 주장은 논리적 정합성의 측면에서도 문제를 내포하고 있다. 김종민, 이인호(2008, 73쪽)는 이에 대해서 *"인텔의 경쟁사업자 배제 목적의 로열티 리베이트가 없었더라면, AMD는 삼성의 수요 부분 중 관련 시장에서 평균적으로 획득한 정도는 얻을 수 있다"*는 근거를 제시한다. 그러나 바로 이 기간이 공정위 의결서에서 배제 목적의 로열티 리베이트가 있었다고 주장되는 기간이므로, 이 기간의 자료를 이용하는 것은 부적절하다. CVS는 '배타적 남용행위가 없는 정상적인 경쟁상황하에서' 시장지배적 사업자로부터 구입할 수밖에 없는 부분을 제외한 나머지 부분을 의미한다. 따라서 2002년 4/4분기부터 2005년 2/4분기 전체 기간 동안 문제가 되는 인텔의 배제 목적의 로열티 리베이트가 없었다면, AMD의 직판시장에서의 점유율은 6.2%를 상회하였을 것이라고 추론하는 것이 합리적일 것이다.

비조건부 혹은 디폴트 리베이트의 합리적 추정

공정위 의결서(114쪽)는 *"만약 삼성전자가 AMD CPU를 3% 이상 구매하는 경우라면 피심인들은 리베이트율을 1.15%보다 더 낮은 수준으로 줄였을 수도 있다"*는 논리로, *"AMD 제품을 3% 이상 구매할 때는 비조건부 리베이트 금액이 0%라고 가정하는 것도 가능하다"* 고 주장한다. 그러나 인텔 측의 안전항 검증 경제분석에서 인텔이 삼성전자에게 배타조건의 충족여부와 관계없이 지불하는 '비조건부 혹은 디폴트 리베이트(unconditional or default rebates)' 비율로 설정하고 있는 1.15%는 공정위 의결서 36쪽의 <표 31>에 나타나 있는 자료의 전 기간의ㅡ즉 문제가 되고 있는 기간 및 그 전후의 일정 기간을 포함한 모든 관련 기간의ㅡ

---

20) 공정위 의결서 91쪽 <그림 8>에는 AMD의 직판채널에서의 점유율 추이를 나타내는 그래프가 제시되어 있다. 다음 표는 이를 수치화한 것이다.

분기	Q4 '02	Q1 '03	Q2 '03	Q3 '03	Q4 '03	Q1 '04	Q2 '04	Q3 '04	Q4 '04	Q1 '05	Q2 '05	평균
점유율	1.0%	2.4%	3.2%	2.4%	0.8%	3.6%	9.0%	16.7%	14.6%	10.2%	3.9%	6.2%

리베이트 비율 중의 최저치이다. 주어진 자료로부터 인텔은 관행상 리베이트 중 일정 부분은 배타조건과 무관하게 일종의 디폴트로 주고 있음을 알 수 있다. 그 수준은 적어도 전체 기간중의 최저 리베이트 수준인 1.15%보다 낮지는 않을 것 이다.

비교대상이 되는 적절한 평균비용 개념

공정위 의결서(115쪽)는 *"EU Discussion paper에서도 조건부 리베이트가 배 제적 효과를 갖는지 여부를 판단할 때 평균총비용(ATC)를 사용하고"* 있음을 들 어, *"이 사건에서는 평균비용을 평균가변비용(AVC)보다 평균총비용(ATC)으로 하 는 것이 타당하다"*고 주장한다. 그러나, 이에 대한 EC의 입장은 최근 보다 절충 적으로 변화하였다. 즉 EC(2008) Guidance는 안전항 검증에서 유효가격과의 비 교 기준이 되는 평균비용을 ATC에 상응하는 LRAIC(Long Run Average Incremental Cost)와 AVC에 상응하는 AAC(Average Avoidable Cost)를 절충적으로 사용할 것을 제안하고 있다.

평균가격의 적절성

공정위는 인텔 측 경제분석의 평균가격 사용의 적절성에 대해서도 문제를 제 기한다. 의결서(120쪽)에서는 *"피심인들 CPU 중 보다 저렴한 CPU를 중심으로 분 석이 진행되는 경우에는 유효가격이 피심인들이 계산한 것보다 작게 계산될 것"* 이므로, *"피심인들의 분석 결과는 유효가격이 과대 계산되어 경쟁사업자를 배제 할 가능성이 없는 것으로 나타날 가능성이 크다고 할 수 있다"*고 주장한다. 저렴 한 CPU를 중심으로 안전항 검증을 행한다고 해도, 추정된 P_E와 AVC의 현격한 차이에 비추어 볼 때 P_E가 AVC 보다 낮을 가능성은 없어 보인다. 설령 보다 '공 격적' 입장을 취해서 비교기준을 ATC로 삼는다고 할지라도, P_E가 ATC를 하회 할 가능성은 낮다.

'절충적' 입장에서의 안전항 검증과 분석결과의 견고성

이상에서 살펴본 바와 같이, 인텔 측 경제분석과 공정위 측 경제분석은 삼성전자에 대한 인텔 리베이트의 안전항 검증에 있어서 핵심적 결정 변수—CVS, 비조건부 리베이트, 평균비용—의 올바른 추정치가 얼마인가에 대해서 첨예하게 대립하고 있다. 어느 측의 주장이 보다 합리적인가에 대한 판단에 따라서 인텔 리베이트의 경쟁자 배제가능성이 가늠될 것이다.

이하에서는 판단의 참고자료를 제공한다는 측면에서, 양측 주장의 '절충적(eclectic)' 입장에서 양측이 제시하는 주요 변수들의 추정치의 중간값을 취했을 경우 안전항 검증의 결과가 어떠할지를 살펴본다.

표 6-1 안전항 검증의 주요 변수에 대한 '절충적' 입장

	CVS	비조건부 리베이트	평균비용
인텔 측	12.9%	1.15%	AVC
공정위 측	3.0%	0%	ATC
'절충적' 입장	7.95%	0.575%	(AVC+ATC)/2

단, CVS에 대해서 공정위측은 3.0%에서 4.7%(정확한 자료를 이용하면 6.2%)로 입장을 바꾸었지만, 위의 표에서는 공정위측의 가장 공격적인 추정치로서 3.0%를 그대로 이용하였다.

인텔 측 경제분석과 공정위 측의 경제분석 사이의 이러한 절충적 입장을 취하여 삼성전자에 대한 인텔 리베이트에 대한 안전항 검증을 해도 그 결과, 인텔 리베이트는 원천적으로 경쟁자 배제가능성이 없다는 결과를 얻을 수 있다. 2004년 3/4분기를 제외한 나머지 전 기간에 대하여 AMD가 CVS=7.95%에 대해 인텔의 리베이트에 경쟁 대응하여 제시할 수 있는 가격 P_E는 AVC와 ATC의 중간치 $\overline{AC}$보다 상당히 높다.

4) 삼보컴퓨터에 대한 인텔 리베이트의 경쟁사업자 배제가능성

공정위가 삼보컴퓨터에 대한 인텔 리베이트에 대해 문제삼고 있는 것은 홈쇼핑 유통채널에 공급되는 PC에 AMD CPU를 탑재하지 말고 인텔 CPU를 탑재하는 조건으로 리베이트를 제공한 행위와 내수 판매 PC에 대한 인텔 CPU MSS를 70% 이상 유지하는 조건으로 리베이트를 제공한 행위 두 가지이다. 그러나 공정위 의결서는 삼보에 대한 인텔 리베이트에 대해서는 삼성전자에 대해서와 같은 경쟁자 배제가능성 분석을 제시하지 않고 있다.

삼보의 내수 판매 PC용 CPU와 관련한 인텔 리베이트의 성격을 올바로 이해하기 위해서는, 조건부로 제시된 인텔 MSS 70% 유지 조건을 그 전후의 인텔의 관련 MSS의 추이에 비추어 볼 필요가 있다. 공정위 의결서(36쪽)에서는 문제가 되는 남용행위의 시기를 2004년 4/4분기~2005년 2/4분기로 보고 있다. 그러나 공정위 의결서(34쪽, <표 29>)에 제시된 삼보의 CPU 제조회사별 내수판매 PC 현황을 보면, 인텔의 MSS는 문제기간 전인 2004년 1/4분기~3/4분기 동안 평균 93%의 높은 비중을 유지해 왔고, 오히려 배제행위가 있었다고 주장되는 기간인 2004년 4/4분기~2005년 2/4분기 사이에 평균 82%로 감소하였다.

이처럼 리베이트 조건부로 제시된 MSS 70%가 행위 이전의 평균 MSS 93%보다 훨씬 작다는 점을 감안할 때, 과연 사전적으로(ex ante) 인텔의 입장에서 MSS 70%를 조건으로 하는 리베이트 제공의 유인이 있었을까 하는 의문이 제기된다. 이와 관련하여, EC(2005, para. 152) Discussion Paper의 다음과 같은 기술은 주목할 만하다. *"조건부 리베이트가 그런 (강한 배제) 효과를 가지기 위해서는 지배적 기업이 조건부의 임계수준을 충성 유도 리베이트가 없을 경우 구매자가*

표 6-2 삼보컴퓨터의 인텔 CPU 탑재 내수판매 PC 비중

	Q1 '04	Q2 '04	Q3 '04	Q4 '04	Q1 '05	Q2 '05
인텔의 삼보 내수 MSS	94%	95%	88%	92%	81%	71%
부분 평균	문제 행위 이전 평균 92.9%			문제 행위 기간 평균 81.7%		

지배적 기업으로부터 구입했을 수준보다 높게 책정하는 것이 필요조건이다. 만약 임계수준이 구매자가 어차피 지배적 기업으로부터 구매했을 수준으로 설정된다면, 그 리베이트는 충성을 유도하는 효과를 가지지 못할 것이다". 더욱이 리베이트 이후에도 임계수준 70%를 훨씬 웃도는 평균 82%의 MSS를 유지하면서 오히려 관련 인텔 MSS가 이전 기간에 비하여 감소하였다는 것은, 가사 사전적으로 그러한 조건부 리베이트가 협의되었다고 할지라도, 사후적으로(ex post) 그러한 조건은 아무런 제약이 되지 않았음을 의미한다.

이처럼 삼보컴퓨터의 내수 부문 판매와 관련하여 공정위 의결서가 문제로 삼고 있는 인텔의 리베이트는 리베이트 조건 및 문제 기간 전후의 관련 부문에서 인텔과 AMD 경쟁상황의 추이를 살펴볼 때, 안전항 검증을 하지 않고도 경쟁배제 가능성이 없을 것이라는 판단을 내리기에 충분하다고 볼 수 있다. 그러나 이하에서는 가용한 자료를 이용하여 앞서 소개한 EC의 검증방법에 의거하여 삼보에 대한 인텔 리베이트의 경쟁자 배제가능성을 분석해 보기로 한다. 문제가 되고 있는 삼보에 대한 인텔 리베이트는, 삼성의 경우와는 달리 PC용 CPU의 'All IA'를 조건으로 한 '완전배제(full exclusivity)' 조건부가 아니고, 2003년 3/4분기~2004년 2/4분기 기간 동안은 홈쇼핑 판매부문에 한정된, 그리고 2004년 4/4분기~2005년 2/4분기 사이에는 내수 판매부문의 MSS 70%에 국한된 '부분배제(partial exclusivity)'를 조건부로 하고 있다.

이하에서는 분석 및 시사점 도출을 간단하고 명료하게 하기 위해서 해당 기간 동안 삼보에 대한 인텔 리베이트는 내수판매 PC용 CPU 전체에 대한 완전배제를 조건으로 제공되었다고 가정한다. 이러한 가정은 삼보의 전체 내수판매 중 홈쇼핑 판매를 구분해 낼 수 없다는 자료상의 제약에 기인하기도 하지만, 일차적으로는 '부분배제' 조건부 리베이트에 대한 복잡한 분석을 피하고 논의를 단순화하기 위한 것이다. '부분배제' 조건부 리베이트는 '완전배제' 조건부 리베이트보다 경쟁제한성이 작을 것이다. 따라서 인텔 입장에서는 당연히 불리한 이러한 '완전배제' 조건부 리베이트의 가정하에서도 경쟁자 배제가능성이 부인된다면, 공정위가 문제로 삼는 부분배제 조건부 리베이트 제공행위에 경쟁제한성이 없다는 주장은 더욱 강화될 것이다.

EC의 조건부 리베이트에 대한 안전항 검증을 위해서는 우선 AMD의 삼보에 대한 CVS를 산정해야 한다. 앞의 삼성에 대한 리베이트의 분석에서와 마찬가지로 CVS는 문제가 된 기간 및 그 전후에 경쟁기업이 달성했던 최고 수준의 MSS로 보는 것이 합리적이다. 위의 <표 6-2>에 주어진 자료 기간 내에서 AMD는 삼보의 내수 판매부문에서 2005년 2/4분기 최고 29%의 MSS를 달성한 바 있다. 따라서 AMD의 삼보 내수판매 부문에 있어서의 CVS는 29%로 추정할 수 있다.

안전항 검증을 위해서는 다음으로 인텔의 삼보에 대한 '조건부' 리베이트의 크기를 구하는 데 있어서 기준이 되는 '비조건부' 혹은 '디폴트(default)' 리베이트를 설정해야 한다. 삼성의 경우 비조건부 리베이트율 1.15%는 공정위 의결서(36쪽) <표 31>에 나타난 리베이트율의 최소치에 해당한다. 삼보에 대해서 동일하게 주어진 자료 기간 내에서 최소의 리베이트율로 비조건부 리베이트율을 추정하면 그 값은 2003년 4/4분기의 0.*%가 된다.[21]

앞의 삼성 건에 대한 유효가격 공식에서 CVS 12.9%와 '비조건부' 리베이트율 1.15% 대신에 삼보 건에서의 CVS 29%와 '비조건부' 리베이트율 0.*%를 대입하면, 삼보 건에서의 리베이트 감소액은 $\triangle R = R - (T - 0.29 P Q_D) \times 0.*$가 된다. 따라서 유효가액 P_E는 다음과 같이 계산된다:

$$P_E = P - \frac{R - (T - 0.29 P Q_D) \times 0.*}{0.29 Q_D}. \qquad \text{식 6-3}$$

위의 분석대상 기간에 대하여 AMD가 CVS = 29%에 대해 인텔의 리베이트에 경쟁대응하여 제시할 수 있는 가격 P_E는 추정치는 인텔의 AVC의 추정치보다 훨씬 높을 뿐만 아니라, ATC의 추정치 보다도 높다. 즉 AMD는 (i) 인텔과 대등한 효율성을 가지고 있고, (ii) 자신의 삼보컴퓨터에 대한 생장가능 점유율 CVS(= 29%)를 획득하기 위한 경쟁대응의 의사가 있었다면, 손실을 보지 않고 인텔의 리베이트에 경쟁대응 할 수 있었다는 것이다.

공정위가 주장하는 삼보에 대한 인텔 리베이트 조건은 2003년 4/4분기~2004년 2/4분기에는 홈쇼핑부문에, 그리고 2004년 4/4분기~2005년 2/4분기에는 내수부문의 70%에 한정된 부분적 배타조건부 성격이다. 이 경우 '부분적

---

21) 의결서 30~34쪽의 <표 26>과 <표 30>의 해당 자료가 비공개로 삭제되어 있어서, 여기서도 정확한 수치는 제시하지 않는다.

(partial)' 배타조건부보다 더 경쟁제한성이 높은 '완전(complete)' 배타 조건부를 가정하고 분석하면, 이는 인텔 입장에서 불리한 '보수적' 접근이 될 것이다. 이 경우에도 안전항 검증을 통과한다면, 그 결과는 '부분적' 배타조건부의 경우에는 더욱 강하게 성립할 것이고, 인텔 측 경제분석에서는 이를 보인 것이다.

3. 평가

인텔의 조건부 리베이트 및 경쟁배제적 제한행위에 대해서는 AMD가 2000년경부터 EC, 미국, 일본, 한국 등 여러 나라의 경쟁정책 집행기관에 이의(complaints)를 제기한 이래 오랜 기간에 걸쳐 조사가 진행되었고, 이들 국가에서는 시기는 다소 달랐지만 인텔 행위에 대한 경쟁법 위법판결 혹은 시정적 조치 등의 결정이 취해졌다.

1) 일본, 미국 및 EU의 경쟁정책 집행기관의 결정과의 비교

인텔 리베이트에 대해 가장 먼저 조치를 취한 것은 일본의 공정취인위원회(Japan Fair Trade Commission, 이하 JFTC)이다. JFTC(2005)는, 인텔이 2002년 이래 일본의 OEM들에게 완전 배타조건부, 90% 이상의 MSS 유지 혹은 일정 물량 이상의 PC에 경쟁사 CPU를 탑재하지 않는 등의 조건으로 리베이트를 제공해온 것이 일본의 독금법 3조를 위반하는 것으로 판단하여, 2005.3.8. 인텔에게 이를 시정할 것을 권고(recommendation)하였다. JFTC는 인텔 행위의 경쟁제한 효과에 대한 심층적 분석 없이, 인텔의 경쟁자인 AMD와 Transmeta의 일본 내 CPU 시장에서[22] 점유율이 2003년 24%에서 2004년 11%로 급감하였다는 간단한 사실 정도만을 언급하였다. 인텔은 공식적으로는 JFTC의 사실관계나 법률적 주장을 받아들이지 않으면서도, JFTC의 조치가 자신들의 사업에 별다른 지장을 초래하지 않

---

22) JFTC(2005)는 비록 엄밀한 분석은 아니나 경쟁배제 효과 평가에 있어서 고려하는 시장을 '일본 내' CPU 시장으로 본 것은 우리 공정위의 국내시장 획정과 상통한다. 그러나 일본 공취위가 OEM에게 직접 판매와 딜러를 통하는 간접 판매를 모두 시장에 포함한 것은 우리 공정위가 직판채널로 한정한 것과 차이가 있다.

는다고 보아 이를 동의의결(consent decree)로 수용하였다.

한편 인텔의 조건부 리베이트에 대한 경제분석을 비롯한 엄밀한 심사과정을 거쳐서 시지남용의 경쟁법 위반행위로 위법 판정을 내리고 막대한 과징금을 부과(2008.11.5)한 것은 사실상 우리나라의 공정거래위원회가 처음이라고 할 수 있다. 인텔은 일본 공취위의 권고를 동의명령 형식으로 수용하는 것과 달리, 공정위의 의결에 대해서는 즉각 고등법원에 불복 소송을 제기하였다. 이는 인텔의 입장에서는 우리나라 공정위 의결에 대한 대응이 이하에서 소개될 당시 진행되고 있던 막대한 규모의 과징금이 예상되는 EC의 판정에 대한 전초전적 성격을 지니고 있기 때문인 것으로 추측된다. 서울고등법원(2013.6.19)은 인텔의 시지남용 행위에 대한 공정위 위법성 판정 및 과징금 부과 처분이 정당하다는 법원의 판결을 내렸다. 인텔은 이하에서 소개하는 EU에서의 사건전개와 달리 대법원에 상고하지 않음으로써, 우리나라에서의 인텔 사건은 종결되었다.

미국은 자국의 다국적 기업인 인텔의 제제에 있어서 시기나 방식에 있어서 신중하였다. 다른 나라에서 경쟁정책 기관에 의한 제재 결정이 내려진 후, 더욱이 2009.11.11. 인텔이 AMD에게 12.5억 달러를 주고 반독점 및 지적재산권 분쟁을 매듭짓는 중재(settlement)가 이루어진 후에 US FTC(2009.12.16)는 Sherman법 2조가 아닌 FTC법 5조를 적용하여[23] 광범위한 인텔의 반경쟁적 행위들에 대하여 소(complaint)를 제기하였다. 흥미로운 것은 우리나라 공정위나 EC는 인텔이 CPU 시장에서의 지배적 지위를 유지하기 위해서 조건부 리베이트나 경쟁제품의 출시 방해 등의 배타적 남용행위를 행한 것을 문제로 삼았으나, US FTC(2009.12.16)는 CPU 시장에서의 독점적 지위를 공고히 하기 위한 다른 행위들을 문제 삼았다. 예컨대 compiler와 같은 핵심 소프트웨어를 은밀히 수정(redesign)하여 경쟁사 CPU의 성능을 저하시킨 행위를 비롯하여 CPU에 대한 의존을 낮추

---

23) FTC법 5조 위반에 대해서는 Sherman법 위반의 경우와는 달리 피고에 대한 사적 소송에서 3배손(triple damage)의 배상청구를 할 수 없다. 또한 전자는 후자에 비하여 보다 광범위한 '불공정한 경쟁방법, 그리고 기만적인 상업 행위와 관행들(unfair methods of competition, and deceptive acts and practices in commerce)'을 법 위반으로 제재하여 시정을 명령할 수 있다. 즉 FTC법 5조는 Sherman법에 비하여 처벌 강도를 낮추는 대신 적용 범위를 넓힌다고 볼 수 있을 것이다.

고 그 잠재적 경쟁 위협으로 부상하는 GPU(Graphic Processing Unit) 시장에까지 독점을 확장하려는 행위 등이 포함되었다. 그러나 인텔은 US FTC(2010.11.2)와의 문제 행위들을 시정하는 동의명령에 합의하였다.[24] 물론 이러한 양자간 합의에 따른 동의명령은 관련 인텔 행위의 위법성을 인정하는 것이 아니다.

EU에서의 인텔 사건은 현재 진행형이다. EC는 AMD가 2000.10.18. 인텔 행위에 대한 이의를 제기한 이후 오랜 조사를 거쳐서 2007.7.26. 반대진술서(Statement of Objections)를 발부하였다. 그리고 EC(2009)는 2009.5.13. 인텔이 2002.10~2007.12월 동안 EC 협약 82 및 EEA 합의 52조를 위반하였다는 판정과 더불어 10.6억 유로(2004년 Microsoft에 대해 부과된 4.97억 유로의 2배가 넘는 금액)의 막대한 벌금을 부과하였다.[25] EC는 인텔이 지배적 지위를 남용하여 경쟁자를 시장에서 배제한 불법행위를 PC 제조사들과 유럽 소매업체에 대한 '배타 조건부 리베이트'와 경쟁제품의 PC 탑재를 저지하거나 지연하는 소위 '노골적 제한(naked restraints)' 두 부류로 나누어 살펴보았다.[26] EC는 관련 상품시장은 'x86 CPU 시장보다 넓지 않게(not wider than the market of x86 CPUs)', 지리적 시장은 '세계(worldwide)'로 획정하고, 인텔은 1997~2007, 10년의 기간 동안 70%를 넘는 높은 점유율로 시장지배적 지위를 보유하였다고 판단하였다.[27]

특히 EC(2009)는 인텔의 Dell, HP, NEC, Lenovo, MSH(Media Saturn Holding, 유럽의 최대 PC 소매업체)에 대한 조건부 리베이트에 대해서 소위 '동등효율 경쟁자 분석(as efficient competitor analysis)'에 입각한 앞의 2절 2)항에서 소개한 유효가격-비용의

---

24) US FTC(2010.8.4) Press release, US FTC(2009.12.16) Docket No. 9341.
25) 참고한 EC 의결서는 관련 회사의 영업비밀에 해당하는 것이 삭제된 것이다.
26) 이는 경쟁제한성이 평가에 있어서 조건부 리베이트와 같은 '가격기반(price based)' 배제행위에 대해서는 '비가격기반(non-price based)' 배제행위의 경우와는 다른 접근방식이 필요함을 시사한다고 볼 수 있을 것이다.
27) 이는 '국내 직판'으로 한정한 공정위의 시장획정과 대비된다. EC의 논거는 간단 명료하다. *"There is no controversy between the parties on the geographic scope of the market-they agree that it is worldwide. The Commission shares this position. This conclusion is supported by the fact that the main suppliers compete globally, CPU architectures are the same around the world, the main customers (OEMs) operate on a worldwide basis, and the cost of shipping CPUs around the world is low compared to their cost of manufacture."* para. 836, p. 253.

안전항 검증방법을 활용하여 경쟁배제의 가능성을 상세히 분석(의결서의 총 514쪽 중에 150여 쪽, pp. 302~453)을 할애)하였다. EC의 안전항 검증방식은 <식 6-1>의 $P_E \equiv P - \dfrac{\Delta R}{Q_D \, CVS} \geq$ AAC를 $S_R \equiv \dfrac{\Delta R}{(P-AAC)Q_D} \leq$ CVS로 전환하여, 유효가격 (Effective Price) P_E와 지배기업의 평균회피가능비용 AAC(Average Avoidable Cost)와 비교하는 대신에 CVS와 필요점유율(Required Share) S_R을 비교하는 것이다.[28] EC 의결서는 인텔의 생산, 비용 구조 및 각각의 거래상대방과의 거래조건을 검토하여 필요점유율 S_R를 결정하는 평균비용 AAC, 조건부 리베이트 ΔR 및 경합가능점유율(contestable share) CVS를 적절히 측정하면, 필요점유율보다 경합가능점 유율이 더 커서 인텔의 조건부리베이트는 안전항 검증을 통과하지 못한다고 판단하였다.

EC(2009, pp. 302~453) 의결서의 해당 파트로부터 이들 주요 변수들을 둘러싼 피심인 인텔과 EC 위원회의 입장 차이가 상당히 컸음을 알 수 있다.[29] EC는 동등효율 경쟁자 분석이 내포하는 이러한 불확실성 혹은 논쟁가능성을 인식한 듯, *"동등효율 경쟁자분석은 현재의 맥락에서 경쟁을 침해할 가능성을 검토하는 한 가지 방법이라는 것을 강조할 필요가 있다. 그러나 그것을 필수적 혹은 절대적 검증으로 간주해서는 안 된다"*고 언급하고 있다(p. 338). 또한 EC는 이러한 분석에 앞서(pp. 276~279), 인텔의 각종 조건부 리베이트는 그 성격에 있어서 1979년 *Hoffmann-La Roche* 이후에 일관되게 확립된 판례(case-law) 전통에 따라서 지배적 지위를 남용하는 범주에 해당하는 충성할인(fidelity rebates)임을 밝히고 있다.

인텔은 EC의 결정에 불복하여 General Court of the European Union(이하 GCEU)에 항소하였으나, GCEU(2014)는 2014.6.12. 인텔의 지배적지위 남용행위를 인정하고 10.6억 유로의 벌금을 부과한 EC 의결을 전적으로 인용하였다.[30] 인텔은 우리나라에서와 달리 항소법원의 판결에 불복하여 EU 최고법원인 Court

---

28) 두 방식은 완전히 동일하다. 주목할 점은 EC는 유효가격과 비교 기준이 되는 지배적 기업의 평균비용을 평균가변비용 AVC와 가까운 AAC로 하면서, 이는 인텔에게 우호적인 '보수적(conservative)' 비용 측정임을 밝히고 있다. EC(2009, p. 309) 참조.

29) EC 측이 적절하다고 판단하는 추정치에 대비한 상대적인 관점에서, 인텔 측은 고려되는 시기에 많은 비용이 회피불가능(unavoidable)하여 AAC가 낮고, 조건부성격의 리베이트는 작고, 거래상대방에 대한 경합가능점유율은 높다고 주장하고 있다.

30) EU General Court(2014.6.12), Press Release.

of Justice of the European Union(이하 CJEU)에 상고하였고, CJEU는 2017.9.6. 인텔 조건부리베이트의 위법성 판단에 있어서 경제분석의 필요성에 대한 GC와 다른 입장을 취하여 GC의 판결을 유보(set aside)하고, 사건을 GC로 다시 환송 (refer the case back to GC)하는 결정을 내렸다.[31] CJEU의 이러한 결정은 향후 EU 에서 조건부 리베이트와 더 넓게는 지배적 지위남용 행위에 대한 위법성 판단에 있어서 경제분석의 중요성 및 합리원칙(rule of reason)의 적용방식에 있어서 매우 큰 의미를 지닌다고 할 수 있다.[32]

우선 GCEU는 EC의 인텔에 대한 위법성 및 벌금부과 판결이 정당하다는 입장을 넘어서, 인텔 조건부리베이트와 같은 '배제성 리베이트(exclusivity rebate)'에 대해서는, 지배적 사업자의 배제적 리베이트는 그 성격상 경쟁을 제한하고 경쟁자를 시장에 배제할 수 있으므로, EC(2009)가 EC(2008)의 Guidance에 따라 적용한 '동등효율 경쟁자(as efficient competitor)' 분석조차도 필요하지 않을 수 있다는 매우 완고한 입장을 취하였다. 이는 사실상 배제성 리베이트와 같은 특정 범주의 남용행위에 대해서는 당연위법에 준하는 접근법으로 해석되어 많은 논란을 야기하였다.[33] 반면, CJEU는 *"EC가 의결에서 해당 리베이트가 그 자체의 성격상 경쟁을 제한할 수 있음을 강조하면서도 관련 상황에 대한 심층적 검토를 통해 동등효율 경쟁자가 생존이 불가능한 가격을 제시하여야 하고 따라서 해당 리베이트는 그러한 경쟁자를 배제할 수 있었다는 결론에 이르렀다. 따라서 AEC(as efficient conpetitor test)는 해당 리베이트 시스템이 동등효율 경쟁자에 대한 배제*

---

31) EU Court of Justice(2017.9.6) Press Release.
32) Petit(2018) 참조.
33) Intel 사건에서 EC 및 일반법원의 판결에 나타난 배타조건부 리베이트에 대한 준 당연위법 적 접근 및 경제분석의 배척에 내한 경제학자들의 비판적 논의에 대해서는 Geradin (2015), Rey and Venit(2015) 참조. 더욱이 최고법원의 법무관(Advocate General) Whal은 이러한 항소법원의 판단에 법적 오류가 있다는 의견을 개진하였다. EU Court of Justice (2016.10.20) Press Release 참조. Whal은 *"'배타성 리베이트'은 별개의 독특한 범주의 리베이트로서, 지배적 지위 남용을 확정하는 데 있어서 모든 상황을 고려할 필요조차 없다고 항소법원이 판단한 것은 잘못된 것이다. … 게다가 항소법원은 모든 상황에 기초하여 항소자에 의해 제공된 리베이트와 지불이 반경쟁적 배제효과를 지녔을 가능성이 크다는 것을 확립하는 데 실패함으로써 가능성의 대안적 평가에 있어서 법적 오류를 범했다*'는 의견을 밝혔다.

효과를 가질 수 있는지에 대한 *EC*의 평가에 중요한 역할을 했다"고 보았다. 따라서 "*GC*는 그러한 검증(무엇보다고 *EC*가 범했다고 주장되는 오류와 같은)에 관한 인텔의 주장들을 검토해야만 했으나, *GC*는 하지 않았다. 따라서 해당 리베이트가 경쟁을 제한할 수 있는지의 분석 실패의 결과인 *GC*의 판결을 유보한다. *CJEC*는 인텔이 제기한 주장에 비추어 해당 리베이트가 경쟁을 제한할 수 있는지를 검토하도록 사건을 *GC*에 환송한다."고 *CJEC*는 판단했다.[34]

2) 인텔 사례의 의의

인텔 사건은 우리나라에서뿐만 아니라 세계적으로도 조건부 리베이트와 같은 '가격기반 시지남용(price-based abuse of dominance)'에 대한 경쟁법 집행에 있어서 중요한 이정표가 될 것은 분명하다. 그러나 그것이 가리키는 화살표의 방향은 아직 분명하지 않다. 지금까지의 공정위나 EC와 같은 경쟁정책 집행기관이 제시하는 방향은 외형적으로는 '효과 기반(effect-based)'의 접근법을 내세우고 있으나 속내에 있어서는 '외형에 입각한(form-based)' 준 당연위법(quasi per se illegality)의 접근법을 완전히 벗어나지 못한 것으로 보인다. 이러한 이중적인 태도는 앞서 검토한 인텔 사건에서 공정위 및 EC가 '동등효율 경쟁자' 유효가격－비용 검증을 통해 조건부 리베이트가 효율적인 경쟁자를 배제할 원천적 가능성이 없다는 것을 보이려는 시도를 하면서도, 다른 한편으로는 인텔 리베이트의 부당성 혹은 위법성을 입증하는 데 이러한 경제분석이 반드시 필요한 것은 아니라는 점을 언급하는 데서 드러난다.

한편 JFTC와 US FTC는 인텔의 조건부 리베이트에 대한 엄격한 경제분석을 하지 않았을 뿐만 아니라 위법성에 대한 판단도 보류한 채로 동의의결로 사건을 마무리하였다. 반면 EU 최고법원 CJEU의 AEC 검증의 필요성을 지지하는 판결

---

34) 원문은 다음과 같다: "*The Court therefore sets aside the judgement of the General Court as a result of that failure in its analysis of whether rebates at issue were capable of restricting competition. The Court refers the case back to the General Court so that it may examine, in the light of the arguments put forward by Intel, whether the rebates at issue are capable of restricting competition.*"

은, 환송된 인텔 리베이트 사건에서 GC의 위법성 판결의 방향과 무관하게(아마도 위법성 판결 자체가 번복되기는 어렵다고 보지만), 조건부 리베이트를 비롯한 시지남용의 위법성 판단에 있어서 경제분석의 중요성 및 효과에 기반한 합리원칙의 적용의 당위성을 원칙적으로 천명하였다는 점에서 매우 고무적이다.

시각을 조금 좁혀서 조건부 리베이트에 대한 안전항 검증으로 동등효율 경쟁자를 상정한 유효가격－비용분석의 유용성에 대해 인텔 사례가 시사하는 바를 살펴보면, 일단 이 방법을 활용하여 피심인이 안전영역에 있는지 여부를 판단하기는 쉽지 않다는 것이 밝혀졌다. 이는 조건부 리베이트에 의한 효율적 경쟁자 배제의 원천적 가능성을 결정하는 주요 파라미터(parameter)인 CVS(생장가능/경합/관련 점유율), ΔR(조건 미충족시 리베이트 감소), AAC(평균회피가능비용)에 대한 객관적 추정이 쉽지 않기 때문이다. 피심인은 자신의 리베이트가 효율적 경쟁자를 배제할 수 없는 '안전한' 것이라는 것을 보이기 위해서 CVS가 상당하고, ΔR가 작고, AAC가 낮다고 주장하고, 심사관은 피심인의 경쟁자 배제가능성을 입증하기 위해서 그 반대를 주장한다. CVS에 대한 정보는 피심인의 고객과 경쟁자에게, ΔR은 피심인과 피심인 고객에게, AAC는 피심인에게 편재되어 있다. 이러한 이해당사자들 사이의 심각한 이해상충과 정보비대칭성의 문제로 인해서 이들 파라미터에 대한 올바른 추정치를 확보하기는 매우 어렵다. 그러나 이러한 추정의 어려움은 이 경우에만 특수한 것은 아니다. 시장획정을 위한 임계매출감소 분석에서도 주요 파라미터들, 예컨대 가격탄력성, 마진율 등의 올바른 추정이 쉽지 않다. 그러나 어려움을 이유로 시장획정 자체를 포기하지 않는 것처럼, 이론적으로 타당한 동등효율 경쟁 가설에 입각한 유효가격－비용의 안전항 분석 방법론을 폐기하여서는 안 될 것이다. 인텔 리베이트의 경우 이러한 분석이 처음 시도된 것이므로, 향후에 경험이 축적되고 비판적 평가가 더해지면 보다 유용하게 발전되는 진전이 있을 것으로 기대한다.

네이버-다음 동의의결(2014년)과 수직적 거래제한의 경쟁효과

공정위는 인터넷 검색 및 광고 시장에서의 포털 및 광고플랫폼 사업자들의 몇 가지 행위가 시지남용 및 불공정거래에 해당하는지를 심사하던 중 네이버와 다음의 동의의결 신청에 따라 심의를 종결하고, 2014년 동의의결을 확정하였다. 특히 이 사건에서는 2011년 도입된 동의의결 제도가 처음 적용되었고, 경제분석에서는 문제 행위에 포함된 키워드 광고대행사간 광고주 이관제한이라는 수직적 거래제한의 경쟁효과가 흥미롭게 다루어졌다. 본장에서는 이 사건에서의 공정위 동의의결과 네이버 측 경제분석의 주요 내용을 소개한다.[1]

1. 사건 및 경제분석 개요

1) 공정위 동의의결 개요

네이버 주식회사(이하 '네이버'), 네이버비즈니스플래폼 주식회사(이하 'NBP'), 다음커뮤니케이션(이하 '다음')은[2] 시장지배적지위 남용행위 등과 관련하여 2013.5. 공정위의 현장조사를 받았고, 2013.11. 동의의결을 신청하였다. 공정위는 이를 수용하여 2014.5.8. 동의의결을 확정 공표하였다.[3] 네이버-다음 동의의결(이하 '본사건')은 국내에서 동의의결 제도가 도입된 이후 적용된 첫 사례로서 중요한 의미를 지닌다.

---

1) 본장은 전성훈, 김종민, 남재현(2015)을 수정한 것이다.
2) 네이버는 검색서비스와 키워드 광고를 함께 제공하는 인터넷포털 사업을, NBP는 키워드 광고 영역을 관리하는 온라인광고 사업을 분리 운영하지만, 다음은 두 사업을 통합 운영하고 있다.
3) 공정위(2014.5.8) 의결.

동의의결은 2011.12.2. 공정거래법 개정으로 도입된 제도이다. 법 제51조의2에 따르면, 공정위의 조사나 심의를 받고 있는 사업자는 부당한 공동행위의 금지의 위반행위나 고발 요건에 해당하는 경우가 아니면 동의의결을 신청할 수 있다. 동의의결의 시정방안이 문제 행위가 법을 위반한 것으로 판단될 경우에 예상되는 조치 및 제제와 균형을 이루고, 공정한 경쟁질서를 회복시키거나 소비자와 다른 사업자를 보호하기에 적절하다고 인정되는 경우 해당 행위 관련 심의를 중단하고 동의의결을 내릴 수 있다. 단 동의의결은 해당 행위의 법 위반을 인정한 것은 아니다.

본 사건에서 공정위는 인터넷 검색 및 광고 시장에서 시장지배적 지위를 보유한 네이버와 다음의[4] 총 다섯 가지 행위를 문제로 삼았다: (i) 네이버와 다음이 자사가 제공하는 쇼핑, 부동산, 영화, 책, 뮤직 등의 전문서비스를 인터넷포털 이용자들에게 정보검색 결과와 구분하지 않고 통합하여 제공한 행위, (ii) NBP와 다음이 이용자가 검색어를 입력하면 포털 화면에 키워드 광고 상품을 우선하여 노출하도록 하면서 이것이 정보검색 결과가 아닌 광고이고, 검색어에 대한 연관성과 광고주의 입찰가에 따라 노출 순위가 결정된다는 사실을 명확하게 표기하지 않은 행위, (iii) NBP와 다음이 각각의 키워드 광고시스템인 '클릭 초이스'와 '다음 클릭스'를 운영하면서 키워드 광고를 판매·관리하는 광고대행사를 대상으로 전분기 매출금액을 기준으로 기존 광고주에 대한 이관 한도를 설정하고, 한도를 초과하는 경우 이관을 허가하지 않는 영업정책을 실시하는 행위,[5] (iv) NBP가 매체사업자와 네트워크 키워드 광고 제휴계약을 체결하면서 매체사업자가 신규 서비스(광고영역)을 제공하는 경우 NBP에게 우선협상권 또는 우선이용권을 부

---

4) 국내 인터넷 검색서비스 시장에서는 2013년 클릭수 기준 네이버와 다음이 약 70%, 20%대의 점유율로 1, 2위이고, 구글과 네이트가 3, 4위이다. 온라인광고 시장에서의 점유율 분포도 이와 유사할 것으로 예상된다. 구글의 검색 점유율이 50% 미만인 나라는 우리나라를 비롯하여 4~5개 국가에 불과하다.

5) NBP와 다음은 광고플랫폼 사업자로서 인터넷포털과 같은 매체의 광고 공간 및 시간을 구매하여 네트워크를 형성시켜 자체적인 광고상품을 판매한다. 인터넷 광고대행사는 온라인 광고에 관하여 전문적 지식·기술·경험을 가지고 광고주를 대행하여 광고의 계획에서 실행까지 담당한다. 기존 광고주란 광고대행사를 통하거나 직접 키워드 광고시스템에 접속하여 광고를 이미 실행하고 있는 광고주를 말한다.

여하는 내용으로 계약을 체결하였으며, 해당 계약 내용에 따라 우선협상권 등을 행사하여 신규 광고영역을 확보한 행위,[6] (v) 네이버가 온라인·모바일게임 퍼블리싱 계약관계에 있는 자회사 오렌즈크루(주)에 네이버 소속직원 4명을 파견하여 오렌즈크루(주)의 업무에 종사하게 하면서 인건비를 부담한 행위.[7]

공정위는 (i) 정보검색 결과와 전문서비스를 구분 없이 제공하는 행위와 (iii) 키워드 광고대행사 간 광고주 이관을 제한하는 행위에 대해서는 법 제3조의2에서 금지하는 다른 사업자의 사업활동을 부당하게 방해하는 시장지배적 지위남용행위와 법 제23조에서 금지하는 부당하게 경쟁자의 고객을 자기와 거래하도록 유인하거나 강제하는 혹은 거래의 상대방의 사업활동을 부당하게 구속하는 조건으로 거래하거나 다른 사업자의 사업활동을 방해하는 행위로서 법 위반의 혐의가 있는지를 심의하였다. 한편 (ii) 키워드 광고와 정보검색 결과를 명확히 구분하지 않은 행위는 법 제23조에서 금지하는 부당하게 경쟁자의 고객을 자기와 거래하도록 유인하거나 강제하는 행위에, (v) 계열사에 대한 인력지원은 법 제23조에서 금지하는 부당하게 특수관계인 또는 다른 회사를 지원하는 행위에 해당하는지를 검토하였다.

동의의결에 따라 공정위와 신청인 네이버, NBP 및 다음의 합의에 의해 마련된 시정방안을 통해서, 상기 문제 행위에 대한 공정위의 법 위반 여부에 대한 판단이 보류된 채, 본 사건은 종결되었다. 본 사건 동의의결을 위해 신청인이 제출하고 공정위가 승인한 시정방안은 크게 ① 경쟁질서 회복을 위한 시정방안과 ② 소비자 등 피해구제 방안 두 가지로 구성되어 있다.

먼저 경쟁질서 회복을 위한 것으로, (i)의 문제를 해소하기 위해서는 네이버와 다음은 PC를 이용한 검색에서 통합검색 결과를 노출 시 쇼핑, 부동산, 영화, 책, 뮤직 등의 서비스 관련 영역('컬렉션')이 자신의 전문서비스로부터 제공되는 정보임을 구분하여 표시한다. 즉 해당 전문서비스 명칭에 '네이버' 혹은 '다음' 회사

---

6) 매체사업자란 온라인 광고의사 전달과 관련하여 정보 혹은 데이터를 저장하고 전달하는 인터넷 사이트로서 인터넷포털과 인터넷뉴스미디어 등을 말한다.
7) 퍼블리싱(publishing) 계약이란 게임배급업자가 게임개발업체의 게임 기획이나 개발 단계에 투자하고, 판권 계약을 체결하거나 제휴를 통하여 게임을 직접 홍보·출시하기로 하는 계약을 의미한다.

명을 부기하여 자사 또는 계열사의 전문서비스임을 표시한다. 또한 해당 전문서비스 명칭 우측에 안내마크('ⓘ')를 표기하고 이용자가 안내마크로 마우스를 이동시킬 경우 "네이버(혹은 다음)가 운영하는 ○○○ 서비스입니다"라는 안내문구가 표시되도록 한다. 그리고 전문서비스 영역 우측 상단에 경쟁사업자로 연결될 수 있는 하이퍼링크를 만들고, 이를 통해 이동된 화면에 경쟁사업자의 사이트가 표시되도록 한다. (ii)의 문제 해소를 위해서는 NBP와 다음은 PC를 이용한 검색에서 통합검색결과를 노출 시 '파워링크', '비즈사이트', '프레미엄링크', '와이드링크' 등 자신이 운영하는 키워드 광고 영역이 정보검색결과가 아닌 광고임을 명확하게 표시한다. 이를 위해 키워드 광고 영역에 한글로 "○○○ 관련 광고입니다"라는 문구를 상시 표시하고, 노란색 음영처리 등으로 구분 표시한다. 그리고 키워드 광고 영역이 광고임을 알리는 문구 옆에 '안내마크(ⓘ)'를 표기하고 이용자가 안내마크로 마우스를 이동시킬 경우 광고노출기준에 관한 안내문구 "광고노출기준은 검색어에 대한 연관성과 광고주의 입찰가입니다"가 표시되도록 한다. (iii)의 문제 해소를 위해서 NBP와 다음은 키워드 광고대행사 간 기존 광고주의 이동을 제한하는 행위를 중지하고 관련 영업정책을 폐지한다. (iv)의 문제 해소를 위해서 NBP는 매체사업자와 체결한 네트워크 키워드 광고 제휴계약에서 우선협상권 또는 우선이용권 조항을 즉시 삭제한다. 마지막으로 (v)의 문제 해소를 위해서 네이버는 계열사인 오렌지크루에 대한 인력파견상태를 해소하거나, 파견인력에 대한 업무용역계약을 통해 인건비를 정산한다.

소비자 등 피해구제 방안으로, 네이버와 NBP는 인터넷 서비스 산업에서의 공정경쟁질서 확립과 중소사업자 및 소비자 보호, 긴급구제를 위하여 공익법인을 설립하여 3년간 200억원을 출연하고, 소비자 후생제고 및 중소사업자 등 상생지원을 목적으로 3년간 300억원에 상당하는 현금 및 현물을 출연한다. 다음의 경우는 이용자들의 피해구제 및 후생증진을 위하여 독립기구인 기금운영위원회를 설치하여 2년간 10억원을 출연하고, 인터넷 산업에서의 이용자 및 콘텐츠 제공자 등의 상생 및 후생을 증진하고 모바일 생태계 활성화 등을 위해서 3년간 30억원을 출연한다.

2) 네이버 측 경제분석 개요

네이버 측이 2013.11.20. 공정위에 제출한 전성훈, 김종민, 남재현(2013)의 경제분석 보고서에서는 공정위가 문제로 삼은 네이버와 NBP의 행위 중에서 (i), (iii)과 관련하여 네이버의 유료전문서비스[8] 사업모델과 NBP의 광고대행사 이관 제한 정책의 경제적 효과를 분석하였다. 이하에서는 이 중 첫 번째 이슈에 대한 보고서의 분석내용을 요약하여 소개한다. 본장의 2절에서는 두 번째 이슈를 좀 더 심층적으로 다룬다. 그 이유는 광고대행사 이관제한 정책의 경쟁촉진과 효율 개선 효과에 대해서는 산업조직에서 많은 연구가 있어 왔고, 이로부터 흥미로운 시사점을 얻을 수 있기 때문이다. 3절에서는 미국과 EU의 Google 관련 사례와 비교하고, 본건의 공정위 동의의결과 경제분석의 의의를 제시한다.

공정위는 네이버가 통합검색 방식을 통해 온라인 검색서비스에 유료전문서비스를 포함시킨 행위가 주상품 시장인 온라인 검색서비스에서 네이버가 지니고 있는 시장지배력을 부상품 시장인 유료전문서비스 시장에 전이하려 한 행위로서 시장지배적 지위남용 행위 중 사업활동방해 및 불공정거래행위의 끼워팔기에 해당하는지 심사하였다.

끼워팔기는 별개의 상품인 주상품(tying product)의 구매와 부상품(tied product)의 구매를 연계하는 판매 전략이다.[9] 본건에서는 부상품인 유료전문서비스의 구

---

8) "네이버 통합검색"은 온라인 사용의 질의 또는 검색어에 적합한 유형의 정보를 블로그, 카페, 지식iN, 웹문서, 뉴스, 사전, 이미지, 동영상 등과 같이 유형별로 구분하여 이를 한꺼번에 제공하는 검색서비스 방식이다. 네이버는 2000년 8월부터 네이버 통합검색이라는 방식으로 사용자에게 온라인 검색서비스를 제공하기 시작했고, 2003년 9월 네이버 영화 서비스를, 2003년 10월 네이버 지식쇼핑 서비스를, 2004년 9월 네이버 책 서비스를, 2005년 1월 네이버 부동산 서비스를, 2005년 1월 네이버 뮤직 서비스를 컬렉션으로 구성하여(이하에서 네이버 영화, 네이버 지식쇼핑, 네이버 책, 네이버 부동산, 네이버 뮤직을 합하여 "네이버 유료 전문서비스" 또는 "유료 전문서비스"라고 한다) 그 무렵부터 사용자에게 네이버 통합검색 방식을 통해 정보검색결과(온라인 검색서비스)와 함께 네이버 유료 전문서비스를 제공하였다. 네이버가 통합검색 결과에 유료전문서비스로부터의 콘텐츠를 포함시킨 이후, 국내외 사업자들도 유사한 사업모델을 채택하였고, 새로운 유료전문서비스 업체들이 시장에 진입하면서 활발한 동태적 경쟁이 이루어지고 있다.
9) 끼워팔기를 통한 시장지배력 전이에 관한 대표적인 연구로는 Whinston(1990), Choi and Stefanadis(2001), Carlton and Waldman(2002) 등이 있다.

매를 전제로 주상품인 온라인 검색서비스의 구매가 허용되었는지의 여부가 핵심적인 사안이다. 이를 위해서는 이용자가 통합검색을 이용한 경우, 유료전문서비스가 페이지의 하단에 펼쳐 보여진다는 점만으로 유료전문서비스의 구매가 강요된 것으로 판단할 수 있는지 논의가 필요하다.

유료전문서비스의 경우는 비록 통합검색의 결과로 노출되고 있다고 하더라도 소비자의 추가적인 선택이 없으면 서비스 제공사업자의 매출이 야기되지 않는다는 특징이 있다. 이러한 점에서 단지 유료전문서비스에 노출되었다는 사실만으로 이를 구매라고 판단하는 것은 무리가 있다. 즉 통합검색을 통해 유료 및 무료 검색서비스에 노출된 이용자가 스스로의 선택에 의해 유료전문서비스를 클릭하거나 연결된 사업자로부터 유상 구매가 발생하지 않는 이상 이를 부상품의 구매를 전제로 주상품의 판매를 허용한 것으로 판단하기 어렵다.

또한 네이버의 시장지배력이 유료전문서비스 시장으로 전이되어 실제로 시장에서 경쟁사업자 봉쇄효과가 발생하였는지 검토하여야 한다. 이러한 전이의 증거로서 유료전문서비스에 유입되는 트래픽 중 상당한 정도가 정보검색결과와 유료전문서비스가 함께 제공되는 과정에서 유입되었음을 주장할 수 있다. 유료전문서비스 시장으로 지배력을 전이할 의도와 목적으로 고안된 것인지를 평가하기 위해서는 '주상품 이용자의 몇 %가 부상품의 구매로 연결되었는지'(이하 '전이율')를 검토하는 것이 필요하다. 실제 데이터는 대부분의 유료전문서비스의 전이율은 0.1~0.2% 정도이고, 지식쇼핑과 영화의 경우에도 평균 2%에 못 미치는 수준임을 보여주고 있다. 또한 유료전문서비스 노출 비율과 CTR(Click Through Rate)은 대체로 음의 상관관계를 보여주고 있으며, 이는 네이버 통합검색 서비스가 컬렉션의 노출 순위를 결정함에 있어서 이용자의 검색의도를 반영한 '적합성(relevance)'을 기본적으로 고려하며, 네이버의 매출과 연결되는 CTR이 반영되지 않는다는 것을 의미한다.

시장의 독점화를 통해 기업이 하고자 하는 것은 결국 이윤 추구이다. 그러나 우선 지식쇼핑 수수료는 사업개시 이후 한 번도 변경된 적이 없으며, 더욱이 유료전문서비스 이용자는 경쟁서비스를 직접적으로 이용하는 것도 얼마든지 가능하다. 또한 경쟁 사이트들도 네이버의 통합검색에서 전적으로 배제되고 있지도 않다. 사이트 컬렉션의 경우 그 성격과 의미상 기본적으로 각 웹페이지들의 사이트 도메인을 대상으로 수집 및 등록 신청을 받아 검색 결과로 제공되고 있으며, 또한 경쟁사업자가 원하는 경우 소비자에게 자사의 사이트를 광고를 통해 언제든지 유료 전문사이트와 같은 화면에 노출시킬 수 있다. 결론적으로 해당 유료 전문검색서비스와 유사한 서비스를 제공하는 경쟁관계에 있는 외부의 사이트들도 검색노출을 위한 사항들을 충족하거나, 광고 등을 통해 언제든지 사이트 컬렉션에서 노출되고 있다.

2. NPB의 광고대행사 이관제한의 경쟁효과

'이관'이란 한 광고대행사가 관리하는 광고주 계정을 다른 광고대행사가 관리하도록 영업대행권을 옮기는 행동을 의미한다. 특정 광고주의 영업권을 획득하고자 하는 광고대행사는 광고주에게 연락하여 영업권 설정을 변경하도록 제안하고, 광고주가 이에 동의하면 NBP는 자사의 온라인 시스템을 활용해 이관업무를 처리한다. NBP는 모든 이관신청을 받아들이는 것이 아니라 자사의 이관쿼터/포인트 제도에 따라 이관할 수 있는 광고주의 수와 규모에 제한을 두는데 이를 '이관제한 정책'이라 한다. 본절에서는 NBP가 채택하고 있는 이관제한 정책이 검색광고 시장의 어떤 특성을 배경으로 형성되었고, 관련 시장의 경쟁 및 효율성에 어떠한 효과를 지니는지를 분석한다.

1) 검색광고 시장의 특성

양면시장과 멀티호밍

> 첫째, 검색광고 시장은 전형적인 양면시장(two-sided market)에 해당하고, 광고주가 동시에 여러 플랫폼을 선택하는 멀티호밍(multi-homing)이 일반적이다.

그림 7-1 광고플랫폼 양면시장

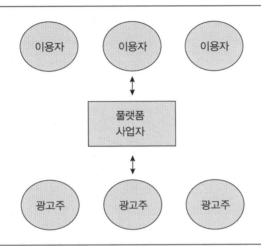

양면시장은 두 개 이상의 구분되는 집단(end-user)이 플랫폼(platform)을 이용해 상호작용하면서 가치가 창출되는 시장이다. 양면시장에서는 플랫폼이 형성되어 서로 다른 집단이 원활하게 상호작용 할 수 있도록 이들간의 거래를 매개하는데, 플랫폼은 한 집단 또는 양 집단에 플랫폼 이용료를 부과하여 수익을 얻는다.

양면시장에는 한 집단의 규모가 커질수록 다른 집단 사용자의 편익이 증가하는 교차 네트워크 효과가 존재한다. 광고주가 검색광고를 통해 얻는 편익은 사용자가 검색광고를 이용할 때 실현된다. 광고주는 검색광고 효과를 고려해 자신이 지불할 검색광고의 클릭당 가격을 결정하므로, 해당 플랫폼의 방문객이 많을수록 검색광고의 가격이 상승하여 플랫폼사업자의 매출액이 증가한다. 따라서 플랫폼사업자의 매출은 해당 플랫폼을 방문하는 인터넷 사용자 또는 검색 수에 의해 결정된다. 결국 검색광고 시장의 경쟁은 방문자 수를 확보하기 위한 것으로, 검색광고 시장에서의 매출액 또는 시장점유율은 일반 사용자의 검색엔진 사용에 따른 결과이다.

광고주는 한 플랫폼사업자의 광고만을 구매하는 것이 아니라 여러 플랫폼의 검색광고를 동시에 구매한다. 이처럼 이용자가 여러 개의 플랫폼을 함께 이용하는 것을 멀티호밍이라 한다. 멀티호밍이 일반적인 경우 사용자 방문 검색 수 등에 의해 시장점유율이 형성되며, 광고플랫폼이나 광고대행사가 다른 광고플랫폼 사업자를 배제시키기 어렵다.

검색광고 가격결정

> 둘째, 검색광고의 클릭당 가격은 광고효과를 고려하여 광고주에 의해 결정
> 된다.

검색광고 시장은 플랫폼사업자가 기획한 검색광고를 광고대행사를 통해 광고
주가 구매하는 수직적 거래구조를 가지고 있다. 그런데 검색광고 시장의 수직적
거래구조는 일반적인 수직적 거래구조와는 차이가 있다. 일반적인 수직거래에서
는 판매자가 책정한 도매가격에 유통업자의 유통마진이 붙어 최종 소비자가격이
결정된다. 그러나 검색광고 시장에서의 가격은 플랫폼사업자와 광고대행사에 의
해 결정되지 않고, 광고주들이 키워드 경매에 따라 결정한다. 검색광고를 클릭할
때마다 지불해야 하는 금액은 광고주들의 입찰에 의해 결정되고, 여기에 이용자
가 검색광고를 클릭한 횟수를 곱해 광고비가 사후에 부과된다.

키워드 검색광고에서는 차순위가격 경매(second price auction) 방식을 이용하여
광고의 과금액이 결정된다. 이 방식에서는 특정 키워드에 대해서 광고주가 입찰
한 비드(bid) 중 가장 높은 금액을 그대로 과금하는 것이 아니라, 차순위의 비드
를 과금액으로 사용한다. 따라서 가장 높은 금액을 비드한 입찰자가 낙찰을 받지
만, 그때의 과금액은 차순위 입찰자의 비드가 되는 것이다. 검색광고 시장에서의
과금액은 차순위가격 경매에서 결정된 비드에 검색광고의 품질지수를 조정해 결
정된다.

n번째 순위에 있는 검색광고의 클릭당 과금액(PPC, Price Per Click)을 수식으로
나타내면 다음과 같다:

$$PPC(n) = \frac{RI(n+1)}{QI(n)} = Bid(n+1)\frac{QI(n+1)}{QI(n)}.$$

즉 순위지수(RI, Rank Index)는 비드금액(Bid)에 품질지수(QI, Quality Index)를 곱해서
결정되고, n번째 순위에 대한 클릭당 과금액은 차순위지수를 자신의 품질지수로
할인한 것이다. <표 7-1>의 수치 예를 들어 살펴보면, 5명의 광고주가 입찰한
금액은 각각 10,000원, 1,000원, 800원, 600원, 70원이고 여기에 각 광고의 품질

표 7-1 검색광고 입찰 예

순위	Bid	QI	RI	실과금액	비고
1	10,000	4	40,000	1,500	6,000/4 = 1,500
2	1,000	6	6,000	400	3,000/6 = 500
3	600	5	3,000	56	2,400/5 = 480
4	800	3	2,400	1,000	280/3 = 93.3
5	70	4	280	70	0/4 = 0이나 최소과금액 70원

을 고려한 QI지수를 곱해 RI를 계산하면 각각 40,000원, 6,000원, 2,400원, 3,000원, 280원이 된다. 단, 순위는 Bid에 따르지 않고 RI에 따르므로, 800원을 Bid한 광고주보다 600원을 Bid한 광고주의 순위가 높아진다. 광고주가 실제 지급하는 실과금액은 자신의 RI가 아닌 차순위 광고주의 RI를 자신의 QI로 나눈 값으로 결정된다.

1순위 광고주의 경우, 실제 입찰액은 10,000원이지만 2순위 광고주의 RI인 6,000에 자신의 QI인 4만큼을 할인받아서 실과금액이 1,500이 된다. 마찬가지로, 2순위 광고주는 3순위 RI 3,000에 자신의 QI인 6만큼을 할인받아 500만큼의 실과금액을 지불한다. 차순위의 광고주가 입찰한 Bid가 낮을수록, 나의 품질지수와 차순위의 품질지수 차이가 커질수록 가격할인의 폭이 커진다.

일반적으로 광고주는 여러 플랫폼의 검색광고를 동시에 구매한다. 검색광고의 가격은 광고효과를 반영하여 경매에 의해 결정된다. 가격은 광고효과를 반영하는 구매전환율에 따라 차이가 있으나 결과적으로는 여러 플랫폼의 1원당 광고효과가 동일해지는 수준에서 결정될 것이다

기존고객 vs. 신규고객

셋째, 광고대행사는 신규고객을 유치하는 것보다 기존고객과 거래하는 데서 더 큰 수익을 얻는다.

검색광고상품에 대한 기본적인 계약은 온라인으로 등록하여 이루어진다. 광고비를 지불하는 방식은 '선충전 종량제' 방식으로서 클릭당 원하는 비용을 지불한다. 예를 들어, 광고주가 1만원을 충전하였고, 클릭당 과금액(PPC)이 100원이었다면 100클릭을 받을 시 1만원이 소진된다. 이후에 광고주는 다시 충전을 하여 광고를 재개할 수 있다. 또한, 광고주는 일일 허용 예산을 설정하여 하루 동안 충전한 금액의 일정 부분만큼만 광고비로 소진되도록 할 수 있다. 검색광고 상품의 계약기간은 광고주의 충전금액과 클릭당 과금액에 따라 달라지게 되므로, 광고주 입장에서 광고의 계약기간을 스스로 선택가능하다고 볼 수 있다. 광고주는 가상계좌나 신용카드로 비용을 충전할 수 있다.

사용자가 정보검색 결과와 함께 보이는 광고를 클릭하여 광고주의 사이트로 이동할 때마다 광고비가 부과되는 CPC(Cost Per Click) 방식을 기준으로 할 때, 광고주가 플랫폼사업자에게 지급하는 총 광고대금은 경매에서 결정된 클릭당 과금액과 클릭수를 곱하여 계산된다.

광고주가 플랫폼사업자에게 지급한 광고대금에서 약 15%는 수수료 명목으로 광고대행사에 지급되고, 약 70%는 매체사에 지급된다. 일반적인 수직거래에서 유통기업이 자신의 유통마진을 정하고 이를 도매가격에 더해 최종소비자에게 공급하는 것과 달리 검색광고 시장에서는 검색광고의 가격은 광고주들 간의 경매로 책정되며 광고대행사는 최종 광고매출 수익의 일정비율을 배분받는다.

<그림 7-2>는 광고주가 플랫폼사업자에게 지급한 광고대금이 배분되는 방식을 보여준다. 광고주가 키워드 경매를 통해 검색광고 클릭당 가격을 결정하고, 여기에 클릭 수를 곱한 광고대금 100원을 플랫폼사업자에게 지급한다. 플랫폼사업자는 광고계정관리 업무를 광고대행사에게 맡기는 대신 수수료의 명목으로 15원을 지급한다.

그림 7-2 광고대금 배분방식

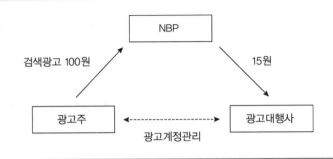

광고대행사는 광고계정관리 업무를 통해 수수료 15원을 얻는데, 계정관리 업무에 드는 비용은 광고주가 신규고객인지 기존고객인지에 따라 다르다. 신규고객에 대해서는 이들을 유치하기 위한 비용과 키워드 설정, 광고문구 기획 및 입찰전략 제시 등의 서비스를 제공하는 데 드는 비용이 발생한다. 반면 기존고객은 광고주의 계정에 이전에 설정된 검색광고 전략이 있으므로 큰 비용이 발생하지 않는다. 광고주가 새롭게 검색광고를 구매하는지 아니면 기존에 검색광고를 구매하던 고객인지 상관없이 광고대행사는 광고수입의 15%를 얻으므로 광고대행사의 입장에서는 비용이 적게 발생하는 기존고객을 이관해 오는 것이 유리하다.

검색광고의 편익 및 광고매체간 경쟁

넷째, 서로 다른 광고매체간에도 경쟁이 존재하며 검색광고 시장의 확대는 이러한 경쟁을 활성화한다. 또한, 검색광고는 중소상공인들도 광고시장에 참여하는 것을 가능케 하여 이들의 시장기회를 확대한다.

인터넷 시대에 등장한 검색광고는 기존의 광고수단과는 여러 측면에서 차이가 있다. 일반적인 TV와 신문광고는 잠재적 소비자를 향해 노출되는 반면 검색광고는 소비자가 관심을 갖고 관련 키워드를 검색하며 찾아올 때 노출된다. 또한, 검색광고는 광고비 산정방식도 다르다. TV와 신문광고는 광고가 노출되는 시간과 면적 등 노출량에 따라 비용이 미리 정해진다. 이에 반해 검색광고는 이용자가 검색광고를 클릭한 횟수만큼 광고비가 사후에 부과되며 클릭할 때마다 지불해야 하는 금액은 광고주들의 입찰에 의해 결정된다.

이러한 차이로 인해 그동안 TV 및 신문광고를 하기 힘들었던 중소상공인들도 검색광고 시장에 쉽게 참여할 수 있게 되었다. 검색광고는 이용자에게는 유용한 정보를, 광고주에게는 새로운 사업의 기회를 제공한다. 검색광고 시장의 급속한 성장은 보다 많은 광고주들이 시장에 참여할 수 있는 기회를 제공할 뿐만 아니라, 기존의 다른 광고매체에 경쟁압력으로 작용한다. 광고매체간 경쟁이 심화되면 이들 광고매체의 효율성이 증대하고 광고가격이 하락할 수 있다. 또한 스마트폰의 대중화와 함께 인터넷 사용이 기존 PC 중심에서 모바일 중심으로 이전되면서, 검색광고 역시 모바일 광고와의 치열한 경쟁에 직면하고 있다. 모바일광고 시장이 확장하는 경우 이는 PC 검색광고에 경쟁압력으로 작용할 수 있다. 이처럼 인터넷 검색광고는 다른 광고매체의 경쟁압력으로 작용하고, 모바일 광고와의 연계 및 경쟁으로 효율성을 증대시킨다.

2) 광고 플랫폼사업자와 대행사 사이의 수직적 거래관계에서의 외부성

검색광고 플랫폼사업자가 기획한 검색광고는 광고대행사를 통해 광고주에게 판매되는데 광고플랫폼사업자–광고대행사–광고주의 구조는 일반적인 수직거래에서 상류기업–하류기업–소비자로 이어지는 구조와 유사하다.[10] 하지만, 일반적인 수직거래에서는 도매가격에 유통마진이 붙어 최종소비자가격이 결정되는 반면 검색광고 시장에서 광고주가 지불하는 클릭당 과금액은 키워드의 경매과정에서 결정되고 이는 플랫폼사업자와 대행사간에 배분된다.

일반적인 수직거래에서는 유통업자간 경쟁이 촉진되면 유통마진이 감소하고 최종 소비자가격이 내려간다. 그러나 검색광고 시장의 경우 광고주가 플랫폼사

---

10) 검색광고시장에서 광고대행사는 플랫폼사업자로부터 상품이나 서비스를 구매하여 이를 다시 재판매하는 독립적인 유통상(distributor)이 아니라 플랫폼사업자로부터 광고주 모집 및 관리 등의 업무를 위탁받아 수수료를 받고 수행하는 대리상(agent)의 위치에 있으므로 독립적인 유통상임을 전제로 하는 일반적 수직적 거래관계와 완전히 부합하는 것은 아니나 경제분석의 목적상 독립적인 유통상이라는 가정 하에서 논의를 전개한다.

업자에 지불하는 클릭당 과금액은 키워드의 경매과정에서 결정되는 것으로 광고대행사간 경쟁이 치열해진다고 해서 그 가격이 하락하는 것은 아니다. 이처럼 광고주가 지불하는 가격이 고정되어 있는 상황에서 광고대행사간 경쟁은 광고주의 계정을 관리하는 등의 서비스를 통해 이루어진다.

서비스 형태의 경쟁과 함께 자신이 플랫폼사업자로부터 얻은 수수료의 일부를 광고주에게 돌려주는 형태의 가격할인 경쟁도 가능하다. 이처럼 거래의 대가로 소비자가 지불한 금액의 일부를 되돌려주는 행위를 리베이트(rebate)라 한다. 광고대행사는 검색광고의 거래에서 유통마진을 직접 설정할 수 없으므로 음성적 리베이트를 통한 가격할인 정책을 실시하거나 높은 품질의 서비스를 제공하는 방식으로 경쟁한다.

주목할 사실은 광고주를 대상으로 한 광고대행사 간의 음성적 리베이트 경쟁은 광고플랫폼 사업자의 이윤을 감소시키지 않는다. 광고플랫폼 사업자는 경매에 의해 결정된 광고료의 85%를 얻을 뿐이다. 광고주와 광고대행사 간의 음성적 리베이트는 광고대행사와 광고주 간의 수익 배분이므로 플랫폼사업자가 얻는 이득은 줄어들지 않는다. 음성적 리베이트를 통해 광고주가 지불하는 실질가격(=광고료-음성적 리베이트)이 인하되는 경우, 오히려 음성적 리베이트를 예상한 광고주가 이를 고려해 클릭당 과금액을 높게 입찰하는 경우 플랫폼사업자의 이윤이 증가할 수도 있다.

예를 들어, 리베이트가 없는 경우 광고주는 키워드 경매시 광고의 효과를 고려해 100원을 입찰한다. 그런데 광고대행사가 자신이 받은 수수료를 이용해 광고주의 입찰금액 중 5%를 돌려주기로 약속한다고 하자. 이 경우 광고주가 100원을 입찰하여도 실제로 부담하는 입찰액은 95원이다. 광고주는 이를 고려해 실제 부담하는 입찰액이 100원이 되는 수준인 105원(100/0.95=105.26)까지 입찰액을 높일 수 있다. 이렇게 모든 광고주가 입찰액을 높게 부르면, 최종 결정되는 클릭당 과금액이 상승해 플랫폼사업자의 이윤이 증가한다.

따라서 광고대행사의 서비스가 고정되어 있다면 플랫폼사업자는 이관제한 정책을 실시할 이유가 없는 것이다. 그러나 광고대행사의 서비스 사이에 외부성이 존재하는 경우, 광고대행사 간의 음성적 리베이트 경쟁은 광고대행사의 서비스 수준을 하락시킬 수 있고, 이러한 경우 플랫폼사업자의 이윤뿐만 아니라 소비자

후생도 감소할 수 있다.

광고대행사가 제공하는 서비스는 기존 광고주에게 제공하는 업무의 만족도를 제고하고 새로운 광고주를 모집하는 노력을 모두 포함한다. 이 중 광고주를 모집하기 위한 노력은 새로운 광고주에게서 얻어질 미래 기대이득을 고려하여 결정된다. 신규 광고주에게서 얻을 수 있는 기대이득이 높다면 광고대행사들은 적극적으로 광고주를 모집하기 위해 노력하는 반면, 기대이득이 낮으면 신규고객을 모집하려는 노력을 적게 들이고 이는 전반적인 시장 위축으로 이어진다. 광고대행사는 자신이 확보한 신규 광고주를 일정기간 유지할 수 있어야 이에 상응하는 광고주 확보 노력을 기울인다.

신규고객에서 얻을 수 있는 이득과 기존고객에서 얻을 수 있는 이득을 비교해 보자. 검색광고 시장에서 광고대행사는 광고주가 지불한 광고비용의 일정 비율을 수입으로 얻는 대신 키워드와 광고문구 설정, 입찰전략 제시 등의 서비스를 제공한다. 그런데 기존고객의 경우에는 광고주를 모집하는데 비용이 크게 발생하지 않고, 이미 설정한 광고 및 입찰전략을 사용할 수 있어 신규고객에 비해 영업비용이 적게 든다. 광고주가 새롭게 검색광고를 구매하는지 아니면 이미 검색광고를 구매하고 있는지 상관없이 광고대행사는 광고수입의 15%를 얻으므로 광고대행사의 입장에서는 비용이 적게 발생하는 기존고객과 거래하는 것이 유리하다.

이처럼 기존고객과의 거래에서 더 많은 이득을 얻을 수 있기 때문에 광고대행사는 자신의 경쟁 광고대행사와 거래하는 고객에게 음성적 리베이트를 제공하여 이들을 확보하려고 한다. 광고대행사들이 초기 비용을 들여 새로운 광고주를 모집하기보다는 다른 광고대행사의 노력에 무임승차(free-riding)하려 하므로 신규고객을 모집한 광고대행사의 기대이득은 더욱 더 하락하고, 검색광고 시장에서 신규고객 모집노력은 감소한다.

즉, 음성적 리베이트를 제공하는 광고대행사는 다른 광고대행사가 제공하는 서비스에 무임승차할 뿐만 아니라, 이로 인해 다른 광고대행사의 신규고객 유치 노력을 감소시키고 이는 전체적인 검색광고 시장의 성장 둔화로 이어진다. 게다가 음성적 리베이트를 제공하면서 광고대행사가 얻는 수익은 크게 감소하고, 이로 인해 기존고객에게 제공하는 업무의 만족도 역시 떨어지게 된다. 이처럼 광고 시장의 성장이 둔화되고 검색광고의 질이 떨어지면 검색광고의 효율성이 저하되어 광고매체간 경쟁에서의 경쟁력이 약화된다.

검색광고 시장의 경우 광고대행사 간 기존고객 이관 경쟁이 치열해지면 신규고객을 확보하기 위한 적극적인 노력은 감소하고 검색광고의 판매가 늘어나지 않는다. 따라서 검색광고 시장에는 광고대행사의 신규고객 확보노력이 플랫폼사업자의 이윤에 영향을 미치는 수직적 외부성(vertical externalities)이 존재한다. 따라서 플랫폼사업자가 신규고객을 유치하기 위해 노력한 광고대행사에 정당한 보상을 지급하고 다른 광고대행사가 이 노력에 무임승차하지 못하도록 관리한다면 부정적 외부효과를 제거하고 신규 광고주를 확대하여 이윤을 증대할 수 있다.

3) NBP의 광고대행사 이관제한 정책의 경쟁효과

이관제한 정책은 기존광고주를 두고 광고대행사들이 과도하게 경쟁하는 것을 막는 정책으로 일종의 수직적 거래제한(vertical restraint)에 해당한다. 수직적 거래제한에는 다양한 형태가 있는데 크게 가격제한(price restraint)과 비가격제한(non-price restraint)으로 나뉜다. 먼저 각 형태의 수직제약을 판단하는 기준이 미국의 경우 어떻게 변하였는지 살펴보자.

가격제한에 해당하는 재판매가격유지행위(RPM, resale price maintenance)는 제조업자가 최종소비자가격을 일정 수준에서 고정하고 유통업자가 이 가격 이상 또는 이하로 판매하는 것을 금지하는 행위이다. RPM은 유지하는 가격이 최고가격인지 아니면 최저가격인지에 따라 최고가격제한과 최저가격제한으로 나뉜다. 최고가격제한은 1968년 Albrecht 사건에서 당연위법의 원칙이 적용되었으나 1997년 State Oil 사건을 통해 합리의 원칙을 적용하게 되었다. 최저가격제한은 1911년 Dr. Miles 사건 이후 당연위법을 적용해 왔다. 의약품 제조업자인 Dr. Miles가 최저제판매기격을 유지하도록 한 것은 유봉업자들의 거래의 자유를 제한하게 된다는 점을 강조하여 셔먼법 1조의 위반이라고 판단하였다. 그러나 2007년 Leegin 사건에서 최저가격제한에도 합리의 원칙을 적용하면서 100년 가까이 유지되던 기준이 바뀌게 되었다. 이 사건을 통해 수직제한 전반에 합리의 원칙을 적용하게 되었다.

우리나라의 경우도 미국과 마찬가지로 RPM의 실질적 효과를 중시하는 방향으로 규제하고 있다. 규제공정거래법 제2조 6호는 '재판매가격유지행위라 함은 사업자가 상품 또는 용역을 거래함에 있어서 거래상대방인 사업자 또는 그 다음 거래단계별 사업자에 대하여 거래가격을 정하여 그 가격대로 판매 또는 제공할 것을 강제하거나 이를 위하여 규약 기타 구속조건을 붙여 거래하는 행위'로 정의하고 있다. 공정거래법은 여러 차례 개정되었는데, 2001년 9차 법개정 당시 RPM에 대한 미국의 합리의 원칙 적용확대 경향 및 재판매가격 유지행위의 경쟁 촉진적 개연성을 강조한 많은 국내외 이론의 영향을 받아 정당한 이유가 있는 최고재판매가격유지행위를 허용하게 되었다(제29조 1항). 또한 최저재판매가격유지행위에 대해서도 상표가 경쟁을 촉진하여 결과적으로 소비자후생을 증대하는 등 정당한 사유가 있는 경우에는 이를 예외적으로 허용할 필요가 있음이 인정되고 있는 등 재판매유지행위의 실질적 효과를 중시하고 있다.[11]

이처럼 미국 연방대법원이나 우리나라 규제당국은 수직제한의 경쟁효과를 고려하는 합리의 원칙을 적용한다. 그런데 다른 수직적 거래제한인 RPM과는 달리 이관제한 정책은 가격을 고정하는 정책이 아니다. 이관제한 정책은 자신이 모집한 광고주에 대한 판매를 유지할 수 있도록 지나친 이관에 일정한 제약을 가하는 정책이다. 따라서 광고대행사간 경쟁을 제한한 사실만으로 이를 위법하다고 판단해서는 안 된다.

수직적 거래제한은 경쟁제한과 경쟁촉진 효과를 모두 가질 수 있으므로 합리의 원칙에 따라 두 측면을 모두 고려해 경쟁에 미치는 효과를 판단해야 한다. 경쟁제한적인 측면에서 수직적 거래제한은 브랜드내 경쟁을 제한해 유통단계의 가격경직성을 심화시키고 이는 최종 소비자가격 인상으로 이어져 소비자가 피해를 입을 수 있다. 반면, 경쟁촉진적인 측면으로 수직적 외부성 문제를 해결해 판매노력을 증가시키고, 브랜드간 경쟁을 촉진하는 효과가 있다. 이하에서는 먼저 이관제한 정책의 경쟁촉진 효과를 설명하고, 다음으로 경쟁제한 효과가 나타날 수 있는지 살펴본다.

---

11) 한미약품의 부당한 고객유인행위 등 건. 서울고등법원(2009.5.14) 선고, 대법원(2010.11.25) 선고, 환송심-서울고등법원(2011.4.27) 선고.

이관제한 정책의 경쟁촉진 효과

이관제한이 없어 광고대행사가 시장에서 무제한으로 기존 광고주를 이관해올 수 있다고 하자. 이러한 상황에서 광고대행사는 신규 광고주를 모집하는 데 노력하거나, 다른 광고대행사의 기존 광고주를 빼앗는 이관경쟁에 참여한다.

검색광고의 영업 및 관리는 최초 계정 등록 시 수천 개의 키워드를 등록하고 입찰전략을 세우는 등 많은 비용이 든다. 이렇게 광고주 계정이 등록되면 이후의 관리에서는 등록된 광고와 입찰전략을 그대로 사용할 수 있다. 이관이 이루어져도 광고주의 기존 계정은 그대로 유지되고 광고전략 역시 그대로 사용될 수 있으므로, 최초 광고대행사가 고객에게 제공하는 서비스가 이후의 서비스의 품질에도 영향을 미친다. 즉, 검색광고의 서비스 품질 향상 및 시장 확대를 위해서는 광고대행사의 신규고객 모집 노력을 제고하는 것이 매우 중요하다.

광고대행사가 얻는 수입은 광고주가 신규고객이든 기존고객이든 상관없이 수수료 명목으로 총 광고대금의 15%를 받는다. 신규고객에 비해 기존고객의 운영비용이 적으므로 광고대행사는 신규고객 모집보다는 기존고객을 이관하는 데 더 많은 노력을 기울이게 된다.

기존고객을 유치하기 위해서는 다른 광고대행사보다 높은 품질의 서비스를 제공하거나, 제공하는 서비스의 가격을 낮춰야 한다. 그런데 일반적으로 유통마진을 붙여 판매가격이 결정되는 것과는 달리 검색광고는 광고대행사가 소비자가격을 결정할 수 없으므로, 대신 소비자가 광고대금을 치르면 후에 자신이 받게 될 유통마진의 일부를 되돌려주는 방식으로 가격을 할인해주는 리베이트를 제공한다. 리베이트를 제공함으로써 기존 고객과 안정적인 거래관계를 유지할 뿐만 아니라 경쟁 광고대행사와 거래하는 고객을 빼앗아 올 수 있다.

이관시 광고주의 기존 계정이 그대로 유지되므로 바뀐 광고대행사는 추가적인 비용을 들이지 않고 기존의 광고대행사가 설정한 광고전략을 그대로 사용할 수 있다. 즉, 경쟁사의 기존 광고주를 이관해오는 것은 높은 비용을 들여 광고주를 모집하고 광고전략을 세운 경쟁사의 노력에 무임승차하는 것이다.

광고대행사들의 이관활동은 주로 큰 광고비를 지출하는 광고주들에게 집중되는데, 대규모의 광고비를 집행하는 광고주들의 경우 대개 음성적 리베이트를 지급받는 주체와 검색광고 효과를 누리는 주체가 서로 다르다. 즉 광고비용을 부담하고 광고효과를 누리는 자는 회사 자체 또는 그 주주들이지만, 음성적 리베이트를 받는 자는 대개 회사 내에서 광고비 집행을 수행하는 부서 또는 그 책임자이다. 이 경우 리베이트는 대행사와 광고주 사이에서 정상적인 가격할인의 방식보다는 주로 광고업무를 담당하는 임직원에게 사적으로 지급되게 된다. 음성적 리베이트가 담당 임직원에 대한 일종의 뇌물 성격일 경우, 이는 회사 자체의 비용 감소 또는 편익으로 연결되지는 않는다. 따라서 광고대행사들의 음성적 리베이트는 구매자(광고주)의 편익을 증가시키지 못하고, 단지 서비스의 품질만을 하락시킬 수 있다. 이러한 측면에서 광고주의 실질적 가격을 하락시키지 못하는 음성적 리베이트를 금지하는 것은 시장의 건전한 기능을 위하여 필요한 것으로 별도의 경제분석을 요구하지 않는다.

이하에서는 광고대행사의 음성적 리베이트가 설령 광고주에게 직접 지불되어 일종의 가격할인 기능을 가진다고 할지라도 경쟁효과가 있는지를 살펴보기로 한다. 리베이트는 광고대행사와 광고주간 이익을 재분배하는 것으로 플랫폼사업자의 이익에 직접적인 영향은 없다. 그러나 검색광고 시장의 특성을 고려할 때 광고대행사의 지나친 리베이트 경쟁은 서비스향상을 위한 노력을 감소시키고 이로 인해 플랫폼사업자의 수익이 감소하게 된다.

리베이트로 인해 광고대행사간 기존고객을 빼앗는 것은 다른 광고대행사의 노력에 무임승차하는 것이다. 광고대행사들이 초기 비용을 들여 새로운 광고주를 모집하기보다는 서로 다른 광고대행사의 노력에 무임승차하려고 하면 검색광고시장에서 신규고객 모집 노력은 감소한다. 신규고객 모집 노력이 감소하는 이유를 좀 더 자세히 살펴보자.

광고대행사의 신규고객 확보노력은 자신이 광고주로부터 미래에 얻을 수 있을 것으로 기대되는 소득에 의해 결정된다. 기대되는 소득이 높을수록 광고대행사는 신규광고주를 확보하기 위해 노력하며, 이들에게 효과적인 검색광고 전략을 수립하기 위해 노력한다.

논의의 단순화를 위해서 미래소득에 대한 할인(discount)을 무시하면, 광고대행사의 기대소득은 매기 광고주가 지불한 광고대금의 15%를 합한 것과 같다. 아래 식에서 T는 계약이 지속될 것으로 기대되는 기간을 의미한다. 광고주가 지불하는 광고대금은 키워드 경매에서 광고주가 입찰한 가격에 의해 결정되므로, 광고대행사의 미래기대 소득은 결국 계약이 지속되는 기간(T)에 의해 결정된다:

$$R = 0.15 \times \sum_{t=1}^{T} t 기의 \ 광고대금.$$

　계약기간이 길어질수록 광고대행사가 광고주를 모집해 얻을 수 있는 소득이 증가하고, 광고주 모집을 위한 노력이 증가한다. 또한 광고주를 모집하기 위해 노력하는 과정에서 광고주에게 더 좋은 광고전략을 고민하는 등 검색광고의 서비스가 좋아지고, 이를 통해 광고효과가 높아지면 광고주가 키워드 경매시 입찰하는 가격도 올라가 광고대행사의 기대소득은 더욱 높아진다.

그림 7-3 계약기간 증가의 효과

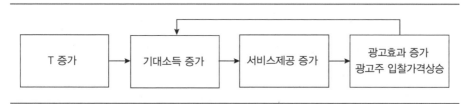

　그런데 리베이트가 활발하게 시행되면 광고대행사는 경쟁 광고대행사의 광고주를 빼앗기 위해 노력하고, 광고대행사가 광고주와 계약을 지속할 수 있는 기간이 줄어든다. 이로 인해 광고대행사의 기대소득이 감소하고 신규고객 확보에 들이는 노력 및 광고주에게 제공하는 서비스의 품질이 떨어진다.

　외부성이 존재하는 경우 유통마진을 낮게 유지하는 것이 항상 플랫폼사업자의 이윤과 소비자 편익을 극대화하는 것은 아니다. 광고대행사에 대한 적절한 보상과 부임승차에 대한 제한이 이루어지지 않으면 광고대행사의 신규고객 확보 노력이 감소하고, 플랫폼사업자의 이윤과 소비자 후생은 감소할 수 있다. 플랫폼사업자는 광고대행사의 신규고객 유치노력에 대해 적절한 보상을 제공하고 다른 광고대행사의 무임승차 문제를 해결하기 위해 이관제한 정책을 실시한다.

　이와 같이 유통업자 간의 외부성과 이를 조정하기 위한 수직제약의 필요성을 지적하는 여러 선행 연구가 있다. Telser(1960)는 보다 높은 수준의 서비스를 제공하기 위해서는 보다 비용이 드는 상황에서 소비자가 제품에 관한 정보 등 관련 서비스를 한 유통업자에서 받고 실제 제품 구매는 보다 낮은 가격을 제시하는 다른 유통업자에게서 구매하는 경우 발생하는 유통업자 간의 무임승차(free-riding) 문제를 지적하였다. 이러한 유통업자들 간의 외부성을 교정하지 않으면, 유통업자의 서비스 감소 및 제품 경쟁력 약화가 발생한다. 이를 교정하기 위해 제조업자는 유통업자들 간의 가격경쟁을 제한하는 수직제약을 부과할 수 있다. 또다른 예로, 유통업자가 제품 유통을 위해 상당한 초기 투자가 필요한 경우 일정한 판매지역에 대한 유통독점권 등을 요구할 수 있다. 이외에도 다양한 이유로 브랜드 경쟁력을 위해 제조업자는 유통업자에게 수직제약을 부과할 수 있으며, 이로 인해 사회후생이 증가되는 경우가 많다(Lafontaine and Slade, 2007).

이관제한 정책은 이관해올 수 있는 광고주의 수를 제한하여 무임승차 문제를 해결하고 고객확보를 위한 노력을 보상해줌으로써 신규고객을 적극적으로 확보하도록 유도하는 정책이다. 이관할 수 있는 광고주의 수가 제한되어 있으므로, 광고대행사는 자신의 이득을 늘리기 위해 신규고객을 찾아야 한다. 또한 이 신규고객을 모집해와도 다른 광고대행사에 빼앗길 염려가 줄어들어 광고주에게서 얻을 수 있는 기대소득이 증가하고, 초기에 큰 비용을 들여 광고주를 위한 서비스를 제공한다.

이관제한 정책으로 광고대행사 간의 음성적인 리베이트 관행을 막으면, 광고대행사 간의 가격경쟁 대신 신규고객 유치와 서비스 경쟁이 촉진되고, 검색광고시장이 확대된다. 검색시장의 규모가 커질수록 광고의 효과도 커지며, 다른 광고매체와 비교해 경쟁력이 높아진다. 또한 광고주의 입장에서 검색광고의 효율성이 증가하는 것은 다양한 매체를 활용해 제품을 광고하고자 하는 광고주에게 보다 다양한 선택기회를 제공하며, 매체간 경쟁심화로 전체 광고서비스 시장의 효율성이 증대된다. 특히, 검색광고는 기존의 광고매체인 TV 및 신문광고를 하기 힘들었던 중소상공인도 참여하는데, 이들의 제품홍보를 통해 시장에서의 기회를 확대할 수 있다. 실제로 검색광고를 이용하는 대부분의 중소상공인은 검색광고를 실제 사업운영에 많은 도움을 주는 효과적인 광고수단으로 평가하고 있다.

요컨대, 이관제한 정책은 무임승차 문제를 해결하여 광고대행사간 리베이트 경쟁 대신 서비스와 신규고객 확보 경쟁을 촉진한다. 검색시장의 확대로 다른 매체와의 경쟁이 심화되고 광고주에게는 보다 다양한 광고매체를 선택할 기회가 제공된다.

이와 같이 이관제한 정책은 지나친 음성적 리베이트 경쟁을 금지함으로써 광고대행사 간의 서비스 경쟁을 촉진하는 목적을 지닌다. 여기서 한 가지 주목할 점은, 이관제한 정책이 이관 자체를 전면적으로 금지하는 것은 아니라 매출규모에 따라 일정한 수의 이관을 허용하고 있다는 것이다. 지나친 이관 경쟁에 따른 부작용을 최소화하면서도 동시에 광고주들에게 광고대행사 선택권을 보장하는 두 가지 목적을 절충적으로 달성하기 위해 이관 자체는 허용하나 그 숫자에 일정한 제약을 가하는 현실적인 차선책이다.

이관제한 정책의 경쟁제한 가능성

수직적 거래제한의 경쟁제한성은 일반적으로 그 주체와 목적에 따라서 크게 네 경우로 구분될 수 있다. 수직제한의 주체가 제조업자인지 유통업자인지를 구분하고, 그 목적이 담합을 용이하게 하기 위한 것인지 아니면 경쟁사업자를 배제하기 위한 것인지를 구분한다.

첫 번째는 제조업자가 자신들의 담합(manufacturer cartel)을 유지하는 것을 용이하게 하기 위해 자발적으로 수직제한을 시행할 수 있다. 담합을 유지하기 위해서는 산출량, 가격 등 합의된 조건을 유지해야 한다. 그런데 합의를 이탈해 약속한 가격보다 약간 낮은 수준에서 물건을 판매하면 판매량과 이윤이 크게 증가하므로, 담합에 참여한 기업은 항상 약속을 어길 유인이 있다. 이 때문에 담합 참여자들이 이탈하는 것을 막기 위해서는 누가 합의를 어겼는지 감시하고 처벌할 수 있어야 한다. 제조업자가 수직제한을 시행하는 경우 소매가격의 하락을 막을 수 있어서 담합이 용이해진다. 예를 들어, RPM은 제조업자가 소매가격을 어느 수준에서 책정하고 있는지를 명확하게 보여주어 합의된 내용을 이행하고 있는지 감시할 수 있게 한다. 합의에서 이탈하는 것을 쉽게 적발할 수 있으므로 기업이 담합을 파기할 유인은 줄어들고, 담합은 공고히 유지된다. 또한 제조업자가 도매가격을 낮추어도 소매업자의 재판매가격이 고정되어 있으므로 제조업자는 판매를 늘릴 수 없으므로 도매가격을 인하할 유인이 줄어든다. 따라서 제조업자는 자신들의 담합을 유지하기 위해 자발적으로 RPM을 실시할 수 있다.

　두 번째로 제조업자가 주체가 되어 경쟁사업자를 유통망에서 배제하기 위해 수직적 거래제한을 시행하는 경우도 있을 수 있다. 수직제한을 시행해 유통단계의 경쟁을 제한하는 것은 제품을 취급하는 유통업자에게 어느 정도의 마진을 보장하는 행위이다. 유통업자에게 보장되는 마진은 다른 브랜드 대신 특정 브랜드를 판매하는 데 대한 일종의 '보상'(compensation)으로 사용될 수 있다. 이처럼 시장지배력이 있는 제조업자는 유통업자에게 일정 유통마진을 보장해주는 행위를 통해 자신의 경쟁기업이나 신규기업의 제품을 취급하는 것을 막을 수 있다며, 이는 시장지배력 사업자가 시장지배력을 유지하는 수단으로 수직제한을 사용할 수 있다.

　세 번째는 제조업자가 자발적으로 시행하는 것이 아니라 유통업자의 요구에 의해 수직제한을 실행하는 경우이다. 제조업자의 경우와 마찬가지로 유통업자간의 담합(dealer cartel)을 유지하기 위해 RPM 또는 지역할당이 사용될 수 있다. 예를 들어, RPM의 경우 수직제한은 유통업자가 요구한 RPM이 시행되면 담합에서 이탈한 사업자를 감시하는 것이 쉬워지고, 할인가로 판매하는 유통업자에 대한 처벌도 계약에 의해 가능하다. 이는 담합에서 이탈할 유인을 낮춰 유통업자간 담합 유지를 용이하게 해준다. 또는 지역할당의 경우 각 유통업자에게 판매지역이 배분됨으로 유통업자의 이윤이 증가될 수 있다.

　네 번째는 유통업자가 자신의 경쟁 유통사업자를 배제하기 위해 제조업자에게 수직제한을 요구하는 경우도 있다. 새로운 유통업자가 혁신적인 유통전략을 내세워 낮은 마진에 유통서비스를 공급할 수 있다면 기존의 비효율적인 유통업자는 시장점유율이 하락하고 이익이 감소한다. 이를 막기 위해 기존의 시장지배적인 유통업자는 제조업자에게 수직제약을 실시할 것을 요구하고, 효율적인 신규 유통사업자의 진입 및 가격할인 경쟁을 막을 수 있다.[12] 그런데 유통업자가 수직제한을 요구하여 실시하는 경우 유통단계에서의 경쟁이 줄어들어 최종 판매

---

12) 예를 들어, RPM이 실시되면 효율적인 유통업자도 기존의 유통업자와 동일한 마진을 얻게 되어 효율적인 가격경쟁이 이루어지지 못한다. 결국 유통단계에서 비용절감 및 효율성 달성을 위한 혁신이 저해되고, 이는 최종 소비자들의 피해로 이어진다. 즉, 이 경우 RPM은 유통단계의 자유로운 가격책정을 제한하고 가격경직성을 증대시킨다.

가격이 상승하고 판매량이 감소하여 제조업자의 이윤은 감소한다. 따라서 유통업자에 의한 수직제한이 가능하기 위해서는 제조업자가 이윤감소에도 유통업자들의 요구를 수용할 만큼 유통업자의 시장점유율이 높고 협상력이 강력해야 한다.

지금까지 수직제한의 일반론적인 경쟁제한 가능성을 요구 주체와 목적에 따라 네 가지 경우로 나누어 살펴보았다. NBP의 이관제한 정책이 각 경우에 해당하는지 살펴보고 경쟁제한성 여부를 판단해보자.

우선 이관제한 정책이 플랫폼 사업자의 담합을 유지하기 위해 자발적으로 실행되었는가? 검색광고 시장의 경우 검색광고 가격은 광고주간 입찰방식으로 결정되므로 플랫폼사업자간 합의에 의해 결정되는 것이 아니고, 합의를 유지하기 위해 광고대행사의 가격할인 경쟁을 막는 것도 아니다. 따라서 이관제한 정책이 플랫폼사업자간 담합을 유지하기 위해 사용되었다고 보기는 어렵다.

다음으로 이관제한 정책이 플랫폼 사업자의 경쟁사업자를 배제하기 위해 실행되었는가? 양면시장의 경우 다른 플랫폼 사업자들이 이관정책으로 인해 검색광고 시장에서 배제된다고 예상하기는 어렵다. 이는 양면시장인 검색광고 시장에서는 이용자가 여러 플랫폼을 선택하는 멀티호밍이 일반적이기 때문이다. 검색광고 시장점유율은 이용자의 트래픽에 의해 결정된다. 동시에 광고대행사의 진입장벽은 높지 않다.

마지막으로 광고대행사의 담합 유지 또는 경쟁사업자 배제를 위해 이관제한 정책이 실행되었는가? RPM의 경우 유통업체가 재판매가격 설정을 요구하고 이를 제조업자가 승인하여 RPM이 시행되는데, 제조업자의 입장에서 유통업체간 담합 또는 경쟁사업자 배제는 유통비용 상승으로 이어져 제조업자의 이윤이 감소한다. 따라서 유통업체가 RPM을 강제하기 위해서는 유통업에 대한 진입장벽이 높아 이들의 협상력이 강해야 한다. 그런데 플랫폼사업자와 광고대행사의 관계에서 보다 많은 협상력을 가진 측은 플랫폼사업자이고, 광고대행사는 이들에게 수직제한을 요구할 정도의 지배적 위치에 있지 않다. 따라서 이관제한은 광고대행사간 담합 또는 경쟁사업자 배제를 위해 실시된 것도 아니다.

3. 평가

네이버-다음 사례는 미국과 EU의 Google 사례와 비교하여 보면 흥미롭다. 문제행위의 성격과 경쟁정책 기관의 판단 및 집행에는 차이가 있고, 이에 대한 검토로부터 동태적 혁신 및 경쟁이 중요한 플랫폼 산업의 경쟁정책 집행에 대한 중요한 함의를 찾을 수 있다.

1) 미국과 EU의 Google 사례와의 비교

US FTC(2013)는 2013.1.3. Google의 몇 가지 행위들의 경쟁제한 우려를 해소하는 합의방안을 발표하였다. FTC가 조사한 Google의 문제행위는 스마트폰, 게임, 태블릿 기기 관련 표준필수특허의 남용, 데스크탑과 모바일 기기에 Google Search의 배타적 탑재, 온라인 검색사업 모델 등 다양하나 여기서는 네이버-다음 사건과 연관성이 있는 다음 두 가지만 검토한다.[13] 첫 번째는 Google이 특정 검색어에 대한 검색결과를 제시하는 데 있어서 Google Shopping이나 Google Places와 같이 특정 카테고리와 연관되는 경우에 자사의 전문 검색결과(vertical search results)를 경쟁 전문 검색웹사이트(vertical search websites)나 일반 검색결과 (organic search results)보다 상위에 위치하도록 검색알고리즘을 조작하였다는 것으로, 소위 '검색편의(偏倚, search bias)'라 불리는 것이다. 두 번째는 Google이 광고 주들이 검색광고를 여러 광고플랫폼에 동시에 올려서 관리하는 것, 즉 소위 광고 주가 여러 경쟁 검색광고 플랫폼에 멀티호밍(multihoming)하는 것을 기술적으로 어렵게 만들었다는 것이다. 이러한 Google의 두 가지 온라인 검색 및 광고 사업 행태는 본건에서 네이버-다음의 (i) 정보검색결과와 전문서비스를 구분 없이 제

---

[13] Google의 스마트폰, 게임, 태블릿 기기 제작에 필요한 표준필수특허(SEP, Standard Essential Patents)의 남용 가능성과 관련하여 FTC는 Google이 FRAND(Fair Reasonable and Non-Discriminatory) 약정을 한 SEP에 대해서 실시허락(license)를 원하는 경쟁자들을 대상으로 금지명령(injunction)을 구하는 소송을 제기하지 않기로 하는 동의명령 (consent order)을 내렸다. 또한 FTC는 Google이 데스크탑과 모바일 기기에 Google Search를 배포하는 데 있어서 반경쟁적 배타적 합의가 있었는지에 대해서도 조사하였으나 무혐의 결정을 내렸다.

공하는 행위와 NPB-다음의 (iii) 키워드 광고대행사 간 광고주 이관을 제한하는 행위와 차이는 있지만 어느 정도 관련이 있다.

먼저 Google이 2008년 이래 'Universal Service' 방식을 도입하면서 일반 검색결과와 자사가 구축한 전문 검색결과(vertical search results)를-예컨대 가격탐색 서비스를 제공하는 Google Shopping 등을- 함께 제공하면서 다른 경쟁 사이트를 불리한 방식으로 노출하였다는 소위 '검색편의'의 문제는 네이버-다음이 정보 검색결과와 자사의 전문서비스를 구분 없이 함께 제공하는 행위와 일견 유사하다. 이에 대해서 US FTC(2013)는 *"제품디자인은 경쟁의 중요한 측면이고, 정당한 제품개선을 비난하는 것은 소비자에게 피해를 초래할 위험이 있다"*고 보고, *"전체적인 증거를 종합해 보면, Google이 위원회가 조사한 디자인 변경을 채택한 것은 주로 검색결과의 품질을 개선하기 위한 것이었고, 그것이 현재의, 잠재적 경쟁자들에게 어떤 부정적 영향을 끼쳤다 할지라도 그것은 그러한 목적에 부수적인 것이었다. Google의 경쟁자 중에는 Google의 제품개선으로 인해 매출 손실을 보았을 수도 있으나, 치열한 경쟁으로부터 특정 경쟁자들이 이러한 불리한 영향을 받게 되는 것은 경쟁법이 장려하는 "장점에 기반한 경쟁"과 경쟁과정에서 일반적으로 나타나는 부산물이다"*라는 입장을 밝히면서 무혐의 판정을 내렸다. 한편 앞에서 언급한 Google의 두 번째 문제행위, 즉 광고주의 멀티호밍 방해는 이를 시정하는 동의명령(consent order)을 통해서 해결되었다.[14]

한편 EC(2013.4.25)은 이 두 가지 문제-Google Shopping과 같은 자사의 전문 검색서비스에 우선 노출시키는 행위와 자사의 Adwords와 경쟁사의 광고플랫폼과 온라인 검색광고 시장에서의 경쟁을 제한하는 행위-와 더불어 온라인 신문과 같은 온라인 출판자들이 자신의 웹사이트에 온라인 검색 광고를 게재하는 데 있어서 Google과 배타적 협의를 요구하는 것도 문제 삼았고, Google로부터 약정(commitments) 제안을 받았다.[15] 이 중 온라인 출판사들에 대한 배타적 협의

---

14) 한편 Google의 온라인 검색사업 모델에 있어서 또 다른 문제는 Google이 경쟁 웹사이트에 소개된 이용자 평가나 등급(user reviews and star ratings)과 같은 콘텐츠를 자신의 전문 검색결과에 무단으로 활용하였다는 것이다. 이에 대해서 FTC과 Google는 동의명령을 통해서 웹사이트들이 이러한 콘텐츠를 Google의 전문검색결과에서 제외시켜달라고 요청할 수 있도록 하는 데 합의하였다.

15) 이 밖에 EC는 US FTC와 마찬가지로 Google이 경쟁 웹사이트들의 콘텐츠를 자신의 전문

요구는 NPB의 (ⅳ) 네트워크 키워드 광고 제휴계약 체결 시 우선협상권 등을 요구한 행위와 거의 동일하다.

이들 행위 중에 경쟁 광고플랫폼 사업자로의 이동성 및 멀티호밍을 제한하는 행위에 대해서는 Google의 시정 약정을 수용하였지만, EC는 다른 두 행위에 대해서는 추가적인 조사를 통해서 지배적 지위 남용에 대한 EU의 반독점 규율 위반으로 의결하였다. 먼저 EC(2017.6.27)은 자사의 비교 쇼핑서비스(comparison shopping service)인 Google Shopping에게 불법적 혜택을 제공한 행위에 대해 €24.2억을 벌금과 시정명령을 내렸다. 또한, EC(2019.3.20)는 출판사와 같은 웹사이트 소유주에 대한 '온라인 검색광고 중계(online search advertising intermediation)' 시장에서 자사의 AdSense와 경쟁하는 사업자를 배제하는 행위에 대해서 €14.9억을 벌금과 시정명령을 내렸다.

이상의 논의로부터 유사한 혹은 동일한 사안에 대해서 우리나라 공정위와 미국의 FTC, 유럽의 EC가 서로 다른 결정을 내렸음을 알 수 있다. 우선 비록 네이버-다음의 유료전문서비스 사업모델은 미국와 EU에서의 Google의 전문 검색서비스 사업모델과 도입과정과 디테일에 있어서 차이가 있다고 할지라도,[16] 자사의 서비스를 우대하는 문제행위 자체는 유사하다고 할 수 있다. 이에 대해서, 우리나라 공정위 경우는 동의의결로, 미국 FTC 경우 무혐의로 처리한 반면, EC의 경우는 막대한 과징금과 시정명령을 내렸다. 다음으로 출판사 등의 웹사이트에서 광고를 매개하는 시장에서 네이버의 NPB 혹은 Google의 AdSense에게 우선 혹은 배타적 협상권을 요구는 행위에 대해서, 공정위는 동의의결로 처리하였고, 미국 FTC는 사안 자체를 다루지 않은 반면, EC의 경우는 막대한 과징금과 시정명령을 내렸다. 마지막으로 네이버-다음의 자사 광고플랫폼 내에서의 기존 광고주의 이관제한과 Google의 경쟁 광고플랫폼으로의 이동 및 멀티호밍의 제

검색결과에 무단으로 활용한 것도 문제로 삼았지만, 이에 대한 시정 약정을 통해서 해결하였다.

16) 네이버와 Google의 검색서비스에서의 근본적인 차이는, 네이버의 경우 사업 시작부터 'Integrated Information Portal' 방식을 채택해왔다. 따라서 Google의 경우 문제가 된 'Universal Search' 방식으로 전환 후에 나타난 제품디자인의 변경이 아니다. 또한 네이버의 경우 자사의 전문서비스를 함께 제공한다는 사실이 그동안 당연시되어 왔다.

한은 경쟁효과 관점에서 큰 차이를 지니나, 우리나라, 미국, EU 모두에서 동의 혹은 약정 의결로 시정되었다.

2) 네이버 – 다음 사례의 의의

검색서비스 및 검색광고 시장은 기술과 사업모델의 혁신이 매우 급격하게 진행되고 있는 동태적인 시장이다. 그 대표적인 예를 검색엔진의 검색결과 제공방식의 변천에서 찾을 수 있다.[17] 2000년대 중반까지만 해도 거의 모든 검색엔진이 외부 웹사이트를 소개해 주는 관문(gateway) 역할만을 하였으나, 이제는 모든 검색엔진이 정보 중개자로서의 역할에 국한하지 않고 자체적으로 구축한 혹은 제휴를 통해 입수한 DB를 활용하여 사용자가 원하는 정보를 바로 제공한다. 전자를 과거 Google이 질의에 대한 가장 유용한 정보를 입수할 수 있는 10개의 사이트를 모아 제공하는 방식의 명칭을 따라 'Ten Blue Links' 방식, 후자를 통합 정보를 제공하는 방식이라는 의미의 'Integrated Information Portal' 방식이라 부른다. 검색엔진을 대표하는 Google도 2008년부터 전자의 방식에서 벗어나 'Universal Service'라는 후자의 방식으로 전환하였다. 한편 네이버를 비롯한 국내 검색서비스는 처음부터 후자의 방식을 채택하여, 인터넷 포털로서 시작하여 내부의 각종 콘텐츠를 활용하여 이용자의 검색요청에 따라 검색결과를 바로 제공하여 왔다. 이러한 앞선 사업모델의 채택이 국내 검색서비스 시장을 세계 거의 모든 나라에서 절대적 시장지배력을 지닌 Google로부터 지켜올 수 있었던 주요한 요인이다. 네이버 – 다음의 유료 전문서비스 사업모델에 대한 경쟁정책적 판단은 이러한 국내외 검색서비스 시장에서의 동태적 변화의 맥락에서 이루어져야 한다.

검색광고 시장에서도 기술변화의 영향은 실로 엄청나다. 온라인광고 기술과 사업모델의 혁신에 따라서 전통적인 오프라인광고 시장은 정체되어 있는 반면에 온라인광고 시장은 급속히 성장해 왔다. 온라인광고 시장 내에서도 얼마 전까지만 해도 PC를 기반으로 하는 검색 및 디스플레이 광고가 성장을 견인해 왔지만,

---

17) Crane(2012)와 Lao(2013) 참조.

최근 스마트 모바일 기기의 보편적 확산에 따라서 위치기반의 시의적 광고가 중요해지면서 향후에는 모바일광고가 성장을 주도하게 될 것으로 예상된다. 한편 국내의 온라인 검색광고 시장에서는 2010년까지는 Yahoo의 Overture가 플랫폼 서비스를 독점적으로 제공하였지만, 국내 검색광고 기술이 발전하면서 2011년부터는 검색서비스 사업자들이 자체적 검색광고 플랫폼 사업을 영위하게 되었다. NBP－다음의 키워드광고 대행들 사이의 이관을 제한하는 정책 역시 광고시장에서의 기술변화에 따른 모드간 경쟁(inter-modal competition)의 중요성과 과거 Overture 사업시기 이래로 산업 내의 필요성에 따라 모든 사업자들에 의해 도입되어 유지되어 온 역사적 맥락에서 판단되어야 할 것이다.

　관련 산업의 발전 과정 및 현황의 차이, 그리고 법률적 체계 및 환경의 차이로 인해 각국은 유사 혹은 동일한 사안에 대해서 경쟁정책 집행을 서로 달리 할 수 있다. 우리나라의 검색엔진 산업의 경우 앞서 소개한 역사적 맥락에서 차이가 있을 뿐만 아니라, 무엇보다도 산업 현황에 있어서 Google이 아닌 네이버와 다음이 지배적 지위를 점하고 있다. 또한 EC(2013.4.25)가 지적한 바와 같이, "*미국과 EU는 현상적, 법률적 환경이 다르다. 특히, 미국에서는 웹 검색에 있어서 Bing과 Yahoo가 Google에 대한 실질적 대안이 되고 있다. 이 둘의 점유율의 합은 30% 정도이다. 반면에, Google은 대부분의 유럽 국가들에서 수년간 90%를 훨씬 넘는 점유율을 보유해왔다.*" 경쟁정책은 관련 시장에서의 이러한 역사적 차이 그리고 경쟁 현황의 차이를 고려하여 합리적으로 집행되어야 한다.

　네이버－다음의 동의의결은 동태적으로 진화하고 있는 인터넷 검색 및 광고시장에서 공정위와 사업자 간의 신속한 합의를 통해서 위법성 판단을 보류하고 문제의 가능성을 시정하는 일종의 절충적 해결책으로서 긍정적으로 평가할 만하다. 그러나 합의 과정에서 키워드 광고플랫폼 사업자에 의한 광고대행사의 기존 광고주 이관제한이라는 일종의 수직적 거래제한의 경제적 효과에 대한 좀 더 면밀한 검토가 있었어야 하지 않았나 하는 아쉬움을 남긴다.

　미국과 EU에서 문제가 된 것은, Google이 자사의 검색광고 플랫폼인 AdWords를 통해서 키워드 광고를 관리하는 광고주가 다른 광고플랫폼을 통해서 함께 광고를 관리하는 것을 어렵게 만드는 일종의 '광고플랫폼들 사이의 이동성과 멀티호밍(portability and multihoming across ad platforms)'를 제한하는 것이었다. 이는 경쟁제한 효과가 명백하고 효율제고 효과는 찾기 어렵다고 할 것이다. 반면에 우리나라에서 문제가 된 NBP－다음의 광고대행사의 기존 광고주 이관제한이란, 광고대행사가 NBP의 '클릭 초이스' 혹은 다음의 '다음 클릭스'를 이용하여 이미 광고를 하고 있는 광고주를 빼내어 자신의 관리하에 동일한 광고플랫폼에서 광고를 계속하는, '한 광고 플랫폼 <u>내에서의</u> 이관(transporting <u>within</u> an ad platform)'을 제한하는 것이다. 이러한 제한은 본장의 경제분석에서 설명한 바대로 경쟁제한보다는 경쟁촉진적 효율개선 효과가 더 크다고 할 수 있다.

Chapter 08

퀄컴(2017년)의 칩셋공급 및 라이선스 사업모델의 경쟁자비용인상 효과

공정위는 2017.1.20. 모뎀칩셋 및 이동통신 특허라이선스 시장의 지배적 사업자인 퀄컴의 경쟁제한 행위에 대해 시정명령과 함께 1조 300억원을 부과하였다. 퀄컴의 칩셋 공급 및 관련기술 라이선스 사업모델의 경쟁제한성을 이해하는 데는 사업모델의 구성요소들이 서로 유기적 연관성을 갖고 순환적 상승작용을 하면서 경쟁자비용인상(Raising Rivals' Costs, RRC)의 효과를 지닌다는 점이 중요하다. 이 사건은 우리나라 공정위가 다국적 기업 사건의 전세계적 경쟁정책 집행에 있어서 선도적인 역할을 하였다는데 큰 의미가 있다.[1]

1. 사건 및 경제분석 개요

1) 공정위 의결 개요[2]

공정위는 퀄컴의 사업모델을 구성하는 다음 세 가지 행위가 위법한 것으로 판단하였다. *"경쟁 모뎀칩셋 제조사에 대한 이동통신 표준필수 특허의 라이선스 거절 또는 제한 행위"*(행위 1), *"휴대폰 제조사에 대해 모뎀칩셋 공급 조건으로 특허 라이선스 계약 체결·이행을 요구한 행위"*(행위 2), *"휴대폰 제조사의 특허 라이선스 계약 체결시 포괄 라이선스 조건, 자신이 정한 실시료 조건, 무상 크로스 그랜트 조건을 포함한 제약조건을 제시한 행위"*(행위 3). <그림 8-1>은 이 세 행위를 핵심으로 하는 퀄컴의 사업모델의 개요를 도시한다.

---

1) 본장은 전성훈(2018)을 수정한 것이다.
2) 이하는 공정위(2016.12.28) 보도자료 및 공정위(2017.1.20) 의결을 참조하여 정리한 것이다.

그림 8-1　퀄컴의 사업모델 개요

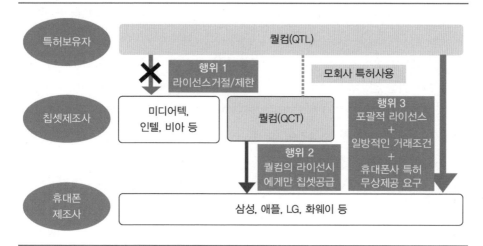

자료: 공정위 의결서 39쪽 〈표 22〉 전제

위 그림에서 QTL(Qualcomm Technology Licensing)은 퀄컴의 특허 라이선스 사업부이고, QCT(Qualcomm CDMA Technologies)는 퀄컴의 모뎀칩셋 사업부를 가리킨다.[3]

공정위는 본건 관련 상품시장을 'CDMA, WCDMA 및 LTE 등 표준별로 피심인들이 보유한 전체 표준필수특허 라이선스 시장'과[4] 'CDMA, WCDMA 및 LTE 등 각 표준별 모뎀칩셋 시장'으로 획정하고, 양 상품의 지리적 시장은 모두 '세계시장'으로 획정하였다. 표준필수특허는 다른 기술로 대체가 불가능하므로 하나의 각 SEP에 대해서 보유자는 완전한 독점력을 갖게 된다. 퀄컴은 2G CDMA의 경우 90% 이상의 SEPs을 보유한 것에 비하여, 3G WCDMA의 27%, 4G LTE의 16%로 SEPs 보유 비중이 감소하였으나 여전히 최다 SEPs을 보유하고 있다

---

[3] 2012년 10월 1일 이전에는 QI(Qualcomm Incorporated)는 QTL과 QCT를 통합하고 있었으나, 이후 QCT를 QI에서 분리하여 완전 자회사인 QTI(Qualcomm Technology Incorporated, QTI)가 관리하였다. 한편 QCTAP(Qualcomm CDMA Technologies Asia-Pacific PTE Limited)는 휴대폰제조사의 모뎀칩셋 공급계약을 대부분 체결하고 있다. 공정위 심결에서 피심인 '퀄컴'은 QI, QTI, QCTAP를 통칭한다.

[4] 표준필수특허는 개별적으로 관련 시장을 형성한다고 볼 수도 있으나, SEPs 사이의 보완성 및 퀄컴의 포괄적 라이선스 관행을 고려하여 '전체'로 획정하고 있다.

(2015년 ETSI 홈페이지 공개 자료 기준). 모뎀칩셋 시장에서도 퀄컴은 CDMA의 경우 독점적 지위(83.1%)를 보유하고 있으며, WCDMA 및 LTE에서도 시장지배력(각각 32.3%, 69.4%)을 장기간 유지하고 있다(2015년 Strategy Analytics 자료).[5]

퀄컴은 (i) 경쟁이 아닌 '표준화와 FRAND 확약'을 통해서 라이선스 시장에서 독점적 지위를 얻었으며, (ii) 통상적인 시장지배적 지배자가 아닌 하류의 모뎀칩셋 상품의 '수직적 통합사업자'이며, (iii) 통상적인 수직적 통합자가 아닌 '양 시장에서 지배력'을 가진 사업자이기 때문에, 그렇지 않은 다른 경우와 *"시장지배적지위 남용행위에 해당하는지를 판단하는 기준이 동일할 수 없을 것이며, 경쟁제한 효과를 억제하고 그 폐해를 방지하기 위해 적절한 기준을 설정하고 그*

그림 8-2 | 퀄컴 사업모델의 유기적 순환·상승 구조

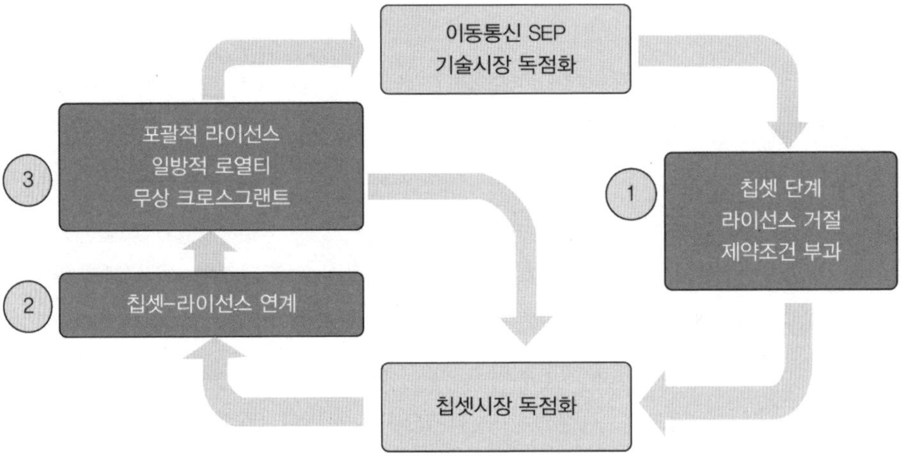

자료: 공정위 의결서 41쪽 〈표 23〉 전제

---

5) 퀄컴의 CDMA, WCDMA, LTE 모뎀칩셋 시장점유율은 2013년에 각각 93.1%, 53.9%, 96.0%로 최고치를 달성한 후 최근 들어 다소 감소하였다. 그러나 2016년 3분기 기준으로는 CDMA의 경우 71%, LTE의 경우 54%로 여전히 강력한 지배적 지위를 유지하고 있다. 한편 WCDMA의 경우는 미디어텍 44%, 스프레드트럼 40%에 이어 10% 수준으로 하락하였지만, 이는 2015년 이후 4세대 LTE 표준을 중심으로 시장이 변화하여 퀄컴이 2013년 이후 WCDMA 표준 관련 신모델 모뎀칩셋을 더 이상 출시하지 않은 영향도 있다. 의결서 96쪽 참조.

에 맞는 행인지를 판단하여야 할 것이다."(의결서 97쪽) 더욱이 퀄컴의 상기 3가지 행위들은 다음 그림에 나타나는 바와 같이 "상호 유기적으로 연계되고 순환됨으로써 보다 공고해지는 구조를 갖고"(의결서 39쪽) 있다.

즉 "경쟁 칩셋사에 대해 라이선스 제공을 거절·제한함으로써 경쟁사에게 불리한 경쟁 여건을 조성하여 칩셋 시장을 독점화하고, 칩셋 시장에서의 지배력을 이용하여 휴대폰사가 라이선스 계약을 체결·이행하지 않으면 칩셋 공급을 제한하는 방식으로 FRAND 제약을 회피하고 라이선스 시장에서 협상력을 높인 후, 이렇게 배가된 힘을 통해 휴대폰사에 대해 일방적인 라이선스 조건을 강요하고 휴대폰사의 특허도 무상으로 제공하도록 요구하는 등 각종 불이익한 조건을 부과한 후, 이를 다시 자신의 칩셋을 경쟁사 칩셋보다 유리하게 하는 수단(특허우산) 등으로 활용하여 칩셋 시장 및 특허 라이선스 시장에서 자신의 독점력을 유지·강화하는 순환구조를 형성"하는 것이다(공정위 보도자료, 7~8쪽).

이로 인해 모뎀칩셋 시장, 이동통신 SEPSs 라이선스 시장에서 경쟁제한 효과가 발생하고, 다른 사업자의 R&D 활동을 저해하여 이동통신 기술 R&D 경쟁도 왜곡되었다고 공정위는 판단하였다. 모뎀칩셋 시장에서는 주요 경쟁 칩셋제조사들이 퇴출하고 신규 사업자의 진입이 제한되고, 반면에 퀄컴의 점유율 및 시장집중도는 꾸준히 증가하였다. 이동통신 SEPs 라이선스 시장에서는 휴대폰제조사에게 모뎀칩셋 공급을 무기로 FRAND 확약에 반하는 부당한 특허계약의 체결·이행을 강제하여 FRAND 확약을 무력화하였다. 또한 휴대폰사로부터 무상 크로스그랜트를 요구·관철함에 따라 휴대폰사의 R&D 투자 인센티브가 크게 저하되고, 퀄컴의 특허발명의 내용과 무관하게 일방적인 기준으로 특허료를 부과함에 따라 휴대폰사, 칩셋사의 기술개발 유인이 저하되었다.

(행위 1)에 대해서는 법 제3조의2 제1항 제3호 및 시행령 제5조 제3항 제4호에 따른 기타 부당한 방법으로 다른 사업자의 사업활동을 어렵게 하는 행위로서 '거래상대방에게 정상적인 거래관행에 비추어 타당성이 없는 조건을 제시하여 다른 사업자의 활동을 어렵게 하는 행위' 및 법 제3조의2 제1항 제3호 및 시행령 제5조 제3항 제3호에 따른 다른 사업자의 사업활동을 부당하게 방해하는 행위로서 '정당한 이유없이 다른 사업자의 상품 생산, 판매에 필수적인 요소에 대한 사용 또는 접근을 거절 또는 제한한 행위'에 해당하는 시장지배적지위 남용행위로

위법 판정하였다. 그리고 (행위 2) 및 (행위 3)에 대해서 법 제3조의2 제1항 제3호 및 시행령 제5조 제3항 제4호에 따른 기타 부당한 방법으로 다른 사업자의 사업 활동을 어렵게 하는 행위로서 '부당하게 거래상대방에게 불이익이 되는 거래 또는 행위를 강제하는 행위' 및 법 제23조 제1항 제4호에 따른 자기의 거래상의 지위를 부당하게 이용하여 상대방과 거래하는 행위로서 '거래상대방에게 불이익이 되도록 거래조건을 설정 또는 변경하거나 그 이행과정에서 불이익을 주는 행위'에 해당하는 것으로서 시장지배적지위 남용행위와 불공정거래행위를 경합 적용하여 위법 판정하였다.

이에 따라 1조 300억원의 과징부과와 더불어, (행위 1)을 시정하는 조치로서 모뎀칩사가 요청하는 경우 특허 라이선스 계약 협상에 성실히 임하고, 판매처 제한, 칩셋 사용권리 제한 등 부당한 제약조건 요구를 금지하고, (행위 2)를 시정하는 조치로서 모뎀칩셋 공급을 볼모로 특허 라이선스 계약을 강요하는 행위를 금지하고 관련 계약조항을 수정·삭제하도록 명령하고, (행위 3)을 시정하는 조치로서 휴대폰사와 특허 라이선스 계약시 포괄적 라이선스 조건, 일방적 실시료 결정, 무상의 크로스라이선스 요구 등 부당한 계약조건 강요를 금지하고, 휴대폰사의 요청시 기존 특허 라이선스 계약 재협상을 명령하였다. 특히 주목할 점은 시정명령의 적용범위를 국내에 영향을 미치는 다음과 같은 국내외 사업자와의 거래를 대상으로 하였다. 휴대폰사의 경우 (i) 대한민국에 본점을 둔 휴대폰제조사, (ii) 대한민국에 휴대폰을 판매하는 제조·판매사, (iii) 대한민국에 휴대폰을 판매하는 사업자에게 휴대폰을 공급하는 사업자, 그리고 모뎀칩셋사의 경우 (iv) 대한민국에 본점을 둔 칩셋 제조사, (iv) 상기 (i) 내지 (iii)에 해당하는 휴대폰사에 모뎀칩셋을 공급하는 사업자를 망라하였다.

2) 이해관계인 측의 경제분석 개요

이해관계인 측이 2016.7.15. 공정위에 제출한 전성훈(2016)의 경제분석에서는 퀄컴의 사업모델의 각 구성요소 및 전체로서의 경쟁제한성을 분석하고 이를 해소하는 적절한 시정방안을 검토하였다. 이를 요약하면 다음과 같다.

퀄컴은 기술라이선스와 모뎀칩셋 세계시장에서의 '이중의(dual)' 지배적 지위를 기반으로 여러 가지 문제행위들을 내포하는 사업방식을 통해서 이 두 상품의 세계시장에서뿐만 아니라 핸드셋 국내판매 시장에서 경쟁제한의 폐해를 야기하고 있다: (행위 1) 경쟁 모뎀칩셋 업체에 대한 라이선스 거절; (행위 2) 핸드셋 업체에게 모뎀칩셋 공급과 부당한 조건의 라이선스 끼워팔기; (행위 3) 가. 핸드셋 업체에게 특허기술 전체에 대한 라이선스 묶어팔기, 나. 핸드셋 업체에게 모뎀칩셋 가격에 추가하여 핸드셋 가격 기준의 로열티 부과, 다. 핸드셋 업체에게 자사와 자사의 라이선시들에게 부제소확약 요구. 전성훈(2016)의 경제분석에서는 이들의 개별적 경쟁제한성과 더불어 상호 간의 보완·상승 작용에 의해 증폭되는 경쟁제한성의 성격을 분석하고, 경쟁제한 효과가 국내 사업자 및 소비자에게 파급되는 메커니즘과 이를 해소하기 위한 적절한 시정방안을 제시하고자 하였다.

경제분석에서는 특히 다음의 두 가지 점에 주목하였다. 우선, 퀄컴의 사업방식은 FRAND(Fair, Reasonable and Non-Discriminatory) 확약 위반을 논외로 하더라도 경쟁제한의 우려를 야기하는 것이고, 여기에 FRAND 확약 위반까지 추가적으로 고려하는 경우에는 그 우려는 더욱 심각해진다는 점이다. 다음으로, 퀄컴의 경쟁제한적 사업방식이 국내 경제주체에게 미치는 효과를 제대로 파악하기 위해서는, 국내 사업자를 통해 직접적으로 미치는 것뿐만 아니라, 관련 세계시장에서 경쟁하는 해외 사업자를 통해서 간접적으로 미치는 것을 함께 고려해야 한다는 점이다. 이는 특히 국내 사업자와 소비자에게 영향을 주는 퀄컴 사업방식의 경쟁제한성을 해소하는 시정방안의 지리적 범위를 적절히 설정하는 데 있어서 매우 중요하다.

본장의 2절에서는 퀄컴 사업모델의 경쟁제한성을 여러 요소들의 상승적 상호작용에 의한 경쟁자비용인상 효과로 이해한 이해관계인측의 경제분석의 주요 결과를 정리한다. 3절에서는 퀄컴 사건에 대한 세계 다른 경쟁정책 집행기관의 판단을 비교하고, 그 의의를 제시한다.

2. 퀄컴의 칩셋공급 및 라이선스 사업방식의 경쟁자비용인상 효과

이해관계자측의 경제분석 전성훈(2016)은 <그림 8-1>, <그림 8-2>에 도시된 공정위의 퀄컴 (행위 1, 2, 3)에 대한 경쟁제한성 판단의 경제학적 근거를 산업조직이론의 '경쟁자비용인상(Raising Rivals' Costs, RRC)' 전략을 통한 시장봉쇄 효과로 설명한다.

1) (행위 1)에 의한 경쟁자 비용인상과 시장봉쇄 효과

퀄컴은 경쟁 칩셋업체에게 특허가 소진(patent exhaustion)되는 라이선스를 거절하면서, 자사와 라이선스를 체결한 핸드셋 업체에게 모뎀칩셋을 판매하는 경우에 한해 부제소(CNS, Covenant Not to Sue)를 확약하거나 혹은 한시적으로 특허침해주장을 유예(Standstill)하겠다는 약속을 제시한다. 다음 <그림 8-3>은 이러한 퀄컴의 라이선스 사업방식을 도식화한 것이다.

그림에서 Q_T는 상류의 기술 라이선스시장에 참여하는 모회사 QI(Qualcomm Incorporated, 과거의 QTL Segment)를, Q_T은 중류의 칩셋 상품 시장에 참여하는 칩셋 제조판매 자회사 QTI(Qualcomm Technologies, Inc., 과거의 QCT Segment)를 나타낸다. A, B는 퀄컴의 (행위 2)에 따라 모뎀칩셋을 공급받기 위해서 라이선스를 체

그림 8-3 퀄컴의 라이선스 거절

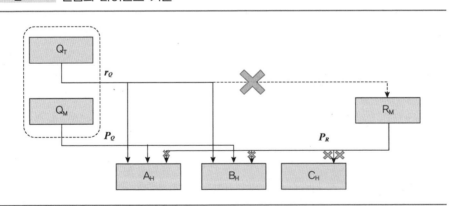

결한 핸드셋 업체들을 나타낸다. 예컨대, Samsung, LG, Apple(및 Apple로부터 위탁받아 핸드셋을 생산하는 Hon Hai, Pegatron와 같은 계약 제조업체) 등을 들 수 있다. 한편 중류의 칩셋 상품시장에 참여하는 퀄컴의 경쟁자(현재 및 잠재적 경쟁자 포함)를 R_M 으로 표기한다. 예컨대, MediaTek, Intel, Spreadtrum, Broadcom, Marvell, ST-Ericson, RDA, Nvidia, EoNex, Via, Samsug(System LSI) 등을 들 수 있다. 마지막으로 퀄컴으로부터 기술 라이선스를 받지 않아서, 퀄컴으로부터 칩셋을 공급받을 수 없는 하류 시장의 핸드셋 업체들을 C_H로 표기한다. 이들은 중국과 인도에서 저가(low-end) 핸드셋을 제조·판매하는 신규 핸드셋업체라고 볼 수 있을 것이다.

거래단계의 차별이 없고, 특허가 소진되는 정상적인 라이선스 관행에 따르면, 퀄컴과 같은 표준필수특허(Standard Essential Patents, 이하 SEPs) 보유자는 모뎀칩셋과 같은 중간재 부품생산업체가 라이선스를 신청하고 성실하게 협상에 임하는 소위 'Willing Licensee'인 한, 이 부품업체에게 라이선스를 제공하여야 할 뿐만 아니라, 라이선스 기술을 이용하여 만든 모뎀칩셋을 구매하여 최종제품을 생산하는 핸드셋 업체에게는 모뎀칩셋과 관련한 SEPs에 대해서 별도의 라이선스 계약체결 및 로열티를 요구하지 않는다.[6]

퀄컴의 경쟁 모뎀칩셋 업체에 대한 기술 라이선스 거절정책은 R_M과 같은 경쟁 모뎀칩셋 업체의 하류 핸드셋 시장에의 접근을 사실상 봉쇄하는 효과를 지닌다. 우선 퀄컴과 라이선스 계약을 체결하지 않은 핸드셋 업체 C_H에 대한 시장봉쇄 효과는 자명하다. 경쟁 모뎀칩셋 업체 R_M은 C_H에게 퀄컴의 기술이 구현된 모뎀칩셋을 판매할 경우 퀄컴으로부터의 특허침해 소송이 제기될 것이 거의 확실하기 때문에 C_H에 대한 판매를 포기할 수밖에 없다. 또한 가사 퀄컴이 R_M을 상대로 특허침해 소송을 제기하지 않는다고 하더라도, 퀄컴과 라이선스를 체결하지 않은 C_H의 입장에서는 퀄컴으로부터 특허침해 소송을 제기당할 우려가 있으므로 R_M에게 무제한적 면책특권(indemnity)을 보장해 달라는 요청을 할 수 있다. 이 경우에도 R_M의 비용은 크게 상승하여 C_H에 대한 판매를 포기할 수밖에 없을 것이다.

---

6) IEEA(2015) 참조.

현실적으로 퀄컴과 라이선스를 체결하지 않은 핸드셋업체는 중국이나 인도 등에서 저가(low-end) 스마트폰을 제조, 판매하는 신규 핸드셋업체라고 할 수 있다. 기술우위를 바탕으로 압도적 지배적 지위를 누리는 퀄컴과 경쟁해야 하는 후발 모뎀칩셋 업체의 입장에서는 이들 저가 핸드셋업체들은 Apple, Samsung, LG와 같은 메이저 핸드셋 업체들에게 기술을 인정받아 모뎀칩셋시장에 성공적으로 진입하고 정착하는 데 도움이 되는 '발판(toehold)' 혹은 '교두보(beachhead)'로서 중요성을 지닌다.

경쟁 모뎀칩셋업체의 하류 핸드셋 시장봉쇄는 퀄컴과 라이선스계약을 체결한 핸드셋업체 A_H, B_H에 대한 경우에도 발생한다. 우선 이들에게 판매하는 경우에 한시적으로만, 예컨대 6개월 정도 특허침해주장을 유보(Standstill)해 준다면, 모뎀칩셋업체는 해당 모뎀칩셋을 구매한 핸드셋업체와 퀄컴 간에 특허침해와 관련한 분쟁이 발생하게 될 경우 일정한 기간이 경과한 이후에는 결국 특허권 침해로 인한 제소의 위험을 부담할 수밖에 없게 된다. 이는 특허가 소진되는 라이선스와 근본적으로 다른 것으로서, 퀄컴으로부터 한시적 특허침해주장의 유보만을 약속받은 상황에서는 경쟁 모뎀칩셋 업체는 이러한 위험부담으로 인해서 실제적으로 시장접근을 포기하게 될 수 있다. 이는 소위 '경쟁자비용인상(RRC, Raising Rival's Costs)'을 통한 시장봉쇄 전략이라고 해석할 수 있다.

한편 퀄컴은 경쟁 모뎀칩셋업체에게는 로열티를 받지 않으므로, 이것이 한시적 특허침해주장 유보 혹은 부제소확약에 내포된 위험비용을 상쇄할 수 있다고 주장할 수 있다. 그러나 퀄컴은 자사와 라이선스를 체결하면서 핸드셋 판매가격을 기준으로 로열티를 부과하고 있기 때문에, 경쟁 모뎀칩셋이 장착된 핸드셋에 대해서도 높은 로열티를 징수한다. 따라서 경쟁 모뎀칩셋업체는 핸드셋업체에게 모뎀칩셋 가격을 그만큼 낮추어 주어야 하므로, 로열티 비용도 사실상 지불하고 있는 것이다. 퀄컴의 로열티가 핸드셋 판매가격의 일정 비율로 책정되기 때문에 경우에 따라서는 이러한 로열티 비용을 보상해 주기 위해 할인된 경쟁업체의 칩셋 가격은 칩셋 생산비용을 회수하기 어려울 수 있다.

2) (행위 2)에 의한 시장지배력 전이 및 다른 경쟁제한적 행위들의 기반구축

퀄컴은 핸드셋 업체들에게 자사로부터 모뎀칩셋을 공급받기 위해서는 자사의 무선통신 특허기술 전체에 대한 라이선스를 받을 것을 요구한다. 이러한 끼워팔기(tying) 행위는 우선 그 자체로도 기술 라이선스와 모뎀칩셋 시장에서 퀄컴의 지배적 지위를 상호 전이하여 강화시키는 효과를 지닌다. 그리고 전항에서 분석한 경쟁 모뎀칩셋 업체들에 대한 라이선스를 거절하는 (행위 1)의 기반이 되고, 다음 항에서 분석할 핸드셋 업체들에 대한 여러 부당한 조건의 라이선스 계약의 체결을 강요하는 (행위 3)의 시발점이 된다. 뿐만 아니라, 일반적으로 끼워팔기에서 주상품(tying product)은 시장지배적 지위를 지닌 상품이고, 종상품(tied product)은 경쟁상품이다. 그리고 그 경쟁제한성은 주상품 시장에서의 지배력이 종상품 시장으로 전이되는 것이라고 할 수 있다. 그러나 퀄컴은 모뎀칩셋과 무선통신 특허기술 시장에서 '이중의(dual)' 지배적 지위를 지니고 있으므로, 퀄컴이 모뎀칩셋과 라이선스를 끼워파는 행위에 있어서 주상품과 종상품의 구분은 모호하다. 원칙적으로 모뎀칩셋과 라이선스 모두 주상품이면서 동시에 종상품이 될 수 있다. 그리고 시장지배력의 전이는 양 시장에서 이미 확보한 지배력을 유지·강화하는 것이라고 할 수 있다.

(행위 2)에서 주상품과 종상품의 구분이 형식상 애매하나, 실제에 있어서는 모뎀칩셋을 구매하려면 라이선스 계약을 체결하여야 하므로 모뎀칩셋을 주상품으로, 라이선스를 종상품으로 보는 편이 보다 적절할 것이다. 2007년 *Quanta* 사건에서 퀄컴이 이해관계자로서 미국 대법원에 제출한 서면으로부터 확인되는 바와 같이, 퀄컴은 자신과 라이선스 계약을 체결하지 않은 핸드셋 제조업체에게는 칩셋을 공급하지 않는다.[7]

끼워팔기(tying)는 주상품을 구입하고자 할 경우 다른 종상품을 반드시 함께 구매하도록 하는 경우이고, 일반적으로 두 상품의 결합비율은 1:1이 아니라 구매자의 선택에 따라 달라진다. 그리고 모뎀칩셋의 경우 핸드셋업체의 수요에 따라

---

7) 퀄컴은 여기서 *"통상적으로 퀄컴은 SULA(Subscriber Unit License Agreement)를 체결하여 퀄컴의 특허에 대해 라이선스를 획득한 핸드셋 제조업체에게만 칩셋을 판매한다"*고 밝히고 있다. US Supreme Court(2007) 참조.

구매량이 달라지므로, 결합비율은 달라진다고 볼 수 있다. 원론적으로 두 제품 사이에 기술적 상호보완성이 있는 경우나 구매자의 지불용의에 대한 정보가 부족한 상황에서 끼워팔기가 2급 가격차별의 수단으로 이용되는 경우 등에는 끼워팔기가 효율성을 제고할 수도 있다.[8] 그러나 모뎀칩셋과 라이선스 사이에 기술적 상호보완성이 존재한다고 보기 어렵고, 두 상품을 중간재로 구매하는 핸드셋업체의 경우는 일반적인 소비자와 달리 지불용의의 파악이 비교적 용이하다고 할 수 있으므로, 퀄컴의 끼워팔기가 효율성을 증진하는 경우에 해당한다고 보기는 어렵다.

반면 퀄컴이 핸드셋업체에게 모뎀칩셋의 공급조건으로 자사의 무선통신 특허기술에 대한 라이선스 체결을 요구하는 끼워팔기 행위는 관련된 여러 시장에서 경쟁제한 효과를 발생시킨다. 우선 경쟁 칩셋업체들에게 라이선스를 거절하는 (행위 1)의 기반으로써 경쟁자를 모뎀칩셋 시장에서 봉쇄함으로써 퀄컴의 모뎀칩셋 시장에서의 지배적 지위를 유지·강화시킨다. 그리고 다음 항의 (행위 3)의 경쟁제한 효과에서 살펴보듯이, 핸드셋업체에 대한 여러 가지 부당한 라이선스 조건 요구의 시발점이 됨으로써 상류의 라이선스시장, 중류의 모뎀칩셋시장, 하류의 핸드셋시장에서 경쟁제한성을 야기한다.

3) (행위 3)의 경쟁제한성

(행위 3)에는 <그림 8-1>의 '포괄적 라이선스', '일방적 거래조건', '휴대폰사 특허 무상제공 요구' 등이 포함된다. 각각의 경쟁제한성의 성격이 다르므로, 이하에서는 개별적으로 논의한다.

포괄적 라이선스

퀄컴의 포괄적 라이선스는 특허기술들이 1:1로 결합된 순수 묶어팔기(pure bundling)라고 할 수 있다. 묶어팔기의 경우도 끼워팔기와 마찬가지로 비용절감 및 가격차별의 목적으로 행해질 경우 효율성을 제고할 수 있으나, 본건의 경우

---

8) Pepal, Richards and Norman(2014) Ch. 8 참조.

이에 해당한다고 보기 어렵다. 무엇보다도 라이선스 묶어팔기에 의해 효율성이 높아진다면, 결합구매가 강요되지 않더라도 라이선시에 의해 자유로이 선택되었을 것이다. 더욱이 본건의 경우에는 결합판매에 의해 효율성이 제고되기 위한 경제적인 조건들이 충족되지 않는다.

Evans and Salinger(2005)는 결합판매를 통한 비용절감이 매우 크다면 시장 지배력이 없는 상품들을 순수하게 묶어 파는 경우도 경쟁의 결과로 발생할 수 있음을 보였다. 이러한 경우는 결합판매의 가격을 매우 낮추어서 단일 상품만 필요한 소비자도 결합상품을 구매하고 나머지 상품을 소비하지 않는 것이 더 나은 선택이 되는 상황이다. 그러나 퀄컴의 포괄적 라이선스의 경우는 구매자들이 *ala carte* 선택이 포함된 혼합 결합판매(mixed bundling)를 원하고, 퀄컴이 책정하는 라이선스 전체에 대한 로열티 수준이 매우 높으므로, 그러한 상황으로 볼 수 없다. 또한 묶어팔기가 가격차별의 수단이 되기 위해서는, Stigler(1968)가 밝힌 바와 같이 두 상품에 대한 지불용의가 서로 음(−)의 상관관계를 가져야 하나, 특허기술들의 가치가 이러한 조건을 충족시킨다고 볼 수 없다.

반면 퀄컴의 묶어팔기에서 모뎀칩셋 통신 관련 SEPs 라이선스를 주상품으로, 그 밖의 특허기술 라이선스를 종상품으로 보면, 퀄컴은 이러한 묶어팔기를 통해 특허기술 라이선스 시장에서의 지배력을 확장한다. 즉 핸드셋 업체는 non−SEPs 및 모뎀칩셋 비관련 SEPs에 대해서는 자신의 필요에 따라서 선별적으로 라이선스 받기를 원하나, 퀄컴은 자신이 보유한 특허기술 전체 목록에 대한 라이선스를 강요함으로 인해서 모뎀칩셋 통신 관련 SEPs 라이선스 시장으로부터 핸드셋 업체가 필요로 하지 않는 특허기술 라이선스 시장으로 퀄컴의 지배력을 전이·확장하는 효과를 지닌다.

이러한 특허기술 라이선스 시장에서의 지배력 전이 효과는 앞에서 다룬 끼워팔기에 의한 지배력 전이 효과를 강화하는 것으로 이해할 수 있다. 즉 포괄적 라이선스에 의한 지배력 전이는 '수평적' 성격−필수적 특허기술로부터 그 밖의 특허기술로의 전이−을 지니나, 앞의 끼워팔기는 '수직적' 성격−모뎀칩셋으로부터 특허기술로의 전이−을 지닌다.

핸드셋 가격을 기준으로 하는 고율의 로열티 부과

핸드셋 가격을 기준으로 하는 높은 로열티 부과는 퀄컴이 확약한 FRAND을 위반하는 특허억류(patent holdup) 혹은 착취적 남용의 성격을 지닐 뿐만 아니라, 핸드셋 시장에서 기술혁신 유인을 저하시키고, 모뎀칩셋 시장에서 경쟁자를 배제하는 행위의 기반이 될 수 있다.

퀄컴의 표준필수특허가 대부분 모뎀칩셋과 관련된 것이라면, 로열티는 핸드셋 가격의 '전체시장가치(Entire Market Value, 이하 EMV)'를 기준으로 부과해서는 안 되고, '최소 판매가능 특허실시단위(Smallest Salable Patent Practicing Unit, 이하 SSPPU)'인 모뎀칩셋 가격이나 수량을 기준으로 부과해야 한다는[9] 것이 국제적인 규범(norm)에 부합한다. 유럽의 대표적인 SSO 중의 하나인 IEEE(IEEA, 2015)에 의하면, FRAND의 '합리적 요율(Reasonable Rate)'은 SSPPU를 기준으로 산정되어야 함을 밝히고 있다.[10] 또한 미국 법원의 최근 판결도 이러한 입장을 지지하고 있다.[11]

---

9) 모뎀칩셋 이외의 핸드폰 기능 전체에 영향을 미치는 부분이 있다면, 그 부분을 구체적으로 공개하고 그에 대하여 별도의 라이선스 협상을 진행하면 될 것이다.

10) 관련된 원문(p. 16)은 다음과 같다. "··· *determination of such Reasonable Rate should include, but not be limited to, the consideration of: The value that the functionality of the claimed invention or inventive feature with the Essential Patent Claim contributes to the value of the relevant functionality of the smallest saleable Compliant Implementation that practices the Essential Patent Claim.* ···"

11) US Court of Appeals(2014.9.16) Decision에서 SSPPU 접근법의 의도를 다음과 같이 기술하고 있다. "··· *intended to product a royalty base much more closely tied to the claimed invention than the entire market value of the accused products.*" 또한 US Court of Appeals(2012.8.30)는 전체시장가치(EMV) 기준 로열티 설정이 정당화되기 위한 조건과 관련하여 다음과 같이 기술한다. "*It is not enough to merely show that the disc discrimination method is viewed as valuable, important, or even essential to the use of laptop computer. Nor is it enough to show that a laptop computer without an ODD practicing the disc discrimination would be commercially unviable···. But proof that consumers would not want a laptop computer without such features is not tantamount to proof that any one of those features alone drives the market for laptop computers··· It is this latter and higher degree of proof that must exist to support an entire market value*

표 8-1 로열티 부과방식

기준/대상	핸드셋	모뎀칩셋
가격	(i) $\alpha Pq \rightarrow$ 차이 (추가 이윤)	(iv) $\beta pq \rightarrow$ 동일
수량	(ii) $rq \rightarrow$ 동일	(iii) $rq \rightarrow$ 동일

주: P는 핸드셋 가격, p는 모뎀칩 가격, q는 핸드셋/칩셋 판매량, β는 모뎀칩셋 가격기준 로열티율.

로열티 부과방식은 대상 제품과 기준(가격 혹은 수량)에 따라서 다음 다섯 가지로 구분될 수 있다. 우선 벤치마크의 상황으로, 자신의 기술을 이용하여 만든 모뎀칩셋을 구매하는 핸드셋 업체에게는 모뎀칩셋과 관련한 기술에 대해서, 별도의 로열티를 부과하지 않고, 로열티를 모뎀칩 가격 p^*에 포함시키는 것이다. 이하에는 이를 벤치마크 (0)의 상황으로 표기한다. 로열티를 별도로 부과한다면, <표 8-1>의 다음 네 가지 방식이 있을 수 있다: (i) 핸드셋 판매가격을 기준으로 αPq, (ii) 핸드셋 판매수량을 기준으로 rq, (iii) 모뎀칩셋 판매수량을 기준으로 rq, (iv) 모뎀칩셋 판매가격을 기준으로 βpq (단 핸드셋 하나에 모뎀칩셋 하나가 들어가므로 핸드셋 판매수량과 모뎀칩셋 판매수량을 동일한 q로 나타냄).

이하에서 설명하는 바와 같이, 다른 방식 (ii), (iii), (iv)의 경우는 퀄컴의 이윤 측면에서는 벤치마크 (0)의 상황과 동일한 결과를 낳는다. 그러나 퀄컴은 (i)의 방식으로 로열티를 부과하는 데, 퀄컴은 이 방식을 통해서 다른 로열티 부과방식 (ii), (iii), (iv)의 경우에 비하여 핸드셋 업체로부터 보다 많은 추가적 이윤을 취득할 수 있다.[12]

---

rule theory."

12) 직관적으로 설명하면, 기술 보유업체가 로열티를 최종재 가격에 따라 부과하느냐 혹은 단위당 일정액을 부과하느냐는 정부가 조세를 종가세(ad valorem tax)로 할 것이냐 단위세(unit tax)로 할 것이냐와 실질적으로 동일한 문제이다. 이에 관한 고전적인 논문인 Suits and Musgrave(1953)에 따르면, 정부는 독점기업의 제품에 대해 종가세를 부과한 경우에 단위세를 부과하는 경우보다 항상 높은 조세수입을 거둘 수 있다. 이는 퀄컴과 같은 기술 보유업체는 <표 8-1>의 로열티 부과 방식에서 (i)을 택함으로써, (ii) 보다(따라서 이와 동일한 로열티 수입을 낳는 (iii), (iv) 보다) 로열티 수입을 높일 수 있음을 의미한다. 한편 Layne-Farrar, Llobet and Padilla(2014)는 기술 보유업체가 부품 생산업체나 최종제품 생산업체 중 누구에게(혹은 양자에게) 로열티를 부과하든지 최종제품의 생산량은 마찬가지라는 '로열티 배분중립성(royalty allocation neutrality)'을 주장한다. 그러나 이들의 주장

우선 퀄컴이 핸드셋 '판매가격'을 기준으로 일정 비율로($r = \alpha P$) 하지 않고 핸드셋 '판매량'을 기준으로(핸드셋 단위 당 r) 로열티를 부과한다면, 벤치마크 (0)의 상황과 비교할 때, 칩셋 가격 p^*가 $r+p$로 나누어지는 데 불과하여 퀄컴의 이윤을 극대화하는 양자는 같아지게 된다. 즉, 이윤 측면에서 벤치마크의 상황과 (ii)는 동일하다.[13] 또한 수량을 기준으로 하는 경우에는 부과 대상을 최종제품 단계의 핸드셋으로 하든 중간재 부품 단계의 모뎀칩셋으로 하든, 핸드셋 생산에 필수 부품인 모뎀칩셋의 판매량과 핸드셋 판매량은 동일하기 때문에, 결과는 마찬가지가 된다. 즉, (ii)와 (iii)은 동일하다. 그리고 부과대상을 모뎀칩셋으로 하는 경우에는 부과기준을 가격으로 하든 수량으로 하든 결과는 마찬가지이다. 즉, (iii)과 (iv)는 동일하다. 벤치마크의 상황과, (ii), (iii), (iv)의 경우가 사실상 동일한 결과를 낳는 이유는 모뎀칩셋 업체의 이윤 및 핸드셋 업체의 이윤 함수에 각각의 경우 모뎀칩셋의 실제가격인 p^*, $p+r$, $p+r$, $(1+\beta)p$로 통합되어 하나의 변수로 들어가기 때문이다.[14]

그러나 '판매량'이 아닌 '판매가격'을 기준으로 로열티를 부과하는 경우에는 큰 차이가 발생한다. 이 경우 모뎀칩셋 업체의 이윤 및 핸드셋 업체의 이윤함수

은 퀄컴의 거래 현실과는 다른 두 가지 주요한 가정에 입각해 있다. 하나는 로열티가 부품이나 최종제품에 대해서 수량 기준으로 부과된다는 것이고, 다른 하나는 기술 보유업체가 부품생산을 하지 않는다는 것이다. 더욱이 그들의 로열티 배분중립성 결과는 로열티가 수량을 기준으로 부과되는 경우에는, <표 8-1>에서 보듯이, 부품에 대해서 부과되는 (ii)의 경우와 최종제품에 부과되는 (iii)의 경우가 동일한 결과를 낳는다는 것을 보여줄 뿐이다.

13) 이는 Chicago 학파가 주장하는 '단일독점이론(Single Monopoly Theory)'－즉 독점이윤을 한 번 수취할 수 있을 뿐 독점력을 확장하여 두 번 수취할 수 없다는 것－과 일맥상통한다. 그러나 최근 산업조직이론의 발전은, 이 이론이 매우 제한적인 가정하에서만 성립하는 것이고, 독점력을 확장하여 추가적으로 독점이윤을 착취할 수 있는 경우가 많다는 것을 보여주었다. 로열티 부과 방식의 변화－즉 '판매량' 기준에서 '판매가격' 기준으로의 변화－를 통해서 독점이윤을 추가적으로 수취할 수 있다는 것도 하나의 예라고 할 수 있다.

14) 좀 더 부연하여 설명하면 다음과 같다. 벤치마크 (0)의 상황이나, 로열티 부과방식이 (ii), (iii), (iv)인 어떠한 경우에도, 퀄컴와 같은 상류의 기술 라이선스와 중류의 모뎀칩셋을 수직적으로 통합한 업체와 하류의 핸드셋 업체의 이윤함수는 후자가 기술 및 모뎀칩셋의 대가로 전자에게 지불하는 '기술+모뎀칩셋'의 '총 가격(total price)'에 의존한다. 그 '총 가격'이 벤치마크 (0)의 상황에서는 p^*가 되고, (ii)와 (iii) 경우에는 $(p+r)$이 되고, (iv)의 경우에는 $p(1+\beta)$로 표현되는데, 이 변수는 모든 목적함수에 하나로 묶여서 들어가기 때문에 사실상 하나의 선택 변수가 되는 것이다.

에 p와 α가 별개의 변수로 들어간다. 따라서 퀄컴은 다른 경우에 비하여 추가적인 선택변수를 활용할 수 있기 때문에 핸드셋 업체로부터 이윤을 추가적으로 증대시킬 수 있는 것이다. 만약 퀄컴이 로열티 비율 α를 0으로 결정한다면, 퀄컴은 벤치마크 (0)의 상황에서와 동일한 이윤을 확보할 수 있다. 따라서, 퀄컴이 실제로 핸드셋 가격에 대한 로열티 비율 α를 0이 아닌 수준을 정한다면 이는 그로부터 이윤을 높일 수 있기 때문이다. 따라서, 퀄컴이 핸드셋 가격기준 로열티를 0이 아닌 양의(positive) 일정 비율로 부과한다는 사실로부터, 퀄컴이 벤치마크 (0)의 상황과 비교하여 이윤을 추가적으로 수취하고 있다는 것을 추론할 수 있다.[15]

퀄컴은 모뎀칩셋을 판매하면서, 별도로 핸드셋 '가격'을 기준으로 로열티를 부과함으로써 핸드셋업체로부터 추가적인 이윤을 취득한다. 더욱이 시간이 흐름에 따라 핸드셋을 구성하는 모든 부품 및 관련 기술이 발전하고 이를 반영하여 핸드셋 가격이 올라가는 동태적 변화 상황에서는, 핸드셋 가격기준 로열티 부과방식에 따른 퀄컴의 이윤수취 규모는 시간의 흐름에 따라 더욱 커지게 된다. 핸드셋의 전체가치에서 모뎀칩셋 가치가 차지하는 비중이 증가하지 않았음에도 불구하고, 다른 최신 기술(예컨대 터치스크린 디스플레이, 대용량/고성능 메모리, 고화질 카메라, 지문인식 및 NFC 지불결제 기능)이 스마트폰에 적용되어 기능성이 급격히 향상됨에 따라 스마트폰 판매가격은 계속 상승해왔다. 따라서 시간의 흐름에 따라서 모뎀칩셋과 무관한 다른 기능향상으로 핸드셋 가격이 상승하게 되면, 핸드셋 가격을 기준으로 한 로열티 부과방식에 의해서 이러한 이윤수취의 증가는 '자동화(built-in)'된다고 할 수 있다.

퀄컴의 핸드셋업체들에 대한 높은 로열티 부과는 '착취적 남용(exploitative abuse)'과 별개로 '배제적 남용(exclusionary abuse)' 측면에서도 경쟁제한성의 우려

---

15) 이러한 결과는 간단한 수치례를 통해서 증명할 수 있으나, 다소 간의 이론적 논의를 요하므로 본고에서는 이를 생략한다. 단지 앞의 각주와 비교하여 직관적으로 설명하면 다음과 같다. 앞의 벤치마크 (0)의 상황 및 (ii), (iii), (iv)의 경우들과 달리 (i)의 경우에는 핸드셋 업체가 퀄컴에 지불하는 '총 가격' $p+\alpha P$는 이제 p^*와 사실상 동일한 하나의 선택변수가 아니다. 그 이유는, 핸드셋 가격 P는 퀄컴이 정한 p와 α의 함수가 되므로, 퀄컴과 핸드셋 업체의 이윤함수에서 '총 가격'이 사실상 하나의 변수로 묶인 형태로 나타나지 않기 때문이다. 따라서 이제 퀄컴은 p와 α를 독립적으로 선택한다. 퀄컴이 (i)의 방식을 통해 이윤을 더 높일 수 있는 것은 바로 퀄컴이 p 이외에 α의 추가적인 선택변수를 확보하기 때문이다.

를 야기한다. 우선 핸드셋 가격을 기준으로 로열티를 부과함으로써 퀄컴이 핸드셋업체들로부터 이윤을 추가적으로 취득하는 것은, 사업자들 사이의 단순한 이윤의 이전(transfer)에 그치지 않고, 핸드셋 시장에 참여하는 다양한 사업자들의 기술혁신 유인을 저해한다. 핸드셋의 기능향상은 핸드셋업체를 비롯한 여러 부품업체, 장비업체 및 네트워크업체 등 다양한 수많은 사업자들의 기술혁신 노력의 성과이다. 핸드셋가격의 상승은 바로 이들의 기술혁신 투자의 결과로 나타난 핸드셋의 종합적 기능향상에 따른 것이다. 그런데 퀄컴이 핸드셋 전체가치를 기준으로 로열티를 수취함으로써 이들의 기술혁신의 결과에 무임승차(free-riding)한다면, 이들의 기술혁신 유인은 저하될 수밖에 없다.

또한 퀄컴이 핸드셋업체들로부터 추가적으로 수취한 이윤은 모뎀칩셋 시장에서 경쟁자배제 행위의 기반이 되는 자금, 소위 'Deep Pocket' 또는 'Long Purse'로 활용될 수 있다. 미국과 EU에서 문제가 된 퀄컴의 Apple에 대한 배타조건부 리베이트가 그 예라고 할 수 있다.[16] 이처럼 '노골적인(naked)' 경우는 아니지만, 퀄컴과 같은 독점적 지위 보유자의 '과다한' R&D 투자는 경쟁자비용인상(RRC, Raising Rival's Costs) 전략이 될 수 있다. 이동통신과 같이 기술변화가 급속히 이루어지는 산업에서는 막대한 R&D 투자를 적기에 실행하는 것이 경쟁우위를 확보하고 유지하는 데 필수적이다. 따라서 퀄컴의 막대한 자금력에 기반한 과다한 R&D 경주에 경쟁자들이 따라갈 수 없다면, 시장에서 도태될 수밖에 없을 것이다.

핸드셋 업체에게 자사와 자사의 라이선시들에게 부제소확약을 요구하는 방식으로 '특허우산'을 구축

퀄컴은 자사와 라이선스를 체결한 핸드셋 업체에게 자사뿐만 아니라 자사와 라이선스를 체결한 경쟁 핸드셋 업체들에게도 부제소를 확약하도록 요구한다. 다음 <그림 8-4>는 앞의 <그림 8-3>에 '특허우산'을 통합시킨 퀄컴의 라이선스 사업방식을 나타낸다.

---

16) 공정위(2009)는 소위 '퀄컴 I' 사건(본 사건은 '퀄컴 II')에서 이미 국내 핸드셋업체를 상대로 한 퀄컴의 배타조건부 리베이트를 위법한 것으로 판정한 바 있다.

그림 8-4 라이선스 거절과 '특허우산' 구축의 통합

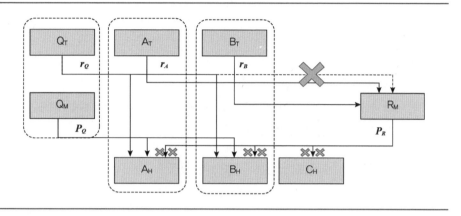

<그림 8-4>에서 A_T, B_T는 무선 통신기술을 보유하고 있는 핸드셋업체 A, B의 기술사업부를 표시한다. 퀄컴은 <그림 8-3>에서와 마찬가지로 경쟁 모뎀칩셋 업체 R_M에게는 기술 라이선스를 거절하고, 더불어 자사와 라이선스를 체결한 핸드셋업체 A_H, B_H에게 자사 및 자사와 라이선스를 체결한 경쟁 핸드셋업체－A_H의 경우는 B_H에게, B_H의 경우는 A_H에게－특허침해에 대한 부제소확약을 요구하여 사실상 로열티를 받지 못하도록 한다.

이처럼 퀄컴에 의한 라이선스거절 (행위 2)에 '특허우산' 구축행위가 추가되면, 경쟁 모뎀칩셋업체에 대한 하류 핸드셋 시장의 봉쇄는 보다 강화된다. <그림 8-4>에서 퀄컴과 경쟁 모뎀칩셋업체의 핸드셋업체 사이의 거래조건을 비교하면 다음과 같다:

- A_H, B_H가 Q_M으로부터 모뎀칩셋을 구매할 경우 모두 $P_Q + r_Q$를 지불
- A_H, B_H가 R_M으로부터 모뎀칩셋을 구매할 경우 각각 각각 $P_R + r_Q + r_B$, $P_R + r_Q + r_A$를 지불
- 따라서 A_H, B_H가 R_M으로부터 모뎀칩셋을 구매할 경우에는 Q_M으로부터 구매할 경우에 비해서 각각 r_B, r_A를 추가적으로 지불해야 함.

이로 인해서 R_M은 Q_M에 비하여 모뎀칩셋 가격 및 품질 이외에 구매자가 지불하는 가격에 있어서 경쟁 열위에 있게 되는데, 이는 퀄컴이 구축한 인위적인 '부제소확약 풀'에 기인하는 것이다. 이는 '경쟁자 가격인상(Raising Rival's Price)' 전

략이라고 할 수 있는데, 크게 보아 '경쟁자 비용인상(Raising Rival's Cost)' 전략의 범주에 속하는 것이다.

퀄컴에 의해 인위적으로 구축된 '부제소확약 풀'은 핸드셋업체가 모뎀칩셋을 퀄컴 대신 경쟁 칩셋업체로부터 구매할 때 지불하는 실질적 총 가격을 상대적으로 인상하는 효과를 지닐 뿐만 아니라, 핸드셋업체들이 퀄컴에게 로열티 비용을 경쟁 칩셋업체에게보다 낮추어 주는 효과를 지닌다. 즉 '부제소확약 풀'로 인해 Q_M과 R_M 사이에 로열티 비용의 차별이 발생한다:

- Q_M은 A_T, B_T에게 로열티를 지불하지 않음
- R_M은 Q_T, A_T, B_T에게 총 로열티 $r_Q + r_A + r_B$를 지불
- 따라서 R_M은 Q_M은 비해서 양사의 기술 차이에 기인하는 r_Q를 제외하고 $r_A + r_B$의 로열티 비용을 추가적으로 지불해야 함

이는 퀄컴이 '부제소확약 풀'을 구축함으로써 상류의 핸드셋 업체 기술사업부에게 중류의 모뎀칩셋 업체인 자신 Q_M과 경쟁 모뎀칩셋 업체 R_M에게 로열티를 차별하도록-이 경우는 극단적으로 자신에게는 zero의 로열티를 부과하도록-하는 '2선 경쟁손상' 가격차별을 강요하는 것이라고 해석할 수 있다.[17]

또한 핸드셋업체들은 퀄컴이 구축한 '부제소확약 풀'에 강제 편입됨으로 인해서 자사가 보유한 기술에 대한 정당한 보상을 받지 못하게 된다. <그림 8-4>에 나타난 A_T, B_T의 로열티 수입은 다음과 같다:

- A_T는 R_M으로부터만 로열티 r_A를 받음
- B_T는 R_M으로부터만 로열티 r_B를 받음

A_T와 B_T는 퀄컴과 경쟁 핸드셋업체로부터 더 이상 로열티를 받지 못하게 된다. A_T와 B_T의 기술 포트폴리오가 대등하여 크로스라이선스되는 경우라면, 퀄컴으로부터의 로열티 수입만 희생하게 될 것이다. 만약 A_T와 B_T의 기술 포트

---

[17] 가격차별의 경쟁제한 효과는 일반적으로 '1선 손상(Primary-line Injury)'과 '2선 손상 (Secondary-line Injury)'으로 구분된다. 공정위의 불공정거래 심사지침에 의하면, 전자는 '행위자가 속한 시장에서의 경쟁제한성'을 후자는 '거래상대방이 속한 시장에서의 경쟁제한성'을 말한다.

폴리오가 대등하지 않다면, 상대적으로 기술 포트폴리오가 강한 핸드셋업체는 약한 편으로부터의 로열티 수입도 추가적으로 희생하게 된다. 즉 표준필수특허를 다수 보유하고 있는 핸드셋 업체들은 퀄컴으로부터 뿐만 아니라 다른 핸드셋 업체로부터도 기술보유에 대한 정당한 보상을 받지 못하게 되는 것이다. 이는 앞서 살펴본 퀄컴의 핸드셋 가격기준 로열티 부과와 함께 핸드셋업체의 기술혁신 유인을 저하시키는 비효율성을 야기한다.

3. 평가

퀄컴의 사업방식에 대해서는 미국, EU, 중국, 일본, 대만 등 여러 나라의 경쟁정책 집행기관이 경쟁제한성의 문제를 제기하였다. 본절에서는 다른 나라에서의 퀄컴 사건과 우리나라의 경우와 비교하고, 그 의의를 살펴본다.

1) 퀄컴의 사업모델에 대한 세계 경쟁정책 집행기관의 위법 판단

2016년 12월말 퀄컴의 시장지배적 지위 남용에 대한 공정위의 전원회의 결정이 있었고, 2017.1.20. 공정위 의결서가 나왔다. 한편 퀄컴은 공정위의 시정명령의 효력정지를 신청하는 가처분 신청을 하였으나, 서울고등법원(2017.9.4)은 이를 기각하는 판결을 내렸다. 그리고 최근 서울고등법원(2019.12.4)은 시정명령의 취소를 구하는 본안 소송에서 퀄컴의 행위 1과 2에 대해서는 위법성을 인정하면서, 행위 3에 대해서는 위법성을 부인하여 행위 3과 관련한 시정 명령만을 취소하였다. 그리고 행위 1, 2만을 기초로 해도 관련 매출액이 달라지지 않음을 근거로 과징금 1조 300억원은 그대로 유지하였다.

US FTC(2017.1.17, 이하 미국 FTC 소장)는 우리나라 공정위와 근본적으로 같은 취지에서 2017.1.17. 퀄컴의 위법행위에 대한 금지를 청구하는 소송을 제기하였고, US District Court(2019.5.21)는 FTC의 청구에 따른 금지명령은 인정하는 판결을 내렸다. 이 판결에서 Lucy Koh 판사는 FTC의 주장을 대부분 인용하면서, 퀄컴에게 핸드셋업체에 대해서는 더 이상 칩셋공급을 조건으로 하는 부당한 라이선스를 강제하지 말고 자유로운 조건에서 라이선스 계약을 새로이 협상하도록 하고, 경쟁 칩셋업체에 대해서는 FRAND 확약에 부합하는 소진적 라이선스를 허용하도록 하는 것을 포함한 광범위한 시정명령을 내렸다. 이는 공정위 시정명령과 기본적으로 같다고 할 수 있다.[18]

대만의 공평무역위원회(이하 대만 FTC) 또한 2017.10.20. 유사한 퀄컴의 위법행위에 대한 시정명령과 더불어 약 8천 800억원의 과징금(NT$ 234억)을 부과하였다.[19] 이에 앞서 오래 전 일본의 공정취인위원회(2009.9.28, 이하 일본 FTC)는 퀄컴의 위법 행위에 대한 시정명령을 부과하였으나, 최근 이를 번복하는 결정을 내렸다.[20] 중국의 국가개발개혁위원회(National Development and Reform Decision, 이하 중국 NDRC)는 2015.2.10. 퀄컴의 위법 행위에 대한 시정명령과 약 1조 1,300억원(60억 8800만 위안)의 과징금을 부과하였다.[21] EC(2018.1.24)도 퀄컴의 애플에 대한 배타조건부 리베이트 지불행위에 대해서 약 1조 3,000억원(9억 9,700만 유로)을 부과하였다.

미국과 대만 FTC는 (행위 1), (행위 2), (행위 3)을 포괄하는 퀄컴의 사업방식 전

---

18) Lucy Koh 판사가 판결에서 제시한 시정명령의 원문을 제시하면 다음과 같다. "(1) Qualcomm must not condition the supply of modem chips on a customer's patent license status and Qualcomm must negotiate or renegotiate license terms with customers in good faith under conditions free from the threat of lack of access to or discriminatory provision of modem chip supply or associated technical support or access to software. (2) Qualcomm must make exhaustive SEP licenses available to modem-chip suppliers on fair, reasonable, and no-discriminator ("FRAND") term and to submit, as necessary to arbitral or judicial dispute resolution to determine such terms. (3) Qualcomm may not enter express or de facto exclusive dealing agreements for the supply of modem chips. (4) Qualcomm may not interfere with the ability of any customer to communicate with a government agency about a potential law enforcement or regulatory matter." (판결문 pp. 227~233) 단, (5)는 FTC에 정기적 신고 의무부과 조항으로 생략하였다.

19) 대만 공정무역위원회(2017.10.20) 참조. 그러나 대만 FTC는 그 후 2018년 8월에 Qualcomm이 의결서에 제기된 반독점법의 우려들(antitrust concerns)을 해소하는 행태적인 약정(behavioral commitments)을 하고, 과징금 규모에 상응하는 금액을 향후 5년간 대만의 이동통신 발전을 위해 투자하기로 합의함으로써 법적 분쟁을 종결(settlement)하기로 하였다.

20) 공정취인위원회(2019.3.15) 일본어판 보도자료.

21) NDRC의 시정명령이 공표된 이후에, 퀄컴은 중국에서의 사업방식을 교정하는 계획(rectification plan)을 자발적 약정 형식으로 제시하였고, NDRC는 이를 수용하였다. 그 내용 중에는 중국에서 판매되는 스마트폰에 대해서는 로열티 기준을 스마트폰 도매가격의 65%로 하고, 로열티율을 3G 기기에 대해서는 5%, 4G 기기에 대해서는 3.5%로 부과하겠다는 약속이 포함되어 있다.

반에 대하여 — 더욱이 우리나라 공정위가 다루지 않은 Apple에 대한 배타조건부리베이트를 포함하여 — 경쟁제한성 및 경쟁법 위반을 주장하고 있다. 미국과 대만 FTC의 주장은 대체로 유사하다. 한편, 중국의 NDRC는 (행위 1)은 고려하지 않고, (행위 2) 및 특히 (행위 3)의 위법성을 중심적으로 다루고 있다. 한편 일본의 FTC는 퀄컴의 사업방식의 근본이라고 할 수 있는 (행위 1)과 (행위 2)를 직접 문제 삼지 않고, 그 결과로 나타나는 (행위 3)에 대해서만, 그것도 시지남용이 아닌 불공정거래행위로 위법 판단을 하였으나, 최근 그것마저 취소하였다.

이하에서는 세계에서 가장 오랜 반독점법의 역사를 가지고 있고, 그 집행에 있어 가장 정치한 법리 및 경제논리를 적용해온 미국 FTC 소장의 내용을 중심으로, 다른 나라의 사례를 보완하면서, 소개한다.

(행위 1)에 대하여

미국 FTC는 (행위 1)에 대한 사실관계 및 위법성을 다음과 같이 판단하였다. 퀄컴이 ETSI, TIA, ATIS 등에 대하여 자발적으로 FRAND 약정을 한 이상, 경쟁사업자들에게 퀄컴의 SEPs를 이용하여 모뎀칩셋을 제조·판매할 라이선스를 제공해야 한다. 퀄컴 스스로도 이를 인식하고 있었으며, 자신의 라이선시(licensee)인 핸드셋 사업자들의 SEPs을 자신의 모뎀칩셋 사업을 위해서는 교차 라이선스를 요구하였다. 그럼에도 불구하고, 자신의 FRAND 약정을 위반하여 Intel, MediaTek, Samsung 등의 경쟁 모뎀칩셋 사업자들의 라이선스 제공 요청을 거절하였다(소장 107~112 구절).

특히 미국 FTC는 다음과 같은 이유로 퀄컴의 (행위 1)은 (행위 2)의 기반이 되고 있다고 보았다. 즉 퀄컴이 모뎀칩셋 경쟁사에게 SEPs 라이선스를 제공하였다면, 경쟁사들이 핸드셋 업체에게 퀄컴의 셀룰러 SEPs의 권리를 포함한 모뎀칩을 제공할 수 있었을 뿐만 아니라, 퀄컴이 핸드셋 업체에게 모뎀칩셋 공급을 지렛대로 하여 부당한 라이선스 조건 — 소위 *"Qualcomm tax"* [(행위 2)에서 자세히 설명] — 을 부과할 수 있는 능력이 상당히 제한되었을 것이기 때문이다. 그 이유는 모뎀칩셋 경쟁사는 퀄컴의 모뎀칩셋의 수요자가 아니므로, 모뎀칩셋 공급중단을 위협하여 라이선스 조건을 자신에게 유리하게 *"왜곡할(skew)"* 수 없을 것이고, 법원이 합당하다고 판단하는 로열티를 반영하여 협상이 이루어질 것이기 때문이라고 설명하고 있다(113~114 구절).

대만 FTC는 비록 퀄컴이 스스로 칭하는 'Forbearance Policy'[22])에 따라서 특허침해에 대한 소를 제기하지 않는 확약을 하였다고 할 지라도 여전히 FRAND 조건에 따른 라이선스를 제공하지 않는 이상 모뎀칩 시장에서 경쟁이 제한됨을 밝히고 있다. *"퀄컴은 표준제정 시 선언한 FRAND 확약을 위반하여 칩셋 시장 경쟁 사업자가 라이선스를 제공할 것을 요청하였을 시 공정한 라이선스 협상 기회를 부여하지 않았고, 단지 경쟁 사업자에게 권리침해에 대하여 소를 제기하지 아니한다는 확약만으로 칩셋 시장 경쟁 사업자가 퀄컴으로부터 FRAND 조건의 SEP 라이선스 취득에 대한 요구를 대체함으로써, 라이선스를 획득하지 못한 칩셋 시장 경쟁 사업자는 반드시 특허권리 침해 리스크에 따라 판매 중단이라는 불안정성을 직면할 수밖에 없었다. 또한, 칩셋 시장 경쟁 사업자로 하여금 민감한 판매 정보를 제공하게 함으로써, 칩셋 시장 경쟁 사업자의 판매 정보를 파악하고, 모뎀칩셋 사업자의 연구개발 및 영업 활동을 저해하였으며, 칩셋 시장의 경쟁을 제한함으로써, 칩셋 시장에서의 자신의 지배적 지위를 확보, 유지 또는 강화하여 휴대폰 단계의 라이선스 영업 모델을 실행하였다."*(89쪽)

(행위 2)에 대하여

미국 FTC는 퀄컴의 칩셋 – 라이선스를 연계하는 (행위 2)를 *"no license – no chips policy"*으로 칭하고, 이 정책은 무엇보다 *"배제적(exclusionary)"*이고, 퀄컴의 핸드셋 업체들과의 라이선스 협상을 *"왜곡(skew)"*시켜서 퀄컴의 모뎀칩셋과 경쟁자들이 공급하는 모뎀칩셋의 *"전체 가격(all-in prices)"*[이에 대해서는 (행위 3)에서 설명]을 올리는 결과를 야기한다고 보았다(63 구절).

우선 퀄컴의 *"no license – no chips policy"*은 부품 공급자들의 정상적 관행이 아니다(*"Anomalous Among Component Suppliers"*). 일반적으로 다른 부품 공급자들은 특허 라이선스와 별개로 부품만을 판매하고, 이 경우 특허소진 원칙에 따라

---

22) 퀄컴은 이를 '방임정책'이라고 표현하나, 자신의 의사에 따라 언제든지 변경할 수 있는 성격의 '자제정책'이라고 번역하는 것이 보다 적절할 것이다.

서 핸드셋 업체들은 부품에 포함된 특허를 별도의 라이선스 없이 사업을 할 수 있다. 퀄컴의 *"no license-no chips policy"*는 또한 SEPs 라이선스 업자들의 정상적 관행이 아니다(*"Anomalous Among SEP Licensors"*). SEPs 보유자는 일반적으로 협상이나 중재에 의해 라이선스 조건을 타결할 수 없을 때에는 특허침해 소송을 시작하여 법원으로 하여금 특허의 정당성 및 침해 여부를 판단하게 하고 합리적 로열티를 결정하도록 한다. 이를 *"법의 테두리 내에서(in the shadow of the law)"* 로열티 및 기타 라이선스 조건에 대하여 협상한다고 표현한다. 이러한 소송의 결과로 종종 로열티는 SEPs 보유자가 요구하는 수준보다 훨씬 낮게 결정되고는 한다(64~73 구절).[23)]

반면, 퀄컴의 *"no license-no chips"* 정책하에서는 잠재적 라이선시들은 *"법원으로 가는 비용(the costs of going to the court)"*이 높아져서 부당한 로열티 요구에 대한 보호를 받기 어렵게 된다. 많은 핸드셋 업체들은 퀄컴의 로열티가 FRAND에 부합하지 않는다고 보고 있고, 만약 퀄컴의 *"no license-no chips policy"*가 없었다면 퀄컴의 로열티 요구에 대해서 법정에서 다투어 보았을 것이다. 그러나 퀄컴의 *"no license-no chips policy"*로 인해 핸드셋 업체들이 퀄컴의 과도한 로열티 요구 및 다른 부당한 조건 부과에 대해 다투기 위해 법정으로 가는 비용이 극적으로 증가하였다. 그 비용은 단지 변호사 수수료 등의 소송 비용뿐만 아니라 퀄컴의 모뎀칩셋을 확보하지 못하는 비용까지를 포함하는 것이다. 이는 핸드셋을 디자인하고 판매하는 데 있어서 치명적인 장애를 야기할 수 있기 때문이다(75~82 구절).

퀄컴은 *"no license-no chips policy"*를 통해 핸드셋 업체에게 퀄컴에게 일방적으로 유리한 라이선스 조건을 수락하도록 강제하였는데(*"Compels OEMs to Accept Qualcomm's Preferred License Terms"*), 이는 이하의 (행위 3)과 관련하여 살펴보듯이 모뎀칩셋 시장에서의 경쟁을 해치는 것이었다.

---

23) 예를 들어, 2013년 *Microsoft Corp. v. Motorola, Inc.* 소송에서, SEP 보유자가 게임콘솔당 $6~$8을 요구하였으나 법원은 FRAND 로열티를 콘솔 당 $0.04로 판정하였고, 2014년 *Realtek Semiconductor v. LSI Corp.* 소송에서, SEP 보유자는 표준준수(standard-compliant) 제품의 판매가격을 상회하는 로열티를 요구하였지만 법원은 총 FRAND 로열티를 판매가격의 0.19%로 결정한 바 있음을 제시하고 있다.

한편 대만의 FTC의 (행위 2)에 대한 입장은 다음과 같이 요약된다. 퀄컴은 핸드셋 업체가 라이선스계약을 체결해야만 칩을 공급하는 정책을 실행한 것은 특허권리 침해 분쟁 및 지루한 법원 소송절차를 방지하고 소송비용을 절약하기 위해서라고 주장하지만, 특허 라이선스 소진원칙(patent exhaustion)에 따라[24] 공급사업자가 부품을(예컨대, 모뎀칩셋) 휴대폰 사업자에게 판매하면, 당해 판매 행위로 공급 사업자가 특허법에 따라 누릴 수 있는 모든 권리가 종료되는 것이며, 공급사업자는 판매자가 그 후 해당 부품을 사용하거나 재판매하는 행위에 대해서 모두 간섭할 권한이 없는 것이다. 또한, 휴대폰 부품은 백여 가지 이상이고, 부품공급 사업자도 최소 수백 개 사업자이다. 퀄컴이 칩을 공급할 때는 당연히 특허소진으로 권리침해의 우려가 없는 제품을 공급하여 구매자의 권리를 확보해야한다. 설령 핸드셋 업체가 퀄컴의 특허 라이선스를 획득할 필요성이 있더라도, 라이선스 계약을 체결하지 않으면 칩셋을 공급하지 않는 정책에 의해 (행위 3)의 부당한 조건을 강제해서는 안 되는 것이다(91쪽).

중국 NDRC는 (행위 1)에 대해서는 다루지 않지만, 퀄컴이 모뎀칩셋 시장에서의 시장지배적 지위를 남용하여 모뎀칩셋 판매의 조건으로 불합리한 조항을 포함한 라이선스 합의를 체결하도록 한 (행위 2)에 대해서는 *"중화인민공화국반독점법 제17조 제1항 제5호의 시장지배적 지위에 있는 경영자가 거래 시 불합리한 거래조건을 부가하는 것을 금지한다는 규정을 위반하였다"*고 판정하였다(처분서 발췌 번역문 9~10쪽).

---

24) 우리나라와 미국, 유럽, 일본에서 널리 인정되고 있는 특허법의 소진원칙에 의하면, 적법하게 만들어진 특허물품은 일단 판매하면 그 특허품의 취득자는 원권리자의 독점권에도 불구하고 이를 재판매하거나 다른 방법으로 처분할 수 있다. 이는 특허권자 내지 특허권자로부터 허락을 받은 자가 해당 특허가 적용되었거나 적용이 예상되는 제품을 판매하였음에도 다시 특허권의 권리 주장을 허용하게 되면 특허권자가 과다하거나 이중의 이득을 취득하게 되는 문제를 해결하기 위한 것으로 제품의 판매 이후에는 특허권을 더 이상 주장할 수 없다는 것이다. 이에 따라 특허가 소진된 제품은 특허권의 침해 여부에 대하여 염려할 필요없이 어느 누구에게나 자유롭게 판매될 수 있게 된다. 김원준(2004)의 『특허법』 참조. Rinehart(2010)에 의하면, *"In its simplest statement, the doctrine operates to "exhaust," or extinguish, the exclusive rights of sale and use as to patented articles sold with the patent owner's authorization."*

(행위 3)에 대하여

미국 FTC 소장에 의하면, 퀄컴의 *"no license-no chips policy"*가 없었다면, 핸드셋 업체들은 퀄컴의 일방적 로열티 요구에 대해서 여러 측면에서 부당성을 다투어 볼 수 있었을 것이다: (a) 퀄컴의 로열티가 퀄컴 특허발명의 기여가치에 비하여 과도하게 높음, (b) 이동중 연결성 이외의 핸드셋의 다양한 기능(카메라, 터치스크린 디스플레이, 강력한 앱 및 그래픽 프로세서 등)에도 불구하고 핸드셋 가격의 일정 비율로 로열티를 부과함, (c) 퀄컴의 CDMA 관련 많은 특허의 소멸에도 불구하고 퀄컴의 표준 로열티율이 내려가지 않았음, (d) 퀄컴이 핸드셋 업체에게 자신에게 크로스-라이선스를 제공할 것을 요구하고, 종종 그 권리를 퀄컴의 고객인 다른 핸드셋 업체에게 이전할 수 있도록 하면서, 퀄컴의 로열티율에 이러한 크로스-라이선스에 대한 대가를 반영하지 않았음(77 구절).

미국의 FTC는 퀄컴의 핸드셋 업체에 대한 이러한 일방적 로열티 부과가 모뎀칩셋 시장의 경쟁을 약화시키는 가장 중요한 원인을 소위 *"Qualcomm's tax"*에서 찾고 있다. *"퀄컴은 독점력을 이용하여 경쟁자가 공급하는 모뎀칩에 적용되는 높은 로열티를 얻어냄으로써, 사실상 핸드셋 업체가 퀄컴의 칩셋을 사용하지 않을 때에도 "세금"을 징수한다. 이 세금으로 인해 퀄컴의 경쟁자 모뎀칩셋에 대한 수요가 감소하는 등으로 해서 퀄컴의 경쟁자는 약화되고, 퀄컴은 모뎀칩 시장에서의 독점을 유지할 수 있게 된다."*(7 구절)

미국 FTC의 이와 같은 *"Qualcomm's tax"*에 따른 모뎀칩셋 시장에서의 경쟁자배제 효과 주장은 퀄컴의 핸드셋 업체에 대한 일방적 조건의 로열티 부과가 단순히 시장지배적 지위의 '착취적 남용(exploitative abuse)'으로 끝나는 것이 아니라 '배제적 남용(exclusionary abuse)'의 핵심이라는 것을 보여주는 매우 중요한 의미를 지니고 있다. 이를 좀더 부연 설명하면 다음과 같다. 핸드셋 업체는 모뎀칩을 선정할 때, 모뎀칩셋의 *"전체 비용(all-in costs)"*을 고려하는데, 여기에는 (i) *"칩의 명목적 가격(the nominal price of the processor)"*과 (ii) *"핸드셋 업체가 그 칩을 사용할 때 지불해야 하는 특허 로열티(any patent royalties that the OEM must pay to use that processor in a handset)"*가 포함된다. *"Qualcomm's tax"*는 두 번째 비용을 인상시킴으로써 핸드셋 업체가 경쟁 모뎀칩셋을 사용하는 *"전체(all-in)"* 비용을 증가시키고, 그럼으로써 퀄컴 자신의 *"전체"* 칩셋 가격에 대한 *"경쟁적 제약(competitive constraint)"*을 약화시킨다. 따라서 *"Qualcomm's tax"*는 경쟁 모뎀 칩에 대한 수요를 감소시키고, 경쟁업체의 매출과 마진을 떨어뜨린다. 이는 다시 경쟁업체가 모뎀칩셋 시장에 살아남기 위해 필수적인 R&D를 유지할 수 없게 만듦으로써, 경쟁업체의 투자와 혁신 능력 및 유인을 저하시킨다(88~91 구절).

이에 대해서 퀄컴은 FTC의 시정명령에 대한 기각 요청(Motion to Dismissal)에서 다음과 같은 반론을 제기하였다.[25] 우선 FTC는 *"퀄컴의 로열티가 얼마가 되어야 하는지 또는 얼마나 의도적으로 "높여졌는지"(what Qualcomm's royalties should be or how much they are purportedly "elevated")"*에 대한 사실을 제시하지 못하고 있다고 주장하고, 가사 높다고 하여도 *"퀄컴의 로열티의 칩-중립적 성격(chip-neutral nature of Qualcomm's royalties)"*, 즉 퀄컴이 핸드셋 업체에 대해 부과하는 로열티는 모뎀칩셋을 퀄컴 혹은 경쟁 칩사 누구에게 구매해도 같다는 사실로 인해 경쟁 모뎀칩 업체를 불리하게 하지 않으므로, 경쟁자를 배제하는 반독점법 위반행위가 아니라고 주장한다(9~13쪽).

그러나 FTC는 이에 대한 반대의견(Opposition to Qualcomm's Motion to Dismiss)에서 다음과 같이 반박한다.[26] 우선 퀄컴의 로열티는 FRAND 수준을 넘어서, 퀄컴의 칩 독점력을 반영하는 *"추가적 증분(additional increment)"* 혹은 *"세금(tax)"*을 내포하고 있다. 이는 FTC 소장에서 제시한 바와 같이, 퀄컴의 2015년 내부자료에 의하면, 최근 5G 라이선싱과 관련하여 컨소시엄 참여 라이센서들에게 *"라이선스를 받지 않는 고객에게 제품을 판매하지 않는(not to sell product to a customer who is not licensed)"* 정책을 통해서 *"SEPs에 대해 non-FRAND 기반으로 라이선싱을 도모할(pursue licensing on a non-FRAND basis for SEPs)"* 것을 제안하였고(소장 97~98 구절), 퀄컴이 *"현재 (라이선스를 받지 않은 디바이스에게는 칩을 팔지 않는) 이러한 전략을 채택하고 있다(employs this strategy today (not sell chips into unlicensed devices))"*고 밝히고 있는 데서 드러난다(FTC 반대의견 4쪽). 그리고 퀄컴은 자신의 독점력과 무관하게 *"역사적으로(historically)"* 동일한 5% 로열티율을 유지하고 있

25) Qualcomm(2017.4.30) 소장 참조.
26) US FTC(2017.5.12) 참조.

음을 FRAND 부합성의 증거로 제시하고 있지만, *"2006년 폰에 대한 5% 로열티와 2017년 스마트폰에 대한 5% 로열티는 경제적으로 동등하지 않다(a 5% royalty on a 2006 phone is not economically equivalent to a 5% royalty on a 2017 smartphone)"* 고 반박하고 있다(FTC 반대의견 7쪽).

다음으로 FTC는 퀄컴 로열티가 비록 *"명목적으로는 칩-중립적(facially chip-neutral)"*이라 할지라도 경쟁을 저해함을 다음과 같이 명료하게 밝히고 있다. 퀄컴은 *"징세자(tax collector)"*이고, 경쟁자는 *"간접적 담세자(indirect taxpayers)"*로서 양자는 근본적으로 다른 위치에 있고,[27] *"Qualcomm's tax"*는 퀄컴의 경쟁자에게는 *"진정한 경제적 비용(true economic cost)"*이고, 퀄컴 자신에게는 *"수입(revenue)"*인 것이다.[28] 따라서 *"Qualcomm's tax"*에 의해서 경쟁자의 판매와 마진은 위축되어 투자 및 혁신 능력과 유인은 저하되는 반면, 퀄컴의 수입은 증대되어 경쟁자보다 월등한 R&D 투자 능력을 갖출 수 있게 될 뿐만 아니라, Apple과 같이 전략적으로 중요한 핸드셋 업체에 배타조건부 리베이트를 제공할 자금력을 확보하게 되는 것이다(FTC 반대의견 12~14쪽). 한편 미국 지방법원의 Lucy H. Koh 판사는 퀄컴의 로열티가 FRAND 부합하지 않는 높은 수준이고, *"no license-no chips policy"*에 기반한 *"Qualcomm's tax"*가 미국 반독점법을 위반한 것이라는 FTC의 일련의 주장이 적절히 제기되었다고 밝히고, 퀄컴의 기각 요청을 부결하였다.[29]

---

27) Qualcomm's tax가 경쟁자에게 직접 부과되거나 그 고객에게 간접적으로 부과되거나, 실제적 효과는 전혀 차이가 없다는 것은 미시경제학의 원론에 밝혀진 기본 지식이다. Mankiew (2014) 참조. FTC의 반대의견 10쪽 각주 6 재인용.

28) FTC의 반대의견(10~12쪽)에는 *"Qualcomm's tax"*와 유사하게 외견상 중립적으로 보이지만 자신과 경쟁자에게 미치는 효과가 상반되어 반독점법 위반으로 판정된 다양한 사례를 제시하고 있다. 예컨대, 1922년의 *United Shoe Mach. Corp. v. United States* 사례에서는 경쟁사 기계를 사용하는 고객에게 로열티를 징수하는 것에 대해서, 1999년의 *Caldera, Inc. v. Microsoft* 사례에서는 OEM들이 경쟁자의 운영체계를 설치하여도 Microsoft가 *"per processor"* 로열티를 부과한 것에 대하여, 1982년의 *Nat'l Elec. Contractors v. Nat'l Constructors Ass'n* 사례 및 1987년 *Premier Elec. Constr. Co. v. Nat'l Constructors Ass'n* 사례에서는 협회 소속 여부와 무관하게 임금의 1%를 협회기금에 기부하도록 하는 노조와 협회의 합의에 대하여, 경쟁자 배제 효과를 인정한 바 있음을 소개하고 있다.

29) US District Court(2017.6.26) *"2. FTC Has Adequately Alleged Above FRAND*

대만의 FTC은 (행위 3)에 포함된 요소 중에서 특히 *"완제품 판매가를 기초로 한 실시료 계산"*과 *"무상 교차 실시허락"*을 문제로 삼았다. 양자 모두 그 자체로는 공정거래법 위반이라고 볼 수는 없으나, 퀄컴의 경우에는 라이선스 계약 체결을 칩셋 공급의 전제로 하고 있으므로 라이선시는 칩셋의 공급을 받기 위해서 퀄컴의 라이선스 조건을 수용하고 라이선스 계약을 체결할 수밖에 없었다는데 문제가 있다. 이로 인해 퀄컴의 경쟁 사업자의 칩셋 공급 가격을 인상시켰으며, 경쟁 사업자의 거래 상대자의 칩셋 수요를 감소시켰고, 퀄컴의 경쟁 사업자를 칩셋 시장에서 배제하였으며, 휴대폰 사업자가 자신이 부담하는 고액의 실시료를 소비자에게 전가시키게 함으로써 소비자가 단말기를 구매하기 위해 지급하는 비용을 증가시켰다(92~96쪽).

중국의 NDRC는 퀄컴이 *"무선표준필요특허 라이선스 시장에서의 지배적 지위를 남용하여 불공정한 고가로 특허사용료를 수취함"*으로써 *"중화인민공화국반독점법 제17조 제1항 제1호의 시장지배적 지위에 있는 경영자가 불공정 고가로 상품을 판매하는 것을 금지한다는 규정을 위반하였다"*고 인정하였다(처분서 발췌 번역문 1~6쪽). 그리고 그 이유로서, (i) 라이선스 포트폴리오에 만료된 CDMA SEPs을 포함시키고, 만료된 SEPs와 신규 편입된 SEPs의 가치가 동등한지를 입증하지 않은 것, (ii) 라이선시에게 특허목록을 제시하지 않고, 일정한 장기 로열티율을 적용한 것, (iii) 무료 크로스라이선스를 요구하고, 퀄컴과 퀄컴의 고객을 상대로 라이선시의 특허를 대한 소송권리를 포기할 것을 요구한 것, (iv) 라이선스 포트폴리오에 SEPs뿐만 아니라 무선통신 non-SEPs도 포함한 것을 제시하고 있다(Harris (2015) 참조). 또한 퀄컴이 *"무선 표준필수특허 라이선스 시장에서의 지배적 지위를 남용하여 무선 표준필수특허 라이선스 과정에 정당한 이유 없이 비무선 표준필수특허를 끼워팜"*으로써 *"중화인민공화국 반독점법 제17조 제1항 제5호의 시장지배적 지위에 있는 경영자가 정당한 이유 없이 상품을 끼워팔기하는 것을 금지한다는 규정을 위반하였다"*고 인정하였다(처분서 발췌 번역문 6~8쪽).

즉 NDRC의 (행위 3)에 대한 위법판정은 <그림 8-1>에 제시된 우리나라 공

Royalties"(24~30쪽), *"3. FTC Has Adequately Alleged that Qualcomm's "No License-No Chips" Policy Harms the Competitive Process"*(30~38쪽) 참조.

정위의 (행위 3)의 모든 요소를 다 포괄하고 있다. 더욱이 중국 NDRC의 경우 흥미로운 것은 다른 나라 경쟁정책 집행기관과 달리 퀄컴의 "불공정한 고가의" 로열티 수취를 '배제적 남용(exclusionary abuse)'뿐만 아니라 '착취적 남용(exploitative abuse)'으로서 판정하고 있다는 것이다. 이는 시정명령에, 다른 불합리한 조건의 시정조치 이외에, 중국에서 사용 판매되는 스마트폰에 대해서 로열티를 기기의 도매가격을 기준으로 하지 말고, 상대적으로 높은 로열티율을 부과하지 말 것을 포함시킨 데서 잘 드러난다.

일본 FTC의 결정은, 일본의 경쟁정책 집행의 보수적인 성격을 반영하여, 매우 제한적이다. 퀄컴의 (행위 1) 및 (행위 2)에 대해서는 다루지 않고 있고, (행위 3) 내용 중의 일부 — 일본 제조업체의 지적재산권에 대한 무상의 라이선스 요구, 퀄컴 그리고 퀄컴의 고객 및 라이선시에 대한 지적재산권 침해 주장 금지 — 에 대해서만, 그것도 시장지배적 지위남용이 아니라 일본 독금법 20조의 불공정거래행위로 위법 판정을 하고 있다. 앞서 밝힌 바와 같이, 최근 그마저도 번복하였다.

2) 의의

퀄컴 측은 자신의 사업방식에 대해서 다양한 방어 주장 및 논리를 제기한다.[30] 이들 중 상당 부분의 사실관계 혹은 법리 등 본장에서 다루어지는 주제나 경제학적 논리와 무관한 것들 많다. 전원회의 심의 과정에서 공정위 심사관 측, 피심인(퀄컴) 측, 이해 관계자 측 경제학자 들이 참가하여[31] 경제학적으로도 다양한 쟁점이 논의되었다. 그러나 본장에서는 현재로서는 제한된 정보와 지면 관계상 이에 대해서 다루지 못하는 아쉬움이 있다.

우리나라 공정위를 비롯한 세계 여러 나라의 경쟁정책 집행기관들이 일치하여, 퀄컴이 독특한 사업방식을 구축하여 기술라이선스 및 모뎀칩셋의 관련 시장에서 지배적 지위를 유지·강화해왔고, 휴대폰 시장에서 기술혁신 및 소비자후생

---

30) 공정위 의결서 92, 95~96, 101~116, 138~139, 154~155, 159~161, 166, 168~169, 176~177, 183, 192~193, 195~197쪽에는 총 15가지 항목에 대해서 공정위는 <관련 피심인들의 주장에 대한 판단 ①~⑮>으로 퀄컴의 주장에 대해서 반박하고 있다.
31) 공정위(2016.12.28) 보도자료 19~20쪽 참조.

을 저해하였다고 판단한 것은 그만한 이유가 있기 때문일 것이다. 공정위 및 본 장에서 소개한 이해관계자 측 경제분석에서는 개별 기업이 아닌 경제 전체의 경쟁, 혁신 및 후생 관점에서, 기술라이선스 및 모뎀칩셋 양 시장에서 공고한 지배력을 보유한 수직적 통합사업자로서의 퀄컴의 지위와 표준채택 이전의 FRAND 확약을 염두에 두고, 퀄컴의 사업방식을 구성하는 여러 행위들이 상호 연계하여 상-중-하류의 관련 시장 전체에서 어떠한 경쟁제한성을 지니는지를 경제학적으로 이해하려고 시도하였다.

이와 관련하여 일본 FTC가 최근 자신의 10년 전 퀄컴에 대한 시정명령을 번복하는 결정이 지니는 한계점을 지적하고 싶다. 일본 공정취인위원회(2019.3.15)는 퀄컴의 한 행위, 즉 퀄컴이 라이선시인 핸드셋 업체에게 퀄컴 및 퀄컴의 라이선시에게 부제소확약을 요구하여 사실상 특허방패를 구축한 한 행위만을 떼어내서 일반적인 크로스라이선스와 비교함으로써 경쟁제한성을 과소평가하였다. 더욱이 퀄컴의 수직적 통합사업자로서 양 시장에서의 지배적 지위를 고려하지 않고 단순한 불공정행위로서 경쟁제한성 및 위법성을 판단하였다. 물론 일본이 우리나라, 미국 등의 다른 나라와 모뎀칩 및 핸드셋 사업을 둘러싼 산업환경이 다른 데도 연유하겠지만, 우리나라 공정위나 미국 FTC와 다른 판단을 하게 된 원인으로는 일본 FTC가 취한 부분적이고 편협한 시각과 접근에도 이유가 있다고 생각한다. 즉 일본 공취위의 최근 결정은 퀄컴 사업모델의 경쟁제한성을 이해하는 데 있어서 퀄컴의 이중적 지배지위와 전반적 사업모델의 연계성에 대한 적절한 고려가 지니는 중요성을 보여준다고 할 수 있다.

퀄컴 사건은 우리나라 공정거래정책 역사에 있어서 획기적인 경험이라고 할 수 있다. 이는 단지 *"공정위 사상 최대 과징금 1조 300억원"*이라는 외형적 규모를 말하는 것이 아니다. 보다 중요한 의의는 우리나라의 공정위가 선도적으로 세계 각국의 경쟁정책 집행기관에 앞서서 세계적인 다국적 기업의 *"비즈니스 모델"*의 경쟁제한성을 정면으로 다루었다는 점에 있다. 일본 FTC나 중국 NCRD가 공정위 보다 시기적으로 앞서 퀄컴의 위법성을 제기하였지만, 이는 퀄컴 사업모델의 일부를 부분적으로 다루었을 뿐이고, 그것도 법리나 경제학적 논거의 측면에서 심도가 낮은 수준에서 결론만을 제시하는 정도였다. 반면 공정위의 의결은 방대한 사실관계 수집과 상당한 수준의 경쟁법적 논리와 경제학적 분석에 기초하여 퀄컴의 사업모델 전반에 걸친 시정명령을 내렸다고 할 수 있다. 더욱이 이는 세계의 경쟁정책을 선도하는 미국 FTC의 소장이 공표된 시점보다 시기적으로 앞선 것이다. 대법원의 최종 판결이 나오지 않은 상황에서 위법성 여부와 무관하게, 지금까지의 사건 전개로부터 판단컨대 퀄컴 사건은 최소한 우리나라 공정위의 역량 및 위상을 보여준다는 데 큰 의미가 있다고 할 수 있다.

Fair Trade Cases and Economic Analyses

PART

03

공동행위 사건과 경제분석

흑연전극봉 국제카르텔(2002년)과 역외적용의 효과주의 원칙

공정위는 2002년 6개 외국사업자의 1992~1998년 흑연전극봉 국제카르텔에 대하여 시정명령 및 과징금부과를 의결하였다. 이 사건에서는 외국사업자에 대한 통지 및 송달 방법의 적법성, 그리고 과징부과의 형평성 등도 쟁점이 되었으나, 가장 중요한 의의는 공정위 의결에 대한 불복 소송의 과정에서 공정거래 사건의 역외적용에 있어서 국내시장에 대한 '효과주의 원칙(effectiveness doctrine)'이 확립된 데에 있다고 할 것이다.[1]

1. 관련 사건 및 경제분석 개요

공정위는 2002년 4월, 흑연전극봉을 생산하는 6개의 외국사업자들이 1992년 5월부터 1998년 2월까지 대한민국시장을 대상으로 흑연전극봉의 판매가격을 인상·유지키로 합의하고 실행하였으며, 이러한 행위가 공정거래법 제19조 제1항 제1호의 다른 사업자와 공동으로 가격을 결정·유지·변경하는 행위에 해당하는 것으로 의결하였다.[2]

흑연전극봉(Graphite Electrodes)은 전기로(Electronic Arc Furnace) 방식의 철강생산에 있어 필수적인 재료로서, 전기로에서 고철을 용해하여 철을 정련할 때 요구되는 약 3,000℃의 고열을 발생시키기 위하여 사용되는 큰 기둥형태의 생산요소

---

[1] 본장은 신광식, 전성훈(2005)을 재정리한 것이다. 그리고 이 논문은 공정위 의결에 대한 불복 고등법원 소송 과정에서 피심인 중의 하나인 Showa Denko의 의뢰를 받아 수행된 용역 연구보고서를 기초로 한 것임을 밝혀둔다.
[2] 공정위(2002.4.4) 의결.

이다. 피심인 유카 인터내셔날 인코퍼레이드(이하 'UCAR'), 에스지엘 카본 악틴게젤샤프트(이하 'SGL'), 쇼와 덴코 케이케이(이하 'Showa Denko'), 토카이 카본 코퍼레이션 리미티디(이하 'Tokai'), 니폰카본 코퍼레이션 리미티드(이하 'Nippon'), 및 에스이씨 코퍼레이션(이하 'SEC')은 모두 외국법인으로서 1992년 5월부터 1998년 2월까지의 기간(이하 '공동행위 추정기간') 중 국내 흑연전극봉 수입시장의 약 91%를 점유하고 있었다.

공정위 의결에 따르면, 외국법인인 피심인들은 공동행위추정기간 동안 수차례에 걸쳐 외국의 장소에서 대한민국시장을 대상으로 흑연전극봉의 판매가격을 인상·유지하기로 합의하였다. 그리고 피심인 기업들이 외국법에 의해 설립된 외국법인이고, 합의의 장소가 외국이었다고 할지라고, 합의의 실행이 대한민국에서 이루어지고 대한민국시장에 영향을 미쳤기 때문에 공정거래법에 따른 위법성의 판정대상이 된다고 주장한다.

공정위는 흑연전극봉 국제 공동행위가 대한민국시장에 경쟁제한적 영향을 미친 증거로서 다음 세 가지 사실을 제시한다(상기 의결, 12쪽). 첫째로, 전량 수입에 의존하고 있는 흑연전극봉 국내시장에서 피심인들의 판매량이 공동행위 추정기간 동안 약 91%를 점하고 있다는 점, 둘째로, 공동행위 추정기간 중인 1992년부터 1997년 기간 동안 피심인들의 국내시장 판매가격이 48.9% 상승한 점, 셋째로, 마지막으로 회합한 것이 확인된 1998년부터 가격이 하락한 점이 그것이다.

공정위가 제시한 이 세 가지 증거는 흑연전극봉 국제공동행위 사건을 경쟁제한적 효과가 '일견 자명한 사건(*prima facie* case)'인 것처럼 보이게 한다. 그러나 이 사실들이 과연 해당 공동행위의 경쟁제한효과의 증거로서 설득력을 가질 수 있는 것인가를 경제적 분석의 통해서 따져볼 필요가 있다.

공정거래법 제19조에서는 *"다른 사업자와 공동으로 부당하게 경쟁을 제한하는 ……. 행위를 할 것을 합의"*하는 것 자체를 금지하고 있다. 잘 알려진 대로, 반독점법이 엄격하게 집행되는 모든 나라에서는 자국내의 공동행위에 대해 이처럼 경쟁제한적 합의 자체를 금지하는, 소위 '당연위법(*per se* illegality)'의 원칙을 적용하고 있다.[3] 그러나 외국법에 의해서 설립된 사업자들에 의해서 외국에서 이루

---

3) 최근에는 공동행위라고 해도 경쟁제한성이 명백한 경우가 아니면, *"과거의 기계적인 당연위*

어진 합의에 대하여 반독점법을 역외적용하기 위해서는 '합의'뿐만 아니라 경쟁제한적 '효과'의 입증이 요구되는 것이 일반적이다.

공동행위에 대한 역외적용에 있어서 이러한 효과주의 원칙(effect doctrine)은 공정거래위원회의 흑연전극봉 국제공동행위 사건의 의결에도 언급되어 있다. 본 건이 외국 사업자의 외국에서의 합의 사항과 관련되어 있음에도 우리나라의 공정위가 관할권을 행사할 수 있는 이유로서 그것이 대한민국시장에 미친 영향을 들고 있다. 이러한 효과주의 원칙은 미국의 경우 보다 명백하다. US DOJ and FTC(1995)는 '국제영업에 대한 반독점법 시행지침(Antitrust Enforcement Guidelines for International Operation)'에 따라서 반독점법의 역외적용을 투명하게 운영하고 있다. 이 지침에 따르면, 수입이외의 해외 상업에 관하여(with respect to foreign commerce other than imports)는 1982년의 제정된 '해외거래 반독점개선법(FTAIA, Foreign Trade Antitrust Improvements Act)'을 적용하고, 그 적용대상을 *"미국 상업에 직접적, 실체적, 그리고 합리적으로 예견가능한 효과(direct, substantial, and reasonably foreseeable effect on U.S. commerce)"*를 가지는 외국 기업의 행동으로 한정하고 있다.

어떤 국제공동행위가 경쟁제한적 '합의' 및 '효과'의 존재인 반독점법 역외적용상의 두 가지 위법성 판정기준을 충족하는지는 궁극적으로 법률적 판단에 의해서 결정될 것이다. 그러나, 이 중 두 번째 기준인 경쟁제한적 효과의 존재 및 정도는 경제학적 연구 대상이고, 또한 경제학적 분석 결과가 법률적 판단의 중요한 근거가 될 수 있다고 본다. 본 장의 2절에서는 (i) 시장구조분석, (ii) 경쟁성과분석, (iii) 다중회귀분석 등의 흑연전극봉 국제공동행위의 경쟁제한효과에 대한 신광식, 전성훈(2005)의 경제분석을 소개한다. 3절에서는 평가 및 의의를 제시한다.

법 처리방식에서 탈피하여 보다 신축적인 합리의 원칙 ─ 즉 사안에 따라서 다양한 수준의 경쟁제한성에 대한 검토를 포용하는 방향으로 진화'하는 추세에 있다고 할 수 있다. 전성훈(2008, 133쪽) 참조.

2. 흑연전극봉 국제공동행위의 경쟁제한 효과

1) 국내수입시장의 구조적 특성

산업조직의 경제학에는 공동행위의 효과에 영향을 주는 다양한 요인들에 대한 수많은 이론적 실증적 분석들이 있다. 최근까지의 산업조직 경제학의 성과에 비추어 볼 때 공동행위의 실효성에 영향을 미치는 시장구조의 특성으로서 (i) 시장집중의 정도, (ii) 가격선도기업의 존재, (iii) 대규모 구매기업의 존재, (iv) 시장수요의 호불황 등을 들 수 있다. 일반적으로, 가격선도기업의 존재는 가담자들의 공동행위내용에 대한 합의 및 이행을 쉽게 만들어 주는 요인들로 작용한다. 반면 대규모 구매기업의 존재 및 시장수요의 호황은 공동행위로부터 이탈유인을 크게 함으로써 공동행위의 실효성을 낮추는 요인으로 작용하는 것으로 알려져 있다.[4]

---

4) 본절에서는 공동행위의 효과에 영향을 주는 요인들 중에서 흑연전극봉의 국내수입 시장과 관련된 구조적 특성들만을 논의한다. 현대 산업조직 경제학의 대표적인 교재의 하나인 Church and Ware(2000)에서는 그 밖의 요인들로서, (i) 다시장 접촉(multi-market contact), (ii) 제품동질성(product homogeneity), (iii) 초과설비(excess capacity) 등에 대해서 논의하고 있다. 이들은 국내시장의 특성이라기보다는 해외 생산기업의 특성과 관련된 것이어서 여기서는 상세히 취급하지 않았다. 이들 요인들이 공동행위의 효과에 어떻게 영향을 미치는지는 그리 간단하지 않다. 먼저, (i) 다시장접촉 등을 살펴보면, 담합기업들이 여러 제품이나 여러 지역의 시장에서 경쟁관계에 있는 경우에는 어느 한 시장에서 이탈행위가 그 시장뿐만 아니라 다른 시장에서의 처벌로 확대될 수 있기 때문에 이탈을 상호자제하게 된다는 주장이 있어왔다. 그러나 최근 Bernheim and Whinston(1990)은 다시장에서의 동시다발적 이탈에 의한 이득 또한 커지므로 다시장 접촉이 항상 공동행위의 실효성을 높이는 요인으로 작용한다고 할 수는 없다 한다. 그들은 다시장 접촉이 공동행위의 실효성을 높이기 위해서는 여러 시장들이 기업의 수, 성장률, 기만행위 대응능력, 수요상황, 비용 등에서 차이를 보여야 함을 밝히고 있다. 이들의 기본 아이디어는 여러 시장들의 특성에 차이가 있는 경우에는, 담합의 실효성이 높은 시장의 담합여력을 그렇지 않은 시장에서 실효성을 보완하는 방향으로 활용할 수 있다는 것이다. (ii) 제품동질성은 전통적으로 공동행위를 용이하게 하는 요인으로 알려져 있다. 이는 주로 합의도달의 측면에서이다. 일단 합의된 가격인상 카르텔의 실행의 측면에서는 제품동질성이 공동행위의 실효성을 강화하는 요인인지는 분명하지 않다. 제품이 동질적이면 가격인하로부터 매출을 크게 늘릴 수 있으므로 이탈행위의 이득은 커진다. 반면에 발각시에 담합이 깨져서 가격경쟁의 처벌국면으로 전환될 때의 비용 또한 크게 된다. 따라서, 제품동질성은 공동행위의 실효성을 약화할 수도 있고 강화시킬 수도 있다. Ross(1992)는 전자의 효과가 후자의 효과보다 커서 제품동질성이 오히려 공동행위의 실효성을 약화시킬 수도 있

시장집중(market concentration)

시장집중이란 판매기업의 수와 규모분포를 가리킨다. 시장매출이 소수의 대규모 기업들에 편중되어 있을수록 시장집중은 높아진다. 산업조직 경제학의 가장 전통적인 견해는 시장집중이 높을수록 담합이 용이해지고 따라서 시장성과가 나빠진다는 것이다. 이는 현재 산업조직 경제학의 패러다임이라고 할 수 있는 S-C-P 분석체계의 모태가 된 가설이기도 하다. 즉, 집중적인 시장구조(S: Structure) 하에서는 담합적인 기업행태(C: Conduct)가 용이해져서 경쟁제한적인 성과(P: Performance)가 발생한다는 것이다. 즉, 시장집중의 정도가 높아짐에 따라서 판매자들이 서로간의 가격경쟁을 자제하고 가격결정을 공조할 수 있는 능력이 커지게 된다.

Levenstein and Suslow(2006)는 국제카르텔의 성공요인에 대한 최근까지의 연구를 정리하면서, 여러 실증분석에 일관되게 확인되는 결과는 집중도가 높은 시장에 카르텔이 성공하기 쉽다는 가장 전통 깊은 명제를 밝히고 있다. 즉, 시장집중도가 높아질수록 카르텔의 성공가능성-즉, 가격인상을 통한 이윤제고 능력(cartel profitability)과 카르텔체제를 오랜 기간 동안 존속시키는 능력(cartel duration)은 커진다는 것이다.

다음 <표 9-1>, <표 9-2>는 한국 시장의 점유율 분포 및 집중도를 다른 나라들과 비교한 것이다.

음을 보이고 있다. (iii) 초과설비가 존재하면, 한계생산비용이 낮아져서 가격을 낮추어서 판매량을 늘릴 수 있는 능력도 커지고 그럴 유인도 높아진다. 따라서 초과설비의 존재는 공동행위의 실효성을 약화시키는 요인으로 알려져 왔다. 그러나 Davidson and Deneckere(1990)는 초과설비의 존재가 기만행위시에 처벌을 강화하는 수단이 될 수 있음을 지적하고, 경우에 따라서는 이것이 가지는 공동행위의 실효성 강화작용이 전술한 약화작용을 압도할 수 있음을 보이고 있다.

표 9-1 각국의 시장점유율 분포

	한국	세계	미국	캐나다
UCAR	18.5%	31%	34%	두 기업 합해서
SGL	13%	27%	23%	90% 이상
Tokai	15.6%	11%	1%	
Showa Denko	24%	6%	18%	
Carbide/Graphite		6%	18%	
SEC	4.6%	5%		
Nippon	15.7%	4%		

자료: 한국은 공정위 의결, 세계는 Levenstein and Suslow(2001, p.74)
미국과 캐나다는 US DOJ (1999), Canada Competition Tribunal(2000) 참조.

표 9-2 각국의 시장집중도

	한국	세계	미국	캐나다
상위1사 점유율	24%	31%	34%	
상위2사 점유율	42.5%	58%	57%	90% 이상
상위3사 점유율	58.2%	64%	75%	90% 이상
HHI	1600	2100~2200	2300~2400	4000 이상

자료: 상동

요컨대, 흑연전극봉 국내수입시장의 집중정도는 국제공동행위의 위법성이 판정난 미국과 캐나다에 비하면 상당히 낮은 편이고, 한국과 미국의 반독점 집행기관의 평가기준에 비추어도 고집중의 상황은 아니다. 그리고, 산업경제학의 전통적인 견해에 따르면, 시장집중이 높지 않은 상황에서는 공동행위의 성공가능성이 낮고, 이는 많은 공동행위에 대한 실증분석에서 확인되는 관계이다.

가격선도(price leadership)

가격선도기업의 존재는 공동행위를 촉진하는 대표적인 요인으로 알려져 있다. 선도기업은 가격인상 수준을 결정할 뿐만 아니라 이탈기업의 적발 및 처벌에서도 주도적 역할을 할 수 있다. 일반적으로, 공동행위에 참여하는 기업들의 비용 및 수요 조건이 다르기 때문에, 각각의 기업이 원하는 가격수준은 같을 수 없다. 따라서, 기업들은 자신이 가격선도의 역할을 맡아서, 자신이 원하는 수준의 가격을 관철하고자 할 것이다. 공동행위에 참여하는 기업들이 대등한 위치에 있는 경우, 선도기업의 역할을 어느 기업이 맡을 것이냐는 쉽게 결판나지 않는다.

Rotemberg and Saloner(1990)는 가격선도기업의 자격과 역할에 대하여 다음과 같은 흥미 있는 이론을 제시한다. 그들에 따르면, 가격선도제란 시장수요상황에 대한 정보를 보다 정확히 많이 가지고 있는 기업에게 가격결정을 위임하는 체제로서, 선도기업이 가격인상 수준을 공표하면 다른 기업들은 이를 추종하는 시스템이다. 두 기업이 동일한 조건이라면, 선도기업의 역할을 하는 것이 추종기업이 되는 것보다 유리하다. 그러나, 선도기업의 시장수요 정보가 보다 우월한 경우는, 추종기업은 선도기업이 책정하는 가격이 자신이 원하는 최선은 아니라 할지라도 이를 거부하여 담합을 깨고 가격전쟁을 불러일으키는 것보다는 가격선도제를 수용하는 편이 더 낫게 된다.

흑연전극봉 국제카르텔의 경우는 Rotemberg and Saloner의 가격선도제 이론과 부합하는 양상을 보여주고 있다. 소위 "London Principles"라 불리는 공동행위의 기본원칙에 따르면, 생산자가 소재한 국가에서는 국내생산자(Home Producer)가 가격인상을 선도하고 다른 해외 생산자들은 이를 추종하는 것으로 되어 있다. 이른 바 자국시장(Home Market) 존중의 원칙이다. 실제로 미국과 캐나다, 그리고 유럽의 일부지역에서는 UCAR이 선도기업으로 지정되었고, 그 밖의 나머지 유럽지역에서는 SGL이 선도기업의 역할을 맡았다고 한다.[5] 이러한 자국시장 존중원칙은 앞서 소개한 대로 자국 내의 수요상황에 대한 우월한 정보를 보유한 국내생산자가 선도기업이 되고 다른 생산자들은 이를 추종한다는 이론과 잘 부합한다. 한편, 흑연전극봉수요의 전량을 해외 수입에 의존하고 있는 한국시장의 경우는 국내 생산자가 없는 이른바 "Non-Home Market"이라고 할 수 있다. 즉, 현지의 시장상황 변화에 대한 정보우위를 바탕으로 하는 선도기업이 존재하기 어려운 여건이다.

---

[5] European Commission(2001), Canada Competition Tribunal(2000).

국내생산기업이 없다고 하더라도, 시장점유율에서 지배적인 기업이 존재한다면 그 기업이 선도기업의 역할을 할 수 있을 것이다. 지배적 기업은 시장점유율의 우위를 바탕으로 가격인상 수준의 결정, 이탈기업에 대한 감시 및 처벌의 주도적 역할을 맡을 수 있다. 그러나, <표 9-1>에서 보듯이, 한국의 흑연전극봉 수입시장의 점유율분포를 보면, 공동행위 추정기간 중 Showa Denko, UCAR, Nippon, Tokai, SGL, SEC 등이 각각 약 24%, 18.5%, 15.7%, 15.6%, 13%, 4.6%의 순으로 시장을 나누어 점유하고 있다. Showa Denko가 점유율기준 최대 사업자라고는 하나 지배적 사업자라고는 할 수 없고, 5개 정도의 사업자가 시장을 비교적 균등하게 나누어 가졌다고 할 수 있을 것이다.

요컨대, 한국의 흑연전극봉 수입시장의 경우는 동일한 국제공동행위가 문제가 된 미국, 유럽, 캐나다 시장의 경우와는 다르게, 현지의 수요사정에 밝은 자국생산기업이나 지배적 지위를 점하는 기업도 없었다. 따라서, 한국의 흑연전극봉 수입시장의 경우에는 공동행위의 실효성을 높이는 가격선도제가 형성되기 어려운 시장구조적 특성을 가지고 있다고 할 수 있다.

대규모기업 구매자(large-scale business buyers)

현대적 카르텔이론의 개척자라고 할 수 있는 Stigler(1964)에 의하면 과점시장에서 공동행위가 효과를 가지기 위해서는 담합의 합의사항이 잘 이행되도록 은밀한 가격할인을 단속하는 것(policing)이 가장 중요하다. 그리고 공동행위 참여기업들의 은밀한 가격할인 유인이 높고, 그것을 단속하기 어려워서 공동행위가 실효성을 가지기 어려운 시장의 구조적 특징으로서 다음 세 가지를 들고 있다: (i) 다수의 경쟁기업, (ii) 소수의 구매자, 그리고 (iii) 간헐적인 대규모의 구매. 이미 앞에서 다수의 경쟁기업이 존재하는 비집중적(unconcentrated) 시장에서는 공동행위가 성공하기 어렵다는 데 대해서는 논의한 바 있다. 더욱이 소수의 기업 구매자가 간헐적으로 대규모 구매를 하는 시장에서도 공동행위가 성공하기 어렵다.

가격인상 카르텔이 성공하기 위해서는 무엇보다도 참여기업들 사이에 가격인상 수준에 대한 합의가 이루어져야 한다. 그리고 합의된 가격인상 카르텔이 성공적으로 실행되기 위해서는 공동행위로부터 은밀하게 이탈(defection)하여 다른 가담자들을 기만하는 행위(cheating)를 하지 못하도록 하여야 한다. 즉, 가격인상 공동행위의 실효성을 높이기 위해서는 은밀한 가격인하(secret price-undercutting)의 유인을 줄이는 것이 필수적이다. 가격인상 카르텔에 참여한 기업이 은밀한 가격인하의 기만행위를 할 때는 다음과 같은 기만행위의 이득과 비용을 비교하여 그 이득이 비용보다 큰 경우이다:

공동행위 이탈의 이득＝발각 전까지의 매출증대의 이득 vs.
공동행위 이탈의 비용＝발각 가능성과 발각 시 처벌 비용의 곱

단, 여기서 발각과 처벌은 반독점법 집행기관에 의한 것이 아니라 다른 공동행위 참가자들의 이탈행위자에 대한 대응조치 – 예컨대 담합으로부터 가격전쟁으로의 국면전환을 말한다.

따라서, 공동행위의 실효성이 확보되기 위해서는 이탈행위의 이득은 작은 반면 그 비용은 커야 할 것이다. 반면에, 기만행위의 이득이 크다든지 기만행위의 비용이 작다면 공동행위의 실효성이 없을 수 있다. 따라서, 은밀한 가격인하에 의한 일시적인 매출증가의 유혹이 크다든지 다른 담합가담자들이 가격인하를 인지하기 어렵다든지 혹은 가격인하의 기만행위를 알더라도 엄중한 처벌을 가하기 어려운 시장여건에서는 공동행위의 실효성을 기대하기 어렵다고 할 수 있다.

구매자가 소수인 경우는, 다수의 구매자를 상대로 하는 경우에 비해서, 공동행위에 참여하는 다른 기업들에게 들키지 않는 은밀하게 가격인하를 하기가 쉬울 것이다. 더욱이, 구매의 빈도가 뜸하고 한번에 주문규모가 큰 거래에서는 이러한 은밀한 가격인하의 유인이 더욱 커질 것이다. 왜냐하면 주문의 규모가 크고 간헐적인 경우에는 은밀한 가격인하에 의한 시장점유 확대로부터 얻는 이득이 큰 반면 다른 기업이 이를 알게 된다 해도 다음 주문시기까지 응징을 할 수 없어서 이탈행위의 발각 및 징벌의 비용은 감소하기 때문이다.

이러한 은밀한 가격인하의 가능성 때문에 가격인상 카르텔의 유지가 어려운 상황은 최종소비재 거래시장보다는 중간재 생산요소의 거래시장에서 흔하게 나타난다. 공동행위를 도모하는 과점기업들이 수많은 소규모 소매상이나 소비자들을 상대로 할 때는 은밀한 가격인하의 어려움 때문에 합의된 가격을 지킬 가능

성이 높지만, 대규모 기업구매자를 상대로 할 때는 은밀한 가격인하로 매출을 늘리고자 하는 유혹에 빠지게 된다. 여기서 가격인하란 가격이외의 거래조건상의 특혜뿐만 아니라 장부상에는 나타나지 않는 비공식적인 리베이트까지 포함하는 것이다. 기업간의 거래관행이 이러한 경우는 비가격 거래조건이나 비공식적 리베이트를 감안한 실제의 거래가격(transaction price)은 공개된 장부가격(book price)이나 열람가격(list price)과는 차이가 날 수 있다.

흑연전극봉을 수입하는 국내기업들은 잘 알려진 대로 대규모 기업들이다. 2001년 기준, POSCO는 2,780만 m/t(metric tons) 생산규모의 세계 2위 철강생산 기업이고, INI Steel도 660만 m/t 생산규모의 세계 27위 철강생산 기업이다.[6] 공정위의 의결서에 따르면, 이들 흑연전극봉 수요업체들은 주로 복수업체들로부터 판매가격 의향서를 받은 후 저가의 의향서를 제출한 업체의 가격을 기준으로 구매협상을 하여 1년 단위로 구매계약을 체결한다. 구매기업들의 규모나 1년단위의 구매계약 관행으로 보아, 판매업체의 입장에서는 일단 거래선을 확보하기 위해 여러 형태의 은밀한 가격할인을 제공할 유인이 클 것이라는 것은 짐작할 수 있다.

요컨대, 세계적 수준의 철강생산업체들을 고객으로 하는 중간재시장에서는 거래조건이 은밀한 협상에 의해서 결정되고, 담합의 합의조건을 이탈하여 거래선을 확보하고자 하는 유인이 크다. 이는 공동행위의 실효성을 약화시키는 요인이다.

수요의 호황기(Demand Booms)

전통적인 산업조직론에서는 고정생산비용이 높은 과점산업에서는 시장수요 침체기(recession)나 산업의 사양기(sick industry)에 주로 가격할인 경쟁이 치열하게 된다고 주장되어 왔다.[7] 수요상황이 나빠서 판매량이 줄어들면, 점유율을 확대해서 고정비용을 회수하기 위한 기업들간의 가격할인 경쟁이 보다 극렬(cut-throat)

---

6) International Iron and Steel Institute(2003, p.2).
7) Scherer(1980, pp. 205~212).

하게 된다는 것이다. 그러나, 과점적 상황에서의 기업들의 전략적 선택을 분석하는 현대적인 산업조직이론에서는 오히려 수요확장기에 기업들의 가격인하의 유인이 커져서 공동행위의 유지가 어렵다는 점을 밝히고 있다.

Rotemberg and Saloner(1986)는 암묵적으로 담합하고 있는 과점기업들은 수요가 높은 호경기에 보다 경쟁적으로 행동하게 되는 이유를 다음과 같이 설명한다. 암묵적인 담합이 유지되는 메커니즘은 이탈기업에 대한 보복을 통한 것이다. 즉 어느 기업이 합의가격을 무시하고 은밀하게 가격인하를 감행하면, 발각 즉시 공조체제에서 가격전쟁의 경쟁체제로 전환하게 된다. 담합이탈을 생각하는 기업은 은밀한 가격인하로부터 얻을 수 있는 일시적인 매출증가의 이득과 발각 시 협조체제가 붕괴되고 그 후로 발생할 가격전쟁으로 인한 장래의 이윤감소의 손실을 저울질하게 된다. 그런데, 수요확대기에는 은밀한 가격인하로부터 얻는 일시적 이득이 커진다. 암묵적으로 합의된 가격수준에서 가격을 약간 인하하는 기업은, 다른 기업들이 이를 알아 채서 가격할인 경쟁에 돌입하기 전까지는, 더 높은 시장점유율을 누릴 수 있다. 반면 기만행위가 발각되어 처벌을 받는 미래의 시기는 현재와 같은 확실한 호경기가 아니라 불경기일 수도 있으므로 그때 가서 가격경쟁을 하게 되더라도 그 손실은 크지 않을 수 있다. 따라서 현재 수요상황이 호경기이면, 담합가격으로부터 이탈해서 얻는 현재 이득이 발각 시 예상되는 처벌의 손실보다 클 수 있다. 즉, 수요확장의 호경기에 암묵적인 공동행위체제를 유지하기가 더 어렵다는 이야기이다.[8]

공동행위가 있었다고 추정되는 1992년부터 1997년까지 5년 동안 흑연전극봉

---

[8] 게임이론에 입각한 현대적 산업조직이론 중에는 Rotemberg and Saloner(1986)과는 다른 시사점을 제시하는 것도 있다. Green and Porter(1984)는 가격전쟁은 수요확장기가 아니라 수요침체기에 오히려 발생하기 쉽다는 이론적 결과를 제시한다. 이들에 따르면, 암묵적 담합체제에서 기업들의 은밀한 이탈행위를 관찰하지 못하는 상황에서 시장전체의 가격이 하락하면 그것이 이탈행위에 의한 것인지 아니면 수요하락에 의한 것인지를 불문으로 하고 경쟁체제로 전환해야지 카르텔을 유지할 수 있다고 한다. 설령 모든 기업들이 담합을 잘 이행한다고 해도, 시장수요가 하락해서 가격이 어느 수준 이하로 하락하면 가격전쟁을 치러야 담합기업들은 이탈의 엄두를 내지 않는다는 것이다. 그리고, 이 이론에 의하면, 수요침체기에 촉발되는 가격전쟁이 담합체제가 붕괴되었음을 의미하는 것이 아니라 담합체제를 지탱하기 위한 일종의 단속 메커니즘(policing mechanism)이 된다.

표 9-3 전기로방식 철강생산량   (단위: 1000 metric tons)

	한국	세계	미국	유럽	캐나다
92년 생산량	8,467	212,437	41,954	63,659	4,558
97년 생산량	18,331	269,423	59,935	76,061	6,376
5년간 증가율	116%	27%	43%	19%	40%

자료: International Iron and Steel Institute(2002)

의 국내수입수요는 엄청나게 확장되었다. 해당기간 동안 흑연전극봉 국내수입규모
는 공정위가 제출한 관세청자료에 따르면, 판매량기준으로는 1992년 23,671 m/t
(metric tons)에서 46,548 m/t로 97% 증대되었다.

이러한 흑연전극봉 사용량의 증대는 이를 필수적인 생산요소로 이용하는 전
기로(EAF: Electric Arc Furnace)방식의 철강생산량의 증가에 기인한다. 해당기간 동
안 전기로방식 철강생산량은 세계전체로는 27% 정도 증가한 데 반해서, 한국의
경우는 116%나 증가하였다. 해당기간 동안, 미국, 유럽, 캐나다는 전기로방식 철
강생산량 증가율은 각각 43%, 19%, 40% 정도에 머무르고 있다.

이처럼, 한국의 전기로방식 철강생산량이 다른 나라에 비해 현저하게 증가한
이유는 일단은 1990년대 초반 주택 200만호 건설계획에 따른 건축재료로서 철
강제품에 대한 특수가 발생한 데 기인한다. 이와 더불어, 이 기간 중에 동반된
철강생산 설비확장을 주로 전기로 방식으로 한 것도 전기로 철강생산량의 비약
적 증가의 한 요인이다. 철강 총생산에서 전기로방식의 철강생산량이 차지하는
비중은 세계 전체로는 1992년 29.5%에서 1997년 33.7%로 4.2%정도 증가하였지
만, 한국의 경우는 1992년 30.2%에서 1997년 43.1%로 12.9%나 증가하였다.

요컨대, 1992년부터 1997년까지 담합추정기간 동안 흑연전극봉의 국내수입
시장은 수요가 2배 이상으로 증대되는 호황기간이었다. 개별 기업의 입장에서
은밀한 가격인하의 이득이 큰 이와 같은 초호황기에는 과점기업들 사이의 담합
체제를 유지하기가 쉽지 않았을 것을 짐작할 수 있다.

2) 흑연전극봉 국내수입시장의 경쟁성과

전항에서 흑연전극봉 국내수입시장의 구조적 요인들 중에는 공동행위의 합의 및 실행을 어렵게 만드는 요인들이 있음을 살펴보았다. 이제 해당시장에서 추정된 공동행위가 실제로 경쟁제한적 효과를 가졌는지, 시장에서의 경쟁성과를 통해서 살펴보고자 한다. 공정위가 경쟁제한적 효과의 근거로서 제시한 것은, 해당 기간 동안 카르텔 가담업자들로부터의 수입가격은 48.9%가 상승한 반면에 비가담업자들로부터의 수입가격은 9.1% 밖에 상승하지 않았다는 것이다. 이 사실 자체로만 떼어서 보면, 이 사건은 공동행위의 반경쟁효과가 '일견 자명한 사건 (*prima facie* case)'인 것처럼 보인다. 그러나, 연관된 사실들과 함께 검토해 보면, 이 사실만으로부터 경쟁제한효과를 유추하기는 어렵다는 판단을 할 수 있다. 그리고, 그 밖의 몇 가지 관찰된 사실들은 이 기간 동안 흑연전극봉의 국내수입시장의 성과가 비교적 경쟁적이었음을 시사한다.

수요증가율 vs. 가격상승률

공정위 자료에 의하면,[9] 피심인들의 한국에 대한 흑연전극봉 가격은 1992년부터 1997년 사이에 관세청자료기준 톤당 $2,237에서 $3,356으로 50% 상승하였다. 흑연전극봉은 전기로방식의 철강생산에 있어서 필수적인 생산요소이므로, 흑연전극봉의 수요는 대체로 전기로방식의 철강생산량에 의해서 결정된다고 할 수 있다. 이 기간중의 한국의 전기로방식 철강생산량은 847만톤에서 1,833만톤으로 116%나 증가하였다. 따라서 한국의 경우 수요증가율에 대비한 가격상승률의 비율은 0.43 정도이다. 한편, 피심인들의 전세계시장에 흑연전극봉의 판매가격은 1992년에 $2,259에서 1997년 $3,088으로 37% 상승하였다. 반면, 전세계의 전기로방식 철강생산량은 1992년 21,244만톤에서 1997년 26,942만톤으로 27% 증가하였다. 따라서, 수요증가율 대비 가격상승률은 1.34에 이른다. 즉, 세계시장에서의 수요증가율에 대비한 가격상승률 1.34와 비교하면 한국의 상응하는 비율 0.43은 그 1/3에도 미치지 않는다.

---

9) 공정위 제출자료 을제3호증5 참조.

한국의 가격상승률이 수요증가율에 비해서 낮았음은 공동행위의 위법성이 판정난 미국, 유럽 및 캐나다와 비교하여도 여실히 드러난다. 미국의 DOJ가 제시한 자료에 의하면, 미국에서의 흑연전극봉 판매가격은 1992년 5월 파운드당 $1.00에서 1997년 2월 $1.56으로 56% 상승되었다. 반면, 미국의 전기로방식 철강생산량은 1992년에서 1997년 사이 3,203만톤에서 4,310만톤으로 35% 증가하였다.[10] 따라서, 미국의 경우 수요증가율에 대비한 가격상승률은 1.60에 이른다. 한편, 유럽 및 캐나다의 경우 수요증가에 대비한 가격상승의 폭은 훨씬 더 크다. EC 의결서에 따르면, 유럽시장에서의 흑연전극봉 판매가격은 1992년 5월 톤당 3,600마르크에서 1996년 7월 5,400마르크로 50% 상승하였다. 반면에, 전기로방식 철강생산량은 1992년 5,966만톤에서 1996년 6,708만톤으로 12% 밖에 증가하지 않았다. 따라서, 유럽의 경우 수요증가 대비 가격상승률은 무려 4.17에 이른다. 캐나다의 경우, 경쟁정책 집행당국의 보고에 따르면, 해당기간 동안 판매가격이 90% 이상 상승하였다고 한다. 반면, 전기로방식 철강생산량은 1992년 456만톤에서 1997년 638만톤으로 40% 정도 증가하였다. 따라서, 캐나다의 경우도 수요대비 가격상승률은 2.25나 된다.

어떤 시장이 완전하게 경쟁적이라면 균형가격은 수요곡선과 공급곡선이 만나는 곳에서 결정될 것이다. 과점적인 경쟁시장에서도 수요의 증가는 균형가격에 반영될 것이다. 경쟁정책이 독과점적인 시장구조를 그 자체로 문제 삼지 않는 한, 과점적 시장에서 수요증가를 반영한 일정 수준의 가격인상을 위법하

표 9-4 흑연전극봉 수요증가율 대비 가격상승률

	한국	세계	미국	유럽	캐나다
가격상승률(ΔP)	50%	37%	56 %	50 %	90% 이상
수요증가율(ΔD)	116%	27%	35 %	12%	40%
$\Delta P / \Delta D$	0.43	1.37	1.60	4.17	2.25

자료: 한국과 세계 가격은 공정위 제출증거. 미국, 유럽, 캐나다 가격은 US DOJ(1999), EC(2001), Canada Competition Tribunal(1999). 철강생산량 자료는 International Iron and Steel Institute(2002)

---

10) 1991년에서 1996년 사이에 137,800톤에서 183,300톤으로 33% 증가하였다.

다고 판정하지는 않을 것이다. 우리 나라의 공정거래법 제3조의 2에서도 '가격을 부당하게 결정, 유지 또는 변경하는 행위'를 금지하지만, 시장지배력남용행위심 기준(공정위 고시 제2002－6호)에서는 그것을 '수급의 변동'에 비하여 현저하게 상승 시키는 경우로 한정하고 있다.

그러면, 116%의 수요증가시에 과연 50%의 가격상승은 과점적인 시장경쟁의 결과로 용인될 수 있을 것인가? 이는 답변이 쉽지 않은 문제이다. 물론, 5% 수요 증가에 대한 50% 가격상승과 같은 유럽의 경우나 28% 수요증가에 대한 90% 이 상의 가격상승과 같은 캐나다에 비하면, 국내시장에서의 가격상승은 용인할 만 수준이라고 할 수 있을지 모른다. 그러나, 이 문제에 대한 보다 올바른 답을 얻 기 위해서는, 이러한 가격상승에 수요상승이나 비용상승 요인 이외에도 담합이 실질적으로 상당하게 영향을 주었는지를 확인해야 할 것이다. 이를 위해서는 단 순한 수치의 대비가 아니라 통계적인 중회귀분석(multiple regression analysis)이 필 요하다. 이는 다음 절에서 다루어질 것이다. 그 전에 흑연전극봉 국내수입시장에 서 담합추정기간동안의 경쟁성과를 이해하는 데 도움이 되는 몇 가지 추가적 사 실들을 살펴보기로 하자.

피심인 점유율 vs. 기타업체 점유율

다음의 표는 공정위가 제출한 관세청자료에 기초해서 계산한 국내시장에서 피심인들과 기타업체의 점유율 합을 보여준다.

피심인들의 점유율 합은 1992년 73%에서 1997년에는 93%가 된다. 담합추정기 간 동안에 피심인들은 기타업체들로부터 시장점유율을 20%씩이나 탈취하였다. 해

표 9-5 국내시장점유율: 피심인계 vs 기타업제 (판매금액기준)

	92년	93년	94년	95년	96년	97년	5년간증감
피심인계	73.0%	83.0%	90.6%	94.0%	94.2%	93.0%	＋20.0%
기타업체	27.0%	17.0%	9.4%	6.0%	5.8%	7.0%	－20.0%
국내전체	100%	100%	100%	100%	100%	100%	

자료: 공정위 증거자료(을제3호증4)

당기간 동안 피심인들의 평균 판매가격은 50% 가까이 상승한 데 반해서 기타업체의 평균 판매가격은 9% 정도밖에 상승하지 않은 점을 고려할 때 놀라운 결과이다.

메이저기업들과 비메이저기업들 사이의 이러한 점유율 격차의 확대는 일반적인 담합의 효과와 배치되는 것이어서 가격인상 담합을 전제로 해서는 이해하기 어렵다. 메이저제품과 비메이저제품 사이에 대체성이 있다면, 메이저기업들의 담합 가격인상은 비메이저기업들로 수요가 이전되는 결과를 가져올 것으로 예상되기 때문이다. 이러한 예상 밖의 결과는 공개된 관세청가격이 실질적인 거래조건을 반영하지 않을 수 있음을 시사한다. 혹은, 해당기간 동안 품질요인이나 공급의 안정성 등의 비가격요인들의 격차가 가격의 차이보다 압도했을 수도 있을 것이다.

적어도, 공정위 의결에서 제시하고 있는 국내시장에서의 반경쟁적 영향의 증거, 즉 해당기간 동안 카르텔 가담업자들로부터의 수입가격은 48.9%가 상승한 반면에 비가담업자들로부터의 수입가격은 9.1% 밖에 상승하지 않은 사실에 대해서 신중한 해석이 요망된다.

피심인 개별기업 점유율 변동

다음의 <표 9-6>는 피심인들이 공정위에 제출한 자료를 이용해서 국내수입시장에서 피심인 개별기업들의 시장점유율을 계산한 결과이다.

표 9-6 국내시장점유율: 피심인 개별기업별(판매금액기준)

	92년	93년	94년	95년	96년	97년	분산계수
UCAR	21.9%	21.9%	20.4%	18.5%	21.2%	14.7%	14.0%
SGL	6.3%	15.0%	17.3%	13.4%	13.0%	16.2%	28.8%
Showa	32.0%	26.0%	22.9%	26.2%	23.7%	28.7%	12.6%
Tokai	18.6%	17.9%	16.3%	17.0%	18.2%	18.2%	5.0%
Nippon	14.0%	14.5%	16.7%	18.3%	19.1%	19.1%	13.5%
SEC	7.2%	4.8%	6.4%	6.5%	4.7%	3.0%	28.6%
합계	100.0%	100.0%	100.0%	100.0%	100.0%	100.0%	

자료: 공정위의 증거자료(을제3호증4)
　　분산계수=(표준편차/평균)×100

위의 표에서 분산계수(coefficient of variation)는 변동의 폭을 나타내는 지표로서, 표준편차의 평균에 대한 백분율로 정의된다.[11] 개별기업별로 차이는 있지만, 피심인 기업들 사이에 시장점유율은 해당기간 동안 상당수준 변동하고 있음을 확인할 수 있다.

이러한 변동폭을 다른 나라들－특히 흑연전극봉카르텔이 문제가 되었던 미국, 유럽연합, 캐나다에서의 경우와 비교하면 좋겠지만 해당 국가들의 자료를 입수할 수 없었다. 대신에 피심인들이 공정위에 제출한 자료를 이용하여 세계전체 시장에서 피심인 개별기업들의 시장점유율의 변동을 파악할 수 있었다.[12] 다음의 <표 9-7>에서 확인할 수 있듯이, 피심인 기업들은 세계시장에서는 국내수입시장에서보다 훨씬 안정적인 점유율을 유지하고 있다.

Stigler(1964, p.48)에 따르면, *"완전한 담합에 대한 정의는, 사실상 어떤 구매자도 자발적으로 구입처를 바꾸지 않는 경우이다. 구매자들의 구입처 전환이 없다면, 경쟁적인 가격할인은 없는 것이다."* 완전 담합하에서는 거래조건이 동일할 것이므로, 구매자들이 구입처를 바꾸지 않을 것이기 때문이다. 반면에, 담합추정 기간 동안 흑연전극봉 국내수입시장에서 개별기업들의 시장점유율이 상당한

표 9-7 세계시장점유율: 피심인 개별기업별(판매량기준)

	92년	93년	94년	95년	96년	97년	분산계수
UCAR	65.5%	66.7%	65.7%	66.6%	66.0%	65.9%	0.7%
Showa	5.4%	5.3%	5.1%	6.1%	6.3%	6.2%	9.6%
Tokai	13.6%	12.8%	13.4%	12.3%	13.4%	13.4%	3.8%
Nippon	6.5%	7.1%	7.7%	7.3%	7.5%	7.3%	5.8%
SEC	9.1%	8.2%	8.2%	7.7%	6.8%	7.3%	10.3%
합계	100.0%	100.0%	100.0%	100.0%	100.0%	100.0%	

자료: 공정위의 증거자료(을제3호증5)

---

11) 분산계수는 표준편차를 평균으로 나누기 때문에, 분산이나 표준편차와 달리 변수의 단위나 평균크기에 영향을 받지 않는 장점이 있다.

12) SGL의 자료는 누락되어 있다. 그리고, Showa Denko의 자료는 판매량밖에 없어서 점유율을 판매량기준으로 계산하였다.

폭으로 - 적어도 세계시장에서의 변동폭보다 크게 변동하고 있다는 것은, 구매자들이 거래조건에 따라서 매입선을 교체한다는 증거이고, 이는 경쟁이 활발하다는 것을 의미한다.

3) 흑연전극봉 국내수입시장에서의 공동행위효과에 대한 실증분석

공정위는 공동행위의 경쟁제한적 효과의 증거로서, 피심인들이 마지막으로 회합한 것이 확인된 1998년부터 가격이 하락한 사실을 제시하고 있다. 앞서 살펴본 대로 공동행위 추정기간동안 가격이 상승한 것이 수요가 급증한 데 기인하였듯이, 공동행위가 끝난 것으로 추정된 시기에 가격이 하락한 것도 다른 요인에 기인할 수 있다. 1998년의 외환위기는 국내 수입시장 전반에 커다란 충격을 가져왔고, 이 시기에 달러화 기준 공산품수입물가지수는 10% 이상 크게 하락하였다. 특정변수에 여러 다른 요인들이 동시에 영향을 미칠 때 각각의 효과에 대해 통계적으로 정확한 분석을 하기 위해서는 일반적으로 중회귀분석(multiple regression analysis)을 이용한다. 미국의 법정에서는 여성이나 소수민족에 대한 임금차별(wage discrimination)이나 가격인상 담합에 의한 반경쟁적 피해(anti-competitive damages)와 관련된 사건의 심사에서 중회귀분석 결과를 활용하고 있다.[13]

본항에서는 담합효과를 분석하는 데 이용되는 다중회귀분석을 간략히 소개하고, 흑연전극봉 사례에 이를 적용해서 공동행위의 경쟁제한효과의 존재 여부를 검증해 본다.

공동행위효과 분석에 이용되는 중회귀분석 모형

일반적으로 공동행위의 효과를 실증적으로 분석하기 위해서는 다음과 같은 관계식을 추정한다:

---

13) Fisher(1980)는 중회귀분석을 법적 소송에 이용할 때 주의해야 하는 점들에 대하여 개괄적으로 설명해 주고 있다. 한편, Finkelstein and Levenbach(1983)은 담합피해 추정과 관련된 미국의 소송사례를 예로 하여 중회귀분석의 유용성 및 유의점은 논의한다.

$$\ln p(t) = \alpha + \beta \ln x(t) + \gamma c(t) + \varepsilon(t)$$

식 9-1

$\ln$: 자연로그(natural logarithm) 변환[14]

$p(t)$: t시점에 관찰된 가격

$x(t)$: 수요 및 공급 요인 나타내는 설명변수들

$c(t)$: 공동행위시기를 나타내는 더미(dummy)변수

$\varepsilon(t)$: 교란항

   이러한 추정식을 뒷받침하는 경제적 논리는 분명하다. 시장의 경쟁상황이 어떠하든 관계없이 가격은 수요 및 공급요인에 의해서 결정된다. 경쟁시장에서의 균형가격은 수요곡선과 공급곡선이 만나는 곳에서 결정되고, 독과점시장에서는 각 기업은 수요 및 공급조건 그리고 경쟁기업의 반응을 감안하여 자신의 이윤을 극대화하는 가격을 책정한다. 이러한 일반적인 수요·공급측면의 가격결정요인 이외에 우리가 관심을 가지는 것이 공동행위에 의한 가격인상 효과이다. 공동행위더미는 바로 이러한 부정적 효과를 포착하고자 하는 것이다.

   Finkelstein and Levenbach(1983)에 의하면, 담합효과를 추정하는 방법은 이러한 '더미변수모형(dummy variable model)' 외에도 '잔차모형(residuals model)'이 있다. 잔차란 실제가격과 담합더미변수를 제외하고 추정을 해서 얻은 예측가격의 차이이다. 담합추정기간과 그 밖의 기간의 잔차의 평균을 비교해서 양자의 차이가 있으면 그것을 담합의 효과라고 보는 것이다. 일반적으로, 잔차모형이 더미변수모형보다 피심인들에게 유리하다고 한다. 그 이유는 더미변수모형에서는 수요·공급요인과 담합더미에 동시에 일차적 효과를 부여하지만, 잔차모형에서는 수요·공급요인에 먼저 일차적 효과를 부여하고 남는 부분을 담합의 효과로 간주하기 때문에 담합효과가 상대적으로 과소평가될 수 있다는 것이다. 따라서 더미변수모형이 피심인들에게 유리하게 치우치지 않고, 보다 중립저이라 할 수 있다.

   이처럼 중회귀분석은 가격의 변화에 영향을 미치는 '多重' 요인들－수요, 공급, 담합을 동시에 고려해서 가격의 변화를 각각의 요인들의 변화에 '回歸'시켜 보는 것이라 할 수 있다. 설명변수들이 적절히 채택되어 추정된 식이 전체적으로

---

14) 가격결정모형에서 변수들의 로그변환은 일반적인 관행이다.

문제가 없을 경우, 추정된 계수값($\hat{\alpha}$, $\hat{\beta}$, $\hat{\gamma}$으로 표기)이 통계적으로 유의한가를 검정한다. 우리가 특별히 관심을 가지는 것은 위의 <식 9−1>에서 담합효과를 나타내는 γ의 추정치 $\hat{\gamma}$이 통계적으로 유의한가이다. 통계적 유의성을 검정하는 데는 이하에서 소개될 t−값을 이용한다.

$\hat{\gamma}$의 통계적 유의성이 검증된 경우, $\hat{\gamma}c(t)$은 공동행위의 효과라고 할 수 있다. 왜냐하면, 공동행위의 효과는 관찰된 가격 $\ln p(t)$와 "담합이 없었을 경우의 가격 (the price but for collusion)" 혹은 "담합효과배제 가격(the but-for price)"$- \ln \hat{p}(t) = \hat{\alpha} + \hat{\beta}\ln x(t)$의 차이라고 할 수 있기 때문이다. 따라서, 담합의 효과는 $\ln p(t) - \ln \hat{p}(t) = \hat{\gamma}c(t)$가 된다.

중회귀분석 결과

위에서 소개한 중회귀분석 모형에 기초해서 흑연전극봉 국내수입시장에서의 공동행위효과에 대한 통계적 검증을 시도해 보자. <식 9−1>의 변수 및 자료는 다음과 같다:[15]

  $p = $ PGE(Price of Graphite Electrodes):
   흑연전극봉 국내전체 평균가격 관세청자료[16]
  $x_1 = $ DEM(Demand):
   흑연전극봉의 국내시장 수요요인으로 전기로방식 철강생산량[17]
  $x_2 = $ IMP(Import Price Index):
   달러화기준 국내공산품수입물가지수[18]
  $c = $ COL(Collusion): 공동행위추정기간인 1992년~1997년에는 1의 값을 갖고,
   나머지 기간에는 0의 값을 갖는 더미변수
  t: 1988년부터 2001년까지 14개 연간자료

---

15) <식 9−1>에서 종속변수 p를 수입물가지수에 대한 상대가격, 즉 PGE/IMP 로 하고 (설명변수에서 IMP를 제외하고) 회귀분석을 수행하여도 분석결과는 질적으로 차이가 없다.
16) 관세청자료.
17) International Iron and Steel Institute(2002).
18) 한국은행 통계자료. 수입물가지수분류번호는 HGIJ3이다.

	PGE	DEM	IMP	COL
1988	1,878	6,039	1.1129	0
1989	2,057	6,452	1.1359	0
1990	2,291	7,188	1.0625	0
1991	2,318	7,578	1.0454	0
1992	2,244	8,467	1.0174	1
1993	2,566	10,969	1.0174	1
1994	2,849	12,134	1.0588	1
1995	2,992	13,899	1.1646	1
1996	3,130	15,359	1.1037	1
1997	3,266	18,331	1.0568	1
1998	3,028	16,080	0.9574	0
1999	2,675	17,073	0.9384	0
2000	2,431	18,441	1.0000	0
2001	2,390	19,111	0.9091	0

　　담합효과의 추정에 보다 적절한 가격은 피심인들뿐만 아니라 기타업체들을 포함한 국내전체의 평균가격이 아니라 피심인들의 평균가격이다. 공정위가 제출한 증거(을제3호증4)에는 1992년부터 1999년 사이의 피심인들의 평균가격이 제시되어 있다. 그러나, 8개년의 기간은 너무 짧고, 또한 그 중 6년이 담합추정기간이므로 의미 있는 실증분석을 행할 수 없다. 1988년부터 2001년으로 확장된 기간 동안의 관세청자료는 국내전체의 평균자료 밖에 구할 수 없었다. 그러나, 피심인들의 해당기간동안 70~90%에 이르는 압도적 시장점유율을 장악하고 있으므로, 국내전체의 자료로도 담합효과를 분석하는 데 커다란 문제는 없을 것으로 예상된다.[19]

---

19) 실제로, 1992년부터 1999년 사이는 피심인들의 평균가격을 이용하고 나머지 기간은 국내전체의 평균가격을 이용해서 분석을 한 결과와 이하에서 소개한 결과와 큰 차이가 없었다. 이 기간이 담합추정기간을 포함하고 피심인들의 평균가격이 국내전체 평균가격보다 높기 때문에, 이러한 부분적인 자료 대체는 담합의 가격인상효과를 실제보다 높게 나오게 할 것

흑연전극봉은 전기로(Electronic Arc Furnace)방식의 철강생산에 필수적 생산요수요이므로, 그 수요는 전기로방식의 철강생산량에 의해서 주로 결정된다고 할 수 있다. 따라서, 이를 가격변화를 설명하는 제1의 설명변수로 채택하였다. 다음으로, 국내 공산품수입시장의 전반적인 경제여건을 반영하는 변수로 달러화 기준 공산품수입 물가지수를 제2의 설명변수로 채택하였다. 이는 환율의 변화와 같은 국내수입시장에 전체에 영향을 주는 요인의 효과를 걸러내기 위한 것이다. 특히, 국내외환위기의 영향이 큰 1998년, 1999년에 공산품수입 물가지수가 크게 하락한 것은 수입업체들이 급격한 환율인상의 부담의 일부를 달러가격 인하요구를 통해서 수출업체에게 전가하였음을 보여준다. 본 회귀분석에서는 공급요인의 설명변수들은 도입하지 못하였다. 이는 생산업체들이 해외기업들이어서 자료의 입수가 쉽지 않은 이유도 있으나, 자료의 길이가 14개년에 지나지 않아서 많은 설명변수를 도입할 수 없기 때문이기도 하다. 그리고, 해당기간 동안의 가격변화가 국내의 수요요인에 결정적으로 영향을 받았을 것으로 판단되었고, 이는 이하의 실증분석결과에서 확인되었다. 마지막 설명변수는 우리가 가장 관심을 갖는 담합더미변수이다. 총 14개년의 자료 중 담함추정기간이 6개년이고 그 밖의 기간의 8개년이다.

이상의 자료를 이용해서 <식 9−1>을 추정한 결과는 다음과 같다:[20]

$$\ln(\text{PGE}) = 4.79 + 0.32\ \ln(\text{DEM}) + 0.54\ \ln(\text{IMP}) + 0.10\ \text{COL} \quad \boxed{\text{식 } 9-2}$$
$$(6.41)^{***}(4.00)^{***} \qquad (1.11) \qquad\qquad (1.68)$$

(***는 추정된 값이 유의수준 1%하에서 통계적으로 유의함을 의미)

$$R^2 = 0.76,\ \ \overline{R}^2 = 0.69^{21)},\ \ \text{DW} = 1.24^{22)}$$

이다. 따라서, 자료의 부분적인 대체의 경우에도 공동행위의 효과가 확인되지 않는다면, 전 기간을 모두 피심인의 평균가격으로 대체해서 얻은 실증분석의 결과에서는 담합의 효과는 더 확인하기 어려울 것으로 판단된다.

20) 계수 추정값 아래의 괄호안의 수는 $t-$값을 나타낸다. 이 값이 클수록 계수추정치의 통계적 유의성은 높아진다. 대체로 $t-$값이 2 이상이어야 계수의 추정치가 통계적으로 유의하다고 할 수 있다.

21) R^2와 $\overline{R}^2$는 결정계수와 조정된 결정계수로서 회귀모형의 설명력 혹은 회귀선의 적합도를 나타낸다.

상수 4.79과 수요변수 ln(DEM)의 계수추정치 0.32는 통계적으로 매우 유의하다. 이들은 1%의 엄격한 유의수준(significance level)하에서도 유의성이 인정된다. 반면, 수입물가지수 ln(IMP)의 계수추정치 0.54와 담합더미 COL의 계수추정치 0.10은 통계적으로 유의하지 않다.[23]

<식 9-2>의 추정결과에서, 담합효과를 나타내는 더미 COL의 계수추정치 0.10이 통계적으로 유의하지 않다는 것은 담합더미의 효과를 나타내는 0.10이라는 값의 신뢰도가 낮아서, 그 값이 0이라는－즉 담합효과가 없다는 것을 부정할 수 없다는 것을 의미한다. 만약, 통계적으로 더미의 계수 추정치 0.10이 통계적으로 유의하였다면, 그것은 '담합효과가 없다는 가설을 기각할 수 있다'는 의미가 된다. 이때 유의수준(significance level)이 5%라는 것은 어떤 가설이 맞는데 그것을 기각하는 오류를 범할 확률이 5% 이하라는 것이다. 따라서, <식 9-2>의 추정결과에서 담합더미의 추정치가 유의수준 10%하에서도 통계적으로 유의하지 않다는 것은, '담합효과가 없다'는 가설이 맞는데 그것을 기각하는 오류를 범할 확률을 10% 정도로 넉넉하게 용인해도 담합효과가 없다는 가설을 기각하지 못한다는 것이다.

이러한 결과는 전절에서 담합추정기간 동안의 국내수입시장에서의 흑연전극봉의 가격상승을 설명하는 주요 요인이 수요증가였음을 재확인해 주고 있다. 수요변수의 계수가 통계적으로 매우 유의하고 높은 값을 보여주고 있다. <식 9-2>에서 ln(DEM)의 계수값이 0.32라는 것은 흑연전극봉의 수요요인인 전기로방식 철강생산량이 1%상승할 때마다 흑연전극봉가격은 0.32% 상승한다는 경제적 의미를 갖는다.

반면에 담합의 가격상승 효과가 있었음을 통계적으로 유의하게 보여주지 않는다. 보다 정확히 말하자면, 담합효과가 없었다는 가설을 기각하지 못한다. 따라서, 본 회귀분석의 결과는, 공성위가 표면적 사실들로부터 유추하고 있는 것처럼 당시의 가격상승이 담합에 기인한 것이라는 점을 입증하기에는 부족하며, 오

---

22) Durbin-Watson 통계량은 오차항의 자기상관을 검정하는 데 이용한다. 1.24 정도의 값은 자기상관이 있다고 없다고도 할 수 없는 미결영역에 속한다고 할 수 있다.

23) 10%의 매우 느슨한 유의수준 하에서도 유의성이 인정되지 않는다. 일반적으로 채택되는 유의수준의 1% 혹은 5%이다. 남준우, 이한식(2002, 81쪽) 참조.

히려 당시의 가격상승이 담합과 관계없다는 주장을 펼 수 있는 여지를 제공한다고 할 수 있다.

3. 평가

공정위 의결에 대한 Showa Denko을 비롯한 일부 피심인의 불복 소송에서는 해외에서 형성된 국제적 공동행위에 대해 공정위의 관할권이 있는지 여부, 외국 사업자에 대한 심의 절차 및 결과의 공정위 송달방법의 절차적 적법성, 부당한 공동행위의 실행 여부, 소멸시효의 완성 여부 등의 시정명령의 적법성과 관련된 여러 문제들과 과징금부과의 형평성이 쟁점이 되었다.[24] 서울고등법원의 판결에서는 관할권의 존재, 송달방식의 적절성, 담합의 실제적 성립, 소멸시효의 미완성 등의 제 측면에서 공정위의 의결에 문제가 없으므로 시정명령의 적법하다고 판단하였다. 단지 공정위 Showa Denko에 대한 과다한 과징금 부과는 다른 사업자와의 형평에 어긋나서 재량권을 일탈, 남용한 것으로 위법한 것으로 보았다. 이에 대한 공정위의 상고에서 대법원도 서울고등법원과 동일한 취지로 판결하였다.[25] 이에 따라서 공정위는 Showa Denko에 대한 과징금을 다른 위반자에 대한 과징금 부과 수준을 참작하여 적정한 수준으로 낮추어 재산정하였다.[26]

본건 국제카르텔의 국내시장에 대한 영향에 대해서 서울고등법원의 판결은 공정위가 제시한 다음과 같은 단순 비교를 그대로 수용하였다. *"이들로부터 수입한 가격은 1992년 톤당 평균 2,555달러에서 1997년 톤당 평균 3,356달러로 약 48.9% 상승한 반면, 위 기간 동안 위 회사들 이외의 업체로부터 수입한 가격은 1992년 톤당 평균 2,205달러에서 1997년 톤당 평균 2,407달러로 약 9.1% 상승하는 데 그쳤다."*(판결서 8~9쪽) 이는 '일견(at a first glance)' 매우 명백한 담합 효과인 것으로 보인다. 그러나, 앞의 2절에서 살펴본 바와 같이, 해당 기간 동안 피심인들의 점유율이 20% 정도 증가하고, 다른 업체들의 점유율은 그 만큼 감소하였

---

24) 서울고등법원(2004.8.19) 판결.
25) 대법원(2006.3.24) 판결.
26) 공정위(2006.11.6) 의결.

다는 사실을 함께 고려하면 피심인들이 생산하는 메이저 제품과 그 밖의 마이너 제품이 충분한 대체성을 지닌 동일한 관련 시장에 속하는지가 의심스럽게 된다. 따라서 법원의 판결이, 공정위가 제시한 단순한 비교를 넘어서, 2절에서 소개한 흑연전극봉 국내시장의 구조적 특성, 경쟁적 성과, 담합의 실제적 가격 효과에 대한 경제분석의 결과를 종합적으로 고려하지 못한 점에 대해서는 아쉬움이 남는다.

그럼에도 본건은 공정거래 사건의 역외적용의 효과주의 원칙이 확립되었다는 점에서 큰 의미를 지닌다고 할 수 있다. 즉 본건 관련 대법원 판결은 *"공정거래법은 … 부당한 공동행위의 주체인 사업자를 '제조업·서비스업·기타 사업을 행하는 자'로 규정할 뿐 국내사업자로 한정하지 않고 있지 않는다는 점 … 등을 고려해 보면, 외국사업자가 외국에서 다른 사업자와 공동으로 경쟁을 제한하는 합의를 했더라도, 그 합의의 대상에 국내시장이 포함되어 있어서 그로 인한 영향이 국내시장에까지 미쳤다면 그 합의가 국내시장에 영향을 미친 한도 내에서 공정거래법이 적용된다"*고 밝히고 있다.

Chapter 10

군납유 입찰담합(2000년)과 손해액산정을 위한 이중차분법

공정위는 2000년 5개 정유사의 1998년에서 2000년까지 3개년에 걸친 군납유 구매입찰에서의 부당한 공동행위에 대하여 시정명령, 과징금부과 및 검찰고발의 결정을 내렸다. 공정위 의결 이후 피심인들의 불복 행정소송, 검찰의 기소에 따른 형사소송, 국방부의 손해배상청구에 의한 민사소송의 세 개의 소송이 전개되었고, 2013년에 비로소 5개 정유사의 국방부에 대한 손해배상이 확정되면서 이 사건은 종결되었다. 12년이 넘는 장기간의 민사소송 과정 및 결과는 담합 손해액 산정의 경제분석과 관련하여 매우 중요한 의의를 지닌다. 담합 손해액산정을 위해 중회귀분석에 의한 이중차분법이라는 고도의 경제분석이 최초로 도입되었고, 그 올바른 적용을 둘러싸고 감정인, 원고 및 피고 측의 경제학자들 사이에 첨예한 논쟁이 있었다. 이에 대하여 제1심과 항소심 재판부의 판단이 달랐고, 대법원이 최종적인 판결을 내렸다는 것이다.

1. 관련 사건 및 경제분석 개요

공정위는 2000.10.17. 에스케이, 엘지칼텍스, 에쓰오일, 현대정유, 인천정유 5개 정유사의 1998년부터 2000년까지 3년간에 걸친 군납유 구매입찰 담합에 대해서 총 1,901억원의 과징금을 부과하고, 조사에 협조하지 않은 일부 정유사들을 검찰에 고발하였다.[1] 정유사들의 이의제기를 받아들여 공정위는 2001년 과징금을 1,211억원으로 감경하였지만, 일부 정유사들은 이와 별개로 과징금부과처분

---

1) 공정위(2000.10.17) 의결.

취소의 행정소송을 제기하였다. 이 소송에서 고등법원은 2002년 원고 패소를, 대법원은 2004년 과징금 계산방법에서의 위법 소지를 이유로 파기환송 결정을 내렸다. 공정위는 이를 감안하여 과징금을 최종적으로 1,011억원으로 감경하였다.

공정거래법 제56조는 이 법 위반자가 피해자에게 손해배상 할 책임을 지도록 규정하고 있다. 이에 따라서 2001년 2월 국방부 방위사업청은 5개 정유사에게 담합기간 3년간의 군납 유류가격과 경쟁 시장가격의 차액을 기준으로 총 1,584억원의 손해배상을 청구하는 민사소송을 제기하였다. 여기서 적용된 경쟁 시장가격이란 싱가포르 플래츠사가 발간하는 국제 유류가격 기준을 의미하는 MOPS (Means of Platt's Singapore) 가격에 관세, 운송료, 이윤 등의 부대비용을 계산해 산출한 가격이다. 이에 대해 피고인 일부 정유사들은 2003년 5월 한국개발연구원 (KDI)에게 의뢰한 연구용역의 결과로 302억원의 손해배상금 추정액을 재판부에 제시하였다. 피고 측의 KDI 연구팀 성소미 외(2002)가 채택한 분석방법은 중회귀계량분석에 의한 이중차분법(Difference-in-Difference)이었다. 이때부터 양측은 손해배상액 산정방법 및 산정액을 둘러싸고 치열한 공방을 벌였고, 재판부는 서울대 경제연구소 기업경쟁력연구센터(CCC, Center for Corporate Competitiveness)를 감정기관으로 선정하여 손해액을 합리적으로 추정하도록 의뢰하였다. 감정인단 김선구 외(2004)는 1,140억원의 손해액 감정결과를 제시하였다. 이들이 채택한 감정의 기본 모형은 피고측의 KDI 연구팀 성소미 외(2002)와 동일한 이중차분법이었지만, 계량경제 모형에 포함된 설명변수 및 추정방법 등의 현격한 차이로 인해서 감정인단이 산정한 손해액은 피고측 산정액의 거의 4배에 가깝게 커지게 되었다.[2]

이로 인해 이후의 군납유 입찰담합 손해배상 민사소송에서는 원고와 감정인이 한 편이 되고 피고가 다른 한 편이 되어 올바른 이중차분법의 실행을 둘러싸고 매우 첨예한 대립과 공방이 전개되었다. 우선 높은 손해액 감정 결과를 수용

---

[2] 엄밀히 말하자면, 감정 손해액은 외환위기시 고정가격제 채택에 따른 국방부의 손해를 사후적을 보상해 주기위한 정유사들의 가격할인을 감안한 것인 반면에, KDI가 산정한 손해액은 이를 감안하지 않은 것이다. KDI 손해액에서 사후적인 가격할인을 차감하면 약 120억 정도이므로, 감정인단이 산정한 손해액은 피고측 KDI의 산정액의 거의 10배에 이른다고 할 수 있다.

할 수 없었던 피고 측은 서강대 연구진인 왕규호, 이한식, 전성훈(2004)에 의뢰한 용역연구의 결과로 감정 경제분석의 문제점에 대한 검토의견서를 제출하였다. 재판부는 피고 측의 문제제기를 받아들여 감정인단에게 보완을 요구하였고, 김선구 외(2005)는 보완감정의 결과로 원감정 손해액에서 20억원이 줄어든 1,120억원을 재산정 손해액으로 제시하였다. 감정인단이 피고 측이 제기한 문제들에 대해서 명백한 자료처리의 오류 등 일부 외에는 사실상 크게 수용하지 않은 보완감정 결과를 제시하자 피고 측은 여전히 크게 반발하였다. 이처럼 감정인단(및 원고)와 피고 양측의 의견이 거의 좁혀지지 않자 제1심 재판부는 고심 끝에(2007.1.23) 대립되는 쟁점들에 대해서 양측의 입장 중에서 나름대로의 합리적인 판단에 따라 취사선택을 한 후에 이중차분법 재적용하여, 절충적으로 손해 배상금액을 810억원으로 결정하였다.[3]

원고와 피고 양측은 항소하였고, 양측의 대립은 계속되었다. 특히 항소심에서 양측의 경제학자들 사이에 논란이 보다 첨예해지고 쟁점이 확대되기까지 하자, 항소심 재판부는 중회귀분석에 의한 이중차분법과 같은 고도의 계량경제 분석을 경제학 전문가가 아닌 판사가 제대로 판단하는 것이 과연 가능한가에 대한 의구심을 가지게 되었다. 그리하여 항소심 재판부는(2009.12.20) 애초에 원고가 주장한 매우 단순한 MOPS 가격비교 방법, 즉 싱가포르 현물시장의 거래가격을 가상 경쟁가격으로 보고 실제 담합가격이 이를 초과하는 만큼을 단위당 손해액으로 보는 방법을 채택하고, 정유사들이 1,309억원과 그에 대한 이자를 지급해야 한다고 판결하였다.[4] 그러나 대법원은 항소심의 판결을 지지하지 않았다. 대법원은 (2011.7.28) *"담합기간 동안 국내 군납유류 시장은 과점체제하의 시장이어서 완전 경쟁시장에 가까운 싱가포르 현물시장과 동일한 시장으로 볼 수 없다"*고 설시하며, 손해배상액을 다시 산정하라는 판결을 내렸다.[5] 파기환송심 재판부는 가상적 경쟁가격의 추정에 입각한 정확한 손해액 산정에 여전히 어려움을 겪었고, 양측에게 화해를 권고하였다. 이에 따라 2013년 7월 마침내 양측이 1심 재판부가

---

3) 서울중앙지방법원(2007.1.23) 판결
4) 서울고등법원(2009.12.20) 판결
5) 대법원(2011.7.28) 판결

산정한 손해액에 13년여간에 대한 법정 연이율 5%를 더한 1,355억원을 손해배상액으로 수용하는 화해가 이루어지게 되었다.

이하의 구성은 다음과 같다. 먼저 2절에서는 담합으로 인한 손해배상의 산정의 여러 방법들을 소개하고, 본건 관련 경제분석의 기본적 방법론인 이중차분법을 설명한다. 다음으로 3절에서는 본건에의 그 올바른 적용방법에 대한 감정인과 피고 측 입장의 주요한 차이, 그리고 궁극적으로 손해액 산정의 기준이 되게 된 제1심 법원의 판단, 즉 양측의 대립되는 입장 중에서 취사선택적으로 손해액 산정 모형을 구성한 방법을 소개한다. 여기서 감정인 및 원고측의 입장은 김선구 외(2004, 2005)의 원감정 및 보완감정 경제분석 보고서를, 피고측 입장은 성소미 외(2002)와 왕규호, 이한식, 전성훈(2004)의 보고서를 기초로 정리하였고, 제1심 법원의 판단은 해당 판결문을 참고하였다. 마지막으로 4절에서는 담합 손해배상 사건의 경제분석에 있어서 본건의 의의를 평가한다.

2. 담합 손해액의 산정방법과 이중차분법

담합으로 인한 가격인상분(price overcharge)은 담합가격과 비담합가격(but-for price)의 차이로 정의되고, 담합 손해액(collusion damages)은 담합으로 인한 가격인상분에 실제 구매량을 곱한 것으로 산정된다.[6] 담합가격은 담합상황하에서의 실제가격이지만, 비담합가격은 담합이 없었을 경우를 가정하여 정상적인 경쟁이 있었을 경우에 형성되었을 가상적 경쟁가격(counter-factual competitive price)이다. 따라서 비담합가격 혹은 가상적 경쟁가격은 추정에 의해 산정될 수밖에 없다.

---

6) 경제이론적으로는 가격인상에 따라 소비가 감소하고 그로 인해 소비자잉여가 감소한 부분, 소위 자중손실(deadweight loss) 부분도 담합손해액에 포함되어야 할 것이다. 이 부분을 추정하기 위해서는 수요함수를 추정해야 하므로 분석상의 어려움이 가중된다. 그러나 보다 큰 현실적인 문제는 줄어든 소비의 주체를 밝히는, 즉 누구에게 배상청구권을 인정할 것인가 하는 법집행상의 어려움이다.

1) 가상적 경쟁가격의 추정방법

<표 10-1>은 Ashurst(2004)에 기초하여 가상적 경쟁가격을 추정하는 다양한 방법을 정리한 것이다.

표 10-1 가상적 경쟁가격의 추정방법

유형	비담합가격 혹은 가상적 경쟁가격 추정방법
전후(before-and-after) 비교법	담합 전과 후의 가격
표준시장(yardstick) 비교법	담합이 없는 유사 상품 시장가격
더미변수(dummy variable) 분석	담합/비담합 기간(혹은 시장)의 가격과 수요, 공급 요인 및 담합더미 변수 사이의 관계를 통계적으로 추정하여, 담합 더미변수의 영향을 제거
예측(forecasting) 분석*	비담합 기간(혹은 시장)의 가격과 수요 및 공급 요인 사이의 관계를 통계적으로 추정하여, 추정된 관계식에 담합 기간(혹은 시장)의 설명변수를 대입하여 예측
이중차분(difference-in-difference) 분석	두 개의 dummy 변수를 도입하여 담합기간과 비담합기간의 차이를 고려하는 before-and-after 방법과 담합상품시장과 비담합상품시장의 차이를 고려하는 yardstick 방법을 함께 적용
비용가산(cost-plus) 방법	담합시기(혹은 시장)의 비용에 비담합시기(혹은 시장)의 마진 추가
산업조직론(industrial organization) 모형분석	과점 경쟁의 이론 모형 기초한 이론적 경쟁가격 추정

자료: Ashurst(2004) 참조.
* 예측(forecasting)모형은 잔차(residual)모형이라고도 한다.

전후(before-and-after) 비교법과 표준시장(yardstick) 비교법은 각각 담합이 발생하지 않았던 담합 전/후의 시기 및 유사상품 시장에서의 가격자료를 이용하여 비담합가격을 비교하는 것이다. 더미변수(dummy variable)모형은 사실상 전후(혹은 표준시장) 비교방법을 계량경제학적으로 발전시킨 것이라고 할 수 있다. 중회귀분석(multiple regression analysis)을 통해서 담합 이외에 가격에 미치는 다양한 요인들의 효과를 통제한 후에 담합과 비담합 기간(혹은 시장)의 가격차이를 담합 더미변수의 효과로 분리해 내는 것이다. 예측 혹은 잔차(forecasting or residual) 모형은 더미변수 모형의 변형으로서, 비담합 기간(혹은 시장)의 가격결정을 다양한 수요 및 공급 요인으로 설명하는 계량경제모형을 추정하고, 추정된 관계식에 담합 기간(혹은 시장)의 상응하는 설명변수를 대입하여 비담합 가격을 예측하는 방법이다. 한편 이중차분(difference-in-difference) 모형은 더미변수 모형을 발전시킨 것으로서, 담합기간 더미와 담합상품시장 더미 두 개를 도입하여 전후 비교법과 표준시장 비교법을 함께 적용한 것이다. 그 밖에도 비용가산(cost-plus) 방법과 산업조직론(industrial organization) 모형분석이 있는데, 전자는 회계자료를 이용하여 담합시기(혹은 시장)의 비용에 비담합 시기(혹은 시장)의 마진을 추가하여 비담합 가격을 산정하는 것이고, 후자는 해당 시장에서의 경쟁특성을 반영한 과점경쟁 모형을 이론적으로 설정한 후에 이를 추정하여 이론적 경쟁가격을 추정하는 것이다. 그러나 비용가산 방법은 지나친 단순화의 위험과 회계자료 이용의 문제점을 내포하고, 반면에 산업조직론 모형분석은 적절한 과점경쟁 모형의 선택과 복잡한 모형 추정의 어려움으로 인해서 현실성이 떨어진다는 문제가 있다.[7]

이러한 여러 방법들 중에서 담합효과 추정의 대표적인 계량경제 분석방법이라고 할 수 있는 더미변수와 예측 모형의 장단점을 비교해 보면 다음과 같다. 우선 더미변수 모형은 담합과 비담합 기간의[8] 모든 자료를 이용하는 반면에 예측 모형은 비담합 기간의 자료만을 이용하기 때문에, 비담합 기간의 자료가 충분히 많지 않은 경우 담합 기간의 자료도 이용할 수 있는 더미변수 모형이 통계적으로 우월할 수 있다. 더미변수 모형의 또 다른 장점으로는 더미변수 모형에서는 수요·공급요인과 담합더미에 동시에 일차적 효과를 부여한다는 것이다. 반면에

---

7) Oxera(2009)도 〈표 10-1〉과 유사하게 추정방법을 소개하고 있다. 단 이를 다른 용어로 분류한다. 즉 전후 비교법을 시계열(time-series)분석, 표준시장 비교법을 횡단면(cross-sectional)분석으로 칭하여 이중차분법과 더불어 비교대상 접근법(comparator-based approach)으로 분류하고, 비용가산방법을 재무분석 접근법(financial-analysis-based approach)으로, 산업조직모형을 시장구조 접근법(market-structure based approach)으로 표현하고 있다.
8) 계량적 분석이 전후 비교법에 적용되는 경우에는 '기간' 자료가 이용되지만, 계량적 분석이 표준시장 비교법에 적용될 때는 '시장' 자료가 이용된다. 이하에서는 '기간' 자료를 중심으로 논의되지만, 동일한 논의는 '시장' 자료에 대해서도 적용된다.

더미변수 모형은 담합으로 인해 설명변수가 가격에 미치는 영향이 달라질 경우 추정결과가 부정확하게 될 우려가 있다. 단, 이러한 문제는 더미변수와 해당 설명변수의 교차항을 추가로 설명변수에 도입함으로써 해결이 가능하다.[9] 한편, 예측모형은 기간별 가격인상률이 달라질 가능성을 허용한다는 면에서 보다 신축적이라는 장점을 지닌다. 즉 더미변수 모형에서는 담합으로 인한 가격인상률이 더미변수의 계수 추정치 하나로 일률적으로 정해지지만, 예측모형에서는 매기 가격인상분이 담합가격과 예측가격의 잔차로 정해지기 때문에 매기 가격인상률이 달라질 수 있다.[10] 그러나, 예측 모형에서는 수요·공급요인에 먼저 일차적 효과를 부여하고 남는 잔차 부분을 담합의 효과로 간주하기 때문에 담합효과가 상대적으로 과소평가될 수 있다.[11] 이처럼 계량경제적 분석모형으로서 더미모형과 예측모형은 장단점이 있지만, 전반적으로 보면 자료의 풍부성과 담합효과 추정의 객관성 측면에서 더미모형의 장점이 기간별 담합효과의 신축성 측면에서 예측모형의 장점을 상쇄하는 경우가 많을 것으로 판단된다.

뿐만 아니라 시계열과 횡단면 자료가 동시에 존재하고 전후비교법과 표준시장 비교법을 함께 적용할 수 있는 상황에서는 더미모형은 이중차분법으로 확장되는 장점이 있다. 즉 경우에 따라서 담합기간 중에 동일한 혹은 유사한 상품시장 내에서 담합이 있었던 시장과 없었던 시장이 공존할 수도 있다. 이 경우에는 자료를 시계열(time-series)상으로 담합/비담합 시기로, 횡단면(cross-section)상으로 담합/비담합 시장으로 구분하여, 전자에 대해서는 전후 비교방법을, 후자에 대해서는 표준시장 비교법을 적용할 수 있다. 이중차분모형이란 이러한 경우에 담합시기 더미와 담합시장 더미를 함께 도입하는 방식으로 더미변수 모형을 발전시켜서, 전후 비교법과 표준시장 비교법을 동시에 적용하는 것이다.[12]

---

9) White, Marshall and Kennedy(2006) 참조.
10) 더미변수모형은 담합기간 전체에 대해 하나의 더미 변수를 설정하는 반면에, 예측모형은 담합기간 내의 각 기간에 대해 각각 별개의 더미 변수를 설정하는 것으로 볼 수 있다. 따라서 담합기간이 1기이면, 두 모형은 사실상 같게 된다.
11) Finkelstein and Levenbach(1983) 참조.
12) 이중차분 모형 및 추정방법에 대한 일반적인 소개는 Wooldridge(2006) 참조.

2) 이중차분법

중회귀분석방법을 이용한 일반화된 이중차분법에 따라 담합이 가격에 미치는 효과를 설명하는 모형을 군납유류 입찰담합 사건의 맥락에서 설명하면 다음과 같다:

$$\ln(P_{it}) = \alpha + \beta' X_{it} + \delta_M DCM_i + \delta_T DCT_t + \delta_{MT} DCM_i \cdot DCT_t + u_{it}$$

식 10-1

여기서 종속변수의 P_{it}는 정유사들이 시점 t에서 입찰계약 i에게 유류를 판매한 가격을 나타낸다.[13] X_{it}는 t 시점의 i 입찰계약의 특성을 나타내는 제반 설명변수들을 나타낸다. DCM_i는 '담합시장더미(Dummy of Collusive Market)'를 나타내고, 군납유 입찰담합 건에서는 담합이 있었던 군납유류 구매입찰 시장의 거래에서는 그 값이 1이 되고 나머지 시장 거래 – 예컨대 대형 민수처 시장의 거래 – 에서는 0이 된다. 한편 DCT_t는 '담합시기더미(Dummy of Collusive Time)'를 나타내고, 군납유 입찰담합 건에서 1998~2000년 3개년 사이의 담합시기의 t에는 그 값이 1이 되고 나머지 시기에는 0이 된다. 위 식에서 DCM_i와 DCT_t의 곱이 이중차분 모형의 핵심적 요소이고, δ_{MT}이 그 효과를 포착한다.[14]

우선 이중차분의 아이디어를 간단히 수치 예를 통해 살펴보기로 하자.

표 10-2 이중차분의 수치 예

	담합시장	비담합시장	차분
담합시기	110	80	30 담합시기의 담합시장과 비담합시장의 차이
비담합시기	90	75	15 비담합시기의 담합지역과 비담합지역의 차이
차분	20 담합시장의 담합시기와 비담합시기의 차이	5 비담합시장의 담합시기와 비담합시기의 차이	15 이중차분

---

13) 종속변수는 가격 그 자체로 할 수도 있고, 로그 값을 취할 수도 있다. 군납유 입찰담합 사건의 경제분석에서 KDI 연구진은 전자를, 감정인단은 후자를 택하였다.

14) 위 식에서 DCM_i가 0이면, 전후비교법의 더미변수 모형이 되고, DCT_t가 0이면, 표준시장비교법의 더미변수 모형이 된다.

설명을 위해서 정유사들이 담합한 시기에 담합에 의해 가격이 인상된 군납유 입찰가격이 110이고, 담합이 없었던 대형 민수처의 유류가격이 80이라고 해 보자. 한편 담합이 없었던 시기에 군납유류 입찰가격이 90이고, 민수처 유류가격이 75라고 하자. 우선 전자의 차이인 담합시기의 담합시장과 비담합 시장의 가격차이 30은 일견 담합의 효과인 것처럼 보인다. 그러나 비담합 시기에도 양 시장 사이에 가격 차이가 15였다면, 이 차이는 담합과 무관한 양 시장 특성의 차이에 기인하는 것으로 볼 수 있다. 따라서 담합의 진정한 효과는 전자의 차이에서 후자의 차이를 뺀 것으로, 즉 위의 수치 예에서 15가 될 것이다. 이러한 이중차분 효과는 차분의 순서를 바꾸어 담합 시장인 군납유류 입찰시장의 담합 시기와 비담합 시기의 차이 20에서 비담합 시장의 담합 시기와 비담합 시기의 차이 5를 빼주어도 마찬가지로 15가 된다.

　이중차분의 아이디어를 위의 모형 <식 10-1>을 이용하여 나타내면 다음과 같다.

표 10-3 이중차분을 나타내는 계수

	담합시장 $DCM_i = 1$	비담합시장 $DCM_i = 0$	차분
담합시기 $DCT_t = 1$	$\alpha + \beta' X_{it} +$ $\delta_M + \delta_T + \delta_{MT}$	$\alpha + \beta' X_{it} +$ δ_T	$\delta_M + \delta_{MT}$ 담합시기의 담합시장과 비담합시장의 차이
비담합시기 $DCT_t = 0$	$\alpha + \beta' X_{it} + \delta_M$	$\alpha + \beta' X_{it}$	δ_M 비담합시기의 담합시장과 비담합시장의 차이
차분	$\delta_T + \delta_{MT}$ 담합시장의 담합시기와 비담합시기의 차이	δ_T 비담합시장의 담합시기와 비담합시기의 차이	δ_{MT} 이중차분

<식 10-1>에서 DCM_i와 DCT_t 이외의 다른 설명변수들의 효과로 설명되는 가격의 부분인 $\alpha + \beta' X_{it}$에 이 두 변수의 추가적 효과를 살펴보기로 하자. 먼저 $DCT_t = 1$인 담합시기에 대하여, $DCM_i = 1$인 담합시장의 가격은 $\alpha + \beta' X_{it} + \delta_M + \delta_T + \delta_{MT}$이고, $DCM_i = 0$인 비담합시장의 가격은 $\alpha + \beta' X_{it} + \delta_T$이고, 양자의 차이는 $\delta_M + \delta_{MT}$가 된다. 한편 $DCT_t = 0$인 비담합시기에 대하여, $DCM_i = 1$인 담합지역의 가격은 $\alpha + \beta' X_{it} + \delta_M$이고, $DCM_i = 0$인 비담합시장의 가격은 $\alpha + \beta' X_{it}$이고, 양자의 차이는 δ_M가 된다. 그런데 후자의 차이는 담합과 무관한 양 시장의 특성의 차이에 기인하는 것이므로, 진정한 담합효과는 전자의 차이 $\delta_M + \delta_{MT}$에서 후자의 차이 δ_M를 제외한 δ_{MT}로 보아야 한다. 이러한 진정한 담합의 효과는, 대칭적으로 담합시장의 담합시기와 비담합시기의 가격차이 $\delta_T + \delta_{MT}$에서 비담합시장의 담합시기와 비담합시기의 가격차이 δ_T를 공제하여 계산하여도, 이중차분은 마찬가지로 δ_{MT}가 된다.

3. 이중차분법의 올바른 적용을 둘러싼 논쟁

본절에서는 앞서 소개한 이중차분법 모형 <식 10-1>에 입각하여 서울대 CCC(Center for Corporate Competitiveness)의 김선구 외(2004)의 원감정 경제분석 모형의 주요 특징 및 결과를 소개하고, 피고 측 의뢰에 따른 서강대 연구진 왕규호, 이한식, 전상훈(2004)의 이에 대한 검토의견의 주요 내용을 정리한 후에, 이를 일부 반영한 서울대 CCC의 김선구 외(2005)의 보완감정 분석결과와 제1심법원이 양측의 입장 차이를 절충적으로 고려한 손해액산정 방법 및 결과를 살펴본다.

1) 서울대 CCC의 원감정 경제분석

원감정의 중회귀분석 모형에서는 다음 <표 10-4>에 정리된 바와 같이 이론적으로 경쟁 낙찰가 및 담합에 영향을 미칠 것으로 예상되는 수많은 설명변수들을 도입하였다.[15]

---

15) 감정분석에서는 기본모형과 대안적인 여러 모형을 비교하여 기본모형의 분석결과의 강건성

표 10-4 원감정 경제분석에 도입된 설명변수

명칭	내용
입찰주체더미	국방부, 한전, 철도청, 수협, 해경, 미국(대한항공과 아시아나 두 민간 항공사가 비교의 기준)
연도더미	1995~2002년 각 연도(2003년도가 비교의 기준)
유종더미변수	항공유JP, 항공유JET, 저유황경유, 고유황경유, 혹한기경유, 실내등 유, 보일러등유, 저유황BC, 고유황BC(휘발유가 비교의 기준)
납품조건더미	고시, 부대, 해상, 함정, 송유관, 시설, 항공(대량 납품조건이 비교의 기준)
수송수단더미	탱크로리, 철도, 선박, 파이프라인(자가수송이 비교의 기준)
가격조정방식더미	고정가격제, 내수가연동제(MOPS가격의 변화를 매월 반영하는 '국제가 연동제'가 비교의 기준)
입찰방식더미	최저가, 희망수량단가제(지역별 최저가입찰이 비교의 기준)
기타더미	포장, 정유5사에 제한 입찰허용 등
환율	입찰이 시행된 시점의 원화 표시 원/달러 환율
원유도입가	입찰이 시행된 시점의 달러 표시 원유도입가
입찰규모	개개 입찰별 입찰규모
입찰주체별 원/달러 환율의 차별적 효과를 반영하는 상호작용	환율×(군납, 한전, 철도청, 수협, 해경, 미군납 더미)의 곱으로 표현되 는 6개의 변수(입찰주체가 민간항공사인 경우 원/달러 환율이 낙찰가에 미치는 효과가 비교의 기준)
입찰주체별 원유도입가의 차별적 효과를 반영하는 상호작용	원유도입가×(군납, 한전, 철도청, 수협, 해경, 미군납 더미)의 곱으로 표현되는 6개의 변수(입찰주체가 민간항공사인 경우 달러표시 원유도 입가가 낙찰가에 미치는 효과가 비교의 기준)

<표 10-4>의 설명변수를 <식 10-1>의 변수 표기와 비교해 보면 다음과 같다. 우선 국방부 더미가 담합시장인 DCM_i라고 할 수 있고, 담합기간에 해당하는 1998년, 1999년, 2000년 3개연도의 더미가 DCT_t에 해당한다. 여기서 한 가지 주목할 점은 감정모형에서는 담합기간 더미를 하나로 통합하지 않고, 연도

(robustness)을 보이고자 하였으나, 이하에서는 기본모형을 중심으로 논의한다.

별로―즉 $D98_t$, $D99_t$, $D00_t$로―분리하여 설명변수에 포함하였다는 것이다. 피고측의 경제분석 보고서인 KDI 연구진 성소미 외(2002)의 모형은 이들 3개년 더미를 하나의 더미, 즉 $D98,99,00_t$ 하나로 통합하였다. 담합효과를 연도별로 분리해야 하는지는 이후의 소송 과정에서 중요한 쟁점이 된다. 감정분석(47쪽)에서는 연도별 담합효과를 달리 추정할 필요가 있는 이유로 다음과 같이 밝히고 있다. *"공정위의 판단대로 1998년에 담합이 시작되었다면 그 초기에는 담합의 성공 여부에 대한 불확실성이 큰 만큼 담합의 정도가 그리 크지 않았을 것이지만, 1998년에서의 성공적 담합의 경험이 다음 해인 1999년에는 보다 광범위하고 대담한 담합으로 이어졌을 가능성이 있으며, 1999년의 심화된 담합으로 인해 감사원의 조사가 착수된 2000년에는 사후 적발의 위험을 감안하여 비록 담합을 하더라도 그 정도가 미미하거나 거의 나타나지 않았을 가능성이 존재한다. 물론 그렇지 않을 수도 있다. 본 연구진은 이를 경험적 추정의 문제라고 판단하여 추정시에 사용하는 중회귀분석모형에 반영시킨다."*

나머지 모든 설명변수는 경쟁적 낙찰가격에 영향을 미치는 제반 입찰계약의 특성을 나타내는 X_{it}에 포함되는 것이다. 담합기간 더미의 분리/통합 이외에 원 감정분석 모형과 KDI 모형의 다른 차이는 추가 혹은 제외된 설명변수들에 있다. 우선 KDI 모형에는 포함되었지만, 원감정분석에서는 제외된 설명변수로는 ① '고정가격제×국방부'와 ② 'MOPS가격기준입찰' 더미 변수이다. 우선 ①을 제외한 이유는 *"군납의 경우 고정가격제가 1998년에만 사용되었는데, 1998년은 바로 공정거래위원회가 담합으로 판정한 기간에 포함되기 때문이다. … (중략) … 군납 자료에서 고정가격제가 기간 별로 충분한 변화를 보여주지 못하기 때문에 담합의 효과가 통제된 비담합 상황에서 고정가격제가 군납에 미치는 차별적인 효과는 애당초 식별되지 못하는 것이다."* (67쪽) 한편 KDI 모형에 포함된 ②는 입찰 시 전체 가격을 제시하느냐 아니면 MOPS 가격 대비 추가적인 차액을 제하느냐를 나타내는 더미변수인데, 이를 제외한 이유는 *"입찰액을 적어낼 때 자신이 희망하는 가격을 단가로 표시하든 어떤 기준가 대비 차액으로 적어내든 궁극적인 입찰 가격이 달라질 하등의 이유도 없기 때문이다."* (70쪽)

한편 KDI 모형에는 제외되었지만, 감정분석 모형에서는 새로이 추가된 변수들은 ① 환율×입찰주체더미, ② 납품조건으로 함정도, 송유관도, 시설도, 공정도 더미, ③ 수송조건으로 열차수송, 선박, 파이프라인 더미 등이다. 감정분석에서 *"환율×입찰주체더미의 상호작용 항들은 KDI 분석에서 (달러표시)원유도입가×입찰주체더미의 상호작용 항들이 도입된 것과 같은 이유로 도입되었다. … (중략) … 만약 입찰주체별로 원유가 변동 및 환율변동에 대한 위험헷징의 정도가 다르다면 이들 변수가 낙찰가에 미치는 영향은 입찰주체별로 충분히 다를 수 있다. 그 경우 원유도입가와 입찰주체들간에 상호작용 변수의 도입이 정당화되는 것처럼 환율과 입찰주체들 간 상호작용 변수도 그 도입이 정당화된다."*(70~71쪽) 그리고 원감정에서는 ②와 ③의 더미변수들을 포함시킨 이유를 다음과 같이 밝히고 있다. *"납품조건 더미변수들 및 수송수단 더미변수들과 관련해서는 KDI 분석처럼 여러 가지 조합을 시도해 본 뒤에 유의미한 더미변수들만을 모형에 포함시키는 사후적인 선택을 하기보다는 사전적으로 각각의 납품조건 및 수송수단이 낙찰에 서로 다른 영향을 미칠 것으로 볼 충분한 이유가 있으므로 이들 변수 일체를 모형에 포함시키는 것이 타당하고 판단한다. 즉, 연구진은 사후적인 통계적 유의성과 관계없이 이들 변수 일체를 자료가 허용하는 한 모형에 포함시키는 것이 보다 적절한 선택이라고 판단한다. 더구나 이것이 모형설정상의 자의성을 최소화하는 방법이기도 하다."*(71쪽) 그리고 KDI 보고서가 반복적인 추정의 결과로부터 변수들의 통계적 유의성을 검정하여 포함여부를 결정하는 것을 *"회귀낚시질(regression fishing)"*(131쪽)에 비유하였다. 그리고 *""회귀낚시질"에 의하여 모형을 설정하면 그 추정결과가 통계적으로 유의할 때 그 이유가 "낚시질"의 결과인지 아니면 진정한 의미에서의 통계적 유의성을 나타내는지 판단하기 어렵다"*(132쪽)는 점을 지적하였다.

앞에서 정리한 원감정 경제분석의 KDI 분석과 대비되는 특징은—연도별 담합효과의 분리와 중회귀분석 포함되는 설명변수의 차이 등—이후에 피고 측 반박 및 법원의 판단에 있어서 커다란 쟁점이 되었지만, 이보다 더 큰 논란을 불러일으킨 것은 중회귀분석모형의 추정방법으로 KDI 모형을 비롯한 일반적인 경우 사용되는 단순최소자승법(OLS, Ordinary Least Squares)이 아니라 계약건별로 거래금액에 따라 가중치를 부여하는 가중최소자승법(WLS, Weighted Least Squares)을 사용하였다는 점이다. 감정분석 *"연구진은 군납유 입찰담합의 손해액을 산정하는 데 있어 단순최소자승법보다 가중최소자승법이 더 나은 추정방법이라고 생각한*

다"고 밝히고 있는데, 그 이유를 다음과 같이 '일응' 직관적으로 제시하고 있다. "담합으로 인한 손해액을 추정함에 있어 입찰규모가 큰 입찰건에서의 담합정도와 입찰규모가 작은 건에서의 담합정도가 다를 경우 담합의 정도를 하나의 수치로 표현할 때 가중평균이 보다 적절한 개념이기 때문이다. 단순평균의 개념을 회귀분석의 상황으로 일반화한 것이 단순최소자승법이라면 가중평균의 개념을 회귀분석의 상황으로 일반화한 것이 가중최소자승법이므로 단순최소자승법보다 가중최소자승법으로 모형을 추정하여 담합의 효과를 측정하는 것이 보다 적절한 추정방법이라고 생각한다."(64쪽) 또한 "계량경제학을 전공한 학자"를 염두에 둔 것으로 보이는 보충적 설명으로 다음과 같이 언급하기도 한다. "금액으로 측정한 입찰규모가 작은 입찰에 대해 그 입찰금액에 내포된 손해액을 정확히 추정하는 것보다는 입찰규모가 큰 입찰에 대해 그 입찰금액에 내포된 손해액을 정확히 추정해 내는 것이 보다 중요하다. 입찰금액이 큰 곳에서 손해액 추정의 정확도를 보다 높이고 싶은 것이다."(65쪽 각주 68) 중회귀분석에 의한 담합효과의 추정방법으로서 WLS의 적합성에 대한 이와 같은 주장은, 이하에서 살펴보겠지만, 다른 경제학자들이 이해하기 어려운 것이었고, 피고 측과의 공방 및 1심 법원의 소송 과정에 가장 큰 논란거리가 되었다.

원감정 경제분석에서는 이중차분법을 적용하기 위서 군납과 민수처, 담합기간과 비담합기간을 포괄하는 1995~2003년 입찰건에 해당하는 총 905건 중에서 담합기간 중 군납입찰에서의 유찰 수의계약분 27건을 제외한 878건의 입찰자료를 분석에 사용하였다. 원감정 경제분석의 기본모형인 연도별 담합효과모형을 WLS 방법으로 추정한 결과는 다음과 같다.

표 10-5 원감정 경제분석 기본모형의 추정결과

	변수명	계수추정치	t값
담합효과 측정	1998년 담합	0.187	2.21
	1999년 담합	0.390	5.46
	2000년 담합	0.074	2.57

입찰주체 더미 (기준: 항공사)	군납	0.034	0.17
	한전	0.933	2.73
	철도청	1.003	2.90
	수협	−0.387	−1.29
	해경	0.543	2.70
	미군납	−0.487	−2.49
연도 더미 (기준: 2003년)	1995년	0.079	1.07
	1996년	0.157	2.53
	1997년	0.036	0.78
	1998년	−0.028	−0.48
	1999년	−0.152	−3.04
	2000년	−0.027	−1.54
	2001년	0.003	0.13
	2002년	−0.001	−0.05
유종 더미 (기준: 휘발유)	항공유(JP-8)	0.025	0.59
	항공유(JET-A1)	−0.013	−0.21
	저유황경유	−0.033	−0.81
	고유황경유	−0.004	−0.10
	혹한기경유	0.005	0.14
	실내등유	0.089	2.02
	보일러등유	−0.115	−2.51
	저유황B-C유	−0.304	−6.06
	고유황B-C유	−0.405	−8.36
납품조건 더미 (기준: 대량)	고시도	0.039	1.07
	부대도	0.015	0.35
	해상도	0.137	2.26
	함정도	0.142	1.77
	송유관도	0.018	0.46
	시설도	0.025	0.59
	공장도	0.028	1.55

수송수단 더미 (기준: 자가수송)	탱크로리	0.069	1.39
	철도수송	0.043	0.78
	선박	0.008	0.16
	파이프라인	0.008	0.11
가격제도 더미 (기준: 국제가연동제)	고정가격	0.022	0.74
	내수가 연동	0.009	0.36
입찰방식 더미 (기준: 지역별 최저가 입찰)	최저가 입찰	0.041	1.45
	희망수량 단가제	0.048	1.36
기타 더미	포장여부	0.103	1.84
	입찰제한	−0.014	−0.55
달러표시 원유도입가 ×입찰주체 상호작용	원유도입가×군납	−0.623	−1.22
	원유도입가×한전	0.105	0.39
	원유도입가×철도청	−1.078	−3.19
	원유도입가×수협	−0.204	−0.65
	원유도입가×해경	−0.537	−2.06
	원유도입가×미군납	−0.969	−1.97
환율 ×입찰주체 상호작용	환율×군납	0.152	1.21
	환율×한전	−0.616	−2.39
	환율×철도청	−0.514	−2.06
	환율×수협	0.421	2.05
	환율×해경	−0.186	−1.48
	환율×미군납	0.442	2.58
기타 변수	**환율**	0.615	4.59
	달러표시 원유도입가	3.322	9.35
	입찰규모	−0.001	−0.78
	상수항	3.877	20.79

* 변수명을 볼드체로 강조한 것은 t의 절대값이 1.96을 넘어서 5% 유의수준으로 계수추정치가 통계적으로
유의한 것을 나타냄(단, 원감정 보고서에는 이러한 유의성에 따른 강조가 없음)

원감정에서 이러한 추정결과를 이용하여 산출한 담합 손해액의 추정하는 방법을 대략적으로 설명하면 다음과 같다. *"담합의 효과를 측정하는 담합더미 변수의 계수추정치로부터 담합으로 인한 상대적 가격 인상율을 보다 정확히 계산하기 위해서는 이를 "exponential(담합더미 계수추정치) − 1"의 공식에 따라서 계산하여야 한다. 이 방식으로 계산할 경우 담합으로 인한 가격 상승분은 1998년, 1999년, 2000년 각각 20.58%, 47.70%, 7.68%가 된다."*(109쪽)[16] 개개의 군납유류 입찰담합 낙찰가격에 해당 연도의 담합가격 상승분을 적용하여 담합으로 인한 손해액을 계산하여 총 75건의 담합에 대하여 합산하면 그 총액이 1,373억원이 되고, 여기에 1998년도 고정단가제 하의 낙찰가의 사후적 가격조정 효과를 반영하여 담합손해액의 최종적 추정치인 1,140억원이 산출되었다. KDI의 손해액 추정치 302억은 사후적 가격조정이 반영되지 않은 것이므로, 이와 비교할 때 원감정의 손해액 추정치는 KDI 연구진의 추정치보다 1,071(=1,373−302)억원이 더 높은 액수라고 할 수 있다.

2) 서강대 연구진의 원감정에 대한 검토의견

원감정의 손해액 추정치가 KDI 추정치와 크게 차이가 나자, 피고 측은 원감정 경제분석의 타당성에 대한 검토를 서강대 연구진에게 의뢰하였다. 서강대의 왕규호, 이한식, 전성훈(2004)의 검토의견서는 서울대 CCC의 원감정 경제분석에 대해서 비판적 입장에서, 자료 처리의 오류와 같은 기본적인 문제를 비롯하여 적절한 추정방법 및 모형설정 등의 계량경제학 및 경제이론에 기반한 다양한 문제들을 제기하였다. 이하에서는 서강대 연구진이 제기한 문제점들 중에서 이후의 보완감정 분석 및 1심법원의 판단에 의미 있는 영향을 준 것들을 중심으로 살펴본다.

---

16) 식이 성립하는 이유는 ln(담합가격)−ln(경쟁가격)=담합더미계수추정치가 되고, 이는 exponential(담합더미계수추정치)=담합가격/경쟁가격으로 변환되므로, 가상적 경쟁가격(but-for price)은 담합가격/exponential(담합더미계수추정치)로 추정된다. 따라서 담합으로 인한 가격상승분(담합가격−경쟁가격)/경쟁가격은 exponential(담합더미계수추정치)−1로 계산된다. 1998년을 예로 들면, 담합효과 더미계수 추정치가 0.187이므로 exponential(0.187)−1=0.2058로 되어, 1998년의 담합가격 상승분이 20.58%로 된다.

서강대 연구진은 무엇보다도 원감정에서 채택한 WLS 계량분석방법의 문제점을 다각도에서 제기하였다. 원감정분석은 WLS의 적합성을 주장하는 논리로 다음 세 가지를 제시한다: ① 거래규모에 따른 담합 정도의 변화를 고려해야 한다. ② 입찰금액이 큰 계약에 대해 모형의 적합성을 높여야 한다. ③ 가중평균이 단순평균보다 적합하다. 그런데 이 세 가지는 서로 관련이 없을 뿐만 아니라, ①과 ②에 대해서는 계량경제이론 상의 오류를 지적할 수 있고, ③에 대해서는 계량경제학과 무관하게 매우 단순한 논리로 거래금액을 가중치로 하는 가중평균의 문제점을 지적할 수 있다.

우선 ①에 대해서 원감정 보고서는, 계약금액에 따라 담합의 정도가 다른 경우 OLS 추정법이 부정확해지기 때문에, OLS 대신 계약건별로 계약금액을 가중치로 한 WLS 추정법을 사용해야 한다고 주장하고 있다. 회귀분석 이론에 의하면, 추정하고자 하는 회귀모형이 종속변수의 체계적 변화를 분석할 수 있도록 적합하게 설정(model specification)되었고, 모형에 포함된 설명변수 이외의 비체계적인 요인에 의한 영향을 나타내는 오차항이 球形분포(spherical disturbance)의 조건을 만족시키는 경우, OLS 추정법이 모형에 포함된 변수들의 계수를 추정하기 위한 최적의 추정방법이라고 할 수 있다.[17] 반면 우리가 추정하고자 하는 회귀식이 '고전적 회귀모형'의 조건을 충족시키지 못하는 경우에는 더 이상 OLS 추정법이 가장 적합한 방법이 될 수 없다. 원감정분석에서 사용한 WLS 추정법은 모형의 오차항이 球形분포의 조건을 충족시키지 못하고 異分散性(heteroscedasticity)을 나타낼 때 이를 고려하기 위해 적용하는 방법이다.[18] 회귀모형의 오차항이 이분산을 갖고, 그 구조를 적합하게 식별할 수 있으면 분명 WLS 추정법으로 OLS 방법

---

[17] 여기서 최적추정치는 最良線形不偏추정치(BLUE: best linear unbiased estimator)를 의미하는데, 이러한 결과를 'Gauss-Markov 정리'라고 하며, 이와 같이 OLS 추정치가 BLUE가 되기 위한 제반 조건을 '고전적 회귀모형'이라 한다. 여기서 오차항의 구형분포의 조건은 오차항의 평균이 0이고, 분산이 모든 관측치에 대해 같은 동분산(homoscedasticity)을 가지며, 자기상관(autocorrelation)의 문제가 나타나지 않는 것을 의미한다. 회귀분석의 기초이론에 대해서는 남준우, 이한식(2002) 참조.

[18] 회귀모형의 오차항이 모든 자료에 대해 동일한 분산을 갖지 않고, 설명변수 또는 종속변수의 크기에 따라 달라지는 경우가 종종 발생하는데 이를 '異分散'이라 한다. 이 경우 오차항은 구형분포의 조건을 충족시키지 못하며, 따라서 '고전적 회귀모형'의 범주에서 벗어나게 되어 OLS 추정치가 BLUE가 되지 못한다.

보다 효율성이 높은 안정적 추정치를 도출할 수 있다. 그러나 오차항에 이분산이 나타나지 않거나 이분산이 있는 경우에도 그 형태가 잘못 식별된다면 WLS 추정치는 오히려 OLS 추정치보다 신뢰할 수 없게 된다. 이와 같이 WLS는 회귀분석의 오차가 갖는 이분산성 문제를 해결하는 추정법이며, 계약금액에 따라 담합의 정도가 달라지는 것을 고려하는 올바른 처방이 될 수 없다.[19] 만약 원감정보고서의 주장과 같이 실제로 담합의 정도가 계약금액에 따라 영향을 받는 것이 사실이라면, 이런 효과를 직접 모형에 반영하여 추정하는 것이 올바른 접근방법인 것이다. 예를 들어 담합효과를 나타내는 γ가 입찰규모를 나타내는 R과 $\gamma = a + b \times R$의 관계를 가지는 것으로 가정한다면 담합더미의 계수가 이와 같이 담합의 정도에 따라 비례적으로 변화하는 관계를 추정할 수 있도록 모형을 설정해야 한다. 이런 관계를 나타내는 모형은 다음과 같다:

(낙찰가)=[a+b ×(입찰규모)]×(담합더미)+(원유가, 환율 등 기타 변수들의 효과)+(오차)=a×(담합더미)+b×(입찰규모×담합더미)+(원유가, 환율 등 기타 변수들의 효과)+(오차).

따라서 만일 원감정분석 보고서의 주장대로 계약규모에 따라 담합의 정도가 달라지는 것이 사실이라면 담합더미 이외에 (입찰규모×담합더미)의 상호작용을 반영하는 변수가 포함되어야 한다. 이러한 상호작용항을 누락시키는 경우 누락변수(omitted variable)의 문제가 발생하기 때문에 WLS 추정법도 불편추정치를 구하기 위한 적합한 방법이 될 수 없다. 즉 계약규모에 따라 담합의 정도가 달라지는 것을 고려하기 위해서는 이와 같이 답합효과를 나타내는 계수 γ의 값이 변화하는 '가변계수모형(varying parameter model)'을 이용해야 한다.[20] 원감정분석에서 사용된 WLS 추정법은 이러한 효과를 고려하는 데 적합한 방법이 될 수 없을 뿐만 아니라 상호작용항의 누락으로 인해 누락변수 편의(omitted variable bias)를 초래한다. 따라서 원감정분석에서 사용한 WLS 추정법은 그 사용목적에 부합하는 방법이 될 수 없고, 실제로 오차항의 이분산이 거래금액에 반비례하는 구조를 갖

---

19) Greene(2003, pp. 225~227) 또는 남준우·이한식(2002, pp. 200~209) 등 참조.
20) 가변계수모형에 대한 설명은 Judge et al.(1988, pp. 435~436) 참조.

지 않는 경우에는 오히려 OLS 추정치보다 좋지 못한 추정치가 구해진다.

다음으로 ②에 대해서 원감정분석 보고서(65쪽의 각주 68)는 WLS를 사용하는 것이 *"입찰금액이 큰 계약에서 손해액 추정의 정확도를 보다 높이기 위한 것"*이라고 주장하고 있다. 이는 앞의 ①의 주장과는 전혀 다른 것으로, WLS를 사용하는 또 다른 이유로 입찰금액이 큰 곳에서 그 손해액 추정의 정확도를 높일 필요가 있다고 주장하고 있는 것이다. 손해액 산정에 있어 입찰금액이 큰 계약이 작은 계약보다 더 큰 영향을 미치는 것은 사실이다. 그러나 손해액 산정에 입찰금액 큰 계약이 작은 계약보다 더 큰 영향을 미친다는 것과 그렇기 때문에 WLS를 사용하여야 하는 것과는 별개의 문제이다. 정확한 손해액 추정을 위해서는 모형이 보다 정확하게 추정이 되어야 한다. WLS의 적용이 정당화되려면 입찰의 규모가 증가할 때 낙찰가의 분산이 작아진다는 것이 전제되어야 한다. WLS를 고려하는 가장 중요한 이유는 분산이 작은 자료가 그렇지 않은 자료보다 더 정확한 정보를 제공하기 때문이다. 실제로 입찰 규모에 따라 낙찰가의 변화가 커서 입찰 규모가 작은 계약의 낙찰가의 분산이 작은 경우에는 원감정분석의 WLS 방식이 오히려 자료가 가지고 있는 정보를 잘못 사용하는 것이다. 이 경우에는 오히려 입찰규모가 작은 계약을 중심으로 (가중치를 높게 하여) 모형을 추정해야 더 적합한 회귀식이 도출될 것이다.

마지막으로 가중평균이 단순평균보다 낮다는 세 번째 ③의 주장은 앞의 두 가지 주장과는 다른 성격의 것이다. 이는 어려운 계량경제학적 논리를 상식적인 수준으로 풀어서 설명하려는 시도로 보인다. 입찰규모에 따라서 담합이 체계적으로 영향을 받는다면 입찰규모로 가중치를 부여하는 것이 평균에 대한 추정치를 정확하게 구할 수 있다는 주장은 '일견' 옳은 것처럼 보인다. 그러나 앞에서 살펴본 대로 계량경제학자들이 전문적으로 말하는 WLS의 채택논리로서는 적절한 것이 아니다. 단순평균에 대한 가중평균의 우위의 논리가 OLS에 대한 WLS의 우위의 논리로 연결되지 않는다는 것이다. 이러한 계량경제학 이론적 적절성의 문제를 차치하고서도, 원감정분석에서와 같이 가중치를 '거래금액'으로 평가한 입찰규모로 하는 경우 올바른 가중평균을 구할 수 없다는 문제가 발생한다. 거래금액은 낙찰가와 낙찰물량의 곱으로서 표현되고, 낙찰가에는 이미 담합의 정도가 반영되어 있기 때문이다. 즉 담합의 정도가 큰 계약의 거래금액에는 이미 담합의 효과가 내재되어 있기 때문에 이를 가중치로 주는 것은 담합의 효과를 증폭시키는 편의를 가져온다.[21] 이를 조금 다른 측면에서 계량경제학적으로 살펴보면, WLS 추정에서 (낙찰가×낙찰물량)의 곱으로 구해지는 거래금액을 가중치로 사용할 경우 낙찰가는 바로 회귀모형의 종속변수이다. 이에 따라 가중치가 종속변수에 비례하여 변동하는 구조를 갖는다. 이렇게 가중치가 종속변수로부터 영향을 받는 소위 '역인과관계(reverse causality)'가 존재하면 회귀계수의 추정치에 편의(bias)가 나타나게 된다. 즉 WLS 추정법이 필요한 경우라 할지라도 거래금액을 가중치로 사용하는 것은 옳은 방법이 될 수 없고, 반드시 이러한 역인과관계를 초래하지 않는 다른 가중치를 사용해야 한다. 물론 입찰규모를 담합효과가 내재된 낙찰가의 영향을 배제한 입찰물량으로 할 수 있다면, 이러한 문제를 회피할수 있다. 그러나, 현실적으로 계약건마다 입찰대상이 유종별로 다른 상품이고 설령 동일 상품이라도 시기적으로 다른 경우는 사실상 다른 상품으로 봐야 하기때문에 가격효과를 배제한 물량단위의 가중평균을 계산할 적절한 방법을 찾기어렵다. 낙찰가에 담합효과를 배제하는 한 가지 방법은 낙찰가 대신에 추정된 비담합 경쟁가격을 이용하는 것이다. 그러나, 원감정분석에서는 거래금액(=낙찰가×낙찰물량)으로 가중치로 이용하는 경우 내재되어 있는 담합효과의 과대추정 혹은 편의의 문제점을 인식하지 못하고 있기 때문에 이를 시정하려는 어떠한 시도도 하지 않고 있다.

---

[21] 입찰규모가 200L(리터)인 계약과 100L인 계약이 있다. 경쟁가격은 L당 100원이라고 하고, 담합에 따른 낙찰가의 상승율이 입찰규모에 따라 증가하여, 전자의 경우는 20%, 후자의 경우는 10%라고 하자. 담합으로 인한 가격상승은 5,000(=200×20+100×10)원으로서 경쟁가격 30,000(=200×100+100×100)원에 비하여 16.7%인 것으로 계산하는 것이 옳다. 그러나, 입찰규모를 리터(L)단위의 입찰물량으로 하지 않고 사후적인 거래금액으로 하는 경우에는 이러한 가중평균에 왜곡이 나타난다. 200L 계약의 경우는 20% 담합효과에 의해서 낙찰가가 120원이고, 100L 계약의 경우는 10% 담합효과에 의해서 낙찰가가 110원이 된다. 따라서, 거래금액으로 평가한 입찰규모는 200L 계약의 경우 24,000(=200×120)원이고, 100L 계약의 경우 11,000(=100×110)원이 된다. 이러한 거래금액 규모를 이용해서 가중평균한 담합의 효과 16.9%는 진정한 담합효과를 나타내는 16.7%보다 높게 된다. 거래금액에 따른 가중치를 부여하는 방식의 WLS의 효과가 이러한 가중평균의 효과와 동일한 결과를 가지는 것이라면, 이는 담합의 효과를 과대추정하고 따라서 손해액을 과대산정하는 결과를 낳을 것이다.

서강대경제연구소 왕규호, 이한식, 전성훈(2004)은 원감정 분석에 대해서 WLS 추정방법을 채택한 것 외에도 추정모형의 설정에 있어서도 여러 문제를 제기하였다. 여기서는 그 중에서 담합효과의 연도별 분리와 고정가격제×군납더미의 배제 두 가지만을 살펴보기로 한다.

우선 원감정분석 보고서(47~48쪽)에서는 담합효과가 연도별로 달라진다는 근거로 담합의 경험 효과를 주장하고 있다. 즉 1998년에는 초창기 담합의 불확실성 때문에 담합의 정도가 약하다가 1999년에는 전년의 담합의 성공으로 생긴 자신감 때문에 이전보다 더 과감하게 담합을 시도하였다는 주장이다. 그러나 이 같은 주장은 기존의 경제이론에 의해서 뒷받침되기 어려운 주장이다. Fudenberg and Maskin(1986)의 결과는 무한반복게임에서 경기자들이 매우 참을성이 크면 개별합리성을 충족하는 모든 것이 균형이 될 수 있음을 보이고 있다.[22] 이 결과에 의하면 기업들이 처음에는 낮은 정도로 담합하고 다음 기에는 보다 강하게 담합하는 행동이 가능하다. 그러나 반대로 처음에는 높은 정도로 담합을 시작하고, 이후에는 약하게 담합하는 행동도 가능하다. 또한 매기 동일한 정도로 담합하는 것도 가능하다. 이러한 결과는 담합에 관해서 기업의 매우 여러 가지 행동이 가능함을 보여준다. 그러나 처음에는 약하게 담합을 시작하였다가 차츰 강하게 담합을 하는 행동이 다른 행동에 비해 유독 가능성이 높은 행동임을 설명하고 있지는 않다. 원감정분석에서는 담합의 효과를 연도별로 다르게 추정하는 또 다른 근거로서 통계적 검정결과를 제시하고 있다. 여기서의 귀무가설은 1998년, 1999년, 2000년의 담합정도가 모두 동일하다는 것으로, 이 경우 귀무가설이 기각되었다는 것이 이 기간의 담합 정도가 전부 서로 다르다는 것을 의미하지는 않는다. 예를 들어 국방부의 가격조정 방식으로 국제가 연동제는 2000년 이후에만 적용되었는데, 이러한 가격조정 방식의 변화로 인해 2000년에만 담합정도가 다르고, 1998년의 담합효과=1999년의 담합효과 ≠ 2000년의 담합효과의 관계가 나타날 가능성이 있다. 이를 고려하지 않고 담합이 나타났던 것으로 판정된 3년 동안 담합 정도가 연도마다 달라진다고 주장하는 것은 통계적으로도 근거가 미약하다. 원감정분석이 KDI 연구결과에 비해 훨씬 많은 손해액을 추정한 이유

---

22) 이 같은 결과를 게임이론에서는 '구전 정리(Folk Theorem)'라고 부른다.

도 상당부분 이와 같이 담합의 효과를 연도별로 다르게 추정한 데 기인하는 것으로 판단된다. 담합효과를 연도별로 분리하여 추정한 결과(138쪽)는 그렇지 않은 경우에 비해 600억원 이상 높게 손해액을 추정하는 것으로 나타났다. 따라서 올바른 민감도 분석을 위해서는 1998~2000년 기간 중 일부에서 담합효과가 같은 경우를 대상으로 모형의 적합성에 대한 검정을 시행하고, 이를 반영하는 모형을 이용하여 손해액을 추정한 결과를 제시해야 할 것이다.

다음으로 원감정분석에서는 '고정가격제×군납더미'의 상호작용항에 대해서는 통계적 검정 없이 모형에서 제외하였다. 물론 보고서(132쪽)의 주장과 같이 고정가격제가 담합 기간인 1998년에만 시행되었기 때문에 이를 담합 효과와 분리하기 쉽지 않아 잘못 추정하는 경우 담합으로 인한 손해액을 과소 추정하는 문제를 야기시킬 수 있다. 그러나 고정가격제가 군납에서 시행되는 경우의 특수성이 크다면, 이와는 반대로 그 효과를 따로 분리해야만 담합으로 인한 손해액을 과대 추정하는 왜곡을 피할 수 있다.[23] 실제로 1998년도 군납에서 고정가격제의 도입은 환율이 급등하는 국내의 외환위기의 특수한 상황에서 국방부의 요청에 의해서 도입된 것으로서, 해당기간의 담합과는 별개의 효과를 지니는 것이 분명하다. 정해진 예산의 제약하에서 물자를 조달해야 하는 국방부로서는, 외환위기의 상황에서 환율급등의 위험을 피하기 위해서 입찰조건으로 고정가격제를 부과하였다. 비군납의 경우도 1998년에 고정가격제가 일부 채택되기는 하였지만, 군납의 경우에 비교하면 상당히 낮은 비율이다. 일반적으로 고정가격제는 두 가지 이유로 담합과는 무관하게 낙찰가격을 높이는 효과를 지닌다. 첫 번째는, 고정가격제하에서는 환율 및 달러표시 원유가의 변동의 위험을 정유사 측이 모두 부담하게 되므로, 정유사들은 낙찰가에 위험부담 비용을 전가할 수밖에 없게 된다. 두 번째는, 이론적으로 고정가격제 하에서의 입찰은 '공통가치모형(common value model)'에 더 가깝게 되고, 입찰참여자는 '낙찰자의 불행(winners' curse)'을 감안하여 입찰가격을 높이는 방향으로 입찰전략을 조정하게 되므로 결국 낙찰가격을 높이는 경향이 있게 된다.[24] 이러한 두 가지 효과는 담합의 효과와는 분명히 구

---

23) 실제 손해액 추정에서 고정가격제와 군납의 상호작용항은 80억원의 차이를 나타내고 있다.
24) 입찰의 '공통가치모형'에 대해서는 왕규호, 조인구(2004) 참조.

별되는 것으로서, 담합이 없는 경쟁 상황에서도 나타나는 것이다. KDI의 추정에서는 군납 고정가격제의 효과가 14.57%로 유의하게 추정되는데, 원감정 보고서에서는 이를 1998년의 담합의 효과로 보아야 한다고 주장하고 있다. 그런데 1998년의 군납의 경우는 고정가격제의 효과가 다른 민수처의 경우와는 달리 특별한 의미를 가진다. 제한된 예산하에서 안정된 유류조달이 다른 목적보다 우선인 국방부의 경우, 1998년의 급격한 환율인상과 커다란 미래의 불확실성은 높은 고정가격을 지불하고라도 안정된 물자를 공급받을 유인이 매우 큰 것이다. 만약 1998년도처럼 군납 고정가격제의 효과가 민수처의 고정가격제의 효과와 구분되는 특수성이 있다면, 원감정 분석처럼 '고정가격제×군납' 더미를 모형에서 제외하는 것은 담합효과와 구분되는 효과를 담합효과로 간주하는 오류를 범하는 것이다.

자료 처리에 있어서 중복 등의 오류 및 일관성 결여는 경제분석에 있어서 기본적인 문제점으로 서강대 연구진의 원감정 분석에 대한 매우 중요한 비판이었지만 그 해결 방안이 명확한 것들에 대해서는 논외로 하기로 한다. 추후 쟁점이 되었던 것 하나를 소개하면, 군납의 경우 유찰에 의한 수의계약 27건에 있어서 담합기간(1998~2000)의 자료는 입찰 경쟁이 일어나지 않은 것으로 보아 분석에 포함시키지 않은 반면에, 비담합기간(2001~2002)의 자료는, 이 역시 입찰경쟁이 일어나지 않은 것임에도 불구하고, 분석에 포함시키는 등의 자료 처리의 일관성 결여에 대한 문제제기가 있었다. 한편 항공사 입찰계약의 경우, 항공사가 구매가격을 제시하고 판매의사만을 확인하는 방식의 입찰이므로 실질적으로 경쟁이 없다는 점에서 수의계약으로 보아야 하는데, 이들 자료는 모두 원감정분석에 포함되었다.

마지막으로 원감정 보고서에서는 소위 자의적인 'regression fishing'을 방지하기 위해서 사전적으로 이론에 부합하여 포함시킨 변수들을 사후적으로 유의성이 낮다고 하여 제외시키지 않았다. 그 근거로 Goldberger의 표현(132쪽 각주122)을 인용하였다. 그러나 'regression fishing'이란 계량모형을 설정하는 과정에서 연구자의 의도에 따라 임의로 설명변수를 포함시키더라도 그 중 몇몇은 통계적으로 유의성이 높게 나타나는 경우가 발생하므로, '낚시질' 하듯 이런 변수들만을 포함하여 외관상으로는 그럴듯한 모형을 만드는 행태를 가리키는 것이다.[25] 한

---

25) Goldberger(1991, p.262)에서는 'regression fishing'에 대해서 다음과 같이 언급하고 있

편 설명력이 없는 변수를 제외하는 것은 부적합한 변수가 모형에 포함될 때 발생하는 추정의 비효율성을 방지하고, 모형의 적합성을 제고하는 방법으로 모형 선정 과정에서 종종 사용되고 있다. 원감정 분석에서와 같이 실제 자료가 의미하는 관계를 무시하고 (설명력의 유무와 관계없이) 모든 변수를 포함시킨 모형을 사용하는 경우, 이러한 부적합한 변수들로 인해 회귀식에 포함된 모든 변수들의 계수치 추정에 비효율성이 나타나게 되어 추정 결과의 신뢰성을 약화시킬 수도 있다.

3) 보완감정 분석과 제1심법원의 판단

서울대 CCC의 김선구 외(2005)는 광범위한 자료의 수정 재처리 과정을 거쳐 총 1,056건(원감정에서는 878건)의 자료를 이용하고, 서강대 연구진이 제기한 여러 문제점들 중에서 *"일부 타당하다고 여겨지는 것들을 적극적으로 수용하여"*(5쪽) 보완감정을 시행한 결과, 약 1,120억원(원감정에서는 1,140억원)의 손해액 추정치를 제시하였다.

보완감정 경제분석은 서강대 연구진이 제기한 다양한 문제점들 중에서 몇 가지를 '제한적으로' 수용하였는데, 이를 살펴보면 다음과 같다. 우선 보완감정에서는 기본모형을 '연도별 1차식 담합효과' 모형을 채택하였는데, 이는 서강대 검토의견에서 WLS 방법론 채택의 타당성을 비판하면서 거래규모에 따른 담합 정도의 변화를 고려하려면 담합효과 '가변계수모형'을 이용해야 한다고 주장한 것을 받아들인 것이다. 즉 *"담합의 정도를 연도별 상수가 아니라, 연도별로 물량의 함수가 되도록 설정하여 담합의 정도가 물량의 함수가 되게끔"*(74쪽) 보완감정의 기본모형을 수정하였다. 또한 WLS를 적용할 때 가중치를 (낙찰가×낙찰물량)의 거래금액으로 사용할 경우 발생하는 담합효과의 과대추정 및 '역인과관계'의 문제를 회피하기 위해서, *"원감정에서 사용했던 입찰금액을 사용하는 대신 "추정된 경쟁낙찰가×낙찰물량"으로 정의되는 "추정된 입찰금액"을 사용하였다."*(165쪽) 한편 원감정에서 고정가격제×군납 더미를 포함시키지 않은 것에 대한 서강대

다. *"To report and interpret a selected model as if it were an unselected model is incorrect. ⋯ It is hardly surprising, and perhaps not even interesting, to obtain a nominally significant outcome by fishing."*

연구진의 비판에 대해서, 그 논리를 다소 변용하여, *"고정가격제가 낙찰가에 차별적인 효과를 미치되 그 차별적인 효과의 강도는 원/달러 환율의 움직임에 내포된 환위험이 크게 증폭된 외환위기 시기에 특별히 강할 것이라는 주장으로서 본 감정인단은 그러한 주장에 일리가 있다고 판단하여 이 효과를 포착하는 변수 … "고정가격제×외환위기로 인한 환위험증대시기"라는 상호작용항 변수를 새롭게 추가하였다.*"(171~172쪽) 또한 원감정에서 제외한 담합기간 중의 국방부 유찰수의계약 27건을 자료에 포함시키고 비담합으로 처리하되, *"담합기간 내의 유찰에 의한 수의계약에도 담합의 요소가 포함되어"*(23쪽) 있을 수 있다는 특수성을 감안하여 '국방부×담합기간×유찰수의계약' 3중 상호작용 더미항을 추가로 도입하였다.

그러나 서강대 연구진이 원감정분석의 가장 중요한 문제의 하나로 제기한 WLS 추정방법에 대해서는, 감정인단은 본건의 맥락에서 통상적인 OLS에 대비한 상대적 우월성에 대한 '믿음'에 입각하여, 보완감정의 기본 분석에서도 이를 그대로 채택하였다. 이와 관련하여, *"회귀분석방법의 추정과 관련하여 본 감정인단은 본건 손해액 추정과 관련해서는 여전히 가중최소자승법(WLS)이 통상최소자승법(OLS)에 비해 보다 나은, 합목적적인 추정방법이라고 믿는다. 그러나 더 낫다는 것에 대한 엄밀한 증명은 없다. 따라서 본 보완감정 보고서는 가중최소자승법에 의한 손해액추정치를 먼저 제시하되, 통상최소자승법에 의한 손해액 추정치 또한 같이 제시한다"*(7쪽)고 밝히고 있다. 또한 보완감정에서는 *"서강대연구진이 주장하는 담합의 정도가 담합기간 3개년에 걸쳐 일정하다는 주장을 완전히 배제하는 것이 아니라 이를 하나의 특수한 상황으로 포함하는 보다 덜 제약적인 모형"*(167쪽)이라는 일반론을 제시하면서, 담합효과의 연도별분리 모형설정도 그대로 유지하였다.

본건의 제1심 법원인 서울중앙지법 제18민사부는 원고 측이 제시하는 싱가포르현물시장 혹은 국내 대형수요처를 잣대(yardstick)로 하는 표준시장 비교법은 *"입찰 주체별 특수성과 가격에 영향을 미치는 많은 변수들의 효과를 적절히 감안하지 아니한 채 두 시장을 단순히 비교하는"*(21쪽) 것으로서 부당하다고 판단하고, 감정인단이 채택한 중회귀분석을 통한 이중차분법을 채택하였다. 제1심 재판부는 감정인단의 경제분석의 증거능력을 기본적으로 인정하면서도, 피고 측이 이의를 제기한 몇 가지 문제들에 대해서는 타당성을 인정하여 감정인단에게 보완감정의 기본모형을 수정하도록 하여 손해액을 최종적으로 약 810억원으로 산정하였다. 우선 WLS는 오차의 이분산성이라는 특수한 조건하에서 정당화된다는 경제학계의 정설을 받아들이고, 감정인단 역시 인정하는 바와 같이 본건에서는 오차의 이분산성이 문제가 되는 경우가 아니므로, 재판부는 WLS가 아닌 OLS를 적절한 추정방법으로 선택하였다. 다음으로 담합효과의 연도별 분리에 대해서는 1998년과 1999년의 경우 담합효과가 상이하다는 이론적 근거가 명확하지 않은 반면, 2000년의 경우 군용유류 고가구매 의혹에 대한 1999년 11월 이후 국회 및 감사원의 감사로 인해 이전과 담합의 정도가 같다고 보기 어려운 정황이 명확히 존재하므로 1998년과 1999년의 담합의 정도는 서로 같고, 2000년의 담합의 정도는 이와 다르다는 모형을 채택하였다. 또한 재판부는 유찰수의계약은 일대일 협상에 의하여 가격이 형성된다는 점에서 입찰과 근본적으로 차이가 있으므로 담합기의 자료와 비담합기의 자료 모두가 담합기 경쟁가격의 추정 결과를 왜곡할 우려가 있다고 보아, 담합기간과 비담합기간을 가리지 않고 국방부와 한국전력의 유찰수의계약 자료를 모두 분석에서 제외하였다. 따라서 보완감정에서 도입된 '국방부×담합기간×유찰수의계약'의 3중 상호작용 더미항은 자연히 제거되었다. 요컨대, 제1심 법원은 "① 추정모형으로서는 OLS 방식을 채택하고, ② 담합효과는 1998년과 1999년은 동일하게, 2000년은 이와 다르게 설정하는 모형을 채택하며, ③ 유찰수의계약 자료는 모두 제외하되, ④ 그 외의 다른 내용은 모두 보완감정결과를 따르기로"(37쪽) 결정하였다.

4. 평가

본건은 우리나라에서 담합손해배상 민사소송에서 경제분석이 본격적으로 도입된 사실상 최초의 사례이자, 그 중요성이 확립된 사례로서 매우 큰 의의를 지닌다고 할 수 있다. 이하에서는 본건에서 합당한 손해액 산정방법 대한 항소법원 및 대법원의 판단을 간단히 정리하고, 향후의 담합관련 손해액산정을 위한 경제분석에 있어서 본건이 지니는 의미를 살펴보기로 한다.

1) 항소법원과 대법원의 판단

항소심에서 감정인단 및 원고 측과 피고 측의 대립은 보다 확대되고 첨예하게 되었다. 피고 측은 *"제1심 모형은 경제학적 이론에 따라서 설정한 것이 아니라 원고와 피고들이 주장한 손해액을 절충한 금액이 유도될 수 있도록 의도된 것이므로 이는 실제 경제학계에서 사용되는 경제학적 또는 통계학적 방법론에 반하는 모델이 되어버렸다고 비판하면서"*(항소심 판결문 24쪽) 피고측의 독자적인 완결된 감정안이라고 할 수 있는 연세대 김태환, 한종희 교수의 경제분석(2008.4.21)을 새로이 제출하였다. 이에 따르면 원고의 손해액은 약 188억으로 산정된다. 반면 제1심 법원이 산정한 손해액은 약 810억원으로 그 4.3배에 이르고, 보완감정 결과의 손해액은 약 1,048억원(1,120억원에서 무상공급분 82억 차감)으로 그 5.5배가 넘는 높은 금액이다. 이에 대해 감정인단 측의 서울대 조성진 교수가 보완감정을 지지하고 연세대 연구진의 주장을 반박하는 검토의견(2009.2.2)을 제출하였고, 양측은 이후 한번 더 항소법원에 검토의견서를 제출하는 식으로 추가적인 공방을 벌였다(항소심 판결문 25쪽).[26]

항소심 재판부는 제1심에서 시작되어 항소심 소송에 이르기까지의 중회귀분석을 둘러싼 양측의 대립이 이처럼 좁혀지지 않고 오히려 심화되어 가는 것을 목도하면서, *"계량경제학상의 중회귀분석을 통한 손해액 산정의 방법이 그 자체로는 매우 과학적인 방법에는 틀림이 없으나, 경제적 논증에 대한 규범적 통제의 어려움,[27] 이 사건 각 모형에 의하여 추정된 각 손해액의 편차가 5.5배를 초과할*

---

26) 이 과정에서 보완감정 경제분석을 놓고 양측은 ① 가격에 의해 설명되는 변수인 물량이 가격을 설명하는 설명변수로 되어 있는 소위 '내생성'의 문제가 있는지, ② 가격제도에 따라서 환율 및 원유도입가가 입찰가격에 미치는 영향이 달라질 수 있는 것을 고려하는 데 필요한 '가격제도×환율', '가격제노×원유노입가'를 모형에 포함시킬 필요가 있는지, ③ 횐위힘시기의 종기를 1998년 6월이 아니라 10월로 보아야 하는지, ④ 미군납국제입찰을 희망수량단가제로 재분류할 필요가 있는지, ⑤ 2000년 담합효과의 계수가 5% 신뢰수준을 기준으로 유의성이 없는 경우 담합의 손해액으로 인정할 수 있는지 등의 새로운 쟁점에 대하여 공방을 벌였다(항소심 판결 29~31쪽).

27) 항소심 재판부는 이에 대해서 *"제1심 법원은 경제적 논증에 대한 규범적 통제를 위해서 결과적으로 전문감정인의 판단 내용에 대해 실체적·내용적 통제에까지 나아갔는바,"* 과연 그것이 *"합리적인 규범적 판단이라고 자신하기 어렵다"*든지 *"또 다른 경제학적인 방법의 도움을 없이는 파악하기 어렵다"*든지, *"그 적법성 여부를 다시 경제학적으로 논증하여야 한다면*

정도로 큰 점, 우리의 손해배상제도가 3배 배상의 원칙을 인정하지 아니한 점[28] 등 이 사건 손해액의 산정방법으로 위의 방법을 채택하는 데에는 여러 가지 현실적 제약이 있는 점"(37쪽)을 언급하면서 계량경제학적 방법 대신에 원고가 제시한 MOPS 가격을 기준으로 하는 표준시장 비교방법을 채택하기에 이른다. 가상적 경쟁가격의 기준으로 MOPS 가격 이 적합한 근거로는, 이 사건 담합행위가 종료된 이후 상당한 기간이 경과하여 MOPS 가격 비교 방법의 현실 적합성에 대하여 약 9년에 걸친 비교자료를 활용할 수 있게 되었는데, "2001년부터 2009년까지 사이의 국내·외부적인 경제사정의 상당한 변동성에도 불구하고 MOPS 기준 가격의 낙찰가에 대한 예측의 정확도는 "+3.72% 내지 −5.61%" 범위로 나타나는바, 그 연평균 편차가 약 ± 5% 내외에 불과하여 그 정확도가 높다"(49쪽)는 점을 들고 있다. 그리고 '예상경쟁가격'을 그 편차 중에서 원고에게 가장 작은 손해액의 액수가 계산되도록 3.72%의 편차를 더하는 방식으로 MOPS 기준 가격을 보정하여 산정하였고, 그 결과 원고의 손해액을 1,413억으로 결정하였다.

그러나 대법원은 기본적으로 "담합기간 동안의 국내 군납유류시장은 과점체제하의 시장으로서 완전경쟁시장에 가까운 현물시장과 비교할 때 시장의 구조, 거래조건 등 가격형성요인이 서로 다르므로 전반적으로 동일·유사한 시장이라고 볼 수 없고, 정부회계기준에서 정하고 있는 부대비용은 이러한 양 시장의 가격형성요인의 차이점을 특히 염두에 두고 군납유류의 가격책정 시 그 차이점을 보완하기 위하여 마련된 것이 아니므로, 단순히 담합기간 동안의 MOPS 가격에 정부회계기준에 의한 부대비용을 합산한 가격(이하 'MOPS 기준가격'이라고 한다)이 가상 경쟁가격이라고 단정할 수 없다"고 판단하였다.

끝없는 순환논리에 처하게 되어 소송경제에 반한다" 든지, "현실을 단순화한 경제학적 모델에 있어 끝없는 공방이 가능'하다든지 하는 일종의 불가지론적인 회의를 드러내고 있다 (33~34쪽).

28) 항소심 재판부는 미국과 달리 "실손배상을 전제로 억제기능보다 보상적 성격이 강한 우리 법상의 손해배상 제도"하에서는 "계량경제학적 손해액 산정을 도입할 경우 종국적으로 손해배상액의 입증책임을 부담하는 원고의 입증 노력에 대하여 피고 측이 경제전문가를 동원하여 손해액의 감액을 위한 방향으로 경제학적인 논증을 펼칠 경우 … 이른바 불확실성의 혜택(benefit of doubt)이 피고에게 돌아가 필연적으로 과소배상의 위험이 존재함을 부인할 수 없다'고 보고 있다(36~37쪽).

그리고 원심이 2001년 이후 비담합기간 동안에 MOPS 기준가격과 국방부 군납유류의 낙찰가 사이에 편차가 작고 상관관계가 높게 나타난 것을 근거로 MOPS 기준가격을 가상 경쟁가격으로 본 것에 대해서는, "*이는 담합기간과 비담합기간의 군납유류의 가격형성에 영향을 미치는 요인이 서로 다르다는 점을 고려하지 아니한 것*"으로 "*국방부가 2001년부터 MOPS 가격을 기준으로 군납유류에 대한 예정가격을 정하고 MOPS 가격에 의한 국제가연동제 방식으로 매월 계약금액을 조정하기로 변동한 이후에는, 피고들은 완전경쟁시장에 가까운 싱가포르 현물시장의 MOPS 가격을 기준으로 각자의 생산비용과 이윤 등을 고려하여 입찰가격을 정하게 될 것*"이나, "*담합기간 동안의 군납유류 시장은 이와 다른 예정가격 산정방식과 가격조정방식하에서 피고들만이 제한적으로 입찰에 참여하고 당시의 환율변동 위험, 원유도입가, 생산비용, 이윤 등을 고려하여 가격결정이 이루어진 것이므로, 그 가격형성요인이 비담합기간과 동일하다고 할 수 없다*"고 판결하였다.

2) 본건의 의의

제1심 판결 이후 항소심 재판부가 중회귀분석에 의한 이중차분법을 배척하고 표준시장 비교법 채택함으로써 담합손해액 산정에 있어서 경제분석의 중요성이 위협받는 상황에까지 이르렀으나, 다행히 대법원은 항소심의 단순비교에 의한 판결을 부당하다고 판결함으로써 경제학적 논리 및 분석의 필요성 및 정당성이 다시 인정받게 되었다. 특히 대법원은 판결요지에서 "*가상적 경쟁가격은 담합행위가 발생한 당해 시장의 다른 가격형성 요인을 그대로 유지한 상태에서 담합행위로 인한 가격상승분만을 제외한 방식으로 산정해야 한다. ⋯ 상품의 가격형성 상의 특성, 경제조건, 시장구조, 거래조건 및 그 밖의 경제적 요인의 변동 내용 및 정도를 분석하여 그러한 변동 요인이 담합행위 후의 가격형성에 미친 영향을 제외하여 가상 경쟁가격을 산정함으로써 담합행위와 무관한 가격형성 요인으로 인한 가격변동분이 손해의 범위에 포함되지 않도록 하여야 한다*"고 담합 손해액 산정의 기본 원칙을 밝히고 있는바, 이는 사실상 경제학의 중회귀분석 방법론의 기본 취지와 완전히 부합하는 것이다. 즉 중회귀분석에 의한 담합 손해액산정 방법은 담합 이외에도 다양한 요인들이 가격에 영향을 미치는 상황에서 관련된 제반의 상품, 시장 및 경제 조건의 변화 효과를 적절히 통제한 후에 담합에 따른 가격인상분만을 분리해 내는 것이다. 본건에서 대법원이 담합 손해액산정의 기본원칙을 이와 같이 천명한 것은 포스코 판결에서 시지남용의 위법성 판단이 기본적으로 경쟁제한 효과에 입각해야 한다는 원칙을 천명한 것과 비견될 수 있을 것이다.[29]

본건에서 아쉬운 부분은 대법원의 항소심 판결의 파기환송 이후 파기환송심 재판부의 판결이 내려지지 않고 제1심 판결에 기초한 화해로 끝났다는 점이다. 따라서 제1심 판결의 법적 지위에 대해서 논란이 있을 수 있다. 그럼에도 본건에서 대법원의 기본 원칙의 천명 외에 손해액 산정의 경제분석과 관련한 시사점을 찾는다면, 그것은 제1심 법원의 판결로부터일 것이다. 본건의 제1심 재판의 감정인 경제분석, 이를 둘러싼 피고/원고 양측의 치열한 공방, 그리고 제1심 법원 판결 등 전반에 있어서, 본건에 국한된 세세한 것이 아니라, 향후의 담합손해액 관련 경제분석에 대해서 일반적 의의를 지니는 것을 찾는다면 다음과 같다. 무엇보다도 담합손해액 산정에 있어서 본건의 제1심 판결의 가장 큰 의의는 재판부가 감정경제분석에 대해 '합리적 재량(reasonable discretion)'을 발휘한 데 있다고 사료된다. 중회귀분석, 이중차분법, 더 나아가서 이분산성 및 WLS와 같은 전문적인 경제분석 기법에 대해서 제1심 재판부는 최선을 다해 이해하려고 노력하였다. 그리고 상식에 기반한 나름대로의 판단을 내렸고, 보완감정 분석의 기본 모형을 일부 수정하여 손해액을 산정하였다. 이는 감정인단의 전문성을 기본적으로 인정하면서도, 원고 및 피고의 주장도 합리적인 수준에서 수용한다는 태도를 보여준 것이다.

다음으로 제1심 법원은 감정경제분석 결과에 대해 통계적 유의성의 결여를 이유로 부정하려는 시도를 분명히 배척하였다. 즉 "통계적 추정상 손해액 추정치에 불확실성이 존재한다고 하더라도 그 추정치가 객관적이 과학적으로 추정된 합리적 추정치이기만 하다면 손해액 판정의 근거가 될 수 있다고 보아야"(37쪽) 한다고 밝히고 있다. 이는 향후 원고 혹은 피고가 담합효과를 나타내는 계수 추

---

29) 대법원 포스코 판결의 의의에 대해서는 본서 5장 4항 참조.

정치의 통계적 비유의성을 문제로 삼아 정당한 담합 손해액으로 인정할 수 없다는 주장을 어렵게 만들 것이다.

마지막으로 본건에서 제기된 문제 중에서 해결되지 않고 남아 있는, 그래서 향후 계속 논란이 될 수 있는, 것은 소위 '회귀낚시질(regression fishing)'을 둘러싼 논란이다. 여기서 문제가 되는 것은 담합효과를 직접 나타내는 계수 추정치에 대한 것이 아니라, 그 밖의 통제변수들의 계수 추정치의 통계적 유의성이다. 중회귀분석에서 담합을 포함한 모든 설명변수의 계수가 경제이론에 부합하는 수치로 추정되고, 거기에다 통계적으로 유의한 것으로 판정되기는 사실상 불가능하다고 보아야 한다. 이러한 상황에서 경제이론적으로 혹은 통계학적으로 유의하지 않은 설명변수들을 제외할 것이냐 아니면 자의성을 배제하기 위해서 사전적으로 정당화되는 모든 변수들을 그대로 모형에 포함시킬 것이냐 하는 문제가 본건에서 제기되었으나, 제1심 재판부는 이에 대해서 명확한 입장을 제시하지 않았다. 물론 이 문제에 대해서는 경제학자들 사이에도 합의가 이루지기 쉽지 않을 것이고, 또한 일률적으로 단정적인 결론을 내리기도 어려울 것이다. 현재로서 제시할 수 있는 일반적인 원칙은 다양한 모형설정을 통한 결과의 변화를 살펴보면서 소위 '강건성(robustness)'을 검증하여 분석결과의 설득력을 제고하려는 노력을 기울이는 것이다. 향후 이와 관련한 경제학자들 및 법조계의 건설적이고 깊이있는 논의가 있기를 기대한다.

Chapter 11

밀가루 담합(2006년) 가격인상의 소비자전가와 손해액산정

　　공정위는 2006년 4월 밀가루 담합 8개사에 대해 과징금을 부과하고 가담사 대표자들을 검찰에 고발하는 의결을 하였다. 이후 행정소송에서 담합의 위법성이 확인되었고, 밀가루 구매한 제빵업체가 일부 제분업체에게 제기한 손해배상 민사소송에서 손해배상금이 확정되었다. 민사소송의 제1심 법원은 감정인에게 제분업체들의 담합으로 인한 가격인상과 제빵업체의 소비자에게의 비용전가에 대한 경제분석을 의뢰하고, 그에 기초하여 최종 손해배상액을 하였는데, 이 판결은 항소심 및 최종 대법원 판결에서도 그대로 유지되었다. 본 사건은 밀가루와 같은 중간재 시장에서의 담합으로 인한 가격인상이 최종 소비자에게 전가되는 경우 담합 손해액 산정을 어떻게 할 것인가에 대한 경제분석 및 민사소송의 첫 사례로서 중요한 의의를 지닌다.[1]

1. 관련 사건 및 경제분석 개요

　　공정위는 2006.4.13 대한제분, 씨제이, 동아제분 등 8개 제분업체들이 2000년부터 밀가루 공급물량과 가격을 담합한 위법행위에 대해 총 434억원의 과징금을 부과하고, 그때까지 법 위반행위를 시정하지 않은 6개 사업자와 담합행위에 직접 가담한 대표자 5명을 검찰에 고발하는 의결을 하였다.[2] 대한제분, 동아제분 등 6개 업체는 공정위 처분에 대하여 시정명령의 취소 등을 구하는 행정소송을 제기하였으나 법원은 청구를 기각하였다. 한편 삼립식품은 씨제이와 삼양사를

---

1) 본장은 전성훈, 이한식, 홍대식(2012)를 수정한 것이다.
2) 공정위(2006.4.13) 의결.

상대로 담합으로 인한 손해배상을 청구하는 민사소송을 제기하여, 이에 대한 제1
심, 항소심, 상고심이 진행되어 최종적으로 2012년 대법원 판결이 내려졌다.

손해배상 민사소송의 쟁점은 크게 두 가지이다. 하나는 일반적인 담합 손해배
상소송에서와 같이 담합으로 인한 가격인상분(price overcharge)이 얼마인가 하는
것으로, 원고인 삼립식품은 자신의 손해액을 이 가격인상분에 자신의 구매량(혹은
피고의 매출량)을 곱한 것으로 계산하여 청구하였다. 또 하나는 본건과 같이 원고가
제빵업자로서 밀가루의 최종 소비자가 아니라 중간재 구매자인 경우에 발생하는
문제로서, 피고인 제분업체들은 담합으로 인한 가격상승이 있다고 하더라도 원
고 제빵업자는 이로 인한 비용인상을 소비자에게 전가할 수 있으므로 손해배상
액 산정에서는 이러한 비용전가분(passing-on)을 고려해야 한다는 것이다.

제1심 재판부는 원고 측의 가격인상분에 대한 감정요청과 피고 측은 비용전
가분에 대한 감정요청을 수용하여 서울대 황윤재 교수를 감정인으로 선임하였다.
감정인은 전형적인 더미변수모형을 이용한 중회귀분석(multiple regression analysis)
을 통해 가격인상분을 추정하여, 이 담합사건으로 인한 삼립식품의 손해액을 씨
제이에 대해서는 29.8억원, 삼양사에 대해서는 75.4억원을 산정하였다. 또한 역
시 중회귀분석을 통해서 삼립식품이 소비자에게 떠넘긴 비용전가분을 추정하여,
씨제이와 관련하여 13.6억원, 삼양사와 관련하여는 3.1억원으로 산정하였다.[3] 제
1심 재판부는 감정 경제분석에 의해 *"손해액이 이론적 근거와 자료의 뒷받침 아
래 과학적이고 합리적인 방법에 의하여 정당하게 추정되었다"*(15쪽)고 평가하여,
사실상 이에 기초하여 손해액을 산정하였다.[4] 단 비용전가의 항변(passing-on
defense)에 대해서는 *"피고들의 담합으로 인한 위법한 밀가루 가격의 상승과 원
고가 가격인상을 통하여 별개의 계약에 기하여 취득한 이익과의 상당인과관계도
없다"*(20쪽)고 보아 원칙적으로 이를 인정하지 않았다. 그러나 *"손해분담의 공평
이라는 손해배상제도의 이념에 비추어 볼 때, 손해전가의 사실 및 그 정도, 이중
배상의 위험 등 제반 사정을 참작하여 직접 구매자인 원고에 대한 손해배상액을
제한할 수 있다"*(21쪽)고 판단하여, 사실상으로는 '손해액의 제한' 단계에서 감정

---

3) 황윤재(2008, 이하 '감정 경제분석') 참조. 이 감정분석에 전성훈은 자문교수로 참여하였다.
4) 서울중앙지방법원(2009.5.27) 판결.

인의 비용전가분 추정을 모두 감안하였다. 그래서 제1심 재판부는 원고의 비용 전가분과 담합기간 중 원고가 피고로부터 받은 장려금을 고려하여, 담합행위로 인하여 원고가 입은 손해액은 피고 씨제이에 대하여는 약 12.4억원, 피고 삼양사에 대하여는 약 2.3억원으로 '제한'하였다.

원고와 피고 양측 모두 항소하여, 원고는 비용의 소비자전가를 '손해액의 제한' 단계에서 인정한 데 대해서, 피고는 축약형 계량방정식 모형에서 담합 후 더미를 포함시킨 것의 부당성에 대해서 다투었으나, 항소심 판결은 제1심 판결과 동일하였다.[5] 대법원 역시 *"계량경제학적 분석방법인 회귀분석을 통해 담합 후 더미변수와 3개월 전 원맥도입가 및 실질국내총생산 등을 각각 설명변수로 하고 밀가루 입고단가를 종속변수로 한 회귀방정식을 추정한 다음, 이를 근거로 계산한 밀가루 경쟁가격을 전제로 원고의 손해액을 산정한 제1심 감정인의 감정 결과를"* 인용하였다. 한편 *"재화 등의 가격 인상과 제품 등의 가격 인상 사이에 직접적인 인과관계가 있다거나 제품 등의 인상된 가격 폭이 재화 등의 가격 인상을 그대로 반영하고 있다고 단정할 수 없다"*고 하면서도, *"다만 이와 같이 제품 등의 가격 인상을 통하여 부분적으로 손해가 감소되었을 가능성이 있는 경우에는 직접적인 상당인과관계가 인정되지 아니한다고 하더라도 이러한 사정을 손해배상액을 정할 때 참작하는 것이 공평의 원칙상 타당할 것이다"*고 판결하여 제1심 및 항소심의 판결을 그대로 유지하였다.[6]

이하의 구성은 다음과 같다. 먼저 2절에서는 중간재 시장에서의 담합으로 인한 직접구매자와 간접구매자의 손해액 산정을 위한 경제이론적 기초와 계량경제학적 추정방법을 소개하고, 이를 적용한 밀가루 담합에서의 손해액 산정 결과를 제시한다. 3장에서는 비용전가를 둘러 싼 미국과 유럽에서의 법리적 논쟁을 정리하고, 본건의 경제분석 및 법원 판결의 의의를 평가한다.

---

5) 서울고등법원(2010.10.14) 판결.
6) 대법원(2012.11.29) 판결. 위 인용문에서 *"재화"*는 밀가루와 같은 중간재로 해석하고, *"제품"*은 빵과 같은 최종재로 해석할 수 있다.

2. 직접구매자 및 간접구매자 손해액의 경제학적 산정방법

최종재 시장에서의 담합 손해배상 소송에서는 간접구매자는 존재하지 않고 원고가 직접구매자로서 소비자가 되고, 이 경우 원고의 손해액 산정을 위해서는 담합으로 인한 최종재의 가격인상분을 추정하면 된다. 그러나 중간재 시장에서 담합 손해배상 소송에서는 원고가 직접구매자, 즉 중간재를 이용해서 최종재를 생산하는 업체가 될 수도 있고, 간접구매자, 즉 중간재를 이용해 생산한 최종재의 소비자가 될 수도 있다. 이 경우 직접구매자의 손해액은 중간재의 가격상승에 따른 비용상승을 최종재 가격에 전가할 수 있다는 것을 감안하여 실제의 이익감소분이 얼마인지를 산정하여야 한다. 한편 간접구매자의 손해액은 직접구매자의 비용전가에 따라서 결정된다. 본절에서는 중간재 시장에서의 담합이 발생한 경우 비용전가를 고려한 직접구매자와 간접구매자의 손해액 산정을 위한 경제이론적 기초와 계량경제학적 추정방법을 살펴본다.[7]

1) 경제이론적 기초

담합으로 인한 중간재의 가격상승(overcharge)과 최종재로의 비용전가(passing-on), 그리고 이를 감안한 직접구매자의 이익감소분(lost profit) 사이의 관계는 일의적이지 않다. 이들 사이의 관계는 최종재 시장의 경쟁상황, 수요 및 공급함수의 형태 등 여러 요인들에 따라서 달라진다.[8] 다음은 이하의 설명을 위한 표기(notation)이다.

w_0, x_0: 담합이 없을 경우(but-for) 중간재 가격, 구매량
w_1, x_1: 담합하의 실제 중간재 가격, 구매량
p_0, q_0: 담합이 없을 경우(but-for) 최종재 가격, 판매량

---

7) 중간재 시장에서의 담합으로 인한 손해액 산정과 관련한 기존 연구들은 - 예컨대, Brander and Ross(2005), Ashurst(2004), Cotterill, Egan and Buckhold(2001), Cotterill(1998), Harris and Sullivan(1979) - 모두 원고가 간접구매자인 경우에 대해서 비용전가가 원고의 손해액 산정에 대해서 지니는 의미를 다루고 있다.
8) 이에 대한 논의는 황윤재(2008) 참조.

p_1, q_1: 담합하의 실제 최종재 가격, 판매량

$\pi(p, w)$: 중간재를 구매하여 최종재를 생산하는 직접구매자의 이윤

담합으로 인한 중간재의 가격인상분, 최종재로의 비용전가 및 직접구매자의 이익감소분은 각각 Δw, Δp, $\Delta \pi$으로 표기한다. 이하에서는 최종재 시장의 경쟁 및 수요함수에 대한 여러 가정하에서 중간재 시장에서의 가격인상 Δw가 최종재 시장의 가격인상 Δp로 얼마만큼 전가되고, 그로 인해 중간재를 구매하여 최종재를 생산하는 사업자의 이윤감소 $\Delta \pi$가 얼마인지를 이론적으로 설명한다.

최종재 시장이 완전 경쟁인 경우

만약 최종재 시장이 완전 경쟁이라고 하면, 이들 사이의 관계는 장기적으로 다음과 같다:

$$\frac{\Delta p}{\Delta w} = \frac{\Delta c}{\Delta w} \frac{\varepsilon_S}{\varepsilon_S - \varepsilon_D}.$$

식 11-1

단, $\dfrac{\Delta c}{\Delta w}$는 중간재 가격변화가 최종재의 단위비용에 미치는 효과를 나타내고, $\varepsilon_S(>0)$와 $\varepsilon_D(<0)$는 각각 최종재 공급 및 수요의 가격탄력성을 나타낸다. 식 <식 11-1>의 관계는 조세로 인해서 비용이 Δc 만큼 증가한 경우 소비자가 부담하는 Δp와 $\Delta c - \Delta p$ 사이에 $\dfrac{\Delta p}{\Delta c - \Delta p} = \dfrac{\varepsilon_S}{-\varepsilon_D}$의 관계가 성립한다는 잘 알려진 조세의 귀착(tax incidence) 이론에 근거한다. 따라서 담합으로 인한 중간재 가격상승이 최종재 가격인상으로 전가되는 비율은 최종재의 수요 및 공급 탄력성의 상대적 크기에 따라 결정된다. 즉 공급이 탄력적일수록, 그리고 수요가 비탄력적일수록 비용전가율은 커진다.[9]

그러나 장기적인 관점에서 비용전가율과 무관하게 완전 경쟁적인 최종재 시장에 참여하는 직접구매자의 이윤은 불변이다: 즉

$$\frac{\Delta \pi}{\Delta w} = 0$$

식 11-2

---

9) 이러한 관계에 대한 경제학적 논의는 Harris and Sullivan(1979)에 잘 정리되어 있다.

직접구매자의 이윤이 장기적으로 변하지 않는 이유는 완전 경쟁시장에서는 궁극적인 조정이 이루어 진 후에는 최종재 가격은 단위 비용과 같게 되기 때문이다.

그러나 현실의 시장에서 최종재 가격이 이처럼 완전히 조정되기까지는 상당한 시간이 걸리므로 조정과정에서 최종재 업체들은 손해를 볼 수 있다. 가격이 전혀 조정되지 않는 매우 극단적인 단기의 상황에서는, 직접구매자의 손실은 다음과 같을 것이다:

$$\Delta\pi = \frac{\partial\pi}{\partial w}\Delta w = -x\Delta w.$$ 식 11-3

이는 원고가 직접구매자인 경우 자신의 손실액으로 주장하는 중간재 가격인상분에 거래량을 곱한 것이 된다.

최종재 시장이 독점인 경우

그러나 최종재 시장이 독점인 경우는 최종재의 수요함수 형태에 따라서 비용전가 비율은 크게 달라진다. Bulow and Pfleiderer(1983)은 매우 간단한 이론적 분석을 통해서, 이 경우 비용전가율은 1보다 작을 수도 있고, 1보다 클 수도 있음을 보였다. 예컨대 수요함수가 선형인 경우는 비용상승분의 1/2만이 가격인상으로 전가된다:

$$\frac{\Delta p}{\Delta w} = 0.5\frac{\Delta c}{\Delta w}.$$

반면 불변 탄력성 수요함수의 경우는 비용전가율이 1보다 커진다.

$$\frac{\Delta p}{\Delta w} = \frac{\varepsilon_D}{\varepsilon_D + 1}\frac{\Delta c}{\Delta w} > \frac{\Delta c}{\Delta w}$$

한편 중간재 가격상승에 따른 독점기업의 극대이윤의 변화는 간단한 경제분석을 통해서 다음과 같이 표현될 수 있음을 보일 수 있다:[10]

---

10) 잘 알려진 Hotelling's Lemma를 적용한 것이다.

$$\Delta \pi = \frac{d\pi}{dw}\Delta w = \frac{\partial \pi}{\partial w}\Delta w = -x\Delta w \qquad \text{식 } 11-4$$

즉 이 경우는 최종재 시장의 독점기업이 담합으로 인해 입는 이익감소분은 가격 인상분에 거래량을 곱한 것으로 <식 11-3>과 같아진다.

최종재 시장이 과점인 경우

현실적으로 많은 경우 최종재 시장은 완전 경쟁이나 독점이 아니라 제품이 차별화된 과점시장이라고 할 수 있다. 논의의 단순화를 위해서 최종재 시장에는 직접구매자와 경쟁하는 다른 기업이 존재하고 그 경쟁기업의 가격을 r로 표기해 보자.[11]

이 경우 중간재 가격인상의 비용전가율은 개별기업이 직면하는 수요함수의 형태에 따라서 결정될 것이다. 앞서 독점기업의 경우는 개별기업이 직면하는 수요함수가 시장 수요함수와 같았지만, 과점시장에서는 달라진다. 과점시장에서의 비용전가율은 시장 수요함수의 형태가 아니라 개별기업이 직면하는 수요함수의 형태에 따라 달라진다는 것만 유의하면 앞서 논의한 독점기업의 경우 비용전가율이 최종재 시장의 수요함수의 형태에 따라 달라지는 관계는 마찬가지로 성립한다.

한편 중간재 가격인상이 직접구매자의 이윤에 미치는 영향은 간단한 경제분석을 통해서 다음과 같이 표현될 수 있음을 보일 수 있다:[12]

$$\frac{d\pi}{dw} = \frac{\partial \pi}{\partial w} + \frac{\partial \pi}{\partial p}\frac{dp}{dw} + \frac{\partial \pi}{\partial r}\frac{dr}{dw} = \frac{\partial \pi}{\partial w} + \frac{\partial \pi}{\partial r}\frac{dr}{dw} = -x + \frac{\partial \pi}{\partial r}\frac{dr}{dw}$$

따라서 다음의 관계가 성립한다:

$$\Delta \pi = \frac{d\pi}{dw}\Delta w = -x\Delta w + \frac{\partial \pi}{\partial r}\frac{dr}{dw}\Delta w. \qquad \text{식 } 11-5$$

---

11) 직접구매자의 경쟁기업이 몇 개가 있다고 할지라도 이하의 논의에는 변화가 없다.
12) 역시 Hotelling's Lemma를 응용한 것이다.

<식 11-4>와 비교하면 <식 11-5>에는 $\frac{\partial \pi}{\partial r}\frac{dr}{dw}\Delta w$이 추가로 존재하고 이것이 양의 값을 갖기 때문에 직접구매자의 손해액이 중간재 가격상승분의 거래가치를 나타내는 $x\Delta w$보다 적게 된다. $\frac{\partial \pi}{\partial r}\frac{dr}{dw}\Delta w$항이 의미하는 바는 중간재 가격상승으로 경쟁기업이 가격을 인상하게 되고, 이로 인해 직접구매자도 가격을 올릴 수 있게 되어 담합의 피해를 어느 정도 줄일 수 있다는 것이다.

이상의 논의를 정리하면 다음과 같다. 우선 중간재의 가격상승으로 인한 비용상승의 최종재 가격인상으로의 전가는 최종재 시장의 경쟁구조와 수요함수 형태에 따라서 다양한 결과가 가능하므로, 선험적으로 확정될 수 없는 것으로서 실증적 분석을 통해서 확인될 수밖에 없는 것이다.

다음으로 담합으로 인한 중간재 가격인상이 직접구매자인 최종재 생산자의 이윤에 미치는 영향은 최종재 시장이 완전 경쟁적인 경우에는 비용인상을 가격인상으로 전가할 수 없는 단기의 상황과 완전 독점인 경우에만 중간재 가격인상분에 중간재 거래량을 곱한 것으로 나타날 수 있다. 그러나 보다 현실적인 과점적 시장의 경우에는 직접구매자의 이윤손실이 이보다 적어질 수 있다. 그 이유는 중간재 가격이 상승하면 경쟁기업들도 최종재 가격을 인상할 것이므로 중간재 가격을 인상할 수 있는 여지가 있기 때문이다.

2) 계량경제학적 추정방법

본 항에서는 앞의 경제이론적 논의에 기초해서 중간재 시장의 담합에 따른 직접구매자와 간접구매자의 손해액을 산정하는 계량경제학적 추정방법을 살펴보기로 한다.

이를 위해서 <식 11-5>의 관계를 좀 더 살펴보면, 과점시장에서 경쟁하는 직접구매자이 이익손실분 $\Delta \pi$는 담합으로 인한 중간재 가격인상으로 인한 이윤감소 효과 $-x\Delta w$에 최종재 시장에서의 과점적 경쟁과정에서 최종재 가격의 인상을 통한 손실보전 효과 $\frac{\partial \pi}{\partial r}\frac{dr}{dw}\Delta w$를 감안한 것으로 나타난다. 그러나 후자를 엄밀하게 추정하기 위해서는 최종재 시장의 구조 및 경쟁행태를 반영한 정치한 이론적, 계량적 분석을 행하여야 한다. 이 방법이 가장 이상적이기는 하나, 실제 최종재 시장의 구조 및 경쟁에 대해서 논쟁의 소지가 없는 완전한 모형화가 불가능하고, 설사 이론적 모형에 대한 합의가 이루어졌다고 하더라도 요구되는 자료가 충분하지 않아서 — 특히 경쟁기업에 대한 자료의 부재로 인하여 — 현실적으로 계량적 추정을 하는 것은 쉽지 않다.

따라서 대안으로 $\frac{\partial \pi}{\partial r} \frac{dr}{dw} \Delta w$를 $q_1 \Delta p$으로 근사적으로 추정을 하는 것을 생각해 볼 수 있다. 다음은 앞서 이론적으로 도출한 <식 11-5>의 관계의 현실적 산정하는 방안을 제시한다:

$$
\begin{aligned}
\Delta \pi &= -x\Delta w + \frac{\partial \pi}{\partial r} \frac{dr}{dw} \Delta w \\
&\cong -x_1 \Delta w + q_1 \Delta p \\
&= \Delta w \left(-x_1 + \frac{\Delta p}{\Delta w} q_1 \right).
\end{aligned}
$$

식 11-6

앞서 언급한 바와 같이 $\frac{\partial \pi}{\partial r} \frac{dr}{dw} \Delta w$ 항은 담합에 의한 중간재 가격상승에 따라 경쟁기업이 가격을 인상하게 되어 직접구매자가 이윤을 높일 수 있음을 의미하는 것이다. 이러한 직접구매자의 이윤증대는 결국 담합 후의 판매량 q_1에 최종재 가격의 상승분 Δp의 곱으로 반영될 것으로 예상된다. 이제 중간재 시장에서 담합으로 인한 가격인상 Δw와 그로 인한 최종재 시장으로의 비용전가 Δp가 추정되면, 직접구매자의 손해액은 <식 11-6>에 따라서 $\Delta \pi$로 산정할 수 있고, 간접구매자의 손해액은 $q_1 \Delta p$로 산정될 수 있다.

중간재 시장에서의 담합으로 인한 가격인상의 추정방법

담합으로 인한 가격인상분은 담합가격과 비담합가격의 차이로 정의된다. 담합가격은 담합상황 하에서의 실제가격이지만, 비담합가격은 담합이 없었을 경우 정상적인 경쟁 하에서 형성되었을 가상가격(but-for or counter-factual price, benchmark or reference price)이다.

이하에서는 밀가루 담합 손해액 산정에서 적용된 더미변수 모형에 대해서 간략히 설명하기로 한다. 일반적으로 담합으로 인한 가격인상을 실증적으로 분석하기 위해서는 다음과 같은 관계식을 추정한다:[13]

---

13) 이하의 더미변수 모형은 앞서 9장에서 소개한 흑연전극봉 국제카르텔 시장에서의 담합효과

$$\ln w_t = \alpha + \sum_{k=1}^{K} \beta_k y_{kt} + \delta\, d_t + \varepsilon_t \qquad \boxed{\text{식 11-7}}$$

w_t: t기에 관찰된 중간재 가격[14)

y_{kt}: 중간재 시장의 수요 및 공급 요인을 나타내는 설명변수들

d_t: 담합시기를 나타내는 더미(dummy)변수

ε_t: 교란항

이러한 추정식을 뒷받침하는 경제적 논리는 자명하다. 시장의 경쟁상황이 어떠하든 관계없이 가격은 수요 및 공급요인에 의해서 결정된다. 경쟁시장에서의 균형가격은 수요곡선과 공급곡선이 만나는 곳에서 결정되고, 독과점시장에서는 각 기업은 수요 및 공급조건 그리고 경쟁기업의 반응을 감안하여 자신의 이윤을 극대화하는 가격을 책정한다. 이러한 일반적인 수요·공급측면의 가격결정요인 이외에 우리가 관심을 가지는 것이 담합에 의한 가격인상효과이다. 담합더미는 바로 이를 포착하고자 하는 것이다. δ의 추정치 $\hat{\delta}$의 통계적 유의성이 검증된 경우, δ은 담합으로 인한 가격상승 효과를 나타낸다고 할 수 있다. 왜냐하면, 잔차를 무시하면, 담합의 효과는 담합이 있었던 $d_t=1$인 시기의 예측가격(보다 정확히는 그 로그값) 담합이 없었던 $d_t=0$인 시기의 예측가격(보다 정확히는 그 로그값)의 차이인 $\hat{\delta}$이 된다. 이때 $\hat{\delta}$은 담합으로 인한 가격상승율로 해석될 수 있다.

최종재 시장으로의 비용전가의 추정방법

중간재 시장에서의 직접구매자가 담합으로 인한 가격인상의 얼마만큼을 최종재 시장으로 전가시켰는가를 추정하는 방법은 보다 간단하다. 사실상 <식 11-7>의 설명변수에 생산요소 비용으로 중간재의 가격을 포함시키고, 담합 더미변수를 제외시키면 된다. 즉 비용전가의 추정식은 다음과 같이 설정된다:

경제분석에서 설명한 바 있다.

14) 가격결정모형에서 변수들의 로그변환은 일반적인 관행이다.

$$\ln p_t = \alpha + \beta_0 \ln w_t + \sum_{k=1}^{K} \beta_k Z_{kt} + \varepsilon_t.$$ 식 11-8

p_t: t기에 관찰된 최종재 가격

w_t: t기에 관찰된 중간재 가격

Z_{kt}: 중간재 요소비용을 제외한 최종재 시장의 수요 및 공급 요인을 나타
내는 설명변수들

ε_t: 교란항

추정모형 <식 11-8>에서 β_0의 추정계수 $\widehat{\beta_0}$은 최종재 가격의 중간재 가격에 대한 탄력성으로 중간재 가격이 1% 인상될 때 최종재 가격이 몇 % 인상되는가를 나타내는 비용전가율이 된다.

이제 <식 11-7>의 추정으로부터 $\hat{\delta}$ 그리고 <식 11-8>의 추정으로부터 $\widehat{\beta_0}$을 얻으면, 이로부터 중간재 시장에서의 담합으로 인한 가격인상분 $\triangle w$와 이의 최종재 시장으로의 비용전가 $\triangle p$가 구해진다. 이에 따라서 직접구매자의 담합 손해액은 <식 11-6>의 이윤손실 $\triangle \pi$가 되고, 간접구매자의 담합 손해액은 $q_1 \triangle p$가 된다.

3) 밀가루 담합 손해배상 민사소송 사건에의 적용[15]

원고인 삼립식품은 2000년경부터 2005년 사이의 7개 밀가루 제조업체의 국내 생산량 제한 및 가격인상 합의 담합으로 인한 손해액으로 피고인 씨제이와 삼양사에 대하여 각각 약 29.8억원과 7.5억원을 청구하였다. 한편 피고 측은, 원고가 담합으로 인한 밀가루 가격인상분 중의 일부 혹은 전부를 빵 가격을 인상함으로써 소비자들에게 비용을 전가할 수 있으므로, 원고가 입은 손해액은 이를 고려하여 원고의 실제 이익감소를 산정해야 한다고 주장하였다. 이에 법원은 피고들의 담합으로 인한 밀가루 가격인상분과 원고의 비용전가를 고려한 이익감소를 경제학적 방법으로 산정할 것을 감정 의뢰하였다.

---

15) 서울중앙지방법원(2009.5.27) 판결, 항소심인 서울고등법원(2010.10.14) 판결 및 황윤재(2008)의 손해액 감정을 위한 계량경제분석 보고서 참조.

감정인은 먼저 <식 11-7>에 기반한 추정모형을 이용하여 담합으로 인한 밀가루 가격인상분을 추정하였다.[16] 단, 담합더미의 경우 삼양사가 담합에 좀 늦게 참여한 것을 반영하기 위해서 삼양사 미참여 시기와 참여시기를 구분하여 2개의 담합더미를 포함시켰다. 한 가지 흥미로운 점은 '담합 후 더미변수'를 포함시킨 것으로, 그 이유로 *"담합이 적발되더라도 기업들은 가격을 담합 이전 수준으로 즉각적으로 인하하지 않을 많은 현실적 유인을 가지고 있으며 이러한 사실을 무시한다면 담합의 효과가 과소 측정될 가능성이 있기 때문"*임을 들고 있다. 그 밖에 다른 설명변수들로는 '실질국내총생산', '생산자물가지수', '원맥도입가격', '수입물가지수', '기타 제조비용' 등을 포함시켰는데, 이들은 밀가루 가격에 영향을 주는 대표적인 수요 및 공급 조건들이라 할 수 있다. 추정 결과, 다른 조건의 변화에 따른 밀가루 가격의 변화를 적절히 통제한 후에 순수한 담합으로 인한 가격인상분은, 삼양사의 경우 8.97%로 추정되었고, 씨제이의 경우 삼양사가 담합에 참여하기 전에는 5.91%, 삼양사가 담합에 참여한 시기에는 15.7%로 추정되었다.[17]

다음으로 감정인은 <식 11-8>을 기초로 담합으로 인한 밀가루가격 인상의 제빵가격으로의 비용전가를 추정하였다.[18] 밀가루가격 이외의 제빵가격을 결정하는 설명변수로는 빵 중량, 실질국내총생산, 소비자물가지수, 원료비를 제외한 기타 제조비용 등이 포함되었다.[19] 추정결과, 밀가루 가격 1% 상승은 빵 가격 약 0.06%의 상승을 야기하는 것으로 나타났다. 감정인은 담합으로 인한 가격인상분 추정치와 비용전가율 추정치를 이용하여, 비용전가를 고려한 원고의 손해액을

---

16) 실제의 추정모형은 다양한 빵 제품이 존재하기 때문에 시계열 자료뿐만 아니라 빵 품목별 횡단면 자료를 이용한 고정효과 패널모형(fixed effect panel model)으로 설정되었다.

17) 여기서 가격인상률은 담합시기의 가상 경쟁가격(but-for price) 대비 실제의 담합가격의 상승률을 의미한다. 실제 담합가격에서 몇 %가 담합으로 인한 가격인상분인지를 구하려면 간단한 재환산이 필요하다.

18) 실제의 추정모형은 다양한 밀가루 제품이 존재하기 때문에 시계열 자료뿐만 아니라 밀가루 품목별 횡단면 자료를 이용한 고정효과 패널모형(fixed effect panel model)으로 설정되었다.

19) 빵 중량을 포함시킨 이유는 빵 가격 인상이 동일한 가격하에서 빵 중량을 줄이는 방식으로 우회적으로 나타날 수 있음을 반영하기 위한 것이다.

씨제이에 대해서는 13.6억원, 삼양사에 대해서는 약 3.1억원으로 산정하였다. 서울중앙지방법원과 서울고등법원은 감정인의 이러한 경제학적 손해액산정 방법 및 결과를 그대로 수용하여 원고의 손해배상 금액을 결정하였다.[20] 단 앞서 언급한 바와 같이 '비용전가 항변'에 대해서는 원칙적으로는 인정하지 않으면서도, '손해액의 제한'이라는 형식으로 실질적으로 수용하는 입장을 취했다.

3. 평가

본절에서는 미국과 EU, 그리고 우리나라의 법원 및 경쟁정책 집행기관의 중간재 시장에서 담합의 경우 비용전가에 대한 입장을 정리해 본다. 그리고 밀가루 담합 손해배상 사건과 이후의 관련된 국내 사례를 소개하고, 향후의 시사점을 제시한다.

1) 직접구매자 및 간접구매자에 대한 손해배상에 대한 미국, EU 및 우리나라 법원 및 경쟁정책 집행기관의 입장

중간재 시장에서의 담합이 발생한 경우 손해배상의 청구권을 직접구매자와 간접구매자 사이에 어떻게 인정하고 배분할 것인가에 대한 법리적 논쟁은 나라마다 다르게 흥미롭게 전개되어 왔다.

미국의 경우

미국 대법원은 1968년 *Hanover Shoe* 판결에서 직접구매자가 담합으로 인한 중간재 가격상승을 최종재 가격인상으로 전가하였음을 주장하는 피고 측의 소위 비용전가 항변(passing-on defense)을 인정하지 않고, 1977년 *Illinois Brick* 판결에서는 간접구매자의 손해배상 청구권을 인정하지 않았다.[21] 비용전가의 항변을

---

20) 단 원고가 피고로부터 받은 장려금을 고려하여 최종 손해배상 금액은 씨제이 및 삼양사에 대해 각각 약 12.4억 및 2.3억으로 결정되었다.

21) US Supreme Court(1968.6.17)과 US Supreme Court(1977.6.9) 참조.

인정하지 않으면서 간접구매자에게도 손해배상 청구권을 인정하는 경우 피고가 과다한 이중배상을 할 가능성이 있고, 비용전가의 항변을 인정하면서 직접구매 자에게만 손해배상 청구권을 인정하는 경우 피고의 배상이 피고가 야기한 손해 에도 미치지 못할 수 있게 되므로, *Hanover Shoe/Illinois Brick* 판결은 논리적 일관성을 위한 당연한 결합이라고 할 수 있다. 그러나 이러한 판결 이래로 미국 에서는 비용전가 항변 및 간접구매자의 청구권 인정 여부에 대한 법리적인 논란 이 있어 왔다.

현실적으로 직접구매자가 담합으로 인한 가격인상분 중의 일부 혹은 전부를 간접구매자에게 전가하고 그에 따라 간접구매자가 높은 가격을 지불할 개연성이 있는 상황에서, 미국 대법원이 비용전가 항변을 인정하지 않고 직접구매자에게 만 손해배상 청구권을 인정하는 입장을 취한 것은 일견 상식과 형평에 부합해 보이지 않는다. 그러나 이는 실용적, 정책적 접근으로 이해할 수 있을 것이다. 즉 직접구매자와 간접구매자에게 귀속되는 손해의 산정이 복잡하여 현실적으로 법 원이 이에 대한 올바른 판단을 내리기 어렵다고 본 것이다. 또한 정책적 고려로 서, 손해 배상청구의 유인과 능력이 높은 직접구매자에게 청구권을 인정함으로 써 공동행위에 대한 억제력을 제고할 수 있을 것으로 기대하였다.

당연히 예상할 수 있는 바대로 미국 대법원의 이러한 입장에 대해서는 많은 논란과 반발이 있어왔다. California와 D.C.를 비롯한 일부 주들은 *Illinois Brick* 철회법안(repealers)을 제정하여, 간접구매자들에게도 손해배상 청구권을 인정해야 한다는 반대 입장을 취했다. 대법원 판결이 근거하고 있는 비용전가율 추정의 현 실적 어려움은 극복할 수 없는 것이 아니고, 전가율이 높은 경우 직접적 구매자 들은 손실을 보지 않기 때문에 오히려 손해배상 청구의 유인이 낮아져서 공동행 위의 억제가 저해될 수 있다고 본 것이다. 무엇보다도 비용전가의 항변 및 간접 구매자의 청구권을 인정하지 않는 경우 직접구매자는 부당한 이익을 향유하고, 간접구매자는 부당한 피해를 감수해야 하기 때문에 배분적 형평성이 훼손된다고 보았기 때문이다. 최근에는 이러한 반론이 설득력을 얻게 되어, 미국 반독점법 현대화 위원회(US Antitrust Modernization Commission(2007))도 효율성과 형평성의 관점에서 *Hanover Shoe/Illinois Brick* 원칙을 뒤집어 직접·간접 구매자 모두에 게 손해배상 청구권을 인정하는 것이 바람직하다는 권고안을 제시하였다.

EU의 경우

한편 Ashurst(2004)에 따르면 EU 회원국가들은 원칙적으로 직접·간접 구매자 모두에게 손해배상 청구권을 인정해 왔고, 피고의 입증부담을 전제로 비용전가 항변을 인정해 왔다.[22] 최근 들어 유럽 집행위원회는 경쟁법 위반에 따른 손해배상 소송에 대한 기본 입장과 원칙을 EC(2008)의 백서(White Paper) 형식으로 발간하였다.[23] 백서에서 집행위원회는 경쟁법 위반으로 인한 피해를 입은 *"어떤 개인(any individual)"*도 해당 국가의 법정에서 손해배상을 청구할 수 있도록 허용되어야 함을 확인한 Court of Justice의 2006년 *Manfredi* 판결을 지지하면서, 이러한 일반적 원칙이 간접구매자의 청구권에도 적용됨을 분명히 하였다.[24] 또한 이처럼 간접구매자의 손해배상 청구권을 인정하는 것으로부터 자연스럽게 유추할 수 있는 바대로, EC는 경쟁법 위반행위의 피고는 가격인상 피해의 배상청구에 대해 전가항변을 할 수 있도록 허용되어야 한다고 본다.[25] EC가 이처럼 전가항변을 인정하는 이유는 그렇지 않은 경우 가격인상을 전가한 구매자가 부당한 이득을 향유할 수 있고, 피고는 가격인상에 대해 부당한 이중배상을 해야 할 수도 있기 때문이다.

한편 EC는 피고의 전가항변을 인정하는 대신에 간접구매자의 손해배상 청구

---

22) 그러나 대개의 경우 담합과 간접구매자의 손해 사이의 인과관계를 입증하는 데 어려움을 겪어 왔고, Finland와 Sweden의 경우에는 간접구매자가 사업체(undertakings)인 경우에만 소송을 제기할 수 있도록 한정되어 있다고 한다.

23) EC 백서는 공동행위뿐만 아니라 착취적, 배제적 시장지배적 지위남용행위 등 모든 경쟁법 위반행위에 대하여 논하고 있다.

24) 더 나아가 간접구매자가 개별 소비자나 중소 기업인일 경우에는 청구권자들이 분산되어 있고 피해금액이 비교적 소규모인 반면 소송 관련 비용, 시간, 불확실성 및 입증부담이 커서 개별적 행동을 취하기 어렵다는 점을 감안하여, 집단적 구제(collective redress)를 용이하게 하는 제도적 보완이 필요함을 주장한다. EC는 그 방안으로 대표소송제(representative actions)와 선택참여 집단소송제(opt-in collective actions) 도입을 제안한다. 즉 소비자나 사업자 단체 혹은 국가기관과 같은 일정한 자격을 갖춘 기관이 소속 회원이나 권익증진 대상자들을 대신하여 소송을 하거나 피해자들이 개별적 손해배상 청구를 명시적으로 하나의 단일한 소송으로 통합하여 추진할 수 있어야 한다는 것이다.

25) 유럽 집행위원회의 간접피해자의 청구권 및 피고의 전가항변에 대한 입장과 관련된 논의는 EC(2008)의 2.1. 및 2.6. 소절을 참조하였다.

권 행사에 있어서 입증부담을 경감시켜주는 매우 흥미로운 제안을 하고 있다. 즉 간접구매자는 위법한 가격인상이 전부 자신들에게 전가되었다는 '반박가능한 추정(rebuttable presumption)'에 의존할 수 있도록 해야 한다는 것이다. 이는 많은 경우 간접구매자의 거래는 위법행위가 발생한 상류의 거래단계와 떨어져 있어 위법적 가격인상의 존재와 정도를 충분히 입증하기 어려울 수 있기 때문이다. 한가지 우려되는 점은 직접구매자의 손해배상 소송이 먼저 진행되어 가격인상의 전가가 확정되는 경우에는 별 문제가 없을 것이나, 간접구매자의 소송이 먼저 진행되는 경우에는 현실적으로 피고가 반박하기가 쉽지 않다는 것이다. 즉 비용전가의 입증에 있어서 직접구매자의 경쟁, 수요 및 비용 조건에 대한 정보가 필수적인데, 직접구매자가 당사자가 아닌 소송에 적극 협조하기를 기대할 수 있겠는가 하는 것이다. 직접구매자의 비협조로 인해 반박이 어려워져서 완전전가의 추정이 성립하는 경우가 많아질 우려가 있다.

미국의 경우 담합 손해배상 소송이 이미 오래전부터 활성화되어 왔지만, 앞서 언급한 바와 같이 *Hanover Shoe/Illinois Brick* 원칙에 따라서 전가항변이 허용되지 않아 왔기 때문에, 중간재 시장의 담합 손해배상 소송에서 직접구매자의 비용전가를 고려한 법원의 판례를 찾아보기 어렵다. 한편 유럽의 경우 전가항변이 허용되어 왔기 때문에, 이와 관련한 판례가 많다. 예컨대 EC(2001.11.21)의 비타민 카르텔 의결 이후에 프랑스, 독일, 영국 등 여러 나라에서 비타민을 중간재로 사용하는 식료품 생산업자들에 의한 손해배상 청구소송이 잇달았다.[26] Oxera(2009)에 의하면, 프랑스 법원은 최종재 생산에서 비타민이 차지하는 비중이 적어서 약간의 가격인상으로도 담합으로 인한 가격상승을 상쇄할 수 있는데, 실제로 직접구매자는 비타민 가격상승 이상으로 최종재 가격이 상승한 사실이 있음을 근거로 비용전가 항변을 수용하고, 직접구매자의 손해배상 청구를 인정하지 않았다.[27] 한편 독일 법원은 피고에게 전가효과의 입증부담이 있는데, 피고가 그에 대한 입증을 충분하게 제시하지 못하였다고 판결하였다.[28] 영국 법원의 경우

---

26) 후속 손해배상 청구소송에 대한 논의는 Oxera(2009) 참조.
27) Paris Commercial Court(2007.1.26) Decision.
28) Dortmund Regional Court(2004.4.1) Judgement.

손해의 '중복계산(double counting)'과 그로 인한 '부당이익향유(unjust enrichment)'를 이유로 전가항변을 인정한다고 하면서도 전가의 수준에 대해서 결론을 내리지 않았다.[29] 유럽의 경우 이처럼 비용전가 항변을 고려한 판례들이 많지만, 비용전가의 수준에 대한 경제학적 분석이 적극적으로 활용된 사례는 별로 없는 것으로 보인다.

반면 우리나라의 경우에는 중간재시장에서의 담합의 사례로서 앞서 언급한 밀가루사 담합과 신용카드/VAN사 담합 손해배상 소송에서 직접구매자 및 간접구매자의 손해액 산정을 위한 경제학적 분석이 법원의 판결에 결정적 근거가 되었다.

우리나라의 경우

우리나라의 경우 밀가루 담합 손해배상 민사소송에서 지방법원, 고등법원 및 대법원 판결은 간접구매자의 청구권 및 전가항변을 '사실상' 인정하고 있다. 이 소송 제1심 및 항소심 법원은 밀가루의 직접구매자인 원고가 담합으로 인한 밀가루가격 인상을 비용으로 전가할 것인지 및 그 범위는 *"원고의 의사에 전적으로 맡겨진 영역(경우에 따라 직접 구매자는 초과 지급한 부분을 스스로 흡수하기도 한다)이라 할 것이고,[30] 전가액이 밝혀지더라도 이는 추정적인 것일 뿐"*이고, *"원고의 손해는 이미 확정된"* 것이고, *"원고와 피고들 사이의 밀가루매매계약과 원고와 소비자 사이에 체결된 제품매매계약은 별개의 계약이므로, 담합으로 인한 밀가루 가격상승과 원고가 가격인상 후 별개의 계약에 따라 취득한 이익과의 상당인과관계도 없다"*는 점들을 들어, '원칙적으로' 피고의 비용전가 항변을 인정하지 않았다. 그러나 실제에 있어서는 손해액 혹은 책임의 "제한" 단계에서 비용전가를 사실상 인정하고 있다. 즉 *"원고는 피고들의 담합행위로 인하여 입은 손해 중 일부를 소비자에게 전가시켰다. 공정거래법의 제정목적은 공정하고 자유로운 경쟁을 촉진함으로써 궁극적으로 소비자를 보호하기 위한 것이다. 손해의 일부를 궁극*

---

29) England and Wales Court of Appeal(2008.10.14), Decision.
30) 이 소송에서 원고는 제빵업자 삼립식품이고, 피고는 밀가루 생산업자인 씨제이와 삼양사이다.

적으로 소비자에게 비용을 전가시킨 원고에게 비용전가 사실을 고려하지 아니한 채 손해 전부를 전보시켜준다면 원고는 뜻하지 않은 이익을 취하는 것이어서 손해배상제도의 이념에 반한다. 비용전가액을 고려하여 피고들이 부담하는 손해배상 액수를 일부 감액함이 타당하다"고 판시하였다.[31]

또한 신용카드/VAN사의 매출전표 매입업무 수수료 인하 담합사건과 관련한 손해배상 소송에서 서울중앙지방법원은 "위법행위의 억제적 기능보다 보상적 기능을 중시하는 우리나라 손해배상제도"의 성격과 "공정거래법 제56조 제1항 본문이 '사업자 또는 사업자단체가 이 법의 규정을 위반함으로써 피해를 입은 자'라고 규정하여 직접·간접 피해자를 구분하고 있지 않은 점"을 거론하면서, 간접구매자의 손해배상 청구권 인정의 입장을 명확히 하고 있다.[32]

밀가루 담합 손해배상 소송과 관련한 경제분석에 대해서는 앞서 설명하였으므로, 이하에서는 신용카드/VAN사 담합 손해배상 소송에서의 경제분석에 대해서 좀 더 살펴본다.[33]

공정위(2008.3.4) 의결서에 따르면 2005.1.12. 신용카드 7개사는 VAN 10개사에 지급하는 Data & Draft Capture 수수료 중 신용카드 매출전표 수거·보관 업무에 해당하는 Draft Capture(이하 DC) 수수료를 건당 80원에서 50원으로 인하하기로 합의하고, 2005.3.1. 부터 합의대로 실행하였다. 또한 VAN 10개사는 신용카드사들로부터 위탁받은 DC 업무를 VAN 대리점에게 다시 위탁하고 그 대가로 DC 수수료를 지급하였는데, 2005년 3월 DC 수수료를 건당 80원에서 50원을 초과하지 않는 범위에서 지급하기로 합의하고, 이를 2007년 10월까지 실행하였다. 이에 따라서 원고인 62개의 VAN 대리점들은 피고인 7개 신용카드사와 10개 VAN사들에 대하여 이들의 담합으로 인한 손해액으로 건당 DC 수수료 인하금액인 30원에 거래건수를 곱한 금액을 청구하였다. 한편 피고 측은 담합이 없었더라

---

31) 서울중앙지방법원(2009.5.27) 판결 및 서울고등법원(2010.10.14) 판결.

32) 서울중앙지방법원(2011.11.4) 판결. 이 사건의 제1심 판결은 2017년 대법원 판결로 최종 확정되었다.
   (http://www.etoday.co.kr/news/section/newsview.php?idxno=1478236 기사 참조)

33) 서울중앙지방법원(2011.11.4) 판결 및 이상승, 황윤재(2011)의 손해액 감정을 위한 계량경제분석 보고서 참조.

도 시장여건의 변화로 인해 해당 수수료는 크게 인하되었을 것임을 주장하였다. 이에 법원은 피고들의 담합이 없었다면 형성되었을 담합기간 동안의 DC 수수료의 가상적인 경쟁가격에 대한 경제학적 추정을 감정 의뢰하였다.

이 사건을 앞의 사건과 마찬가지로 본장의 주제인 중간재 시장에서의 담합에서 직접구매자와 간접구매자의 손해배상 사건으로 파악하기 위해서는, 앞의 밀가루사 담합이 '판매자 담합'인 반면, 신용카드/VAN사 담합은 그와 대칭적인 '구매자 담합'이라는 사실을 염두에 두어야 한다. 다음 <표 11-1>은 두 사건을 대칭적으로 설명한 것이다.

두 사건은 판매자 담합과 구매자 담합의 차이 이외에도 다음과 같은 구별되는 특징이 있다. 밀가루 담합 사건에서는 직접구매자인 제빵업자들이 비용전가를 위한 담합을 하지 않았지만, 신용카드/VAN사 담합 사건에서는 직접판매자인 VAN들도 수입감소분을 전가하기 위해 연쇄적으로 담합을 한 것이다. 따라서 밀가루 담합사건에서는 직접구매자인 제빵업자가 원고로 밀가루사에 대해서 손해배상을 청구할 수 있었지만, 신용카드/VAN사 담합사건에서는 '연쇄적' 담합에 가담한 직접판매자인 VAN사들은 원고가 아니라 피고가 되었다. 한편 밀가루 담합 사건의 경우 아직 간접구매자인 최종소비자들은 손해배상 청구를 하지 않고 있지만, 신용카드/VAN사 담합 사건에서는 간접판매자인 VAN대리점이 원고로서 손해배상을 청구하였다.

감정인 이상승, 황윤재(2011)는 2절의 <식 11-7>에 기반한 추정모형에 따라

표 11-1 밀가루 담합과 신용카드/VAN사 담합의 비교

	밀가루사 담합	신용카드/VAN사 담합
담합의 성격	판매자 담합으로 인한 밀가루 가격인상 X	구매자 담합으로 인한 DC 서비스 수수료인하 X′
직접 피해자의 전가 및 손해	직접구매자인 제빵업자의 비용전가 Y ⇒ 제빵업자의 손해 X-Y	직접판매자인 VAN사의 수입감소의 전가 Y′ ⇒ VAN사의 손해 X′-Y′
간접 피해자의 손해	간접구매자인 최종 빵소비자의 손해 Y	간접판매자인 VAN 대리점의 손해 Y′

담합기간 동안의 DC 수수료의 가상적 경쟁가격을 추정하였다.[34] 이때 담합더미 변수 이외에 DC 수수료의 변화를 설명하는 다른 설명변수들로는 'DSC 서비스의 상대적 보급률', '대리점별 승인건수당 영업비용', 'EDC 서비스 도입제안 효과 더미변수' 등이 포함되었다. DSC(Data Signature Capture) 서비스는 DC를 대체하는 '우월적 대체재'로서 그 보급의 확대는 DC 수수료를 인하시키는 요인으로 작용할 것으로 예상되고, 또 다른 대체 서비스인 EDC(Electronic Data Capture)의 도입제안은 실현되지는 않았지만 '잠재적 경쟁자'로서 역시 DC 수수료 인하에 영향을 주었을 것으로 예상된다. 감정인은 이러한 추정모형을 이용하여, 담합이 없었다 하더라도, i) 대리점별 승인건수당 영업비용의 하락, ii) 2006년 이후 우월적 경쟁서비스인 DSC 서비스의 확산, iii) 잠재적 경쟁서비스인 EDS 서비스의 도입제안 등의 요인으로 담합기간인 2005년 3월~2007년 12월의 기간 동안 DC 수수료의 경쟁가격은 평균적으로 그 전의 80원 수준에서 61.87원으로 인하되었을 것으로 추정하였다. 서울중앙지방법원(2011.11.4)은 이에 근거하여, 원고인 VAN대리점의 손해액을 가상적 경쟁수수료 61.87원과 담합수수료 50원의 차이에 거래건수를 곱한 금액으로 결정하였다.

이 사건에서 법원은 앞서 언급한 바대로 간접피해자의 손해배상 청구권을 명확히 인정하였다. 또한 신용카드사의 구매자 담합으로 인한 DC 수수료 인하가 직접판매자인 VAN사들의 연쇄적 담합을 통해 간접판매자인 VAN대리점에 전부 전가된 것으로 보았다. 즉 <표 11-1>에서 Y'=X' 라고 본 것이다. VAN사들은 담합과 무관하게, *"이 사건 2005.3.3.자 합의 전후를 불문하고 피고 신용카드사들로부터 받은 DDC 수수료 중 Draft Capture 수수료를 별도의 마진 없이 그대로 원고들에게 다시 지급"*해왔다.[35] 따라서 만약 VAN사들이 연쇄적 담합을 하지 않았다고 힐지리도, 전가항변의 취지에 따라서 VAN사들은 신용카드사들에게

---

34) 실제의 추정모형은 시계열 자료뿐만 VAN사별 횡단면 자료를 이용한 고정효과 패널모형 (fixed effect panel model)으로 설정되었다.

35) 담합과 무관하게 이러한 관행이 있어왔다면, VAN사들이 신용카드사들의 담합 이후 연쇄적 합의를 별도로 할 이유가 없었을 것이라는 의문이 제기될 수 있다. 그러나 공정위는 이러한 관행이 사실상 VAN사들이 정보교환을 위한 관행적 회합에 의해서 지속되어왔던 점을 문제 삼은 것으로 이해된다.

손해배상을 받을 수는 없었을 것이다. 즉 간접피해자인 VAN대리점이 신용카드 사로부터 담합으로 인한 수수료 인하분을 전액(<표 11-1>에서 X')을 보상받고, VAN사는 손해배상소송에서 배제되었을 것이다.

그러나 이 사건에서 법원은 VAN사들의 수입감소가 VAN대리점들에 전가된 점에 비추어 책임이 제한되어야 한다는 주장을 배척하여 VAN사들에게도 신용카드사들과 공동불법행위자로서 부진정연대의 손해배상 책임이 있다고 판결하였다.[36] 이는 원고들과 직접 계약관계가 있는 VAN사들에게도 신용카드사들과 동등한 담합의 책임을 묻는 한편 피해자인 원고들에게 배상을 구할 수 있는 대상을 넓히고자 하는 것으로 이해된다. 만일 VAN사들이 신용카드사들의 담합에 따른 자신들의 수익감소를 연쇄적 담합을 통해 VAN대리점들에 전가한 데 지나지 않는다면, VAN사들에게 민사적 손해배상 책임을 지우는 것은 담합에 대한 억제 또는 제재 측면에서는 정당화될 수 있을 것이다. 그러나 담합 자체에 대한 제재는 공정거래법 위반에 따른 과징금이나 후속 고발에 따른 형사적 처벌에 의하는 것이 원칙이라고 본다면, 보상적 기능을 주된 기능으로 하는 우리나라의 민사적 손해배상 제도에서 제재로서의 징벌적 손해배상을 허용하는 것이 적절한지에 대해서는 의문이 제기될 수 있을 것이다.

2) 시사점

본장에서는 중간재시장에서의 담합 손해배상 소송에서 직접구매자와 간접구매자의 손해액을 과학적으로 산정하기 위한 경제이론적 기초와 계량경제학적 추정방법을 소개하고, 직접구매자와 간접구매자의 청구권 인정 및 배분을 둘러싼 법리적 쟁점에 대한 미국, EU 및 우리나라의 법원과 경쟁정책 집행기관의 최근

---

36) 판결은 신용카드사와 VAN사들을 공동불법행위자로서 판단하고 있기 때문에 그들 사이에 책임이 어떻게 분담되어야 하는지는 밝히지 않고 있다. 따라서 원고들은 피고들로부터 손해액 전부를 배상 받을 때까지 피고들 각자에게 손해액의 지급을 구할 수 있다. 피고들 각자의 부담부분이 어떻게 되는지는 피고들 중에 원고들에게 자신의 부담부분을 넘는 손해액을 배상하였다고 주장하는 자가 다른 피고들을 상대로 하여 구상권에 기한 청구를 할 경우 따로 정해질 수 있을 것이다. 다만 각자가 손해발생에 기여한 정도가 불분명할 때에는 부담부분은 균등하다고 보아야 할 것이다.

입장을 정리하였다. 우리나라 법원은 최근 밀가루 담합 손해배상 소송에서 원고인 제빵업자들이 담합으로 인한 밀가루가격 상승의 일부를 빵가격 인상으로 전가하였다는 피고의 항변을 '손해액의 제한'이라는 형식으로 사실상 인정하였고, 신용카드/VAN사 담합 관련 손해배상 소송에서는 '보상적 기능'을 중시하는 우리나라 손해배상제도의 성격에 비추어 간접구매자(이 경우는 구매자담합이므로 간접 판매자)의 청구권도 인정하였다. 더욱이 이 두 소송에서는 담합으로 인한 중간재가격의 상승 및 최종재가격 인상으로의 전가에 대한 경제분석이 법원의 판결에 결정적으로 인용되었다.

많은 담합이 중간재 시장에 발생하고 있기 때문에 향후 관련한 손해배상 청구소송은 더욱 활발해질 것으로 예상된다. 사전적으로는 중간재시장에서의 담합을 억제하고, 사후적으로는 직접구매자와 간접구매자 사이의 보상이 형평성에 부합하게 하기 위해서는, 우선 모든 담합피해자들의 손해배상청구를 용이하게 하는 정책 및 제도의 보완이 필요하고, 직접구매자와 간접구매자의 실제 손해액 산정의 정확성을 높이는 경제학적 분석방법의 적극적 활용이 요청된다.

비용전가 항변이 인정되는 상황에서 간접구매자의 손해배상 청구가 제대로 이루어지지 않으면, 담합가담자들은 응당한 손해배상 책임을 지지 않게 되어 담합의 사전적 억제 및 사후적 보상의 형평이 기해지기 어렵다. 따라서 분산되어 있고 손해액 규모가 작은 소비자들이 간접구매자인 경우, 이들의 손해배상 청구를 용이하게 하는 정책적 지원 및 제도적 보완이 필요하다. 최근 공정위가 소비자소송을 활성화하기 위해서 소비자단체가 피해소비자를 모집하는 데 소요되는 공고비를 지원하는 정책을 도입한 것은 이런 방향에서 작지만 의미 있는 출발이라고 평가된다. 그러나 공정거래법 위반과 관련한 손해배상에 대해서는 공동소송의 지원 수준에서 더 나아가 유럽 집행위원회가 제안하고 있는 집단소송제의 도입을 검토할 필요가 있다. 또한 담합이 발생한 시장과 거래단계상 떨어져 있는 간접구매자의 손해액 입증부담을 경감시켜 주기 위해서는, 법원의 판결 단계에서 EC가 제안하고 있는 완전전가의 '반박가능 추정(rebuttable presumption)'에 의존할 수 있을 것이다. 단, 피고 측의 정당한 반박 기회를 보장하기 위해서는, 직접구매자가 비용전가 관련 자료의 제공을 협조하도록 하는 보완책이 필요하다. 가령 간접구매자의 손해배상 소송에 완전전가가 추정된 경우에는 피고가 직접구매자의 손해배상 소송에서 이를 전가항변으로 인정받도록 해주는 것을 생각해 볼 수 있다.

이러한 정책적, 제도적 개선 못지않게 중요한 것은 직접구매자와 간접구매자의 실제 손해액을 합리적으로 결정하는 것이다. 이를 위해서는 담합으로 인한 중간재가격의 인상과 최종재가격으로의 전가가 올바로 추정되어야 하는데, 가격을 결정하는 다양한 요인을 적절히 고려하기 위해서는 경제학적 분석방법을 활용할 수밖에 없다. 법원의 판결에 있어 경제학적 방법에 대한 수용도를 높이기 위해서는 법조계와 경제학계의 소통과 상호이해 노력이 절실히 요청된다. 법조계는 경제학적 방법에 대해 이해하려는 노력을 기울여야 할 것이고, 경제학계는 경제학적 분석의 결과가 법원과 이해당사자가 수용할 만한 현실성과 타당성을 갖추고 있는 것임을 인정받도록 노력해야 할 것이다.

의결 및 판결 목록

공정거래위원회 (1999.4.7), 의결 제99-43호, "현대자동차(주)의 기업결합제한규정 위반행위에 대한 건".

공정거래위원회 (2000.5.16), 의결 제2000-76호, "에스케이텔레콤(주)의 기업결합제한규정 위반행위에 대한 건".

공정거래위원회 (2000.10.17), 의결 제2000-158호, "1998년도, 1999년도 및 2000년도 군납유류 구매입찰 참가 5개 정유사들의 부당한 공동행위에 대한 건".

공정거래위원회 (2001.4.12), 의결 제2001-068호, "포항종합제철(주)의 시장지배적지위 남용행위에 대한 건".

공정거래위원회 (2002.4.4), 의결 제2002-077호, "6개 흑연전극봉 생산업체의 부당한 공동행위에 대한 건".

공정거래위원회 (2002.12.18), 기업결합과 내부문건, "(주)파리크라상 및 특수관계인 허영인 외 2인의 (주)삼립식품 주식취득 건".

공정거래위원회 (2003.1.28), 의결 제2003-027호, "(주)무학 및 특수관계인 최재호의 기업결합제한 규정위반행위에 대한 건".

공정거래위원회 (2003.8.27), 의결 제2003-028호, "(주)무학 및 특수관계인 최재호의 이의신청에 대한 건".

공정거래위원회 (2006.1.24), 의결 제2006-009호, "하이트맥주(주)의 기업결합제한 규정 위반행위에 대한 건".

공정거래위원회 (2006.4.13), 의결 제2006-079호, "8개 밀가루제조·판매업체들의 부당한 공동행위에 대한 건".

공정거래위원회 (2006.11.6), 의결 제2006-257호, "6개 흑연전극봉 생산업체들의 부당한 공동행위건 관련 쇼와덴코케이케이에 대한 과징금 재산정의 건".

공정거래위원회 (2006.11.6), 의결 제2006-261호, "(주)이랜드리테일 및 케이디에프유통(주)의 기업결합제한규정 위반행위에 대한 건".

공정거래위원회 (2006.11.14), 의결 제2006-264호, "(주)신세계의 기업결합제한규정 위반행위에 대한 건".

공정거래위원회 (2007.9.6), 심사보고서, "인텔 코퍼레이션, 인텔 세미콘덕터 및 인텔코리아등의 시장지배적지위 남용행위 등에 대한 건".

공정거래위원회 (2008.2.4), 보도자료, "(주)신세계의 (주)경방유통 경영수임 건 신속승인".

공정거래위원회 (2008.3.4), 의결 제2008-079호, "7개 신용카드사업자의 부당한 공동행위에 관한 건".

공정거래위원회 (2008.3.4), 의결 제2008-080호, "10개 신용카드 VAN사의 부당한 공동행위에 관한 건".

공정거래위원회 (2008.10.17), 의결 제2008-285호, "삼성테스코(주)의 기업결합제한규정 위반행위에 대한 건".

공정거래위원회 (2008.11.5), 의결 제2008-295호, "인텔 코퍼레이션, 인텔 세미콘덕터 및 (주)인텔코리아 등의 시장지배적 지위남용행위 등에 대한 건".

공정거래위원회 (2009.3.23), 의결 제2009-008호, "삼성테스코(주)의 이의신청에 대한 건".

공정거래위원회 (2009.6.25), 의결 제2009-146호, "이베이 케이티에이(유케이) 리미티드 등의 기업결합제한규정 위반행위에 대한 건".

공정거래위원회 (2009.7.2), 의결 제2009-151호, "(주)신세계의 기업결합제한규정 위반행위 관련 시정조치에 대한 건".

공정거래위원회 (2009.12.30), 의결 제2009-281호, "퀄컴 인코포레이티드, 한국퀄컴(주), 퀄컴 씨디엠에이테크놀로지코리아의 시장지배적지위 남용행위 등에 대한 건".

공정거래위원회 (2012.5.14), 의결 제2012-080호, "롯데쇼핑 주식회사의 기업결합제한규정 위반행위에 대한 건".

공정거래위원회 (2013.12.12), 의결 제 2013-207호, "(주)티브로드도봉강북방송의 기업결합제한규정 위반행위에 대한 건".

공정거래위원회 (2014.5.8), 의결 제2014-103호, "네이버(주) 및 네이버비즈니스플랫폼(주)의 시장지배적지위남용행위 등에 대한 건 관련 동의의결에 대한 건".

공정거래위원회 (2014.5.8), 의결 제2014-104호, "(주)다음커뮤니케이션의 시장지배적지위남용행위 등에 대한 건 관련 동의의결에 대한 건".

공정거래위원회 (2014.5.29), 의결 제2014-122호, "에실로 아메라 인베스먼트 피티이엘티디의 기업결합 제한규정 위반행에 대한 건".

공정거래위원회 (2015.6.25), 의결 제2015-210호, "롯데백화점마산(주)과 롯데쇼핑(주)의 기업결합제한규정 위반행위에 대한 건".

공정거래위원회 (2016.7.18), 의결 제2016-213호, "3개 방송통신사업자의 기업결합제한규정 위반행위에 대한 건".

공정거래위원회 (2016.12.28), 보도자료, "퀄컴사의 이동통신 표준필수특허 남용행위 엄중제제".

공정거래위원회 (2017.1.20), 의결 제2017－025호, "퀄컴 인코포레이티드 등의 시장지배적지위남용행위 등에 대한 건".

대법원 (2006.3.24), 사건 2004두11275.

대법원 (2007.11.22), 사건 2002두8626.

대법원 (2010.11.25), 사건 2009두954.

대법원 (2011.7.28), 사건 2010다18850.

대법원 (2012.11.29), 사건 2010다93790.

대법원 (2013.11.28), 사건 2012두17421.

서울고등법원 (2002.8.27), 제6특별부, 사건 2001누5370.

서울고등법원 (2004.8.19), 제7특별부, 사건 2002누61110.

서울고등법원 (2004.10.27), 제6특별부, 사건 2003누2252.

서울고등법원 (2008.9.3), 제6행정부, 사건 2006누30036.

서울고등법원 (2009.5.14), 사건 2008누2530.

서울고등법원 (2009.12.20) 제10민사부, 사건 2007나25137.

서울고등법원 (2010.10.14), 제16민사부, 사건 2009나65012.

서울고등법원 (2011.4.27), 사건 2010누42050.

서울고등법원 (2013.6.19), 제6행정부, 사건 2008누35462.

서울고등법원 (2017.9.4), 제7행정부, 사건 2017아66.

서울고등법원 (2019.12.4), 제7행정부, 사건 2017누48.

서울중앙지방법원 (2007.1.23), 제18민사부, 사건 2001가합10682.

서울중앙지방법원 (2009.5.27), 제32민사부, 사건 2006가합99567.

서울중앙지방법원 (2011.11.4), 제32민사부, 사건 2008가합19596, 2008가합2984 병합.

대만 공정무역위원회 (2017.10.20), 처분서, 공처자 제106094호. [번역본]

일본 공정취인위원회 (2005.3.8), JFTC Press Release, "The JFTC rendered a recommendation to Intel K.K."

일본 공정취인위원회 (2009.9.30), JFTC Press Release, "Cease and Desist Order against Qualcomm Incorporated."

일본 공정취인위원회 (2019.3.15), 일본어판 보도자료, "퀄컴 인코포레이티드에 대한 심결에 대하여 (CDMA 휴대전화단말 등에 관한 라이선스 계약에 따른 구속조건부거래)".

중국 국가발전개발위원회 (2015), "행정처벌 결정서", 2005년 1호. [발췌 번역본]

Advanced Micro Devices (2005.6.27), Civil Action No. 05−441, "AMD v. Intel Corporation."

Canada Competition Tribunal (2000.7.18), "R. v. SGL AG−Agreed Statements of Facts."

Dortmund Regional Court (2004.4.1), Judgement, "Case No 13 O 55/02, Kart-Vitaminpreise."

England and Wales Court of Appeal (2008.10.14), Decision, "Devenish Nutrition Limited v Sanofi Aventis SA & Ors," EWCA civ 1086.

European Commission (1999.7.23), Decision, "Case No IV/M.1612−Wal-Mart/ASDA."

European Commission (2000.3.15), Decision, "Case No COMP/M.1672−Volvo/Scania."

European Commission (2001.7.18), Decision, "Case COMP/E−1/36.490−Graphite Electrodes."

European Commission (2001.11.21), Decision, "Case COMP/E−1/37.512−Vitamins."

European Commission (2005.03.24), Decision, "Case COMP/C−3/37.792 Microsoft."

European Commission (2005.12.22), Decision, "Case No COMP/M.3905−Tesco/Carrefour (Czech Republic and Slovakia)."

European Commission (2009.5.13), Decision, "Case COMP/C−3/37990−Intel."

European Commission (2013.4.25), Official Journal of the European Union, C 120/22, "Communication from the Commission published pursuant to Article 27(4) of Council Regulation (EC) No 1/2003 in Case AT.39740−Google."

European Commission (2013.4.25), Press Release, "Commission seeks feedback on commitments offered by Google to address competition concerns-questions and answers."

European Commission (2017.6.27), Press Release, "Antitrust: Commission fines Google €2.42 billion for abusing dominance as search engine by giving illegal advantage to own comparison shopping service."

European Commission (2018.1.24), Press Release, "Antitrust: Commission fines Qualcomm €997 million for abuse of dominant market position."

European Commission (2019.3.20), Press Release, "Antitrust: Commission fines Google €1.49 billion for abusive practices in online advertising."

EU Court of Justice (2016.10.20), Press Release, "Advocate General Whal considers that Intel's appeal against the imposition of a 1.06 billion euros fine for abuse of its dominant position should be upheld."

EU Court of Justice (2017.9.6), Press Release, "The Court of Justice sets aside the judgement of the General Court which upheld the fine of €1.06 billion imposed on Intel by the Commission for abuse of a dominant position."

EU General Court (2014.6.12), Press Release, "The General Court upholds the find of 1.06 billion euros imposed on Intel for having abused its dominant position on the market for x86 central processing units between 2002 and 2007."

Paris Commercial Court (2007.1.26), Decision, "Juva v Hoffmann La Roche."

Qualcomm (2017.4.30), "Defendant Qualcomm Incorporated's Motion to Dismiss and Memorandum of Points and Authorities in Support," *Federal Trade Commission, Plaitiff, v. Qualcomm Incorporated, a Delaware Corporation, Defendant*, Case 5:17−cv−00220−LHK Document 69 Filed 04/30/17.

US Court of Appeals (1983.12.29), Decision, "Barry Wright v. ITT Grinnel," 724 F.2d 227.

US Court of Appeals (2012.8.30), Decision, "LaserDynamics, Inc. v. Quanta Computer," 694 F.3d 51.

US Court of Appeals (2014.3.20), Decision, "Realtek Semiconductor v. LSI Corp."

US Court of Appeals (2014.9.16), Decision, "VirnetX, Inc. v. Cisco Sytems, Inc," 767 F.3d 1308.

US District Court (1995.10.27), Northern District of Iowa, "United States v. Mercy Health Services," 902 F. Supp. 968.

US District Court (1997.6.30), District of Columbia, "Federal Trade Commission v. Staples, Inc. and Office Depot, Inc.," Civ. No.97−701 (TFH).

US District Court (1998.8.20), Eastern District of Arkansas, "Concord Boat Corp. v.

Brunswick Corp," 21 F. Supp. 2d 923.

US District Court (2013.8.12), Western District of Washington, "Microsoft Corp. v. Motorola, Inc."

US District Court (2017.6.26), Northern District of California San Jose Division, "Order Denying Motion to Dismiss," *Federal Trade Commission, Plaitiff, v. Qualcomm Incorporated, a Delaware Corporation, Defendant,* Case 5:17−cv−00220−LHK Document 133 Filed 06/26/17.

US District Court (2017.6.26), Northern District of California San Jose Division, "Judgement" and "Findings of Facts and Conclusions of Law," *Federal Trade Commission, Plaitiff, v. Qualcomm Incorporated, a Delaware Corporation, Defendant,* Case 5:17−cv−00220−LHK Document 133 Filed 06/26/17.

US District Court (2019.5.21), Northern District of California San Jose Division, "Case No. 17−CV−00220−LHK."

US Federal Trade Commission (2009.12.16), Press Release, "FTC Challenges Intel's Dominance of Worldwide Microprocessor Markets."

US Federal Trade Commission (2009.12.16), Docket No. 9341, "Complaint In the Matter of Intel Corporation."

US Federal Trade Commission (2010.8.4), Press Release, "FTC settles charges against anticompetitive conduct against Intel."

US Federal Trade Commission (2013.1.3), Press Release, "Google Agrees to Change Its Business Practices to Resolve FTC Competition Concerns In the Markets for Devices Like Smart Phones, Games and Tablets, and in Online Search."

US Federal Trade Commission (2013.1.3), Press Release, "Statement of Federal Trade Commission Regarding Google's Search Practices."

US Federal Trade Commission (2015.7.13), Press Release, "Statement of Commissioner Joshua D. Wright Dissenting in Part and Concurring in Part" in the Matter of Dollar Tree, Inc. and Family Dollar Stores, Inc.

US Federal Trade Commission (2015.7.13), Press Release, "Statement of Federal Trade Commission" in the Matter of Dollar Tree, Inc. and Family Dollar Stores, Inc.

US Federal Trade Commission (2017.1.17), "Federal Trade Commission's Complaint for Equitable Relief," *Federal Trade Commission, Plaitiff, v. Qualcomm Incorporated, a Delaware Corporation, Defendant,* Case 5:17 − cv − 00220, Filed 01/17/17.

US Federal Trade Commission (2017.5.12), "Federal Trade Commission's Opposition to Qualcomm's Motion to Dismiss," *Federal Trade Commission, Plaitiff, v. Qualcomm Incorporated, a Delaware Corporation, Defendant,* Case 5:17 − cv − 00220 − LHK Document 85 Filed 05/12/17.

US Supreme Court (1968.6.17), Docket No. 335, "Hanover Shoe, Inc. v. United Shoe Machinery Corp," 392 U.S. 481.

US Supreme Court (1977.6.9), Docket No. 76 − 404, "Illinois Brick Co. v. Illinois," 431. U.S. 720.

US Supreme Court (1993.3.29), Docket No. 92 − 466, "Brooke Group Ltd. v. Brown & Williamson Tobacco Corporation," 509 US 209.

참고문헌

공정거래위원회 (1999), "기업결합심사기준", 공정거래위원회 고시 제1999-2호.

공정거래위원회 (2011), 『공정거래위원회 30년사: 시장경제 창달의 발자취 (1981~2010)』.

공정거래위원회 (2016), "기업결합심사기준", 공정거래위원회 고시 제2006-11호, 2006.7.19.

공정거래위원회 (2017), "기업결합심사기준", 공정거래위원회 고시 제2017-22호, 2007.12.20.

권남훈 (2012), "동태적 혁신산업과 경쟁법의 집행", 『경쟁저널』, 162호.

김선구, 류근관, 이상승, 이인권 (2004), "군납유 입찰담합 민사소송에서의 손해액 감정을 위한 계량경제분석", 서울대학교 경제연구소 기업경쟁력연구센터, 2004.8.10.

김선구, 류근관, 이상승, 이인권 (2005), "군납유 입찰담합 민사소송에서의 손해액 감정을 위한 계량경제분석: 원감정 보고서의 보완", 서울대학교 경제연구소 기업경쟁력연구센터, 2005.1.10.

김원준 (2004), 『특허법』(개정 2판), 박영사.

김종민, 권남훈 (2007), "이랜드-까르푸 기업결합과 관련한 경제분석: 시장획정을 중심으로", 공정위 측 경제분석.

김종민, 박상인, 윤기호, 전성훈 (2005), "하이트-진로 기업결합과 관련한 상품시장획정과 혼합형 기업결합의 포트폴리오 효과 분석", 2005.5.16.

김종민, 박상인, 윤기호, 전성훈 (2005), "하이트주조-진로 수평형 기업결합의 경쟁효과 분석", 2005.5.29.

김종민, 이인호 (2008), "인텔 등의 시장지배적 지위 남용 행위 건에 대한 경제분석", 공정위 측 경제분석, 2008.7.14.

남재현, 신일순, 안형택, 전성훈 (2008), "옥션-G마켓 기업결합의 경쟁효과", 이베이 측 경제분석, 2008.7.9.

남재현, 전성훈 (2010), "기업결합 시뮬레이션 모형 분석: 인터넷 쇼핑몰 기업결합의 경쟁제한성 평가를 중심으로", 『응용경제』, 제12권 제1호, 265-286.

남준우, 이한식 (2002), 『계량경제학: 이론과 응용』, 홍문사.

대한주류공업협회 (2004), "1996–2003 제조사별·지역별 판매수량", 2004.3.31.

대한주류공업협회 (2004), "1996–2003 경남·부산·전남지역 소주제조사 대표브랜드 판매량 현황", 2004.3.31.

동서리서치 (2008), "오픈마켓 판매자 행태 설문조사", 2008.6.

동서리서치 (2008), "인터넷쇼핑시장의 구매자 행태 설문조사", 2008.6.

류근관, 이상승 (2004), "무학–대선 기업결합 건에서의 관련 지역시장 획정에 관한 경제분석", LECG 보고서, 2004.6.

류근관, 이상승 (2004), "무학–대선 기업결합 사건에서의 관련 지역시장 획정에 관한 경제분석"에 관한 논평", LECG 보고서, 2004.7.

류근관, 이상승 (2005), "하이트의 진로 인수가 주류시장의 경쟁에 미치는 효과", LECG 보고서, 2005.5.20.

미래창조과학부 (2013), 『유료방송 이용요금 승인기준 정비방안 연구』, 2013.11.

미래창조과학부 (2015), 『이동통신시장 경쟁촉진 및 규제합리화를 위한 통신정책 방안』, 2015.6.

미래창조과학부, 방송통신위원회 (2015), 『2015년 방송산업 실태 보고서』, 2015.11.

미래창조과학부, 한국인터넷진흥원 (2015), 『2015 한국인터넷백서』".

방송통신위원회 (2014), 『2014년 방송시장 경쟁평가』, 2014.12.

성소미, 손양훈, 정진욱, 김인규 (2002), "입찰담합 관련 민사소송에서의 손해액 산정을 위한 계량경제분석", 한국개발연구원, 2002.11.

신광식, 이한식 (2009), "다점포 소매기업 결합의 경쟁효과 분석", 『산업조직연구』, 제17집 제2호, 63–111.

신광식, 전성훈 (2005), "흑연전극봉 국제공동행위의 국내수입시장에서의 경쟁제한효과에 대한 경제분석", 『법경제학연구』, 제2권, 45–78.

신광식, 전성훈 (2006), "무학–대선 기업결합과 관련한 지리적 시장획정의 경제분석", 『산업조직연구』, 제14집 제4호, 17–66.

왕규호, 이한식, 전성훈 (2004), "서울대 기업경쟁력연구센터의 "군납유 입찰담합 민사소송에서의 손해액 감정을 위한 계량경제분석"에 대한 검토의견서", 서강대학교 경제연구소, 2004.9.

왕규호, 조인구 (2004), 『게임 이론』, 박영사.

유재현, 박철 (2006), "인터넷 오픈마켓의 특성과 성장동력 분석", 『경상논집』, 제29권

제2호.

이상승, 황윤재 (2011), "신용카드/VAN 사업자 담합 사건에 있어 매출전표 수거 수수료의 경쟁가격 추정", 감정보고서, 2011.1.23.

이한식 (2007), "이마트/월마트 기업결합의 경쟁효과에 대한 실증분석", 2007.9.

이한식, 전성훈 (2005), "포스코 공급거절 소송과 관련한 열연코일시장의 지역적 범위에 대한 경제분석", 포스코 측 경제분석, 2005.3.

전성훈 (2004), "흑연전극봉 국제공동행위의 국내수입시장에서의 경쟁제한효과에 대한 경제분석", 쇼와덴코 측 경제분석, 2004.1.

전성훈 (2004), "무학−대선 기업결합과 관련한 지역시장의 획정", 대선 측 경제분석, 2004.6.

전성훈 (2004), "무학−대선 기업결합 사건의 관련시장 획정에 대한 추가 경제분석(지역시장 획정에 대한 무학측 경제분석에 대한 검토를 중심으로)", 2004.7.

전성훈 (2007), "경쟁정책 목적의 시장획정 방법 및 사례: 2005년 하이트−진로 기업결합을 중심으로", 『한국경제연구』, 제19권, 75−115.

전성훈 (2007), "인텔 리베이트의 경쟁효과에 대한 경제분석", 인텔 측 경제분석, 2007.12.5.

전성훈 (2008), "인텔 리베이트의 경쟁효과에 대한 보완 경제분석", 인텔 측 경제분석, 2008.3.17.

전성훈 (2008), "컨버전스 시대의 경쟁정책적 시사점", 『산업조직연구』, 제16집 제3호, 93−145.

전성훈 (2013), "양면시장에서의 경쟁정책", 『경쟁저널』 제168호, 32−41.

전성훈 (2016), "Qualcomm사 사업방식의 경쟁제한성과 시정방안", 2016.7.15.

전성훈 (2018), "Qualcomm 사업방식의 경쟁제한성에 대한 경쟁법적 판단 및 경제학적 이해", 『경제연구』, 제36권 4호, 195−224.

전성훈 (2019), "인텔 리베이트의 '동등효율 경쟁자' 유효가격−비용 검증", 『법경제학연구』, 제17권, 236−259.

전성훈, 권남훈, 김성환, 남재현, 이상규 (2016), "SK텔레콤−CJ헬로비전 기업결합의 경쟁효과", 공정거래위원회 및 미래창조과학부에 제출한 SK텔레콤 측의 경제분석 보고서, 2016.1.20.

전성훈, 김종민, 남재현 (2013), "네이버의 유료전문서비스 모델과 네이버비즈니스플랫폼의 광고대행사 이관정책의 경제적 효과", 네이버 측 경제분석, 2013.11.20.

전성훈, 김종민, 남재현 (2015), "네이버−다음 동의의결(2014년)과 수직적 거래제한의 경쟁효과", 『법경제연구』, 제12권 제2호, 177-206.

전성훈, 남재현 (2019), "기업결합 가격인상압력(UPP) 분석: 2016년 SK텔레콤-CJ헬로비전 사례를 중심으로", 『산업조직연구』, 제27집 제1호, 57-85.

전성훈, 이한식 (2015), "포스코 거래거절 사건에 있어서 지리적 시장획정을 위한 경제분석과 대법원의 부당성 판단", 『규제연구』, 제27권 제1호, 153-183.

전성훈, 이한식, 홍대식 (2012), "중간재시장에서의 담합시 직접구매자 및 간접구매자에 대한 손해배상: 법리적 쟁점과 경제학적 산정방법", 『법경제연구』, 제9권 제1호, 97-119.

전성훈, 정진화, 황윤재 (2017), "시장획정을 위한 가격 시계열 분석: 골판지원지 담합 사건에의 적용", 『산업조직연구』, 제25집 제2호, 41-77.

전성훈, 황윤재 (2006), "이랜드-까르푸 기업결합의 경쟁효과에 대한 경제분석", 이랜드 측 경제분석, 2006.8.11.

전성훈, 황윤재 (2007), "이랜드-까르푸 기업결합에 관한 피고 측 경제분석에 대한 검토의견서", 2007.12.20.

전성훈, 황윤재 (2010), "이랜드-까르푸(2006년) 기업결합의 경쟁효과에 대한 계량경제학적 분석", 『규제연구』, 제19권 제2호, 75-105

전성훈, 황윤재, 정진화 (2015), "배합사료 담합사건의 실제효과에 대한 경제분석", 카길 측 경제분석, 2015.5.8.

정갑영, 김영세, 정진욱, 김동훈 (2006), "국내 대형할인점시장 구조개편 및 경쟁제한성에 관한 분석", 한국산업조직학회, 연구용역보고서.

정보통신정책연구원 (2014), "유료방송 가입과 동영상 콘텐츠 소비", 2014.9.25.

정보통신정책연구원 (2014), "통신시장 경쟁평가(2014년)", 2014.11.

통계청 (2015), "통계용어지표의 이해", 통계청, 홈페이지에서 다운로드 가능.

한국갤럽 (2004), "소주제품 선택에 관한 조사 보고서", 2004.5.

한국인터넷진흥원 (2007), "2007년 상반기 정보화실태 조사".

황윤재 (2008), "밀가루 담합 민사소송에서의 손해액 감정을 위한 계량경제분석", 감정보고서, 2008.8.26.

황창식, 신광식 (2008), "시장지배적 사업자의 거래거절에 대한 공정거래법리: 대법원의 포스코 사건 판결", 2008 경제학 공동국제학술대회(한국법경제학회).

Aigner, D.J. and A. Zellner (1988), *Causality-Journal of Econometrics*, Vol. 39, North−Holland.

Ashenfelter, O., D. Ashmore, J. B. Baker, S. Gleason, and D. S. Hosken (2006), "Empirical Methods in Merger Analysis: Econometric Analysis of Pricing in FTC vs. Staples," *International Journal of the Economics of Business*, Vol. 13, 265−279.

Ashurst (2004), "Study on the Conditions of Claims for Damages in case of infringement of EC competition rules: Analysis of Economic Models for the calculation of Damages," prepared by Emily Clack, Mat Hughes and David Wirth, 31 August 2004.

Bernheim, B. D. and M. D. Whinston (1990), "Multimarket Contact and Collusive Behavior," *RAND Journal of Economics*, Vol. 21, 1−26.

Brander, J. A. and T. W. Ross (2005), "Estimation Damages from Price−Fixing," Working Paper 2005−03, *Phelps Centre for the Study of Government and Business*, Sauder School of Business, University of British Columbia.

Bulow, I. J., and P. Pfleiderer (1983), "A Note on the Effect of Cost Changes on Prices," *Journal of Political Economy*, Vol. 91, No. 1.

Cameron, A. C. and P. K. Trivedi (2005), *Microeconometrics: Methods and Applications*, Cambridge University Press: New York.

Carlton, D.W. and M. Waldman (2002), "The Strategic Use of Tying to Preserve and Create Market Power in Evolving Industries," *RAND Journal of Economics*, Vol. 33, No. 2, 194−220.

Choi, J. P., C. Stefanadis (2001), "Tying, Investment, and the Dynamic Leverage Theory," *RAND Journal of Economics*, Vol. 32, No. 1, 52−71.

Choi, J.P., S. Hong., and S. Jeon (2013), "Local Identity and the Persistent Leadership in Market Share Dynamics: Evidence from Deregulation in the Korean Soju Industry," *The Korean Economic Review*, Vol. 29, 267−304.

Chung, J. and S. Jeon (2014), "Portfolio Effects in Conglomerate Mergers: the Empirical Evidence of Leverage Effects in Korean Liquor Market," *Applied Economics*, Vol. 43, No. 35, 4345−4359.

Church, J., and R. Ware (2000), *Industrial Organization: A Strategic Approach*,

Irwin McGraw-Hill.

Cotterill, B. (1998), "Estimation of Cost Pass Though to Michigan Consumers in the ADM Price Fixing Case," by Ronald W. Cotterill, *Food Marketing Policy Center Research Report,* No. 39, November 1998.

Cotterill, B., L. Egan, and W. Buckhold (2001), "Beyond Illinois Brick: The Law and Economics of Cost Pass-Though in the ADM Price Fixing Case," *Review of Industrial Organization,* Vol. 18, 45−52.

Crane, D.A. (2012), "Search Neutrality as an Antitrust Principle," *George Mason Law Review,* Vol. 19, No. 5, 1199−1209.

Dalkir, S. and F. R. Warren-Boulton (2004), "Prices, Market Definition, and the Effects of Merger: Staples-Office Depot (1997)," Case 2 in Kwoka, J. E., Jr. and L. J. White (2004), *The Antitrust Revolution: Economics, Competition, and Policy,* 4th Ed., Oxford Univ. Press.

Davidson, C., and R. Deneckere (1990), "Excess Capacity and Collusion," *International Economic Review,* Vol. 31, 521−542.

Deaton, A. and J. Muellbauer (1980), "An Almost Ideal Demand System," *American Economic Review,* Vol. 70, 312−336.

Deaton, A. and J. Muellbauer (1980), *Economics and Consumer Behavior,* Cambridge, England: Cambridge University Press.

Easterbrook, F. (1984), "The Limits of Antitrust," *Texas Law Review,* Vol. 63, No. 1.

Eckbo, B. E. (1983), "Horizontal Mergers, Collusion, and Stockholder Wealth," *Journal of Financial Economics,* Vol. 11, 241−273.

Epstein, J. R. and D. L. Rubinfeld (2004), "Effects of Mergers Involving Differentiated Products," Technical Report for EC Commission, COMP/B1/2003/07, 7 October 2004.

European Commission (1997), "Commission Notice on the Definition of the Relevant Market for the Purposes of Community Competition Law," *Official Journal of the European Communities,* C 372, 9 December 1997.

European Commission (2005), "DG Competition Discussion Paper on the Application of Article 82 of the Treaty to Exclusionary Abuses," December 2005.

European Commission (2008), "Guidance on the Commission's Enforcement Priorities in Applying Article 82 EC Treaty to Abusive Exclusionary Conduct by Dominant Undertakings," 3 December 2008.

European Commission (2008), "White Paper on Damage Actions for Breach of the EC Antitrust Rules," Brussels, 2.4.2008, COM(2008) 165 final.

Evans, D. S. (2003), "The Antitrust Economics of Multi—Sided Platform Markets," *Yale Journal of Regulation*, Vol. 20, 325—381.

Evans, D. S. (2008), "Competition and Regulatory Policy towards Multi-Sided Platform Business with Applications to the Internet Economy," *Concurrences*, No.2, 57—62.

Evans, D. S. and M. Salinger (2005), "Why Do Firms Bundle and Tie? Evidence from Competitive Markets and Implications for Tying Law," *Yale Journal on Regulation*, Vol. 22, 37—90.

Evans, D. S. and M.D. Noel (2008), "The Analysis of Mergers That Involve Multisiedd Platform Business," *Journal of Competition Law and Economics*, 30 May 2008.

Farrell, J. and C. Shapiro (2008), "Improving Critical Loss," *Antitrust Source*, February 2008.

Farrell, J. and C. Shapiro (2010), "Antitrust Evaluation of Horizontal Mergers: An Economic Alternative to Market Definition," *The B.E. Journal of Theoretical Economics*, Vol. 10, Issue 1.

Finkelstein, M. O. and H. Levenbach (1983), "Regression Estimates of Damages in Price—Fixing Cases," *Law and Contemporary Problems*, Vol. 46, 145—169.

Fisher, F. M. (1980), "Multiple Regression in Legal Proceedings," *Columbia Law Review*, Vol. 80, 702—736.

Fudenberg, D., and E. Maskin (1986), "The Folk Theorem in repeated games with discounting or with incomplete information," *Econometrica*, Vol. 54, No. 3, 533—556.

Geradin, D. (2015.9.9), "Loyalty Rebates after Intel: Time for the European Court of Justice to Overrule Hoffman-La Roche," *Journal of Competition Law & Economics*, Vol. 11, Issue 3, 579—615.

Goldberger, A. (1991), *A Course in Econometrics*, Harvard University Press.

Granger, C.W.J. (1969), "Investigating Causal Relations by Econometric Models and Cross-Spectral Methods," *Econometrica*, Vol. 37: 424−438.

Green, E. and R. Porter (1984), "Noncooperative Collusion under Imperfect Price Information," *Econometrica*, Vol. 52, 87−100.

Greene, W. (2003), *Econometric Analysis*, 5th ed., Prentice Hall.

Harris, B. C. and J. J. Simons (1989), "Focusing Market Definition: How Much Substitution is Necessary?," *Research in Law and Economics*, Vol. 12, 207−226.

Harris, G. R. and L. A. Sullivian (1979), "Passing on the monopoly overcharge: A Comprehensive Policy Analysis," *University of Pennsylvania Law Review*, Vol. 128, No. 2, 269−360.

Harris, H. S., Jr. (2015), "An Overview of the NDRC's Qualcomm Decision," *ABA Section of International Law*, June 2015.

Hausman, J. and G. Leonard (1997), "Economic Analysis of Differentiated Products Mergers Using Real World Data," *George Mason Law Review*, Vol. 5, 707−727.

Hausman, J., G. Leonard, and J. D. Zona (1994), "Competitive Analysis with Differentiated Products," *Annales D'Economie et de Statistique*, No. 34, 159−180.

Hsiao, C. (2003), *Analysis of Panel Data*, Cambridge University Press: New York.

IEEA (2015), "IEEE−SA Standards Board Bylaws," approved by IEEE−SA Board of Governors, December 2015.

International Iron and Steel Institute (2002), *Steel Statistical Yearbook 2002*.

International Iron and Steel Institute (2003), *World Steel in Figures*.

Jeon, S. (2016), "Critical Loss Analyses in Korean Liquor Mergers," as Chapter 5 in *Empirical Modeling and Its Application*, edited by M. Habib, InTech, 87−110.

Judge, G., R. Hill, W. Griffiths, H. Lutkepohl, and T.−C. Lee (1988), *Introduction to the Theory and Practice of Econometrics*, 2nd ed., Wiley.

Katz, M. L. and C. Shapiro (2003), "Critical Loss: Let's Tell the Whole Story," *Antitrust*, Vol. 17, 49−56.

Kwoka, J. E. Jr. and L. J. White (1989), *The Antitrust Revolution*, edified vol., Scott, Foresman and Company.

Kwoka, J. E. Jr. and L. J. White (2018), *The Antitrust Revolution: Economics, Competition, and Policy*, 7th Edition, edited vol., Oxford University Press.

Lafontaine, F. and M. Slade (2007), "Vertical Integration and Firm Boundaries: the Evidence," *Journal of Economic Literature*, Vol. 45, 629−685.

Lao, M. (2013), "Search, Essential Facilities, and the Antitrust Duty to Deal," *Northwestern Journal of Technology and Intellectual Property*, Vol. 11, No. 5, 275−319.

Layne-Farrar, A., G. Llobet, and J. Padilla (2014), "Patent Licensing in Vertically Disaggregated Industries: the Royalty Allocation Neutrality Principle," *Digital Economy Journal*, No. 95, 61−84.

Levenstein, M. C. and V. Y. Suslow (2001), "Private International Cartels and Their Effect on Developing Countries," Background Paper for the World Bank's *World Development Report 2001*.

Levenstein, M. C. and V. Y. Suslow (2006), "What Determines Cartel Success?," *Journal of Economic Literature*, Vol. 44, No. 1, 43−95.

Lyons, B. (2009), *Cases in European Competition Policy: The Economic Analysis*, edited vol., Cambridge University Press.

Mankiew, G. (2014), *Principles of Microeconomics*, 7th ed.

Moresi, S. (2010), "The Use of Price Pressure Indices in Merger Analysis," *The Antitrust Source*, February 2010.

O'Brien, D. P. and A. L. Wickelgren (2003), "A Critical Analysis of Critical Loss Analysis," Working Paper No. 254, Bureau of Economics, Federal Trade Commission.

OECD (2008), "Roundtable on Bundled Rebate and Loyalty Discounts and Rebates," 10 June 2008.

Ofcom (2004), "Review of the Wholesale Broadband Access Market: Identification and Analysis of Markets, Determination of Market Power, and Setting of SMP Conditions," Final Explanatory Statement and Notification.

Oxera (2009), "Quantifying Antitrust Damages: Towards Non−binding Guidance for Courts," Study prepared for European Commission, December 2009.

Pepal, L., D. Richards, and G. Norman (2014), *Industrial Organization: Contemporary*

Theory and Empirical Applications, 5E, Wiley.

Petit, N. (2018), "The Judgement of the EU Court of Justice in *Intel* and the Rule of Reason in Abuse of Dominance Case," *European Law Review*, October 2018.

Rey, P. and J. S. Venit (2015), "An Effects−Based Approach to Article 102: A Response to Wouter Wils," *World Competition*, Vol. 38, Issue 1, 3−29.

Rinehart, A. (2010), "Contracting Patents: A Modern Patent Exhaustion Doctrine," *Harvard Journal of Law and Technology*, Vol. 23, No.2. 483−535.

Rochet, J-C., and J. Tirole (2003), "Platform Competition in Two−sided Markets," *Journal of the European Economic Association*, Vol. 1, 990−1029, June 2003.

Rochet, J-C., and J. Tirole (2006), "Two−sided Markets: A Progress Report," *Rand Journal of Economics*, Vol. 37, 645−667, Autumn 2006.

Ross, T. W. (1992), "Cartel Stability and Product Differentiation," *International Journal of Industrial Organization*, Vol. 10, 1−13.

Rotemberg, J. J. and G. Saloner (1986), "A Supergame−Theoretic Model of Price Wars during Booms," *American Economic Review*, Vol. 76, 390−407.

Rotemberg, J. J. and G. Saloner (1990), "Collusive Price Leadership," *Journal of Industrial Economics*, Vol. 39, 93−111.

Scherer, F. M. (1980), *Industrial Market Structure and Economic Performance*, 2nd ed., Houghton Mifflin Company.

Shapiro, C. (2010), "Update from the Antitrust Division," Remarks as Prepared for the American Bar Association Section of Antitrust Law Fall Forum, November 18, 2010.

Simons, J.J. and M.B. Coate (2010), "Upward Pressure on Price (UPP) Analysis: Issues and Implications for Merger Policy," *European Competition Journal*, Vol. 6.

Sims, C.A. (1972), "Money, Income and Causality," *American Economic Review*, Vol. 62, 540−552.

Stigler, G. J. (1964), "A Theory of Oligopoly," *Journal of Political Economy*, Vol. 72, 44−61.

Stigler, G. J. (1968) "A Note on Block Booking," *The Organization of Industries*, Homewood, Illinois, Irwin.

Stillman, R. (1983), "Examining Antitrust Policy towards Horizontal Mergers,"

Journal of Financial Economics, Vol. 11, 225−240.

Suits, D.B. and R.A. Musgrave (1953), "Ad Valorem and Unit Taxes Compared," *Quarterly Journal of Economics,* Vol. 67, No. 4, 598−604.

Telser, L. (1960), "Why Should Manufacturers Want Fair Trade," *Journal of Law and Economics,* Vol. 3, 86−105.

UK Office of Fair Trade (2004), "Market Definition: Understanding Competition Law."

US Antitrust Modernization Commission (2007), "Report and Recommendation," April 2007.

US Department of Justice (1999), "Government's Sentencing Memorandum and Government's Motion for a Guidelines Downward Departure (U.S.S.G. § 5.K1.1)," 19 October 1999.

US Department of Justice and Federal Trade Commission (1992) "Horizontal Merger Guidelines," 2 April 1992 (with April 8, 1997 revisions to Section 4 on Efficiencies).

US Department of Justice and Federal Trade Commission (1995) "Antitrust Enforcement Guidelines for International Operation."

US Department of Justice and Federal Trade Commission (2006), "Commentary on the Horizontal Merger Guidelines," March 2006.

US Department of Justice and Federal Trade Commission (2010), "Horizontal Merger Guidelines," 19 August 2010.

US Supreme Court (2007), "Quanta v. LG Electronics, Brief of Qualcomm Incorporated as Amicus Curiae in Support of Respondent," 2007.12.10.

Werden G. J. (2003), "Hospital Mergers and the Hypothetical Monopolist Test," Joint FTC/DOJ Hearings on Health Care and Competition Law and Policy.

Werden G. J. (2003), "The 1982 Merger Guidelines and the Ascent of the Hypothetical Monopolist Paradigm," *Antitrust Law Journal,* Vol. 17, 259−266.

Whinston, M. D. (1990), "Tying Foreclosure, and Exclusion," *American Economic Review,* Vol. 80, No. 4, 837−859.

Whinston, M. D. (2008), *Lecture on Antitrust Economics,* MIT Press.

Whish, Richard (2007), "Before the Korean Fair Trade Commission," December

2007.

White, H., R. Marshall, and P. Kennedy (2006), "The Measurement of Economic Damages in Antitrust Civil Litigation," *Antitrust Law Economics Committee News Letter*, Vol. 6, No. 1, 17−22.

Wooldridge, J. M. (2002), *Econometric Analysis of Cross Section and Panel Data*, The MIT Press, Cambridge: Massachusetts.

Wooldridge, J. M. (2006), *Introductory Econometrics: A Modern Approach*, 3rd ed., Thomson.

Yi, S.S. and S-W Heo (2011), "Trapped in the Market Definition Mold: An Analysis of the KFTC's Merger Decisions from the Perspective of Dynamic Competition," published as "South Korea" chapter in *Getting the Balance Right: Intellectual Property, Competition Law and Economics in Asia*, edited by Robert Ian McEwin, Hart Publishing, 255−276.

공정거래 사건과 경제분석

초판발행   2020년 2월 25일
중판발행   2020년 8월 10일

지은이   전성훈
펴낸이   안종만·안상준

편 집   전채린
기획/마케팅   장규식
표지디자인   이미연
제 작   우인도·고철민

펴낸곳   (주) **박영사**
             서울특별시 종로구 새문안로3길 36, 1601
             등록 1959. 3. 11. 제300-1959-1호(倫)

전 화   02)733-6771
f a x   02)736-4818
e-mail   pys@pybook.co.kr
homepage   www.pybook.co.kr
ISBN   979-11-303-0882-1 93320

* 파본은 구입하신 곳에서 교환해 드립니다. 본서의 무단복제행위를 금합니다.
* 저자와 협의하여 인지첩부를 생략합니다.

정 가   23,000원